Revolução Sexual Global

A destruição da liberdade
em nome da liberdade

Conheça
nossos clubes

Conheça
nosso site

- @editoraquadrante
- @editoraquadrante
- @quadranteeditora
- Quadrante

Gabriele Kuby

Revolução Sexual Global

A destruição da liberdade em nome da liberdade

São Paulo
2021

Título original
Die globale sexuelle Revolution – Zerstörung der Freiheit
im Namen der Freiheit

Copyright © 2016 by Gabriele Kuby

Capa
Gabriela Haeitmann

Dados Internacionais de Catalogação na Publicação (CIP)

Kuby, Gabriele
    Revolução sexual global : A destruição da liberdade em nome da liberdade /
Gabriele Kuby. – São Paulo : Quadrante, 2021.
    Título original: *Die globale sexuelle Revolution – Zerstörung der Freiheit im*
Namen der Freiheit
    ISBN: 978-65-89820-16-1
    1. Comportamento sexual 2. Ética sexual 3. Revolução - Sexualidade 4. Sexo
- Aspectos sociais I. Título

CDD-306.7

Índice para catálogo sistemático:
1. Comportamento sexual : Sociologia 306.7

Todos os direitos reservados a
QUADRANTE EDITORA
Rua Bernardo da Veiga, 47 - Tel.: 3873-2270
CEP 01252-020 - São Paulo - SP
www.quadrante.com.br / atendimento@quadrante.com.br

Sumário

Apresentação 9

Prefácio 11

Introdução 15

1. A destruição da liberdade em nome da liberdade 19
    O desmantelamento da sexualidade.. 19
    Elevada cultura e elevada moralidade 23
    Um novo totalitarismo suave? 24
    Admirável mundo novo 26

2. Os precursores da revolução sexual desde a Revolução Francesa
    até nossos dias.. 29
    Os precursores.. 29
    O malthusianismo.. 33
    Margaret Sanger e o movimento eugênico 35
    Karl Marx e Friedrich Engels... 37
    Alexandra Kollontai 39
    Wilhelm Reich.. 40
    Magnus Hirschfeld... 43
    Sigmund Freud e C. G. Jung 45
    John Watson, Edward Bernays, Bernard Berelson 47
    Alfred Kinsey 50
    John Money... 53
    Simone de Beauvoir 53
    A reviravolta: as revoluções estudantis dos anos 1960 55
    A liberalização jurídica da sexualidade 61

3. Do feminismo à ideologia de gênero... 63
    A luta pela igualdade de direitos 63

Desconstrução da sexualidade binária 65
A subversiva teoria de gênero de Judith Butler 66

4. As Nações Unidas globalizam a revolução sexual 73
A Declaração Universal dos Direitos Humanos 73
A mudança de paradigma depois de 1989 76
Controle da população 79
Conferência Mundial da ONU sobre a Mulher: Pequim, 1995 85
Aborto como «direito humano»? 87
Conferência de *networking* de Glen Cove 88

5. Acesso totalitário: os *Princípios de Yogyakarta* 93
Os objetivos dos *Princípios de Yogyakarta* 94
Métodos de ofuscação 102
Métodos de implementação 105
Ferramentas para ativistas LGBTI 113

6. A União Europeia na onda do gênero 117
A UE e a nova pessoa da ideologia de gênero 117
Exploração dos direitos humanos 119
Atividades de algumas direções gerais (DG) 123
A Agência dos Direitos Fundamentais e o Instituto Europeu
 para a Igualdade de Gênero 125
A deriva LGBTI do Parlamento Europeu e do Conselho
 da Europa 127
Hoje a União Europeia, amanhã o mundo inteiro 130

7. Estudo de casos da revolução do gênero 137
O programa do gênero 137
O «Manifesto do Gênero» 138
A Comissão de Ética Alemã e o «terceiro gênero» 140
O gênero dá forma à sociedade 143
Transformação da ciência em ideologia 145
Conferências sobre o gênero 146
A justiça configura-se ao gênero 148
Perspectiva de gênero em escolas e jardins de infância 149
Perspectiva de gênero e partidos políticos 152

8. Violação política da linguagem 155
Corrupção das palavras 155
Palavras-chave afetadas pela ideologia 159
Incursão do Estado feminista na linguagem 167

9. Pornografia: completamente normal? 171
O novo flagelo mundial 171
A degradação do perpetrador, da vítima e do consumidor 176

A pornografia causa dependência.. 177
Céu e Inferno 183
Consequências destrutivas da pornografia................................... 185
Libertar-se... 187
Reflexão: a música popular 187
Todos olham para o lado 190

10. Hétero, homo, bi, trans: somos todos iguais?................................ 195
O movimento homossexual... 196
Causas da homossexualidade: perspectivas.................................. 201
Riscos do estilo de vida homossexual.. 204
Possibilidades de mudança?... 212
«Casamento» homossexual 216
Adoção 227
A mentira transgênero: a mudança de gênero destrói vidas 232
Estratégia e táticas 235
A guerra contra a «homofobia».. 237
Hillary Clinton e os «direitos humanos das pessoas LGBTI» 239
Uma nova antropologia 241

11. Fé cristã e homossexualidade 245
Monoteísmo ético 245
A ordem bíblica da Criação 247
O livro de Oseias.. 249
Jesus Cristo 250
Os Apóstolos.. 251
A Teologia do Corpo de João Paulo II 253
Igrejas pressionadas pela revolução sexual global.......................... 254
Sofismas teológicos... 266
A banalização do amor 268
Excurso: *Humanae vitae* 270

12. A sexualização das crianças e dos jovens imposta pelo Estado........... 275
Sexualização dos jovens pelo Estado 275
Introdução da educação sexual obrigatória
    nas escolas 278
Conteúdos e métodos da educação sexual abrangente.................... 283
Abuso sexual de crianças e adolescentes e sua «prevenção» 293
Métodos e riscos da sexualização manipuladora de crianças
    e adolescentes... 297
Doze boas razões para acabar com a sexualização das crianças
    pelo Estado 305
Inconsistências dos revolucionários sexuais................................... 313
Quem ganha? 314

13. Relação entre a educação sexual abrangente e a Igreja Católica: o que é e o que deveria ser ... 319
Organizações católicas no caminho errado ... 319
Educação para o amor: princípios católicos ... 320
A perspectiva cristã do homem ... 322

14. Intolerância e discriminação ... 329
Ataque às liberdades fundamentais ... 329
Discriminação: casos concretos ... 334

15. Resistência ... 349
Espanha ... 350
Hungria ... 352
França ... 354
Alemanha ... 355
Suíça ... 355
Eslováquia ... 356
Polônia ... 356
Croácia ... 356
Noruega ... 357
União Europeia ... 357
Estados Unidos ... 358
Igreja Católica ... 360

16. Descida vertiginosa rumo a um novo totalitarismo ... 367
Dialética da liberdade ... 367
Abuso da sexualidade e abuso do poder ... 371
O *dictum* de Böckenförde ... 373
Consciência ... 375
Uma nova ordem mundial? ... 378

Posfácio ... 381

Apresentação

A hiperssexualização é um tema que afeta a sociedade como um todo, dissociando o profundo vínculo entre sexo e amor – que somente tem lugar dentro da liberdade relacional constitutiva do ser humano – e trazendo, com isso, consequências sérias, desde a falta de respeito, passando pela provisoriedade das relações e pelas frustações afetivas, até chegar a níveis mais drásticos, como a violência, os abusos, a pedofilia, os lares desfeitos, os abortos, os assassinatos e suicídios, em que os corações envolvidos são marcados, não raras vezes, de forma indelével.

Neste contexto, cresceu a cultura homoafetiva e bissexual, abrindo-se em leque para outras opções diversificadas como um corolário não exatamente natural, ainda que, em muitos casos, apresentem-se como reações à triste realidade citada acima. Muitas situações, de fato, merecem atenção respeitosa, mas a artificialidade da promoção ativa, que gera conflitos desnecessários no ser humano, acaba não só causando sofrimento pela ruptura interior, mas também comprometendo o futuro, a independência e o desempenho profissional do indivíduo, uma vez que a ideologia sexual imposta, ao atingir o núcleo da pessoa, torna o ser humano mais vulnerável a outras manipulações, impedindo-o de pensar por conta própria.

Gabriele Kuby decide enfrentar audazmente essa complicada questão por meio de uma abordagem clara, focada no interesse maior do ser humano, muito embora hoje seja tão difícil pensar «fora de uma caixa» politicamente correta. Abre-se ela ao ontologicamente correto a partir de evidências científicas; por outro lado, dentro dos diversos aspectos que envolvem o tema, a forma com que o trata é delicada e compreensiva, destacando-se sobretudo pela objetividade.

Kuby adjetiva a revolução de global não só pelos efeitos, mas pela massificação intencional. Embora a globalização possa não ser observada como fenômeno negativo, sua ideologização inflacionada, caracterizada pelo globalismo, atenta efetivamente contra o respeito que se deve ao que é constitutivamente universal e à unicidade individual do ser humano, radicada em sua racionalidade e relacionalidade.

A autora aprofunda-se nesta característica «definitória» do homem, em sua real capacidade de se autodeterminar ao bem, assim como nas ameaças, sutis ou ostensivas, que sofre. Nisso, traz importante reflexão, principalmente neste momento denominado pós-modernidade, que inaugura consigo a era da pós-verdade. Como evidencia a autora, os totalitarismos precursores também se alimentaram vorazmente da mentira para dominar o ser humano. De fato, não se pode negar que muitas nações unidas acabam se rendendo ao panis et circenses, em que a educação é afogada pelo estímulo pornográfico, acompanhada da doutrinação ideológica utilitária.

Após uma abordagem histórica abrangente, incluindo a da filosofia da linguagem instrumentalizada, a obra desmascara com franqueza as falácias intelectuais e práticas da valoração invertida da sexualidade – e sua consequente discriminação às avessas –, demonstrando claramente o quanto a razão e os corações reais rejeitam-na, quer pela falta de profundidade científica e antropológica, quer por uma experiência de sofrimento individual ou familiar – e, sempre, principalmente, pela sede de verdade e felicidade que se insurge contra a triste possibilidade ver-se escravizado por uma mentira existencial.

Agradecemos a autora por nos brindar com este detalhado estudo, que refrigera mente e espírito, que instrui, que ilumina para que trabalhemos no positivo, promovendo uma verdadeira revolução de amor ao ser humano, em toda a sua riqueza e completude.

Angela Vidal Gandra da Silva Martins

Prefácio

A expressão *gender mainstreaming* («ideologia de gênero») não é familiar para a maioria das pessoas. Por isso, elas também desconhecem o fato de, durante anos, os governos, as autoridades europeias e uma parte dos meios de comunicação terem vindo a submetê-las a um programa de reeducação cujo nome elas próprias desconhecem. O que essa reeducação pretende remover das nossas cabeças é um hábito milenar da humanidade: o hábito de distinguir entre homens e mulheres. Isso implica na extinção da verdade fundamental de que a atração sexual mútua entre um homem e uma mulher constitui a base da existência atual e futura da humanidade. Portanto, ela distingue-se de todas as outras formas de satisfação dos impulsos das pessoas, está sujeita a certas regras humanizadoras e a privilégios institucionalizados. Por fim, a reeducação pretende eliminar o belo costume a que chamamos *humanidade* e *natureza humana*, que se encontra estabelecido desde tempos imemoriais. Espera-se que nos emancipemos da nossa natureza.

A palavra *emancipação* veio a significar algo semelhante a libertação. A emancipação da nossa natureza só pode significar libertação de nós mesmos. O conceito de *liberdade política* foi cunhado na Antiga Grécia e inicialmente consistia em permitir que as pessoas vivessem de acordo com os seus costumes. Tirano era quem impedia as pessoas de fazê-lo, quem queria «reeducá-las». Este livro trata dessa tirania. É um livro esclarecedor. Ilumina o que está acontecendo conosco agora, os métodos que os «reeducadores» usam e que represálias aguardam os que se opõem a um tal projeto. E isso inclui não só aqueles que tomam parte na discussão, mas também todos os que já defenderam a liberdade de expressar a própria opinião sobre estes assuntos numa discussão aberta.

Durante anos, em toda a Europa, a discussão foi sendo cada vez mais silenciada em nome do «politicamente correto». A alguém que se desvia da mentalidade dominante não se mostra, de forma racional, por que está enganado – diz-se simplesmente que não deveria fazê-lo. O que está por trás disto é o relativismo em relação à verdade. Afirmar a verdade é considerado intolerância, embora o oposto é que seja verdadeiro. Afirmar a verdade é sujeitar a opinião duma pessoa a testes discursivos. Se não há verdade, não podem existir esses testes. Por conseguinte, as discussões são apenas lutas de poder veladas, nas quais uma opinião não é verdadeira ou falsa, mas dominante ou desviante, e neste último caso conduz ao ostracismo. Naturalmente, a verdade não surge do discurso: é apenas testada por ele. Mesmo antes desse teste, é verdade e intuitivamente convincente.

Ouvimos dizer que nas creches londrinas – e nas suecas, que são consideradas especialmente progressistas – é proibido o uso das palavras «pai» e «mãe», que devem ser substituídas por palavras neutras do ponto de vista do gênero. Chegam-nos notícias semelhantes de gabinetes governamentais austríacos. Isto provoca reações que vão desde um abano de cabeça até a indignação, principalmente porque as pessoas não autorizaram seus representantes a reeducá-las.

Qual é o motivo desses absurdos? É dito em alto e bom som: as crianças a quem foi imposta a adoção por um casal do mesmo sexo não devem sentir que lhes falta algo que os outros têm. Dado que já não existe o conceito de anormal, o conceito de normal é um tabu colocado sob suspeita ideológica. No entanto, a normalidade é o que constitui todas as coisas vivas. Na natureza inanimada – isto é, na física – não há normalidade, mas apenas leis rígidas. Por outro lado, onde quer que haja vida, as espécies procuram cumprir a sua natureza de determinada maneira. E essa mesma natureza que as leva à realização pode perder o seu objetivo. Como escreveu Aristóteles, pode haver «erros da natureza». O instinto de ensinar filhotes de leão a caçar faz parte da natureza da leoa. Sem isso, as crias não seriam capazes de sobreviver e, consequentemente, não haveria leões. A ausência desse instinto é, portanto, uma anomalia.

O conceito de normalidade é indispensável quando se trata de lidar com processos vitais. Os erros neste âmbito ameaçam a vida da humanidade. Gabriele Kuby tem a coragem de mostrar que a nossa liberdade está ameaçada por uma ideologia anti-humana. E merece os nossos agradecimentos por nos esclarecer com o seu trabalho. O maior número possível de pessoas deve ler este livro, para que possa estar ciente do que esperar caso não reaja.

Robert Spaemann
Professor de Filosofia na Universidade
Ludwig-Maximilian de Munique

Introdução

O livro que o leitor tem nas mãos não pode ser lido sem uma reação emocional. A revolução sexual global afeta todos – homens e mulheres, novos e velhos –, a nossa existência pessoal e o futuro da sociedade.

As pessoas não são como os animais, escassamente programadas, quase sem instintos. Têm liberdade e devem decidir o caminho a seguir. Para isso precisamos de uma norma a respeito do bem e do mal. A norma da sexualidade, que foi seguida durante séculos, está sendo agora destruída, ou em vias de o ser.

Diz-se que se trata de um progresso desejável em direção à liberdade, como se a liberdade individual subjetiva para fazer o que é agradável e fonte de prazer fosse o caminho mais rápido para a felicidade. Mas será que isto é verdade?

Olhemos com rigor para o estado da sociedade: famílias desfeitas, mães ou pais educando os filhos sozinhos, jovens com feridas emocionais e espirituais profundas. Vejamos também os dependentes da pornografia, os milhões de abusadores sexuais de crianças, os milhões de bebês abortados, bem como nossa própria história de vida. Se perguntássemos a professores, médicos, psiquiatras, terapeutas, assistentes sociais ou conselheiros tutelares, todos diriam que seria melhor evitar este tipo de felicidade como se evita uma praga. Afirmamos que a juventude é a época mais feliz da vida, mas estamos criando uma sociedade em que há cada vez menos crianças sorridentes e cada vez mais idosos deprimidos.

Tudo isto é claro como a água. As causas são objeto de investigação e discussão, mas uma delas – talvez a mais importante – oculta-se por trás de um tabu: a desregulamentação das normas sexuais que atualmente molda a sociedade. Devido ao fato de essas normas fazerem parte do «sistema operacional» da sociedade, todas as sociedades protegem as normas sexuais com penalizações sociais e legais. Se a monogamia sempre foi a norma, agora, sob a bandeira da igualdade e da não discriminação, a legislação vem promovendo a permissividade do hedonismo e da promiscuidade sexual.

O conto «As roupas novas do imperador» é uma metáfora engenhosa sobre o tabu que impede a percepção da realidade tal como ela verdadeiramente é. O tabu existe porque falar sobre a verdade colocaria em xeque a estrutura de poder, que mais cedo ou mais tarde há de colapsar devido à sua negação da realidade.

Uns aldrabões convencem o imperador de que podem tecer-lhe «o mais belo dos panos», que tem como impressionante característica o fato de qualquer roupa feita com ele se tornar invisível a todos os que «não são aptos para o seu ofício ou são imperdoavelmente estúpidos». Afirmar o óbvio – que algo que não existe realmente não existe – pode ser delicado. O imperador não quer perder a sua posição nem revelar a sua estupidez, e é assim que se deixa enganar pelos burlões. Toda a gente se deixa enredar numa teia de mentiras, e todos afirmam ver algo que não existe. O imperador fica numa situação difícil, em que todos sabem que está vestido de mentira, e não de verdade. E só uma criança se atreve a gritar: «O imperador está nu!». A criança não tem um emprego em causa nem uma reputação a defender.

Neste livro, assumo o olhar de uma criança quando falo da corrupção do poder político. Trata-se de uma corrupção com um duplo significado: ao bem chama-se mal e ao mal chama-se bem, retirando às pessoas a orientação e a coragem para seguirem a vocação para o amor.

Descrevo a revolução sexual global preparada pelos pioneiros intelectuais da Revolução Francesa até a ideologia pós-moderna do gênero de Judith Butler, com suas consequências:

- A destruição dos sistemas de valores herdados de todas as culturas e religiões.
- O apoio à agenda revolucionária por parte das elites políticas internacionais.

- As iniciativas totalitárias, como se vê no programa estabelecido nos *Princípios de Yogyakarta*.
- A imposição concreta da ideologia de gênero na sociedade, a ponto de estabelecer, por razões políticas, mudanças na linguagem.
- A epidemia de pornografia, da qual as crianças e os jovens já não podem ser protegidos.
- O movimento homossexual como motor ativista a impelir esta revolução.

Ainda que alguns aspectos importantes deste movimento já não possam ser discutidos sem que isso implique um severo ataque pessoal, apresentamos num determinado capítulo abrangente investigação científica sobre a realidade da vida homoafetiva e sobre as contradições internas da agenda homossexual.

Um capítulo específico ocupa-se da posição cristã sobre a homossexualidade e de como a Igreja lida com as exigências do movimento.

O capítulo intitulado «A sexualização das crianças e dos jovens imposta pelo Estado» apresenta detalhadamente o modo como a educação sexual obrigatória nas escolas inicia ativamente as crianças e os jovens numa sexualidade hedonista, de modo a que os valores que tornam possível o casamento e a paternidade não sejam ensinados.

No Capítulo 14, «Intolerância e discriminação», dou exemplos de como a revolução sexual culmina no ataque às liberdades democráticas fundamentais e é dirigida especialmente contra os cristãos.

Mas há esperança. No penúltimo capítulo descrevo a resistência crescente contra esta revolução cultural.

Tudo isto nos leva ao capítulo final e à preocupação real da obra: advertir contra um novo totalitarismo que vem destruindo a liberdade em nome da liberdade.

Somos contemporâneos de uma revolução cultural que alcança todos os lares e todos os corações. Não há território neutro para onde possamos fugir. Esta revolução aumenta a sua velocidade e a força do seu ataque às liberdades democráticas dia após dia. Este livro, originalmente publicado em setembro de 2012 na Alemanha, foi alvo de atualizações a cada nova edição e tradução. A edição em português baseia-se na tradução inglesa, a qual, para a segunda edição australiana de 2019, foi detalhadamente revista e atualizada.

Tem sido verdadeiramente milagroso ver este livro publicado em inglês (Grã-Bretanha, Estados Unidos e Austrália), italiano, holandês, espanhol, sul-coreano, chinês (Taiwan), croata, eslovaco, húngaro, polaco e, agora, português, com traduções em búlgaro e russo em preparação.

O leitor tem o direito de conhecer a postura da autora. Como socióloga, observo as tendências do desenvolvimento da sociedade. Como mãe de três filhos, dedico-me ao futuro da próxima geração. E como católica (desde 1997), esforço-me por viver aquilo em que acredito. Isto inclui boa vontade para com as pessoas, ainda que não partilhe das suas convicções e elas não partilhem das minhas.

Gabriele Kuby, 2018

Capítulo I

A destruição da liberdade
em nome da liberdade

«O excesso de liberdade, seja nos Estados, seja nos indivíduos, parece dar lugar apenas ao excesso de escravatura. Assim, a tirania surge naturalmente da democracia, e as formas mais graves de tirania e de escravatura desenvolvem-se a partir da forma mais extrema de liberdade.»

Platão, *A República*, Livro VIII

O desmantelamento da sexualidade

Estamos no meio de um processo surpreendente. Os padrões fundamentais do comportamento humano que eram genericamente considerados válidos há apenas algumas décadas foram colocados de lado. O que era bom antigamente agora é considerado mau. Esses padrões afetam a disseminação da humanidade e a instituição universal que lhe dá cumprimento: a família. Em 1948, os países destruídos pela Segunda Guerra Mundial proclamaram a Declaração Universal dos Direitos Humanos, que afirma: «A família é o elemento natural e fundamental da sociedade e tem direito à proteção desta e do Estado» (artigo 16º). A família nasce a partir do casamento de um homem com uma mulher, que se comprometem a partilhar as suas vidas um com o outro e estão dispostos a criar e educar filhos. A família requer monogamia – fidelidade sexual entre esposos. Quando a monogamia é abandonada como orientação moral, a família acaba por se desmoronar. Estes elevados padrões morais sobre a forma como as pessoas vivem as suas vidas estão ancorados em ideais, costumes e leis.

No entanto, nos últimos quarenta anos, esses ideais, costumes e leis têm sido desmantelados. Nas prósperas culturas ocidentais, isso começou com as revoluções estudantis. Hoje em dia trata-se da agenda cultural revolucionária das mais poderosas elites do mundo. Desde os anos 1960, com ajuda das Nações Unidas (ONU), da União Europeia (UE) e dos meios de comunicação, um poderoso *lobby* tem lutado para mudar o sistema de valores. O objetivo é a liberdade absoluta, sem qualquer tipo de restrição natural ou limitação moral. O *lobby* considera o ser humano meramente como um indivíduo «nu». Para uma liberdade tão absoluta que deseja libertar-se da «tirania da natureza», qualquer preceito natural é um obstáculo a ser afastado. Quando a liberdade é percebida desta maneira, não existe «bem», «mal», nem nenhum sistema de normas. As armas concretas desta guerra incluem a desconstrução da sexualidade masculina-feminina, a alteração das normas sociais e atitudes da população (especialmente entre os jovens), a equivalência jurídica total entre a união homossexual e o casamento e até o ostracismo social e criminalização legal de qualquer oposição a essas novas «normas».

O processo é surpreendente porque essa tentativa de criar um novo ser humano, bem como a consequente dissolução de qualquer sistema de normas, recebe tratamento prioritário nas agendas da ONU, da UE e de muitos países, embora essa estratégia de revolução cultural não contribua para resolver os grandes problemas do nosso tempo. Pelo contrário! A mudança demográfica que se vive trará mais danos além da inviabilização da estrutura social. Durante os últimos quarenta anos, a maioria das taxas de natalidade dos países europeus caiu muito abaixo dos níveis de substituição. Ainda que se procure compensar essa queda por meio da imigração, isso acontece às custas da perda da identidade cultural. As políticas orientadas para o bem comum devem fazer do fortalecimento das famílias a prioridade das políticas sociais. Em vez disso, as normas sexuais foram liberalizadas ao serviço de pequenas minorias, privando assim a família dos valores que a tornam possível.

Isso desconcerta, pois destrói as condições que estiveram na base da cultura europeia e que constituem modelo de sucesso para o mundo inteiro. Até há alguns séculos esta cultura tinha fundamento cristão. O cristianismo era a base moral transmitida de geração em geração. A essência dessa cultura está nas decisões dos nossos antepassados sobre o que é bom e verdadeiro – decisões que implicavam sempre renúncia e sacrifício. Nem a violência, nem legisladores sedentos de poder, nem guerras, nem líderes religiosos corruptos, nem sequer os horríveis sistemas de terror ateus do século XX puderam erradicar a cultura cristã. As famílias não só tornaram possível a sobrevivência no meio da fome, mas também transmitiram essa cultura em circunstâncias adversas. Depois de cada catástrofe, o crescimento do cristianismo retornava, gerando a unificação da Europa com base nos elevados valores dos seus fundadores cristãos.

O que se está passando agora é mais profundo. Não se trata da ditadura do proletariado ou do domínio de uma raça superior. Os regimes de terror eram reconhecidos como opressores e poderiam ser eliminados passados doze ou sessenta anos, dependendo do caso. Agora o ataque é direcionado para a estrutura moral mais íntima da pessoa – a que a capacita para ser livre. O machado está hoje apontado para a raiz.

A premissa-base deste livro está em que o fantástico dom da sexualidade precisa ser educado caso se destine a permitir que as pessoas tenham uma vida e relações bem-sucedidas. O oposto – a grosseira passagem à realização de todos os desejos – distorce a pessoa e a cultura. Uma pessoa sexualizada desde a infância aprende que: «É *correto* agir, sem reflexão, de acordo com todos os instintos. É *errado* estabelecer limites para eles». Usa o seu próprio corpo e o corpo dos outros para satisfazer o seu desejo sexual, e não para expressar um amor pessoal. Esse desejo é poderoso, porque tem a missão de assegurar a sobrevivência da humanidade. Uma pessoa que não aprenda a educá-lo para ser expressão de amor e para a geração de uma nova vida fica sua refém. E uma pessoa assim conduzida perde a sua liberdade. Deixa de ouvir a voz da consciência. Perde a capacidade de amar e de se vincular. Perde o desejo de dar às crianças o dom da vida. Torna-se incapaz de qualquer realização cultural. Torna-se mental e fisicamente doente. Perde a vontade e a capacidade de manter a sua própria cultura, permitindo assim que ela seja dominada por outra mais diligente.

A ideia cristã de que os seres humanos são feitos à imagem e semelhança de Deus foi a base para a dignidade inviolável de cada pessoa e o que levou à formação do Estado e da sociedade assentes no princípio da liberdade. A elevada cultura moldada pelo cristianismo, com o seu compromisso com a razão e a verdade, permitiu uma investigação aberta sobre a realidade, dando origem a um desenvolvimento científico e tecnológico único. Todavia, o reconhecimento do Deus criador, a sacralidade da dignidade humana, a vigência dos valores morais universais e a busca não ideológica da verdade veem-se hoje sob pressão.

Os resultados são dramáticos. Muitas pessoas deixaram de querer transmitir a vida que receberam. As famílias estão se desintegrando. O desempenho da geração seguinte está em declínio – 20% dos jovens de 15 anos são analfabetos funcionais[1]. Cada vez mais as crianças e adolescentes sofrem de distúrbios psicológicos[2]. O direito à vida dos não nascidos, dos deficientes e dos idosos deixou de ser protegido. A liberdade religiosa, a liberdade de expressão, a liberdade da ciência e a liberdade dos pais de educar os filhos pequenos foram minadas.

Tudo isto está acontecendo em nome de uma ideologia que nega que os indivíduos existam enquanto homem ou mulher, que essa polaridade molda a sua identidade e que é necessária para a propagação da humanidade. (Anomalias psicológicas e físicas não alteram este fato.) Nunca tinha existido nenhuma ideologia que visasse destruir a identidade de gênero do homem e da mulher e todas as normas éticas de comportamento sexual. Essa ideologia chama-se *ideologia de gênero*.

---

[1] *Bildung in Deutschland 2012. Autorengruppe Bildungsberichterstattung*, Bielefeld, Bertelsmann Verlag, 2012.

[2] Cf. o estudo Kiggs do Robert Koch Institute: www.rki.de/kiggs (consultado em abril de 2018).

Há muitos outros fatores que estão modificando de forma dramática o nosso tempo – ecológicos, econômicos, técnicos e científicos –, mas nenhum deles visa estrategicamente o núcleo do ser humano, a sua identidade enquanto homem ou mulher, deixando o indivíduo cada vez mais entregue a um desejo sexual desprovido de quaisquer padrões morais.

Antes esteve reservado aos homens o desenvolvimento de sistemas ideológicos que deixassem rastros de destruição absurda e custassem a vida a milhões de pessoas. A ideologia de gênero foi criada por mulheres feministas radicais, e a sua implementação tem sido assegurada e trazido consequências inimagináveis. Muitas culturas sucumbiram à degeneração moral no passado, mas o fato de a degeneração moral estar sendo imposta na cultura pelos legisladores é algo novo.

Elevada cultura e elevada moralidade

Todas as culturas penalizam a violação dos seus padrões sexuais. Se antes acreditava-se que a imposição de penas por tudo – desde o ostracismo social à pena de morte – era uma característica das sociedades primitivas, hoje verificamos que se aplicam novos tabus que ganham validade por meio da exclusão social e da criminalização gradual, em particular no domínio que todas as culturas protegem com normas rígidas: o da sexualidade. Deu-se uma inversão. Hoje, impõe-se a dissolução dos padrões morais, e a oposição a isso é punida com exclusão e sanções legais.

Numa pesquisa científica abrangente, o antropólogo J. D. Unwin analisou a relação entre a sexualidade e a cultura[3]. No início da década de 1930, ele pretendia testar a tese de Sigmund Freud segundo a qual a cultura se baseia na «sublimação do instinto sexual»[4].

Os resultados foram, resumidamente, os seguintes: quanto maiores são as restrições sexuais, mais elevado é o nível cultural; quanto menos restri-

---

[3] J. D. Unwin, *Sex and Culture*, Londres, Oxford University Press, 1934.

[4] Cf. Sigmund Freud, *Das Unbehagen in der Kultur*, Viena, Internationaler Psychoanalytischer Verlag, 1930.

ções sexuais houver, mais baixo é o nível cultural[5]. Quando olhamos para o desenvolvimento da nossa sociedade, parece-nos que este princípio se confirma novamente.

Um novo totalitarismo suave?

Parece que as condições atuais estão a anos-luz dos sistemas de terror do nazismo e do comunismo. No entanto, verificamos que a nossa liberdade está cada vez mais limitada. As pessoas que primeiro se dão conta disto são aquelas cujos valores se chocam com as estratégias dos poderosos – a saber, os cristãos.

Não é possível identificar um sistema de governo que procure expressamente dominar o mundo, mas existem redes mundiais que seguem uma agenda comum.

Tem-se a impressão de que não há uma ideologia imposta pelo Estado, mas essa é uma ilusão falsa: a nova ideologia de gênero está firmemente estabelecida na política e nas universidades, embora atue nos bastidores. Se bem que as pessoas comuns ainda não conheçam o termo, toda a sociedade está sendo «ideologizada» segundo a ideologia de gênero. A exemplo de qualquer ideologia utópica, esta pretende criar um novo ser humano concebido segundo os seus próprios desejos.

Os grupos étnicos desfavorecidos não foram ainda (completamente) erradicados na Europa, mas a cada ano, em todo o mundo, mais de quarenta milhões de crianças são assassinadas no ventre materno antes sequer de poderem nascer.

Existe uma ordem democrática fundamental, mas também poderes incontroláveis que exercem a sua vontade sobre os eleitores e os seus representantes eleitos: os meios de comunicação e a oligarquia financeira.

Não existe um sistema de partido único, mas uma crescente parte da opinião pública já não se sente representada pelos partidos que estão no poder. Isto traduz-se no desinteresse pela política e no crescimento da abstenção.

---

[5] J. D. Unwin, *Sex and Culture*, p. 7.

Não existe um ministério da propaganda, mas há uma crescente uniformidade nos meios de comunicação que pressiona pelo desmantelamento das normas sexuais.

Não existe uma comissão de censura estatal, mas há políticas de governo e discursos acadêmicos que estabelecem as regras da «neolinguagem» a ser seguida, sob pena de dar nas vistas e sofrer consequências.

Não existe uma polícia de terror nem um serviço secreto, mas, graças ao armazenamento digital de dados, todos vivemos em casas de vidro onde não há nenhum recanto privado. Trata-se de um pré-requisito para a imposição de formas completamente novas de vigilância e controle totalitários.

Não existem movimentos de massas deslumbradas e manipuladas por um líder, mas há massas desagregadas e sem raízes que os programas de governo procuram acalmar; o potencial que têm para a radicalização numa emergência econômica é incalculável.

Não existe proibição do culto religioso, mas, em nome da luta contra a discriminação, a liberdade religiosa vem sendo insidiosamente restringida, e as condições sociais para transmitir a fé às gerações seguintes estão sendo minadas[6].

O totalitarismo mudou de roupa e agora aparece sob o manto da liberdade, da tolerância, da justiça, da igualdade, da não discriminação e da diversidade – cenários ideológicos que se revelam amputados e distorcidos.

Esses processos são globais e conduzidos por *lobbies* influentes em instituições internacionais. O núcleo desta revolução cultural global é o desmantelamento das normas sexuais. A supressão de limitações morais à sexualidade poderia dar a ideia de certo aumento da liberdade individual, mas na verdade dá lugar a indivíduos desenraizados, conduz à dissolução da estrutura social de apoio e produz caos social.

Hoje em dia, qualquer pessoa nos ambientes da política, das universidades, dos meios de comunicação e até da Igreja que dê razões para defender que o ato sexual pertence exclusivamente à relação matrimonial entre um ho-

---

[6] Martin Schulz, ex-presidente do Parlamento Europeu e presidente do Partido Social-Democrata alemão desde 2017, exigiu a abolição dos crucifixos nos espaços públicos dias antes das eleições para o Parlamento Europeu, em maio de 2014.

mem e uma mulher e que deve estar aberto à vida coloca-se em situação de risco. Qualquer um que discuta cientificamente os riscos e consequências do comportamento não heterossexual, ou que se oponha sem rodeios à liberalização do sexo, corre o perigo de converter-se em pária social. Pode ser excluído do debate público, estigmatizado com obscenidades, perder o emprego, ser assediado de muitas formas por grupos de interesse, ser discriminado de qualquer outra maneira... Na Alemanha, as manifestações a favor dos valores da família necessitam de forte proteção policial. A criminalização por meio de leis antidiscriminação e de novos delitos de opinião puníveis, tais como a «homofobia» e o «discurso de ódio», já é uma realidade nalguns países e está sendo promovida em todo o mundo.

Aqueles que dizem estar firmemente do lado do bem – que hoje com tanta coragem combatem o terror do Estado – têm vontade de se opor à crescente restrição da liberdade na nossa época? A linha divisória entre estar a favor da liberdade e renunciar à liberdade consiste em estar disposto a pagar hoje o preço por não nadar com os tubarões.

Admirável mundo novo

Por vezes os escritores conseguem ver para além das fronteiras do presente. Em 1930, na sua obra *Admirável mundo novo*, Aldous Huxley descreveu o que ocorre quando a diversão se converte em sentido para a vida e o sexo se converte em prazer cotidiano de jovens e adultos. No prefácio à edição de 1946, escreveu ele: «A verdadeira revolução revolucionária alcança-se, não no mundo exterior, mas nas almas e na carne dos seres humanos».

Assim, em *Admirável mundo novo*, as pessoas querem fazer o que se espera delas e tomam a sua escravatura por liberdade.

No seu prefácio, Huxley continua:

Na medida em que a liberdade política e econômica diminui, a liberdade sexual tende, em compensação, a aumentar. E o ditador [...] fará bem em encorajar essa liberdade. Em conjunto com a liberdade para sonhar acordado sob a influência de drogas, filmes e rádio, ajudará a reconciliar os seus súditos com o seu destino de servidão... Pensando bem, parece que a Utopia está muito mais próxima de nós do que alguém há apenas quinze anos poderia ter imaginado. Nessa altura, eu projetava-a para daí a seiscentos anos. Hoje parece bem possível que o horror possa estar mesmo à nossa frente, decorrido apenas um século[7].

Aldous Huxley escreveu este livro quando ainda não havia inseminação artificial, seleção pré-natal, bancos de esperma e de óvulos, barrigas de aluguel, «progenitor 1» e «progenitor 2», infantário, jogos de educação sexual no jardim de infância, educação sexual obrigatória nas escolas, consumo descontrolado de drogas, pornografia para entretenimento das massas, nem televisão em todas as casas, nem internet, nem *smartphones*.

As pessoas que tinham acabado de sobreviver à Segunda Guerra Mundial depositavam a sua esperança na recém-criada Organização das Nações Unidas, que aprovou a Declaração Universal dos Direitos Humanos em 1948. Seria um baluarte contra o indizível horror que enviara milhões e milhões de pessoas para a morte. Essas pessoas tinham sido degradadas, privadas dos seus direitos, desapropriadas, agonizadas, torturadas e assassinadas por gente cega pela ideologia e desumanizada pela corrupção do poder. Meio século depois, a mesma ONU é o local onde se travam as batalhas para elevar o assassinato de crianças no ventre materno a direito humano e para que as nações do mundo concedam às relações entre pessoas do mesmo sexo o estatuto legal do casamento.

Como previu Huxley, o núcleo deste ataque aos valores fundamentais é a sexualidade humana. A batalha por abolir as normas sexuais deu início à marcha triunfal duma época. Ao mesmo tempo, assistimos a uma decadência cultural ímpar no mundo ocidental. O que foi elogiado por Platão e Aristóteles como verdade, beleza e bem caiu agora em descrédito. Não se pode ganhar uma grande fortuna com a verdade, a beleza e o bem. Mas a mentira, a fealdade e a malícia trazem muita: milhares de milhões, só por meio do horror da pornografia.

---

[7] Aldous Huxley, *Brave New World,* 1932, reedição: Nova York, Everyman's Library, 2013, http://www.everymanslibrary.co.uk/ (consultado em abril de 2018).

Nascemos com o potencial para sermos livres, mas a capacidade de utilização da nossa liberdade para o bem requer formação e trabalho a nível pessoal. A virtude é a condição prévia da cultura. Devemos aprender as virtudes cardeais que permitem que floresça a nossa humanidade: prudência, justiça, fortaleza e temperança. Quando uma cultura deixa de valorizar a virtude e deixa de transmitir à geração seguinte o que é adequado, experimentado, verdadeiro e precioso – pelo exemplo e pela educação –, está cavando a própria sepultura. Ainda há liberdade e ainda não é demasiado tarde para a defender. Mas é preciso saber quem a vem limitando em benefício dos seus próprios interesses egoístas. É disso que trata este livro.

Capítulo 2

Os precursores da revolução sexual desde a Revolução Francesa até nossos dias

«Dos pensamentos de hoje depende o que se viverá nas praças e nas ruas de amanhã.»

José Ortega y Gasset

Os precursores

A Revolução Francesa elevou a razão autônoma à condição de uma deusa, uma militante feminista que se tinha libertado de Deus e dos seus imperativos. O povo viu-se seduzido por belas palavras, que tocavam os anseios nutridos por todos: *liberté, egalité, fraternité* («liberdade, igualdade, fraternidade»). Mas as pessoas não perceberam que a liberdade só pode crescer à custa da igualdade, que a igualdade só existe à custa da liberdade e que a fraternidade cai no esquecimento onde não há justiça.

A partir de uma cela bem abastecida na prisão da Bastilha, o marquês de Sade escreveu sobre o que significava a liberdade no âmbito da sexualidade. Encarcerado no final do *Ancien Régime*, teve muito tempo para transferir para o papel todas as perversidades que se possa imaginar. O seu nome ficou para sempre ligado a elas na sua terrível variante sadomasoquista. O seu romance de 1791, *Justine*, contribuiu como nenhuma outra coisa para a politização do sexo e para a sexualização da política. Sade mostrou o caminho para a revolução: da liberdade sexual ao sadismo e à morte. Bastaram apenas quatro anos para que as promessas iniciais da Revolução Francesa dessem lugar ao terror, com cabeças rolando na guilhotina a cada minuto. O grito de guerra de Voltaire, «Esmagai a infame!» (esmagai o mal, a Igreja!), levou à morte de milhares de sacerdotes e outros religiosos.

Com a renúncia de Napoleão, em abril de 1814, o regresso do rei Luís XVIII e a reabilitação dos jesuítas pelo Papa Pio XII (a ordem tinha sido proibida pelo Papa Clemente XIV em 1773), a primeira revolução sexual ficou durante algum tempo sepultada debaixo das cinzas da restauração política. No entanto, aí permaneceu em fogo brando durante apenas duzentos anos, para se transformar depois numa conflagração mundial ateada pelos estrategistas da revolução sexual global dos nossos dias.

Muitas mentes assaz instruídas e devotamente veneradas têm contribuído com ideias filosóficas e psicológicas para isso. Jean-Jacques Rousseau, Augusto Comte, Henri de Saint-Simon, Charles Fourier, Friedrich Nietzsche, Sigmund Freud, C. G. Jung, John Watson, Wilhelm Reich, Alfred Kinsey e Jack Kerouac são apenas alguns dos mais notáveis. Todos tinham uma coisa em comum: a rejeição, se não mesmo o ódio absoluto, à Igreja Católica, que nunca deixa de pregar a mensagem de Cristo: «Se me amais, guardareis os meus mandamentos» (Jo 14, 15).

Eles não obedeciam a esses mandamentos, não queriam respeitá-los e dedicaram suas vidas e uma considerável energia criativa a justificar essa atitude e recriar a humanidade à sua própria imagem. Ali, como agora, a Igreja colocava-se no seu caminho, pregando a mensagem imutável de Deus num mundo em constante mudança.

Friedrich Nietzsche expressou-o desta forma: «O cristianismo, até agora, tem sido sempre atacado de forma errada. Enquanto a pessoa não percebe a moral cristã como um crime capital contra a vida, os seus defensores sempre terão um jogo fácil. A questão da *verdade* do cristianismo [...] será algo inteiramente secundário enquanto não for abordada a questão do valor da moral cristã»[1]. Nietzsche disse que o cristianismo promulgou uma «moral de escravos» para os fracos, que só pode ser desprezada pela raça superior neopagã.

Na sua obra *Libido dominandi*[2], o autor americano E. Michael Jones fala dos que levam o rastilho intelectual para perto da gasolina. Jones mostra que eles vivem no meio do caos sexual e de relações desfeitas; negligenciam os filhos; são dependentes de drogas e álcool; e acabam em desespero, insanidade, ocultismo e suicídio. As suas histórias fazem jus a um provérbio da Baviera: «O diabo ajuda o seu povo e logo o arrebata».

Os que se tornaram, eles próprios, escravos dos seus impulsos e têm o poder de transformá-los em ferramentas ideológicas e políticas para a criação de um povo autônomo e sexualizado abrem o caminho do caos pessoal e social para os seus contemporâneos. Por outro lado, as pessoas alcançam a liberdade interior quando aprendem a cultivar os seus desejos por meio do vínculo voluntário do amor. Quando caem na mentira de que a satisfação sem limites dos seus impulsos é a liberdade ou leva à liberdade, subordinam-se a esses impulsos. Outra palavra para isso é «vício». Como escreve Jones:

> Foi este o gênio da política do Iluminismo, que não é, na realidade, nada mais do que uma física do vício: incitar a paixão, controlar o homem. Esta é a doutrina esotérica do Iluminismo, que foi aperfeiçoada durante mais de duzentos anos seguindo uma trajetória que envolve tudo, desde a psicanálise à publicidade, à pornografia e ao papel que ela desempenha na *Kulturkampf*[3].

---

[1] Citado por Joseph Ratzinger em Marcello Pera, Joseph Ratzinger, *Ohne Wurzeln*, Augsburg, Sankt Ulrich Verlag, 2005, p. 134.

[2] E. Michael Jones, *Libido Dominandi: Sexual Liberation and Political Control*, South Bend, St. Augustine Press, 2000, p. 200.

[3] *Ibid.*, p. 59.

O autor observa ainda que «essa descoberta foi engenhosa porque o vício como forma de controle social é praticamente invisível. Aqueles que são escravos das suas paixões veem apenas o que desejam, e não a escravidão que esses desejos provocam neles»[4].

Os duzentos anos de guerra cultural para criar pessoas controláveis, autônomas e manipuláveis tiveram vários motores, os quais se desenvolveram em poderosas coligações de interesses:

- O malthusianismo, que visava reduzir a população mundial porque a população alegadamente aumentava mais depressa do que a produção de alimentos.
- O movimento eugênico, que visa aumentar a qualidade das pessoas e reduzir a sua quantidade.
- Os interesses dominantes dos ricos e poderosos dos Estados Unidos, geralmente brancos anglo-saxônicos e protestantes, que perceberam o perigo da «fertilidade diferencial» e temeram que a baixa taxa de natalidade da classe alta e a alta taxa de natalidade da classe baixa, sobretudo de negros nos EUA e pobres nos países do Terceiro Mundo, os levasse a perder poder político e econômico.
- Pessoas influentes que contribuíram com ideias e métodos filosóficos, políticos e psicológicos para transformar a realidade social.
- Revolucionários comunistas que destruíram a família e a religião e quiseram transformar o Estado numa sociedade utópica sem classes.
- O movimento feminista, que procurou libertar a mulher da «escravatura do casamento e da maternidade» (Simone de Beauvoir).
- O movimento homossexual, que quer abolir a «heterossexualidade obrigatória».

Todos esses grupos de interesse se sobrepõem; a filiação dos seus protagonistas pode ser variada e abarcar mais do que um grupo.

---

[4] *Ibid.*, p. 61.

O malthusianismo

Quando ocupava uma cátedra de Economia Política, em 1798, Thomas Robert Malthus (1766-1834) escreveu *An Essay on the Principle of Population*, no qual formulou a sua «lei de ferro da população». Afirmava então que fomes catastróficas seriam inevitáveis, uma vez que a população aumentava geometricamente (2-4-8-16, e assim por diante), enquanto a produção de alimentos aumentava apenas aritmeticamente (1-2-3-4...). Para evitar isso, seria necessário reduzir as taxas de natalidade.

Até hoje, esta teoria influenciou o destino de pessoas e nações em todo o mundo. Malthus queria eliminar o excesso de bocas no «grande banquete da natureza». E expressou-o desta forma:

> Um homem que nasce num mundo já ocupado, se não consegue obter a subsistência dos seus pais, em relação a quem tem uma justa exigência, e se a sociedade não quer o seu trabalho, não pode exigir o direito à menor porção de comida e, de fato, está a mais na Terra. No grande banquete da natureza não há lugar para ele. Ela diz-lhe que se vá embora, e rapidamente trata de executar as suas próprias ordens [por meio de] doença, miséria e morte.

Essa diminuição populacional também poderia ser efetuada mediante esforços mundiais por parte dos controladores da população, para quem a dizimação natural não é suficiente. Malthus via as pessoas cujos números ameaçavam a riqueza e o poder das classes dominantes como consumidores desnecessários que deviam ser eliminados, e não como gente cujo espírito criativo e trabalho poderiam criar prosperidade.

Se realmente houver escassez de alimentos, como acontece em muitos países do mundo, existem duas opções: aumentar a produção de alimentos e distribuí-los de forma justa, ou reduzir a população. De acordo com a FAO (Organização das Nações Unidas para a Alimentação e a Agricultura), a produção de alimentos *per capita* – a quantidade de alimentos disponível para cada pessoa no mundo, se eles forem distribuídos equitativamente – aumentou 30% de 1951 a 1992[5].

A ONU espera que a população mundial chegue a quase nove bilhões até 2050 e, em seguida, comece a decrescer. Pela primeira vez, ela assume que a fertilidade na maioria dos países em desenvolvimento cairá para menos de 2,1 filhos por mulher no século XXI. Espera-se que fique abaixo do nível de substituição em três de quatro países em desenvolvimento até 2050. Esta é a estimativa da Divisão de População das Nações Unidas na revisão de 2002 das projeções oficiais para a população mundial[6].

O medo de uma explosão da população surgiu pela primeira vez em meados do século XX. Paul Ehrlich começou o seu famoso *The Population Bomb* com as palavras: «A batalha para alimentar a humanidade toda acabou. Nas décadas de 1970 e 1980, centenas de milhões de pessoas vão morrer de fome, apesar de todas as medidas de choque que venham a ser tomadas agora»[7]. Num tom de autoridade científica infalível, em 1972, o Clube de Roma publicou *The Limits of Growth*, prevendo que até o ano 2000 os recursos minerais e depósitos de petróleo do mundo estariam, em grande medida, esgotados. A principal razão para isso era a alegada explosão populacional. O objetivo do Clube de Roma era «construir uma sociedade global no século XXI».

Poderá isso ser alcançado? A Fundação Rockefeller investe milhões para orientar o desenvolvimento da sociedade de acordo com os seus interesses e tem apostado no controle da natalidade. O século XX trouxe possibilidades técnicas aprimoradas e completamente novas: a pílula contraceptiva em 1960 e a legalização gradual do aborto.

Até hoje, a redução da população mundial é uma prioridade dos Estados Unidos e das organizações internacionais, o que poderá explicar a razão pela qual as elites do poder promovem os movimentos feministas e homossexuais e as organizações abortistas que operam em todo o mundo.

---

[5] Roland Rösler, *Der Dämon des Thomas Robert: Oder Was heisst hier Überbevölkerung*, Abtsteinach, Derscheider, 1997, pp. 42ss.

[6] http://www.un.org/esa/population/publications/wpp2002/WPP2002-HIGHLI-GHTSrev1.PDF (consultado em abril de 2018).

[7] Paul Ehrlich, *The Population Bomb*, Nova York, Ballantine Books, 1988, p. xi.

Margaret Sanger e o movimento eugênico

Margaret Sanger (1879-1966) desempenhou papel decisivo no controle populacional. Assumiu como missão de vida a eliminação dos elementos supostamente indesejáveis da população, mediante a contracepção, a esterilização e o aborto. Nos Estados Unidos, o clima era adequado para a ideologia eugênica. A «higiene racial» não foi inventada pelos alemães. Como Jeremy Rifkin relata, Theodore Roosevelt, o vigésimo sexto presidente dos Estados Unidos (1901-1909), erguera esta bandeira:

> Algum dia vamos perceber que o principal dever, o dever inescapável, dos bons cidadãos é deixar o seu sangue no mundo; e que não temos nada que permitir a perpetuação dos cidadãos do tipo errado. O grande problema da civilização é garantir um aumento relativo dos elementos valiosos em relação aos elementos menos valiosos ou nocivos da população. [...] O problema não pode ser abordado devidamente se não tivermos em conta a enorme influência da hereditariedade [...]. Gostaria muito que se pudesse evitar a reprodução das pessoas erradas; e, quando a natureza nociva dessas pessoas for suficientemente flagrante, isso deve ser feito. Os criminosos devem ser esterilizados e as pessoas débeis mentais, proibidas de deixar descendência [...]. A ênfase deve ser colocada em levar as pessoas desejáveis a reproduzir-se[8].

Feminista simpática ao comunismo, Margaret Sanger foi utilizada pelos poderosos para servir a esse objetivo; abriram-lhe todas as portas. Ela praticou a sexualidade livre que pregava e teve vários casos amorosos com contemporâneos influentes. Deixou o primeiro marido e três filhos para se casar com o magnata do petróleo James Noah H. Slee, que financiou as suas atividades de eugenia. A morte prematura da sua filha deficiente assombrou-a por toda a vida. Em sessões de espiritismo, tentou várias vezes entrar em contato com ela.

---

[8] Jeremy Rifkin, *Was macht euch so ängstlich? Eine Anfrage an die Deutschen*, Frankfurter Allgemeine Zeitung, n. 269, 18 de novembro de 2000, p. 41.

Sanger não se coibiu ao violar a lei por causa da sua missão eugênica ou ao ser presa por ela. Cruzou a América e, posteriormente, a Europa e a Ásia para lutar pela legalização do controle da natalidade e para convencer as mulheres a reduzirem a sua fertilidade.

Em 1921, Sanger fundou a American Birth Control League («Liga Americana para o Controle da Natalidade»), que defendia abertamente a eugenia com propósitos racistas. No mesmo ano, Marie Stopes abria uma clínica de controle da natalidade em Londres. Hoje, a Marie Stopes International é uma das maiores organizações abortistas do mundo.

Na década de 1930, os Rockefeller começaram a apoiar a campanha de Margaret Sanger pelo controle da natalidade como solução para a pobreza em massa na época da Grande Depressão. Numa audiência no Congresso, Sanger pediu «mais filhos dos aptos e menos dos inaptos». Teve, no entanto, um oponente poderoso: o teólogo moral católico Mons. John Ryan. O que ele disse sobre a American Birth Control League aplica-se inteiramente às políticas atuais das Nações Unidas:

> Defender a contracepção como método para melhorar as condições de vida dos pobres e desempregados é desviar a atenção das classes influentes para longe da busca da justiça social e libertá-las de toda a responsabilidade pela má distribuição e outros desajustes sociais. Simplesmente não podemos – aqueles que acreditam nisso como eu – subscrever à ideia de que os pobres são responsáveis pela sua situação e, em vez de obter do governo justiça e uma ordem social mais racional, achar que lhes deve ser pedido que reduzam de número[9].

Ryan venceu Sanger na audiência do Congresso, pelo que John D. Rockefeller III se comprometeu, pessoalmente, com a cruzada da contracepção durante o resto da sua vida. Para muitos americanos, a contracepção, o aborto e a esterilização foram, e ainda são, a resposta para as cerca de um bilhão de pessoas nesta Terra que sofrem de fome e para as cerca de nove milhões que morrem por causa dela a cada ano.

---

[9] Jones, *Libido dominandi*, p. 284.

Em 1942, a American Birth Control League mudou seu nome para International Planned Parenthood, uma vez que as tentativas nazistas de limpeza étnica tinham baixado a popularidade da eugenia. Dez anos mais tarde, foi fundada a filial alemã, que assumiu o nome Pro Familia, o qual leva ainda mais longe a aparente simpatia em relação à família. A organização «apoia» a família por meio da realização de 77% de todos os abortos que têm lugar na Alemanha[10].

Até sua morte, aos 86 anos, Margaret Sanger deixou um longo rastro de realizações. Em 1927 deu início ao Congresso Mundial para o Controle da População em Genebra. Também pôs em marcha um movimento de massas a favor do «amor livre». Financiou a pesquisa sobre a pílula anticoncepcional e lutou com incrível perseverança pelas mudanças na lei, até que finalmente, em 1965, o Supremo Tribunal dos Estados Unidos declarou inconstitucionais as leis contra o controle da natalidade, com a resolução Griswold *vs.* Connecticut. Ela tinha alcançado os objetivos da sua vida.

Karl Marx e Friedrich Engels

No início do século XIX, Karl Marx e Friedrich Engels desenvolveram a filosofia do materialismo dialético, que teve o objetivo de levar a cabo a utopia de uma sociedade sem classes. Na sua essência, esta foi uma batalha contra Deus, a fé e a Igreja. Marx e Engels tinham sido cristãos na juventude, assim como o homem forte soviético Josef Stalin, que chegou a ser seminarista durante vários semestres. Afastaram-se da fé e elevaram-se a si próprios e aos seus ensinamentos à condição de princípio último, dando potencial sobre-humano à violência, trazendo um terror sanguinário e a destruição a grande parte da Terra. Quando Marx e Engels delineavam esta ideologia, em meados do século XIX, quem poderia imaginar que estavam escrevendo a história da humanidade?

---

[10] www.profamilia.de/fileadmin/dateien/fachpersonal/spin0202.pdf (consultado em abril de 2018).

Num poema escrito na juventude, Karl Marx revelou os seus objetivos sombrios:

Numa oração de desespero edificarei um trono para mim!
Frio e grande será o seu cume,
O seu baluarte será um horror sobre-humano,
E o seu marechal a agonia sombria![11].

No *Manifesto do Partido Comunista*, de 1848, ainda podemos ler:

Mas o comunismo suprime as verdades eternas, suprime toda a religião e moralidade, em vez de as constituir sobre uma nova base; portanto, atua em contradição com toda a experiência histórica anterior… [Os comunistas] declaram abertamente que os seus objetivos só podem ser alcançados mediante a violenta deposição de todas as condições sociais existentes.

A vida privada de Marx foi desastrosa. As duas filhas e o genro suicidaram-se. Ele vivia da ajuda econômica de Friedrich Engels e da caça de heranças. Por exemplo, sobre o tio, disse o seguinte: «Se o cão morrer agora, conseguirei livrar-me deste aperto»[12]. E não só ficou com a sua própria família destroçada, como pretendia que a família enquanto instituição fosse destruída; para Marx, no fundo, tratava-se sempre de uma batalha contra Deus: «O segredo da Sagrada Família é a família terrena. Para fazer desaparecer a primeira, a segunda deve ser destruída, na teoria e na prática»[13]. Marx e Engels reinterpretaram a questão da mulher como uma questão de classe. Na sua obra de 1884 *A origem da família, da propriedade privada e do Estado*, Engels escreveu: «O primeiro antagonismo de classes que aparece na história coincide com o desenvolvimento do antagonismo entre homem e mulher na monogamia; e a primeira opressão de classes, com a do sexo feminino por parte do mas-

---

[11] Marx-Engels-Gesamtausgabe (MEG), vol. 1, pp. 182-183.

[12] Richard Wurmbrand, *Das andere Gesicht des Karl Marx*, Uhlinden, Stephanus Edition, 1987, p. 33.

[13] Marx-Engels-Gesamtausgabe, vol. 3, p. 6.

culino»[14]. Ele encarou a integração das mulheres no processo de produção como uma condição necessária para a sua libertação. Para os revolucionários comunistas, a «moral burguesa» impede a realização da sociedade sem classes porque foi no casamento que surgiu o primeiro antagonismo de classes. Todos os revolucionários sexuais no século XX têm as suas raízes espirituais no marxismo. Não importava aos revolucionários intelectuais de esquerda que os executores desta ideologia subjugassem povos inteiros pelo terror de Estado e abatessem milhões e milhões de pessoas que travavam a marcha da sua «utopia». Aparentemente, nem todas as ideologias são desacreditadas pelos assassinatos em massa que acarretam.

Alexandra Kollontai

Durante a Revolução Russa, Alexandra Kollontai foi a primeira mulher a integrar o Conselho Revolucionário de São Petersburgo e a comissária para o Bem-estar Público presidido por Lenin. Também foi ela quem legalizou o divórcio e o aborto, fundou casas comunais e promoveu o amor livre para libertar a mulher da «opção entre o casamento e a prostituição». Os bolcheviques queriam controlar a educação dos filhos, a fim de fazerem deles comunistas obedientes. As mulheres deviam trabalhar nas fábricas, e já não para os seus maridos e filhos em casa.

Kollontai fez o que pôde para tornar o seu sonho realidade: «O fogo do lar está se apagando em todas as classes e camadas da população, e é claro que nenhuma medida artificial irá avivar a sua chama moribunda»[15]. Contudo, os excessos morais da revolução levaram a sociedade russa a tamanho caos que houve uma reação. Isso exasperou Wilhelm Reich – um revolucionário sexual na Alemanha – porque a Rússia já não podia servir como modelo de uma verdadeira utopia[16]. O lamento de Reich sobre a «reação sexual» na União So-

---

[14] Friedrich Engels, *The Origin of the Family, Private Property and the State*, Project Gutenberg, 1902, http://www.gutenberg.org/files/33111/33111-h/33111-h.htm (consultado em abril de 2018).

[15] Jones, *Libido dominandi*, p. 159.

[16] Wilhelm Reich, *The Sexual Revolution: Toward a Self-Regulating Character Structure*, Nova Iorque, Farrar, Straus and Giroux, 1974. Cf. *Sexual Revolution in Russia*.

viética no início da década de 1930 é interessante, porque todas as medidas revolucionárias dos bolcheviques – que eles efetivamente restauraram depois de uma curta fase experimental – estão na agenda das classes políticas dominantes nos nossos dias. Com tristeza Reich queixou-se de que:

- As restrições à homossexualidade tinham se restabelecido.
- A «interrupção da gravidez» tinha se tornado mais difícil.
- A liberdade sexual da juventude soviética e o «esclarecimento sexual racional» das crianças e dos adolescentes estavam sendo minados por uma «ideologia ascética».
- A «família obrigatória» estava novamente sendo apoiada, e a lei da dissolução do casamento de 1918 tinha sido revogada.
- A coletivização da educação das crianças tinha parado, e a responsabilidade fora devolvida aos pais.
- A «destruição da escolaridade autoritária» por meio da autonomia das crianças tinha sido revertida. Reich sabia que isso ameaçava a revolução, pois tinha reconhecido que «o processo sexual da sociedade sempre fora o núcleo do seu processo cultural»[17].

Wilhelm Reich

Na época da República de Weimar, Wilhelm Reich foi um dos mais eficazes revolucionários sexuais. Reich foi severamente afetado pelo suicídio da sua mãe, quando tinha 14 anos, e pela morte do pai, deprimido, alguns anos depois. Como estudante de Medicina, já era conhecido na Sociedade Psicanalítica de Viena, fundada por Sigmund Freud em 1908. Sem ter completado o estágio, aos 23 anos já trabalhava como psicanalista.

A sua teoria do orgasmo surgiu a partir da teoria da libido de Freud e – para simplificar as coisas – alegava que as pessoas precisavam de três orgasmos por semana para serem saudáveis e para edificarem a sociedade sem classes como cidadãos da revolução. Não era importante o modo como isso era in-

---

[17] *Ibid.*, p. 159.

duzido. Podia ser pela própria mão, com parceiros alternados, com qualquer sexo. Para tanto, o «casamento obrigatório» e a «família obrigatória» como instrumento da educação dos filhos tinham de ser destruídos, e a forma de fazer isso era a sexualização das massas, particularmente das crianças. Na sua obra *The Sexual Revolution*, Reich afirma que «a família patriarcal é o terreno estrutural e ideologicamente fértil de todas as ordens sociais com base no princípio autoritário». E continua dizendo: «Não discutimos a existência ou não existência de Deus – simplesmente eliminamos as repressões sexuais e dissolvemos os vínculos infantis com os pais»[18]. Os outros objetivos subversivos decorrem naturalmente da dinâmica iniciada.

Qual é a base do princípio autoritário? A relação com Deus, com a Igreja, com a tradição, com os pais – sobretudo com o próprio pai – e com os professores. Reich deixou bem claro que a sexualização era o veículo para destruir cada uma dessas relações e, por conseguinte, a ordem estrutural de toda a sociedade.

Para cumprir essa agenda, construiu uma superestrutura teórica com pretensões científicas. O marxismo entrou em cena como ciência infalível e objetiva, e Reich completou-o com a recém-inventada «ciência» da psicanálise. Como acontece com qualquer ideologia, Reich usou um enorme constructo intelectual para vender o seu destrutivo programa como algo bom. De acordo com a sua teoria, a guerra, a exploração do proletariado, o «misticismo religioso» e o fascismo[19] têm todos a mesma causa: seis mil anos de «repressão sexual» que fizeram adoecer a humanidade em todo o mundo. Todos os flagelos da vida humana desapareceriam para sempre se as pessoas vissem os seus desejos sexuais satisfeitos sem quaisquer limitações.

Essa foi a luta de Reich, e foi por essa razão que aderiu ao Partido Comunista, do qual acabou expulso em 1933. Fundou o movimento Sex-Pol, que organizava manifestações proletárias maciças em Berlim, antes da guerra. A agenda era: «A afirmação sexual como núcleo de uma política cultural de afir-

---

[18] Jones, *Libido dominandi*, p. 261.
[19] Wilhelm Reich, *The Mass Psychology of Fascism*, Nova York, Farrar, Straus & Giroux, 1970.

mação da vida baseada na economia socialista planificada»[20]. Em poucas palavras: «Satisfaz os teus impulsos sexuais e criarás o paraíso na Terra». Eis um precursor do mais conhecido *slogan hippie*: «Faça amor, não faça a guerra».

As crianças e os jovens foram cruciais para a estratégia de Reich. Os jovens sexualmente ativos são revolucionários naturais que se revoltam contra qualquer autoridade. Reich queria abolir a «atmosfera de negação do sexo e a estrutura da família» utilizando a sexualização para libertar as crianças e os jovens dos seus laços familiares: «A juventude revolucionária é hostil e destruidora da família»[21]. Reich promoveu a masturbação como «forma de escapar ao dano da abstinência» e as relações sexuais com início na puberdade, uma vez que «a repressão [da sexualidade juvenil] é essencial para manter o casamento obrigatório e a família, bem como para a geração de cidadãos submissos»[22].

Wilhelm Reich tinha consciência de que a sexualização total da cultura significaria o extermínio das igrejas e do Estado tradicional, e era esse o seu objetivo. E. Michael Jones aponta aquilo que uma sociedade em transição de um modelo cristão para um modelo hedonista se recusa a distinguir: «O Estado deve apoiar-se com os dois pés a favor de uma ou outra forma de governo – seja a regra da razão e do autocontrole ou a regra da revolução sexual… O Estado clássico deve promover a virtude; o Estado revolucionário deve promover o vício… Mas o vício leva também, mais cedo ou mais tarde, ao desaparecimento do Estado revolucionário»[23].

Estranhamente, Reich submeteu-se três vezes à restrição do casamento. Também se divorciou da terceira mulher, com quem se tinha casado no exílio em Nova York e de quem teve o seu terceiro filho.

Reich desenvolveu um «acumulador de orgônio», uma máquina para a produção de «energia vital». Ele e o colega Dr. Silvert foram condenados por fraude e detidos por venderem esse aparelho. Reich morreu em 1957 na penitenciária federal de Lewisburg, na Pensilvânia. O seu colaborador foi libertado um ano depois e suicidou-se passado pouco tempo.

---

[20] *Idem*, p. 268.
[21] *Ibid.*, pp. 89ss.
[22] *Ibid.*, p. 115.
[23] Jones, *Libido dominandi*, p. 260.

Wilhelm Reich foi extraordinariamente influente. Fritz Perls, fundador da terapia *Gestalt*, completou a sua formação em análise com Reich em Viena, e a famosa bioenergética de Alexander Lowen foi influenciada pela teoria de Reich do «caráter blindado pela repressão sexual». No entanto, conseguiu a sua grande inovação cultural revolucionária *post mortem*, mediante as revoltas do final da década de 1960. As suas mensagens foram reabilitadas nas teorias da «Escola de Frankfurt» e semeadas nos corações e mentes dos estudantes pelas obras dos emigrados Adorno, Horkheimer e Marcuse, que tinham regressado à Alemanha. Como era sedutora a mensagem: «Libertem-se da moral repressiva cristã, vivam segundo seus instintos e criem o paraíso de uma "sociedade livre de domínio"»!

Magnus Hirschfeld

Um dos primeiros ativistas a favor da legitimação da homossexualidade foi Magnus Hirschfeld. Como «pioneiro da sexologia», desenvolveu a teoria de que o sistema de gênero binário deveria ser abolido em favor da individualização radical. Segundo ele, cada homem e cada mulher seriam uma mistura única de traços masculinos e femininos. Numa época de ingenuidade científica, vendeu a sua agenda política para mudar o sistema de valores como se ela fosse «ciência». Em Nice, onde morreu em 1935, lê-se o seguinte na sua lápide: *Per scientiam ad justitiam* («Pela ciência à justiça»).

Como homossexual, Hirschfeld foi uma figura enigmática. Por um lado, lutou pela aceitação da homossexualidade, mas ao mesmo tempo dizia que a homossexualidade era uma «deformidade congênita» que devia ser classificada entre as «anomalias sexuais e perversões»[24]. No seu livro *Berlins Drittes Geschlecht*, chama aos homens e mulheres homossexuais «pessoas infelizes, marginalizadas, que arrastam um misterioso enigma da natureza nas suas vidas solitárias. Devemos ser gratos a qualquer médico que tenha novas op-

---

[24] Magnus Hirschfeld, *Sappho und Sokrates*, p. 15. Citado em http://sex-needs-culture.blogspot.de/2011/12/magnus-hirschfeld-das-falsche-idol.html (consultado em abril de 2018).

ções de tratamento, porque muitos homossexuais têm o desejo, certamente justificado, de se sentirem inerentemente heterossexuais»[25].

Em 1908, Hirschfeld fundou a *Zeitschrift für Sexualwissenschaft* («Revista de Sexologia») e, em 1919, o *Institut für Sexualwissenschaft* («Instituto de Sexologia»), que organizava congressos para uma «reforma sexual de base científica» em que se promovia a ideia «científica» de que a homossexualidade era uma variante da natureza. Hirschfeld compreendeu o potencial dos meios de comunicação para mudar a cultura e pôs em marcha a produção do primeiro filme homossexual, *Diferente dos outros*, que ele próprio protagonizou. Em 1923, fundou o *Institut für Freikörperkultur* («Instituto do Nudismo») e, em 1928, em Copenhague, a Liga Mundial para a Reforma Sexual. Com isso, colocou a primeira pedra da rede homossexual internacional. Hirschfeld também defendia a eugenia, para «enxerto» e «melhoria» dos seres de maior e menor valor, por meio de seleção, e foi membro da Sociedade Alemã para a Higiene Racial[26].

Na República de Weimar, Hirschfeld foi a personificação do «bolchevismo cultural», que era visto como algo judeu. Os nazistas opunham-se-lhe, pelo que as suas palestras foram interrompidas por esquadrões de bandidos. Ele chegou a ser severamente espancado. Em 1933, o seu Instituto de Sexologia foi fechado e os respectivos arquivos, destruídos pelos nazistas, possivelmente também para acabar com material comprometedor. Os nazistas perseguiram os homossexuais e mataram-nos nos campos de concentração, mas, ao mesmo tempo, as suas fileiras estavam cheias deles[27]. Hitler acusou alguns opositores de homossexualidade simplesmente para os afastar.

Magnus Hirschfeld ainda está vivo. A *German Society for Social-Scientific Sexuality Research,* fundada em 1990, atribui a medalha Magnus Hirschfeld a contribuições significativas para a ciência sexual e a reforma sexual. Rosa von Praunheim fez um filme sobre a vida de Hirschfeld, intitulado *O Einstein do sexo*. A Fundação Hirschfeld Eddy procura defender «direitos humanos

---

[25] *Ibid.*

[26] *Ibid.*

[27] Cf. Scott Lively e Kevin Abrams, *The Pink Swastika: Homosexuals and the Nazi Party*, Keizer, Oregon, Founders Publishing Company, 1995.

para as minorias sexuais». A forma de alcançar este objetivo é explicada pelos Princípios de Yogyakarta, que estão sendo gradualmente implementados sob a autoridade da ONU (cf. Capítulo 5). Para isso, o Governo Federal Alemão forneceu dez milhões de euros à Fundação Magnus Hirschfeld.

Magnus Hirschfeld tentou vencer a dolorosa contradição entre a sua própria homossexualidade e a condenação desta condição como «deformidade» e «perversão» dissolvendo a identidade de gênero. É por isso um precursor da ideologia do gênero.

Sigmund Freud e C. G. Jung

A psicologia profunda deu à sexualização da sociedade um poderoso impulso ao ser considerada, no século XX, uma das mais importantes descobertas sobre a humanidade. A mensagem de Sigmund Freud dizia que a consciência humana era apenas a ponta visível do *iceberg*. Oculto estava o subconsciente, que era o que realmente controlava as pessoas.

Esse subconsciente gira em torno dos desejos sexuais reprimidos, como o «complexo de Édipo», a «inveja do pênis» e a «angústia de castração» que Freud dizia ter descoberto nos seus pacientes. O desejo sexual das crianças visava diretamente o progenitor do sexo oposto, fazendo com que a criança percebesse o progenitor do mesmo sexo como rival, o que desencadeava sentimentos de inveja e ódio.

A religião, a moralidade e a autoridade parental estariam ancoradas no «superego» e exerceriam um poder repressivo sobre a pessoa, especialmente no que diz respeito aos seus desejos sexuais. Acreditava-se que anos de psicanálise poderiam despojar o «superego» do seu poder e, com a ajuda de um «ego» emancipado, as necessidades do «id» seriam satisfeitas sem culpa. Afastado da sua religião judaica, Sigmund Freud considerava a religião algo infantil e do domínio do pensamento mágico; em total sintonia com Feuerbach, pensava tratar-se de uma projeção que cumpre importantes funções na psique humana: a fantasia de segurança e proteção, um sentido mais elevado para a vida e o controle moral. Ele acreditava que as práticas religiosas eram compulsões neuróticas de uma pessoa que se recusava a crescer.

Freud falsificou as suas descrições de casos, era dependente de cocaína, tinha uma relação com a irmã da mulher, fumava vinte charutos por dia, contraiu câncer do palato, pelo que foi submetido a trinta cirurgias, e morreu devido a uma overdose de heroína que o seu médico de família fora levado a administrar-lhe quando a vida se lhe tornou insustentável. A sua vida foi a de uma mente brilhante que formulou, de maneira eloquente, teorias psicológicas que tiveram importante papel no desmantelamento dos valores cristãos do século XX e na sexualização da cultura.

O herdeiro de Freud, dezenove anos mais novo, foi C. G. Jung. Contudo, Jung distanciou-se de Freud e fundou a sua própria escola de psicologia. Atribui-se a ele a união entre a psicanálise e a «espiritualidade», e por isso muitos cristãos acreditam que Jung fez a ponte entre a fé e a psicologia profunda. Jung preferia falar de *numina* em vez de Deus. Trata-se de um termo originário do paganismo romano que indica a presença de divindades não específicas numa árvore, numa pedra, num imperador, no cosmos ou até nos «arquétipos» jungianos.

Por trás do seu conceito de que as «sombras» desterradas da personalidade devem ser «integradas» na *persona* está a perspectiva de que Deus é simultaneamente bom e mau e de que as pessoas podem albergar uma unidade entre o bem e o mal, uma «união esponsal de metades opostas». Desta forma retira o núcleo da imagem cristã de Deus, que se baseia na certeza de que Deus é amor: de que é totalmente bom e dá às pessoas a graça de vencer o mal em, com e por Jesus Cristo. Martin Buber descreve a psicologia jungiana como um novo «gnosticismo pseudorreligioso».

No seu livro *Healing Presence*, Leanne Payne relata a iniciação de Jung no «domínio do oculto», que ele próprio descreve na sua obra autobiográfica *Memórias, sonhos, reflexões*. Quando tinha entre três e quatro anos, ele teve um sonho aterrador que o perseguiu durante o resto da sua vida. Viu um deus-falo entronizado com três ou quatro metros de altura e ouviu a voz da sua mãe a gritar para ele: «Olha para ele. É o que come homens!»[28]. Jung associa a este sonho a sua atitude de desdém em relação a Jesus: «O Senhor

---

[28] Leanne Payne, *The Healing Presence: Curing the Soul through Union with Christ*, Grand Rapids, Baker Books, 1989, p. 228.

Jesus nunca se tornou totalmente real para mim, nunca foi realmente aceitável, nunca foi realmente amável, já que uma e outra vez voltava a pensar no seu homólogo clandestino (o deus-falo), uma tremenda revelação que me foi concedida sem que eu a procurasse»[29].

Leanne Payne acredita que a «iniciação na obscuridade» dos primeiros anos de Jung é a chave para a sua «integração» do mal e do bem e para a sua abertura ao ocultismo. O constructo profundo e sofisticado de Jung é a forma elitista de invadir a espiritualidade católica com o esoterismo.

John Watson, Edward Bernays, Bernard Berelson

No entanto, a psicologia profunda não é adequada para a *engenharia social*, a manipulação de massas ao serviço de fins ocultos. O behaviorismo forneceu a base para isso. O seu fundador foi John Watson, cujo livro *Behaviorism* veio a público em 1914. Watson via cada ser humano como um objeto maleável, passível de ser condicionado por estímulos positivos e negativos. Isso era considerado uma abordagem estritamente científica e nova da pessoa, bem como um método para mudá-la. A mensagem do darwinismo, que afirmava que o homem não era mais do que um macaco altamente desenvolvido, tinha preparado o caminho para tanto. Como as pessoas estavam cada vez menos formadas pela religião e menos ligadas a ela, à tradição e à moral, podiam e precisavam ser recondicionadas.

Quanto mais nova a pessoa, maior o êxito. Em 1928, Watson publicou o livro *Psychological Care of Infant and Child*, que pretendia substituir o amor paternal e as normas tradicionais de educação das crianças pelo controle comportamental «científico». Desde então, tem havido um processo contínuo de negação da capacidade das mães e dos pais de educar os seus filhos. O livro de Watson foi uma das inspirações de Aldous Huxley para o romance *Admirável mundo novo*, em que as pessoas são condicionadas para amar a escravidão.

---

[29] Cf. Jeffrey Satinover, *The Empty Self: CG Jung and the Gnostic Transformation of Modern Identity*, Cambridge, Grove Books, 1996, citado por Leanne Payne.

O behaviorismo prometia resolver os problemas da sociedade convertendo os psicólogos em engenheiros sociais.

Edward Bernays, sobrinho de Sigmund Freud, foi um dos primeiros e mais eficazes engenheiros sociais. Devido ao seu sucesso, a revista *Life* o apontou como uma das cem personalidades mais influentes do século XX. Tinha paixão por manipular as massas. «Se entendêssemos o mecanismo e as motivações da mente dum grupo», escrevia ele, «não seria possível controlar e educar as massas segundo a nossa vontade, sem que elas o soubessem?»[30].

Ele descreveu esta técnica de formar opiniões de massas como *engenharia do consentimento*. O livro mais conhecido de Bernays, *Propaganda*, surgiu em 1928. O primeiro capítulo, «Organizar o caos», começa com as seguintes palavras:

> A manipulação consciente e organizada dos hábitos organizados e das opiniões das massas é um elemento importante numa sociedade democrática. Aqueles que manipulam estes mecanismos ocultos da sociedade constituem um governo invisível, que é o verdadeiro poder que governa o nosso país. Somos governados, as nossas mentes são moldadas, os nossos gostos formados, as nossas ideias sugeridas, na maioria, por homens de quem nunca ouvimos falar. Este é o resultado lógico da forma como a nossa sociedade democrática está organizada. Um grande número de seres humanos deve cooperar com isto se quiserem viver juntos numa sociedade que funciona sem problemas. [...] Em quase todos os atos da nossa vida cotidiana, seja na esfera da política ou dos negócios, no nosso comportamento social ou no nosso pensamento ético, somos dominados por um número relativamente pequeno de pessoas [...] que entendem os processos mentais e os padrões sociais das massas. São elas que manipulam os fios que controlam a mente pública[31].

Estes *insights* não escaparam a Joseph Goebbels, que, como ministro da propaganda do Terceiro Reich, se apressou a utilizá-los para pôr em marcha a

---

[30] Edward L. Bernays, *Propaganda*, H. Liveright, Nova York, 1928, p. 71.
[31] *Ibid.*, p. 37.

máquina de propaganda antissemita da Alemanha. São estes também os motivos e as opiniões dos comentadores da nossa época.

Bernays era ateu confesso. De acordo com Marvin Olasky, que teve com ele longas conversas, «[ele estava totalmente ciente] de que um mundo sem Deus rapidamente desapareceria no caos social. Portanto, alegava que a manipulação social por meio de conselheiros de relações públicas se justificava com o fim de criar deuses feitos pelo homem que pudessem impor um controle social sutil e evitar o desastre… Puxar os cordelinhos nos bastidores era algo necessário não só para a vantagem pessoal, mas também para a salvação da sociedade»[32].

O behaviorista Bernard Berelson, das universidades de Columbia e Stanford, desenvolveu ainda mais as técnicas de manipulação de massas, usando as novas possibilidades técnicas da rádio e da televisão e o perfecionismo sociocientífico das pesquisas de opinião. Estava ao serviço das fundações Ford e Rockefeller, e a introdução da sua obra pioneira, *Reader in Public Opinion and Communication*[33], afirma claramente que a manipulação das massas requer a manipulação das suas opiniões. Jones resume-o da seguinte forma: «O objetivo da secularização era a redução de todos os imperativos da vida a "opiniões", o que quer dizer que "não" é a expressão de absolutos morais ou da lei divina. Desde que ocorresse essa "secularização", as pessoas que controlavam as "opiniões" controlavam o país»[34].

Berelson sabia do que estava falando e o colocou em prática como presidente do Conselho da População sob a direção de John D. Rockefeller III. Com muito dinheiro e muito *know-how*, conseguiu cumprir a missão da vida de Rockefeller: mudar as atitudes americanas em relação à contracepção para que os programas de redução populacional pudessem concretizar-se.

E. Michael Jones explica deste modo os passos no caminho da democracia manipulada:

---

[32] Jones, *Libido dominandi*, p. 187.

[33] Bernard Berelson e Morris Janowitz, *Reader in Public Opinion and Communication*, Public Opinion Quarterly, vol. 14, n.º 3, 1950.

[34] Jones, *Libido dominandi*, p. 415.

A crença religiosa significava *ipso facto* o oposto da opinião e, portanto, tratava-se de ideias não sujeitas à manipulação das pessoas que controlavam os meios de comunicação social. Caso se pretendesse algum avanço significativo no controle político a partir da manipulação dos meios de comunicação social, então era preciso deslocar grandes áreas do pensamento do campo da religião para o campo da opinião. A moral sexual era a mais importante das áreas do pensamento religioso que necessitavam ser deslocadas para o campo da «opinião», ficando então sob o controle de guerreiros da psicologia como Berelson e os que pagavam lhe pagavam o ordenado, a saber: Rockefeller[35].

Alfred Kinsey

Alfred Kinsey conseguiu um grande avanço na sexualização do mundo ocidental com a publicação de *Sexual Behavior in the Human Male*, em 1948, e *Sexual Behavior in the Human Female*, em 1953.

Kinsey, cujas habilitações científicas pertenciam ao campo da entomologia, é corretamente considerado «o pai da sexologia». A sua importância no desmantelamento dos valores fundamentais da cultura ocidental não pode ser superestimada. Entretanto, já foi provado que ele era sadomasoquista, que abusou de crianças e reclusos para chegar aos resultados que desejava e que falsificou as suas estatísticas. Isto foi revelado pela Dra. Judith Reisman no princípio da década de 1980.

No entanto, os sexólogos, até nossos dias, citam-no como um cientista sério. Kinsey alcançou o seu objetivo de eliminar a herança sexual «repressiva» da cultura judaico-cristã tanto no comportamento como na legislação. Afirmava que as leis que até então tinham protegido as famílias, as mulheres e as crianças eram relíquias de uma moral hipócrita à qual ninguém aderia e que se interpunham no caminho das maravilhas de uma «era sexualmente tolerante e honesta». O resultado é a anarquia sexual. Afirma Judith Reisman: «Como um tumor que se estende por todo o corpo, a anarquia sexual espa-

---

[35] *Ibid.*, 416.

lhou-se pelo tecido da sociedade, tocando todos os aspectos da vida americana e todos os homens, mulheres e crianças»[36].

As obras de Kinsey dão a impressão de serem pesquisa social estritamente científica e empírica. Em dois meses, o primeiro livro vendeu 200 mil exemplares e fez com que o assombrado público americano acreditasse que era «normal» manter relações sexuais pré-matrimoniais, divorciar-se, satisfazer tendências homossexuais e consumir pornografia. A afirmação de Kinsey parecia óbvia: «A menos que queiramos fechar os olhos à verdade ou encarcerar 95% da nossa população masculina, devemos rever completamente os nossos códigos legais e morais». De acordo com os resultados «científicos» de Kinsey, as crianças seriam sexualmente ativas a partir da infância, poderiam ter orgasmos e deveriam ser encorajadas por adultos a satisfazerem as suas necessidades sexuais. Kinsey afirmava ainda que «o conjunto das nossas leis e dos nossos costumes em matéria de sexualidade se baseia no desejo declarado de proteger a família, e na base da família está o pai. O Relatório Kinsey revela que o seu comportamento é bastante diferente de tudo o que o público em geral pode considerar razoável ou possível»[37]. O aumento do divórcio «sem culpa» (1970), a legalização do aborto (1973), as relações sexuais extraconjugais, a coabitação, a tolerância da fornicação, da sodomia, da homossexualidade, do divórcio e da prostituição tiveram o efeito esperado: desintegração das famílias, pais ausentes, propagação explosiva de doenças sexualmente transmissíveis e uma juventude emocionalmente traumatizada. Kinsey tinha aliados poderosos: a Fundação Rockefeller, para o financiamento; o editor da *Playboy*, Hugh Hefner, para o apoio dos meios de comunicação social, através da distribuição de pornografia; o American Law Institute, para mudar as leis sobre delitos sexuais; o SIECUS – Sex Information & Education Council of the United States, para fazer pressão através da educação sexual obrigatória nas escolas; e a International Planned Parenthood, para legalizar e provocar abortos.

---

[36] Life Site News, 24 de agosto de 2011: https://www.lifesitenews.com/news/sexual--anarchy-the-kinsey-legacy (consultado em abril de 2018). Para consulta de publicações de Judith Reisman e informações *online* sobre Alfred Kinsey: www.drjudithreisman.com (consultado em maio de 2018).

[37] Jones, *Libido dominandi*, p. 341.

A ascensão de Kinsey à fama e à influência a nível mundial foi financiada pelos Rockefeller. Kinsey convidou os chefes da Fundação Rockefeller a visitar o seu Instituto para a Investigação Sexual na Universidade de Indiana (hoje conhecido como Kinsey Institute for Research in Sex, Gender and Reproduction), onde lhes deu a conhecer a sua coleção de pornografia, a maior do mundo. Aliás, para reforçar a sua coleção, os Rockefeller financiaram dois fotógrafos e o equipamento necessário.

No entanto, a partir de 1951, começaram a surgir dúvidas sobre a credibilidade dos seus dados empíricos. Nesse ano, a American Statistical Society deu a conhecer uma avaliação negativa da validade das estatísticas de Kinsey. E, como o Relatório Kinsey entrou no fogo cruzado de uma investigação no Congresso, os Rockefeller retiraram o seu financiamento, o que porém não impediu a distribuição do Relatório Kinsey e a erosão dos valores morais. O *New York Times* desempenhou nisso um importante papel (o seu editor Hays Sulzberger também era membro da direção da Fundação Rockefeller).

Passaram-se 32 anos até que Judith Reisman trouxesse à luz as atividades criminosas de Kinsey e as suas perversões sexuais extremas. O seu ensaio *The Scientist as a Contributing Agent to Child Sexual Abuse: A Preliminary Study* colocou-a na mira dos meios de comunicação social, desde o *New York Times* até o *Washington Post*, passando pela *Playboy*. Em última instância, custou-lhe seu lugar na Universidade Americana. No centro da sua crítica estava o Gráfico 34, que relatava orgasmos múltiplos em bebês e crianças pequenas; apontava para catorze orgasmos em 38 minutos numa criança de onze meses, sete orgasmos em nove minutos para uma criança de dois anos e 26 orgasmos em 24 horas para uma criança de quatro anos. Judith Reisman assinalou o óbvio, ou seja, que os dados tinham sido obtidos por meio de um abuso criminoso de menores.

Kinsey era homossexual e sadomasoquista. Praticou a automutilação e era dependente de medicação. Morreu em agosto de 1956.

Nada disso o impediu de ser reconhecido até hoje como «o pai da sexologia», área de estudo que se consolidou nas universidades, nos governos e nas instituições privadas que alimentam a revolução sexual que ele pretendeu realizar.

John Money

John Money, psiquiatra do Johns Hopkins Hospital, em Baltimore, foi um dedicado sucessor de Kinsey. Desempenhou um papel-chave na ideologia de gênero, promotora da livre escolha do próprio gênero. Na década de 1960, Money abriu a primeira clínica para operações de mudança de sexo: a Gender Identity Clinic. O seu êxito baseava-se numa experiência com um par de gêmeos idênticos. O pênis de um dos gêmeos, Bruce Reimer, ficara tão ferido numa circuncisão desastrada que os pais o submeteram a uma cirurgia de mudança de sexo; mudaram-lhe o nome para Brenda e passaram a educá-lo como uma menina durante dez anos, sob a orientação terapêutica do Dr. Money.

O rapaz revoltou-se desde o início e sentia que os tratamentos eram uma espécie de tortura. A partir dos onze anos começou a ser atormentado por pensamentos suicidas. Aos treze, quando descobriu o que lhe tinha acontecido, decidiu imediatamente viver como rapaz, mas nunca perdeu a sensação de profunda vergonha. Bruce Reimer, que mudou o nome para David e chegou mesmo a casar, matou-se com um tiro aos 38 anos. Dois anos antes, o irmão, Brian, tinha posto fim à sua vida com uma overdose de comprimidos. O fato de esta experiência ter desembocado em dois suicídios não impediu John Money de a usar, durante anos, como prova de que a cirurgia de mudança de sexo era segura. E com isso atraiu multidões à sua clínica[38].

Tal como Kinsey, Money propunha o «sexo grupal e a bissexualidade». Promovia os chamados *fucking games* para crianças e chegou a classificar perversões sexuais extremas (até o sexo assassino) como «parafilias», preferências meramente diferentes.

Simone de Beauvoir

Os esforços no sentido da eugenia feitos pelos ricos e poderosos dos Estados Unidos tornaram os Rockefeller os financiadores de Margaret Sanger, da Planned Parenthood, de Alfred Kinsey e de muitos outros que fizeram pressões no sentido da legalização e da difusão da contracepção e do aborto. No feminismo

---

[38] Volker Zastrow deu a conhecer este escândalo em «Der kleine Unterschied», *Frankfurter Allgemeine Zeitung*, 7 de setembro de 2006. Citações extraídas deste ensaio.

encontraram um parceiro estratégico poderoso. O seu momento chegou com a publicação do livro de Simone de Beauvoir *O segundo sexo*. A edição francesa veio a público em 1949; a alemã, em 1951; e a primeira tradução inglesa, em 1953, tendo vendido centenas de milhares de cópias na década de 1960.

Beauvoir foi educada como católica, mas deixou-se atrair pela vida boêmia de Paris: «Sempre tive a certeza de que o pecado era a ausência de Deus e empoleirava-me no banco do bar com todo o fervor com que me ajoelhava, em criança, diante do Santíssimo Sacramento»[39]. Fez um pacto com Jean-Paul Sartre e tornou-se modelo do amor livre. As suas novelas *A convidada*, sobre um triângulo amoroso, e *A mulher desiludida* refletem o elevado preço psicológico que pagou por esse papel.

«Uma pessoa não nasce mulher, torna-se mulher» foi o pregão de *O segundo sexo*[40]. Por trás dele esconde-se uma lógica simples: dado que são oprimidas pelos homens, as mulheres devem negar a sua identidade feminina para poderem usufruir dos mesmos privilégios masculinos. De acordo com a promessa de *O segundo sexo,* tinha chegado o momento em que as mulheres podiam romper os grilhões da opressão patriarcal, fugir da escravatura da maternidade, realizar-se por meio de carreiras profissionais e entregar-se ao prazer de uma «sexualidade livre». Para isso, a contracepção e o aborto eram indispensáveis. Na opinião de Beauvoir, a gravidez era uma «mutilação»; o feto, um «parasita» e «nada mais que um pedaço de carne». Beauvoir exaltava os seus dois abortos e instalou um local para abortar no seu salão de Paris, quando o assassinato de bebês não nascidos ainda era proibido. A campanha para acusar de aborto mulheres proeminentes com o objetivo de acabar com a proibição foi importada para a Alemanha por Alice Schwarger, estudante entusiasta de Beauvoir, Kinsey e Money. E conseguiu o que queria: matar crianças no útero sem qualquer acusação judicial. Desde então, mais de oito milhões de crianças foram abortadas na Alemanha. Nos Estados Unidos, o total é de 56 milhões desde 1973.

---

[39] Alice Schwarzer, *Simone de Beauvoir: Ein Lesebuch mit Bildern*, Rowohlt Verlag, Reinbek, 2008, p. 38.

[40] Simone de Beauvoir, *Das andere Geschlecht*, Reinbek bei Hamburg, Rowohlt Taschenbuch, 1968, p. 265.

A agenda feminista radical tinha-se consolidado, com a rejeição da moral sexual, a rejeição do casamento, da maternidade e da família, o aborto como «direito humano da mulher», a carreira da mulher como único modelo e a luta de poder contra os homens.

O feminismo teve o seu auge nas décadas de 1970 e 1980. Depois de Simone de Beauvoir quebrar as barreiras, chegaram Shulamith Firestone, com *The Dialetic of Sex: The Case for Feminist Revolution*; Betty Fiedan, com *The Feminine Mystique*; e Kate Millet, com *Sexual Politics*. Estes títulos venderam-se em quantidades maciças. Há muito que o feminismo nada tinha a ver com a igualdade de direitos. O objetivo era a renúncia à heterossexualidade e a destruição da família e da Igreja – estruturas sociais que não podem existir sem a união do homem e da mulher no casamento. Judith Butler, filósofa americana e principal ideóloga do que ficou conhecido como *gender mainstreaming* («ideologia de gênero»), deu mais um passo. Butler negou a importância da diferença biológica de gênero entre homem e mulher e trabalhou pela sua destruição na sociedade (cf. Capítulo 1).

Vejamos. Os intelectuais de esquerda e os ateus prepararam o terreno. Os meios de comunicação sexualizaram as massas. Psicólogos e sociólogos embriagados pelo poder de moldar as pessoas e a sociedade para alcançar os seus objetivos contribuíram com os métodos de engenharia social. As fundações Rockefeller e Ford entraram com o capital. E as instituições políticas levaram a cabo o programa. O objetivo é óbvio: reduzir a população mundial. Rockefeller e Berelson uniram-se para convencer o presidente Johnson a tomar o caminho da redução populacional. No seu *Discurso sobre o Estado da União*, a 4 de janeiro de 1965, ele explicou: «Procurarei novas formas de usar o nosso conhecimento para ajudar a lidar com a explosão da população mundial e com a crescente escassez de recursos».

A reviravolta: as revoluções estudantis dos anos 1960

Até agora temos lançado luzes sobre as principais correntes da revolução sexual. Com as revoltas dos estudantes no final da década de 1960, essas correntes juntaram-se e formaram uma torrente furiosa. As sementes germinaram na terra. As cabeças dos estudantes estavam cheias de Marx e Engels, Freud, Reich, Beauvoir, as teorias da Escola de Frankfurt, Che Guevara e Mao Tsé-Tung. A Universidade da Califórnia, em Berkeley, exportou novas formas de protestos políticos estudantis: *sit-ins* e *teach-ins.* O ambiente era de violência. Os pátios da universidade e as salas de conferências eram ocupados durante dias para pregar a revolução no linguajar próprio do materialismo dialético. Todos os dias, a lanchonete da Universidade Livre de Berlim aparecia coberta de novos panfletos. As associações de estudantes, financiadas com o orçamento das universidades, estavam quase todas nas mãos das esquerdas e eram reorientadas por grupos radicais como instrumentos de revolta.

Os vendedores das ideias eram professores da Escola de Frankfurt. Curiosamente, para que uma ideia fosse eficaz em termos de mudança social, não era importante que a mensagem fosse inteligível. O *Capital* de Marx é difícil de entender; no entanto, tornou-se o fundamento ideológico sem o qual teriam sido impensáveis as ditaduras comunistas, as derivas teóricas da Escola de Frankfurt e as revoluções estudantis.

Durante a República de Weimar, o Instituto para Pesquisa Social de Frankfurt foi a base acadêmica para a mudança sociopolítica. O instituto, fundado em 1932, era um centro de pesquisa sobre o marxismo científico. Em colaboração com o Instituto Marx-Engels de Moscou, publicou as obras completas de Marx e Engels. Os seus membros fundadores foram Friedrich Pollock, Max Horkheimer e Carl Grünberg, todos membros ou simpatizantes do Partido Comunista Alemão. O instituto publicou a *Zeitschrift für Sozialforschung* («Revista de Pesquisa Social»), a plataforma mais importante, antes e depois da guerra, para os marxistas, entre os quais figuravam Max Horkheimer, Theodor W. Adorno, Erich Fromm, Leo Löwenthal, Walter Benjamin, Herbert Marcuse, Ernst Bloch e outros.

A marca da Escola de Frankfurt foi a fusão do marxismo com a psicanálise de Freud, com o objetivo de transformar a sociedade de acordo com os princípios comunistas: abolição da propriedade privada, destruição da religião e destruição da família. O odre novo para o velho vinho marxista chamava-se «teoria crítica». Desde o tempo de Marx que a propaganda revolucionária se tinha revestido com a capa de «ciência», traindo ao mesmo tempo a própria essência da ciência: a procura objetiva da verdade. Este elevado ideal sempre fora a base da incomparável fecundidade da ciência ocidental. Quando ele cai por terra, a ciência também cai e passa a ser escrava de grupos de interesse.

Os nazistas fecharam o Instituto de Pesquisa Social em 1933. Após uma interrupção temporária em Genebra, a instituição recebeu um generoso acolhimento na Universidade de Columbia, em Nova York. Foi aí que Adorno e outros deram início à sua pesquisa sobre a «personalidade autoritária», que é gerada pela «família autoritária» e mostra-se «potencialmente fascista». Tratava-se de uma teoria para legitimar a desconstrução da família.

Já em 1946, o presidente da Câmara de Frankfurt e o reitor da Universidade de Frankfurt surpreenderam os marxistas exilados ao restabelecerem o instituto ali. Isso coincidia com os interesses americanos pela «reeducação» do povo alemão[41]. O primeiro grande projeto para investigar as atitudes políticas dos alemães foi financiado pelo Alto Comissariado dos Estados Unidos para a Alemanha. Dado que a maioria dos interrogados não quis cooperar e revelou sentimentos ambivalentes em relação à democracia, a necessidade de reeducação pareceu ainda mais urgente.

Max Horkheimer e Theodor W. Adorno receberam cargos docentes. Horkheimer tornar-se-ia decano e, mais tarde, até reitor da Universidade de Frankfurt. Dirigiram o instituto até 1964. Em 1955, Ludwig von Friedeburg tornou-se chefe do departamento de Pesquisa Empírica. De 1956 até 1959, Jürgen Habermas foi assistente no instituto, e em 1964 sucedeu Horkheimer na cátedra de Filosofia e Sociologia.

Os professores de Frankfurt colaboraram estreitamente com a Liga Socialista Alemã (SDS) em Berlim, cujo líder mais destacado foi Rudi Dutschke. Desde então, o seu nome tem sido dado às ruas berlinenses. Um dos mais destacados ativistas midiáticos do movimento de 1968, Klaus Rainer Röhl, redator-chefe duma publicação intitulada *Konkret*, escreveu em 1994 um livro autocrítico em que revelava que os dirigentes esquerdistas acatavam ordens e obtinham o dinheiro de que necessitavam do outro lado do

---

[41] Cf. Caspar von Schrenck-Notzing, *Charakterwäsche, Die Reeducation der Deutschen und ihre bleibenden Auswirkungen*, Ares Verlag, Graz, 2005.

muro, na Berlim Oriental. No entanto, a sua preparação intelectual vinha de Frankfurt[42].

Um observador imparcial deve questionar-se sobre como podiam os filhos da classe média alemã deixar-se atrair pela ideologia marxista numa cidade dividida pelo Muro de Berlim, onde uma faixa mortífera cheia de minas terrestres e supervisionada por franco-atiradores impedia que os moradores do lado comunista se dirigissem para o Ocidente. Em fotografias da época, vê-se jovens sãos, bem alimentados e bem vestidos – filhos do milagre econômico e da democracia livre na Alemanha Ocidental. Não havia proletariado, mas uma prosperidade sem precedentes. Ninguém queria ir «para o outro lado». No entanto, deixavam-se inspirar por *slogans* como estes:

«Destrua o que o destrói!»
«Combata a família nuclear burguesa!»
«Se você dorme duas vezes com a mesma pessoa, é escravo do vício burguês!»

O povo alemão carregava a culpa do Holocausto. Lidar com essa culpa foi um processo lento e trabalhoso. E havia um tabu no ar: só os criminosos nazistas podiam ser chamados pelo nome, sendo considerados incomparavelmente piores do que qualquer outra coisa, passada ou presente, que tivesse sido feita em nome do comunismo. Até hoje, o esquerdismo ainda é aceitável como uma companhia decente. Para um esquerdista, nem o passado violento nem a colaboração com a polícia secreta constituem obstáculos para alcançar as posições profissionais mais conceituadas. Ao mesmo tempo, ser rotulado «de direita» ou, pior ainda, «de extrema direita» – justamente ou não – pode custar a uma pessoa a reputação e o emprego.

A ideologia da Escola de Frankfurt tinha assumido o controle da situação: atribuía-se a culpa do Holocausto ao caráter autoritário dos alemães[43].

---

[42] Klaus Rainer Röhl, *Linke Lebenslügen, Eine Überfällige Abrechnung*, Ullstein, Frankfurt a.M.,1994.

[43] Cf. Theodor W. Adorno, Else Frenkel-Brunswik, Daniel J. Levinson e R. Nevitt Sanford, *The Authoritarian Personality*, Harper and Brothers, Nova York, 1950; Max

E, como esse caráter autoritário fora forjado na família, a conclusão lógica era: para que a Alemanha seja reeducada, a família tem de ser destruída.

Mas como é que se destrói a família? Para isso, o livro *Eros e civilização*, de Herbert Marcuse, deu o impulso decisivo. Ele acreditava que a causa mais profunda das relações repressivas de poder estava na supressão do *eros*; ela havia desencadeado uma dinâmica sociopatológica que conduzira ao domínio do homem pelo homem e, em última instância, à guerra e ao assassinato em massa. Marcuse defendeu a abolição do princípio da realização e a sua substituição pelo princípio do prazer. Enquanto Freud via a «sublimação do impulso sexual» como condição para o aparecimento da cultura, Marcuse falava de uma «moralidade libidinosa» inerente ao *eros*. Ele criticou a «tolerância repressiva» e promoveu a intolerância em relação a quem impedisse o desmoronamento revolucionário dos valores tradicionais. Viver aqui e agora, em consonância com o princípio do prazer, foi uma atitude elevada à categoria de ato revolucionário. Quem não estivesse convencido desse caminho de salvação seria apontado como «reacionário», «revanchista», «contrarrevolucionário», ou até mesmo «fascista».

Que tipo de libertação é esta? Os homens de todas as grandes culturas lutaram contra os seus impulsos para se tornarem capazes de assumir compromissos e de constituir família, para o bem do progresso e da cultura, e eis que aparecem uns abastados revolucionários alemães defendendo que tudo isso foi em vão... A satisfação desenfreada dos impulsos sexuais conduziria a uma sociedade virtuosa, livre de qualquer domínio, e poria definitivamente fim à guerra e ao genocídio.

Uma «sexualidade liberta» do «matrimônio obrigatório», do tabu do incesto e da proibição da pedofilia era abertamente praticada em Berlim, na «Comuna I» e na «Comuna II», e exibida com entusiasmo pelos meios de comunicação social. O sexo com qualquer um – diante de crianças, com crianças e entre crianças – foi promovido sem possessividade burguesa. Se as crianças «queriam», por que se lhes deveria negar isso? O Partido dos Verdes

---

Horkheimer, Erich Fromm e Herbert Marcuse, *Studien über Autorität und Familie. Forschungsberichte aus dem Institut für Sozialforschung*, Paris, 1936.

ainda mantinha esta posição nas décadas de 1980 e 1990, tendo tentado legalizar a pedofilia.

Um novo tipo de infantário (o *Kinderladen*) foi criado como local experimental para criar essa pessoa nova, mediante uma educação antiautoritária, que logo entrou nas escolas e nas famílias como «educação emancipadora».

Com a queda do Motion Picture Production Code (também conhecido como Código Hays) em Hollywood e o fim da proibição da pornografia na Alemanha (1973), o sexo em todas as suas formas converteu-se no furor dos meios de comunicação e da publicidade. Em 1981, Beate Uhse abriu as suas *sex shops*; em 1956 surgiu a *Bravo*, revista alemã destinada à sexualização de crianças e adolescentes; e em 1959 chegou a *Playboy*. Russ Meyer, o diretor americano de filmes de *sexploitation*, estreou a sua primeira película em 1959. Ingmar Bergman rompeu com a proibição da exibição pública de sexo com o filme *O silêncio*, de 1962; e a partir de 1967 o público alemão aprendeu uma ampla gama de posições sexuais nos filmes de Oswald Kolle.

O poderoso meio que foi a música *rock* transformou a subcultura *hippie* na principal corrente da cultura juvenil. O haxixe e as drogas psicodélicas tornaram-se socialmente aceitáveis. Em 1969 esperava-se que o lendário festival de *rock* Woodstock atraísse 60 mil participantes, mas foram 400 mil. Cheio de drogas e música, converteu-se na memorável prova de que um dos mais geniais *slogans* de sedução podia tornar-se realidade: «Faça amor, e não a guerra». As feministas convenceram a sociedade de que os homens representavam o machismo patriarcal, enquanto as mulheres, esposas e mães, eram oprimidas e consideradas inferiores. Elas alegavam que as mulheres só poderiam encontrar a plenitude nas suas carreiras profissionais por meio de uma «sexualidade liberada».

No Instituto Esalen, na Califórnia, os métodos da psicologia humanista e as dinâmicas de grupo prometiam a expansão dos estados de consciência como base para a «Nova Era» que se aproximava. Essas ideias penetraram nas escolas estatais e nas instituições educativas. Atraíram pessoas com a promessa de que poderiam atingir a consciência divina e realizar todos os desejos terrenos sem a «escravidão moral» do cristianismo.

Como resultado, graças às revoltas estudantis dos finais da década de 1960, duzentos anos de trabalho constante por parte de grandes pensadores deram finalmente o seu fruto: a base judaico-cristã da cultura ocidental começou a estalar. A mensagem da «libertação sexual» tinha chegado às salas de toda a gente e à maioria dos quartos. Mediante a constante estimulação do desejo sexual por parte dos meios de comunicação social, que apresentavam imagens cada vez mais despudoradas, as opiniões e o comportamento das massas alteraram-se no seu núcleo moral: a sexualidade.

As normas sexuais são da maior relevância pública porque influenciam poderosamente o destino de toda a sociedade. *Como vai o sexo, assim vai a família; e como vai a família, assim vai a sociedade.* Por esta razão, todas as sociedades submetem as normas sexuais a estritas sanções legais e sociais. Mas agora estamos vendo que certas normas libertinas são impostas pela lei penal.

É difícil manipular uma pessoa enraizada na religião e na família. Para que as pessoas sejam seduzidas pelo fascínio da liberdade absoluta e da gratificação sexual livre, é preciso, em primeiro lugar, destruir o vínculo moral da fé em Deus e o vínculo familiar. Durante décadas, a prosperidade crescente tornou possível vender a diversão como o sentido da vida, com o sexo à frente e no centro. Se as opiniões e os comportamentos das massas fossem alterados dessa forma, a revolução cultural global poderia prosseguir sem entraves, vencendo o debate público e a oposição mais corajosa. A sexualização – ainda que se trate apenas de uma aventura ocasional e de um pouco de pornografia – torna as pessoas cegas e incapazes de resistir aos ataques contra os pilares fundamentais do sistema de valores da sociedade. Tomás de Aquino já o disse há 750 anos: «A cegueira da mente é a filha mais velha da luxúria»[44].

A liberalização jurídica da sexualidade

O que era apenas um movimento de oposição nas ruas em 1968 passou a ser uma «marcha sobre as instituições». Na sua qualidade de quadros acadêmicos, os membros da geração de 1960 assumiram posições-chave na po-

---

[44] São Tomás de Aquino, *Summa theologiae II-II*, quaestio 153 a. 5 ad 1.

lítica, nos meios de comunicação, na jurisprudência, nas universidades e na Igreja. Tomaram, inclusive, as rédeas do poder na ONU e na UE. Dispunham portanto das ferramentas culturais e políticas, bem como dos recursos para minar continuamente a soberania dos Estados-membros e destruir os seus sistemas de valores.

Mediante uma manipulação determinada da opinião e a sexualização de toda a sociedade, a pressão exercida sobre o dique das leis sexuais tornou-se cada vez mais forte, até que, peça por peça, ele começou a ceder.

CAPÍTULO 3

Do feminismo à ideologia de gênero

«Com a negação da natureza nos seres humanos, nem só o *telos* do domínio externo da natureza, mas também o *telos* da própria vida tornam-se confusos e opacos. No momento em que há uma cisão entre a consciência dos seres humanos e a sua natureza, todos os objetivos pelos quais eles se mantêm vivos... tornam-se vazios».

Max Horkheimer, Theodor W. Adorno[1]

«Em quem vais acreditar? Em mim ou nos teus próprios olhos?»

Groucho Marx[2]

A luta pela igualdade de direitos

Pela primeira vez na história, as elites no poder reivindicam autoridade para mudar a sexualidade de homens e mulheres por meio de estratégias políticas e medidas legais. Faltava-lhes especialização em engenharia social. No entanto, é isso o que acontece hoje, diante dos nossos olhos, em escala global. O nome da estratégia é *ideologia de gênero*. Esta batalha vem sendo travada

---

[1] Max Horkheimer, Theodor W. Adorno, e Gunzelin Schmid Noerr, *Dialectic of Enlightenment: Philosophical Fragments*, Stanford University Press, Stanford, 2002.

[2] https://www.youtube.com/watch?v=cHxGUe1cjzM (consultado em abril de 2018).

sob a bandeira da igualdade entre homens e mulheres, mas já se verificou que essa era uma fase tática transitória.

A luta das mulheres pela igualdade de direitos dura mais de 150 anos. As mulheres tiveram bons motivos para querer abalar a estrutura social em vigor, pois, ainda no início do século XX, muitas delas não podiam:

- Ter acesso a educação superior.
- Votar.
- Abrir uma conta bancária.
- Exercer a maioria das profissões.
- Exercer cargos públicos ou de gestão.
- Seguir uma vocação artística sem forte oposição.

A supremacia masculina vinha, inclusive, justificada por teorias que retratavam as mulheres como mentalmente incompetentes. No século XIX, as mulheres começaram a revoltar-se contra essa situação, em parte porque as condições sociais mudaram com a industrialização, que foi eliminando o papel das mulheres como organizadoras informais da família estendida. No início, foram mulheres instruídas de classe média as que exigiam direitos iguais; elas se organizavam em associações femininas cristãs e defendiam a proteção das mães e das famílias. Queriam uma guerra entre os sexos e a separação entre a sexualidade e a maternidade. Reivindicavam direitos políticos, o direito à educação e a melhores condições sociais. No mundo ocidental, grande parte dessas reivindicações já foi concedida.

Com a oposição comunista ao capitalismo dos primeiros tempos, surgiu no século XIX uma corrente socialista. Marx e Engels pegaram as questões relacionadas com as mulheres e converteram-nas num assunto de classes. No seu livro *A origem da família, da propriedade privada e do Estado*, por exemplo, Engels exigiu a abolição da família, a integração idêntica de homens e mulheres no local de trabalho e a educação das crianças em instituições geridas pelo Estado.

Com a «autodeterminação sexual» das mulheres, a legalização da contracepção e do aborto, cai a fundação cristã da sociedade ocidental. Simone de Beauvoir pôs em marcha o feminismo radical com a famosa declaração: «Ninguém nasce mulher, torna-se mulher»[3]. E desencadeou-se uma estranha dinâmica. Em resposta às suas degradação e desvalorização por parte do feminismo radical, os homens reagem com um sentimento de culpa, cedendo sem reagir: «Calma!», parecem dizer. «Não somos assim tão maus! Até somos brandos e queridos!».

Mas isso não foi suficiente para as líderes feministas radicais, que pretendiam tornar os sexos iguais. Fingiram que lutavam por mais «igualdade» para as mulheres, quando na verdade lutavam contra o casamento, a família e os filhos, contra as mulheres enquanto mães e pela liberalização absoluta da sexualidade. Lutaram contra tudo o que as lésbicas não podiam ter. Lutaram por uma transformação da sociedade que as libertasse finalmente da anormalidade, desconstruindo a identidade sexual binária de homens e mulheres, bem como aquilo a que chamaram «heterossexualidade normativa».

Desconstrução da sexualidade binária

A aplicação desta política social exigiu uma palavra nova, porque a linguagem não se limita a refletir a realidade, mas também cria-a. A palavra mágica foi *gênero*. Tinha de se substituir, afinal, a palavra *sexo*. Com efeito, antes disso, se alguém perguntasse pelo sexo, a resposta seria uma de duas: masculino ou feminino.

É inquestionável que há variações culturais e históricas na forma que a sociedade dá à identidade sexual binária de homens e mulheres, e isso é algo com que sociólogos e etnólogos têm de lidar. No entanto, essas variações não eliminam a realidade dos dois gêneros, tal como as alterações climáticas não negam a existência do dia e da noite. O termo *gênero* foi proposto apenas para isso. Uma batalha política tem sido travada para «confundir», «desestabilizar» e «desconstruir» a identidade de gênero binária, com o intuito de criar

---

[3] Simone de Beauvoir, *Das andere Geschlecht*, Reinbek bei Hamburg, Rowohlt Taschenbuch, 1968, p. 265.

uma corrente de pensamento dominante, seguindo um inquestionável espírito do tempo.

Quão grandes têm de ser o trauma e a vontade de ser normal para que alguém submeta as leis irrevogáveis da natureza aos caprichos da liberdade de escolha das pessoas? Assim, passou a haver um projeto que dava aos não heterossexuais a opção de utilizarem o ativismo para eliminar a questão da sua identidade. A «comunidade» ativista não só declarou que era boa qualquer orientação ou prática sexual, mas também conseguiu acesso ao dinheiro e ao poder. As Nações Unidas e a União Europeia injetaram milhões em organizações LGBT que impunham a ideologia de gênero dominante. Para os mais espertos, os que tinham formação acadêmica, abriu-se a possibilidade de carreira em organizações internacionais, universidades, meios de comunicação e tribunais.

«LGBT» é a sigla para «lésbicas, *gays*, bissexuais e transexuais», cujo âmbito está sempre a ser alargado. Primeiro para «LGBTI», em que o «I» corresponde a «intersexualidade», ou seja, refere-se a pessoas com características sexuais biológicas ambíguas. Entretanto, já podemos encontrar muito mais letras adicionadas, como no caso de «LGBTQQIP2SAA+», que significa: «lésbicas, *gays*, bissexuais, transgêneros, questionadores, *queer*, intersexuais, pansexuais, dois-espíritos, andróginos e assexuais», e em que «+» serve habitualmente para indicar outras variantes possíveis.

A subversiva teoria de gênero de Judith Butler

A pioneira da teoria de gênero foi Judith Butler, nascida em 1956. Cresceu nos Estados Unidos, numa família de acadêmicos judeus de origem húngara e russa. Em 1984, a Universidade de Yale atribuiu-lhe um doutoramento pela dissertação sobre o conceito de desejo em Hegel. É professora de Retórica na Universidade da Califórnia, em Berkeley. Desde 2006, detém a cátedra de Filosofia Hannah Arendt na European Graduate School, na Suíça.

Judith Butler é lésbica. Como é evidente, sente que o sistema de gênero binário é uma prisão, uma limitação à liberdade, bem como discriminatório por natureza. Para ela, a sua experiência enquanto lésbica, que a leva a assumir o papel masculino num momento e o feminino noutro, parece determinar a sua natureza mais do que o fato de cada uma das suas células, a composição do seu corpo, os seus órgãos e a sua voz serem femininos e reconhecidos por qualquer pessoa como próprios de uma mulher.

O seu livro *Gender Trouble: Feminism and the Subversion of Identity*, de 1990, é a obra essencial da ideologia de gênero. Butler não se sente confortável com a ordem de gênero existente e, como explica no prefácio, quer arranjar problemas. A pergunta que faz é: «Qual é a melhor maneira de perturbar as categorias de gênero que sustentam a hierarquia de gênero e a heterossexualidade normativa?»[4]. E prossegue: «A investigação consiste em centrar – e descentrar – instituições decisivas, como o falocentrismo e a heterossexualidade normativa»[5]. Temos de «perguntar que possibilidades políticas advêm de uma crítica radical às categorias da identidade. Que novas formas de política emergem quando a identidade, enquanto base comum, deixa de limitar o discurso sobre políticas feministas?»[6]. A opinião de Butler é a de que as categorias «fictícias» de identidade sexual são «construídas» apenas pela linguagem[7], de modo que uma mudança política da linguagem desempenha um papel central na desconstrução da ordem do gênero.

Como filósofa pós-estruturalista, Butler desenvolveu uma teoria complicada, com uma linguagem filosófica inventada para abalar as fundações da ordem humana mediante a confusão e a multiplicação «subversiva das identidades de gênero». Se expressasse os seus pontos de vista de forma simples, qualquer um perceberia que ela perdeu o contato com a realidade. Mas, como encobre as suas ideias destrutivas com uma terminologia altamente filosófica, difícil de entender, os leitores e ouvintes anuem reverentemente. Como diz Butler: «Em outras palavras, o "sexo" é uma construção ideal que se materializou à força ao longo dos tempos. Não é um fato simples ou uma condição estática do corpo, mas um processo no qual certas normas reguladoras o ma-

---

[4] Judith Butler, *Gender Trouble: Feminism and the Subversion of Identity*, Nova York, Routledge, 1999, p. 8.

[5] *Ibid.*, p. 9.

[6] *Ibid.*

[7] *Ibid.*, p. 10.

terializaram e chegaram a essa materialização pela reiteração forçada dessas mesmas normas»[8].

Em linguagem simples: não existem «homens» nem «mulheres». O sexo é uma fantasia, algo em que só acreditamos porque nos foi repetido com frequência. O gênero não está associado ao sexo biológico, que não desempenha nenhum papel – apenas surge porque foi criado pela linguagem e porque as pessoas acreditam no que ouvem repetidamente. Do ponto de vista de Butler, a identidade é flexível e fluida. Não há masculino nem feminino, mas apenas determinado *desempenho*, ou seja, um comportamento que pode ser alterado a qualquer momento.

Para Butler, o tabu do incesto é a causa do «fantasma» da identidade de gênero de homem e mulher, bem como do tabu da homossexualidade. Deve, por isso, ser abolido. Segundo ela, «o tabu do incesto é a lei jurídica que proíbe desejos incestuosos e constrói determinadas subjetividades de gênero, pelo mecanismo da identificação obrigatória»[9]. «Assim», acrescenta, «o tabu do incesto não só proíbe a união sexual entre membros da mesma linha de parentesco, mas também implica um tabu contra a homossexualidade»[10].

Se identidade sexual é algo que não existe, então as feministas que lutam pela supremacia das mulheres têm um problema: devem escolher entre a expansão do poder das mulheres às custas dos homens e a abolição completa da identidade sexual binária, deixando-a ao critério do indivíduo. Butler está ciente do problema e pergunta «se as políticas feministas poderiam agir sem um "sujeito" na categoria das mulheres»[11].

Apesar de estar trabalhando nisso, ela apazigua as suas companheiras feministas ao declarar que «ainda faz sentido, em termos de estratégia e de transitoriedade, fazer referência às mulheres para se poder fazer reivindicações de representatividade em nome delas»[12]. Mas o objetivo real é a dissolução da identidade sexual, porque só assim o indivíduo se emancipará da di-

---

[8] Judith Butler, *Bodies That Matter*, Routledge, Nova York, 1993, p. 21.
[9] Butler, *Unbehagen*, p. 118.
[10] *Ibid.*, p. 115.
[11] *Ibid.*, p. 209.
[12] *Ibid.*

tadura da natureza e terá liberdade de escolha total, isto é, capacidade de se reinventar a qualquer momento. As mulheres só serão oprimidas se existirem. Só se houver «normatividade heterossexual obrigatória» é que «outras formas de desejo» poderão ser ostracizadas.

Butler critica «o raciocínio fundador das políticas de identidade», que tende a presumir que uma identidade tem de existir para que interesses políticos possam ser formulados e se possa depois agir politicamente. Para Butler, a situação é diferente: «O meu argumento é o de que não é preciso haver um "agente por trás da ação" e o de que o agente varia na, e durante, a ação»[13].

Linhas de pensamento como esta levam à afirmação de que não há apenas dois gêneros, mas muitos, dependendo da orientação sexual da pessoa. Para Judith Butler, há algo que se chama identidade e que não é determinado por se ser homem ou mulher, mas pela orientação sexual, seja a pessoa *queer*, lésbica, bi-, trans-, inter- ou qualquer outra variação. Butler reduz a identidade humana – que se forma à mercê de inúmeras influências para além do sexo, incluindo a família, a cultura e a religião – à orientação sexual mutável escolhida livremente.

Na sua opinião, as famílias são formadas não pelos vínculos entre cônjuges e filhos, mas por atos arbitrários de pertença momentânea. No universo paralelo de Butler, as crianças não são concebidas, mas «desenhadas» e produzidas com a ajuda de meios de reprodução técnicos artificiais, como doação de esperma e de óvulos, barrigas de aluguel, úteros artificiais e manipulação genética.

Butler é uma das mais importantes praticantes da teoria *queer*. Tal como *gênero*, a palavra *queer* tem sofrido algumas alterações semânticas. Os ativistas LGBTI usam-na para não ficar presos ao conceito de homossexualidade, que aponta sempre para a heterossexualidade como seu oposto. *Queer* é simplesmente qualquer coisa que não seja heterossexual. A polaridade hetero-homo deveria ser eliminada em prol da dissolução absoluta da identidade sexual, porque só assim a «hegemonia da heterossexualidade normativa» seria suplantada e as pessoas ficariam completamente livres para se inventar.

---

[13] *Ibid.*

De acordo com o *Oxford Dictionary*, *queer* já foi usado como «termo deliberadamente ofensivo e agressivo» para os homossexuais, mas, desde então, tem sido adotado por eles para substituir as palavras «homossexual» e «*gay*». Observadores mais antigos terão notado que o termo *gay*, promovido como eufemismo positivo na década de 1960, chegou a ser usado como pejorativo em vez de *queer*, em especial por pessoas mais novas. É estranho que esta palavra negativa tenha ganhado estatuto de termo nobre, usado em disciplinas teóricas como «Estudos *queer*».

Façamos então um resumo do que a teoria de gênero reivindica. Segundo ela, o sexo biológico dos indivíduos que os define enquanto homens e mulheres é irrelevante para a sua identidade, mas constitui uma «ditadura da natureza» contra a própria autodefinição da pessoa – uma ditadura da qual as pessoas precisam de se libertar.

A identidade duma pessoa é determinada pela sua orientação sexual e é, portanto, flexível, alterável e diversificada. Esta ilusão, ou «fantasma», dos dois sexos foi criada pelo tabu do incesto e por designações linguísticas como «homem» e «mulher», «pai» e «mãe», que têm de ser eliminadas em prol da livre autoinvenção. As «etiquetas» heterossexuais da sociedade têm de ser eliminadas em todas as esferas. Homem, mulher e família, pai e mãe, sexualidade e fertilidade não são conceitos naturais e determinam a hegemonia dos homens sobre as mulheres e da heterossexualidade sobre todas as outras formas de sexualidade. Tudo isto tem de ser arrancado pela raiz.

Em 1999, Butler recebeu uma Bolsa Guggenheim e, em 2001, uma Bolsa Rockefeller. Em 2004, ganhou o Prêmio Brudner[14] da Universidade de Yale por conquistas significativas na área dos «estudos sobre lésbicas e *gays*». No ano de 2008 foi-lhe concedido o Prêmio Andrew W. Mellon, no valor de 1,5 milhão de dólares, destinado a permitir que os galardoados ensinem e pesquisem em condições favoráveis. A 11 de setembro de 2012, recebeu o prêmio Theodor W. Adorno, no valor de 50 mil euros. Em novembro de 2014, foi-lhe concedido um doutorado *honoris causa* pela Universidade de Friburgo, em razão de seu envolvimento político na defesa dos direitos dos

---

[14] James Robert Brudner, urbanista, músico e fotógrafo, foi um ativista homossexual que estudou em Yale e morreu de AIDS, em 1998.

homossexuais e de sua posição no conflito entre Israel e a Palestina. (Judith Butler, mesmo judia, pede apoio ao Hamas e boicote a Israel.) Desde 2012, é professora convidada na Universidade de Columbia, nos EUA.

O mais extraordinário é que a teoria «subversiva» de Judith Butler, juntamente com as teorias dos seus mestres e companheiros de luta[15], seja bem-vinda nas elites acadêmicas do mundo e por elas implementada. Nos séculos XIX e XX, as atividades subversivas visavam quem detinha o poder, e essas elites não estavam dispostas a ceder sem lutar. Hoje, organizações internacionais como as Nações Unidas, a União Europeia e várias fundações com milhões de dólares à disposição conduzem, elas próprias, a subversão e impõem-na ao mundo. O que as motiva?

A teoria do gênero levou apenas vinte anos para tornar-se uma ideologia influente. O Gender Competence Centre da Universidade Humboldt, em Berlim, financiado pelo governo, foi decisivo para a sua implementação. Nas universidades, foi criada a nova área de «Estudos de Gênero/*Queer*», e as respectivas faculdades foram alargadas. Os mais novos aprendem que a ideologia de gênero é uma conquista do pensamento moderno. Quem trabalha em organismos públicos com cargos de autoridade, bem como em empresas e em instituições de ensino, vê-se moldado pela teoria do gênero. Tudo acontece com muito pouco discurso público, tanto no parlamento como nos meios de comunicação social. Quase ninguém sabe o que é a ideologia de gênero. Ainda assim, ela tornou-se uma corrente de pensamento dominante – graças a um processo misterioso cujos efeitos concretos nos propomos descrever no Capítulo 7.

---

[15] Simone de Beauvoir, Jacques Lacan, Luce Irigaray, Monique Wittig, Jacques Derrida e Michel Foucault, entre outros.

CAPÍTULO 4

As Nações Unidas globalizam a revolução sexual

«O poder do homem para fazer de si mesmo o que bem entender significa, como vimos, o poder de alguns homens para fazer dos outros o que bem entenderem».

C. S. Lewis[1]

A Declaração Universal dos Direitos Humanos

Inicialmente, pensava-se que as revoluções vinham de baixo para cima. Os povos, estando muito descontentes com as suas exploração e opressão, querem mudar o sistema de poder pela violência. Trata-se de um conflito aberto com a elite que está no poder, apoiado por um movimento de massas motivado por males sociais intoleráveis, geralmente visíveis, com o objetivo de forçar com violência uma mudança na estrutura de poder. A história mostra que as revoluções feitas em nome de mais liberdade e de um futuro utópico acabam por conduzir a regimes ditatoriais controlados pelas elites revolucionárias.

Por sua vez, a revolução sexual atual, que invadiu e alterou todos os aspectos da vida, é uma revolução *de cima para baixo*, com origem nas elites ativas

---

[1] C. S. Lewis, *The Abolition of Man*, Oxford University Press, Oxford, 1943.

– 73 –

que detêm o poder a nível global. O objetivo visível é a redução da população do mundo. No entanto, uma alteração no sistema de valores só pode levar a uma mudança na ordem mundial. Não seria razoável presumir que esta consequência não é deliberada.

Com a queda do Muro de Berlim em 1989, o mundo ocidental acreditou que as formas de governo totalitárias tinham acabado de vez. Desde então, uma mudança de valores, lenta e sub-repticiamente, tem vindo a tomar conta de todos os aspectos da sociedade, do Estado à família, passando pela educação das crianças. É como se o sistema operativo da nossa sociedade estivesse sendo substituído nos bastidores sem que ninguém soubesse disso nem dos seus objetivos. Toda a gente repara nas mudanças aceleradas, que trazem consigo algo estranho, pois a causa e o objetivo permanecem obscuros.

Em 1948, quando as Nações Unidas adotaram a Declaração Universal dos Direitos Humanos, concordava-se que havia de fato direitos aplicados universalmente, que protegiam os seres humanos e as instituições sociais naturais fundamentais. Entre essas instituições figuravam o casamento, a família e a propriedade privada. Esses eram direitos com os quais a família das Nações Unidas concordou e se comprometeu. O horror da Segunda Guerra Mundial e os regimes desumanos e totalitários nazistas e comunistas tornaram essa declaração possível. De uma vez por todas, a sacrossanta dignidade dos seres humanos seria estabelecida enquanto «pilar para a liberdade, a justiça e a paz no mundo».

A 10 de dezembro de 1948, a Assembleia Geral das Nações Unidas proclamou:

Artigo 1º: Todos os seres humanos nascem livres e iguais em dignidade e em direitos. Dotados de razão e de consciência, devem agir uns para com os outros em espírito de fraternidade.

Artigo 2º: Todos os seres humanos podem invocar os direitos e as liberdades proclamados na presente Declaração, sem distinção alguma, nomeadamente de raça, de cor, de sexo, de língua, de religião, de opinião política ou outra, de origem nacional ou social, de fortuna, de nascimento ou de qualquer outra situação.

Artigo 16º (1): A partir da idade núbil, o homem e a mulher têm o direito de casar e de constituir família, sem restrição alguma de raça, nacionalidade ou religião.

Artigo 16º (3): A família é o elemento natural e fundamental da sociedade e tem direito à proteção desta e do Estado.

A Declaração Universal dos Direitos Humanos expressa valores morais universais que derivam da imagem judaico-cristã do homem, baseada na revelação bíblica: «Criou Deus o homem à sua imagem, à imagem de Deus os criou; homem e mulher os criou» (Gn 1, 27). Não há imagem mais elevada da humanidade do que esta. O conceito cristão fundamental de que todas as pessoas são iguais perante Deus foi reconhecido pela proclamação como princípio básico: «Todos os seres humanos nascem livres e iguais em dignidade e direitos». Não podem ser considerados melhores nem piores com base em *características imutáveis*: raça, cor da pele, sexo, língua, origem, estatuto social ou religião. Excetuando a conversão religiosa e a mobilidade social, nenhuma destas características está sujeita à liberdade de escolha.

As Nações Unidas protegem a família enquanto «elemento natural e fundamental da sociedade» porque ela cria o tecido conjuntivo sem o qual uma cultura se desmorona: o vínculo entre homem e mulher e o vínculo entre gerações. O casamento e a família antecederam o Estado. Não devem a sua existência ao Estado; pelo contrário, este é que depende deles, pois contêm os fundamentos cruciais para a coexistência humana, criando filhos para que possam ser pessoas capazes de contribuir de forma positiva para a sociedade no seu todo.

O que foi uma crença inquestionável tem vindo, no entanto, passo a passo, a perder consistência. No espaço de apenas algumas décadas, as Nações Unidas tornaram-se uma instituição que usa de poder e recursos para mudar a imagem da humanidade tal qual apresentada pela Declaração Universal dos Direitos Humanos e para trocar os valores morais universais por valores pós--modernos relativistas.

Deus foi deposto e o «ser humano autônomo», colocado no seu trono. As pessoas têm tido esta tentação desde tempos imemoriais, mas em nenhuma época histórica sucumbiram a tal espiral de radicalismo alucinado como a que agora acontece pela negação da identidade sexual binária de homens e mulheres.

Hoje, as Nações Unidas e as suas poderosas suborganizações batem-se pela dissolução da identidade sexual de homens e mulheres, pela eliminação do casamento e da família, pela divisão de gerações por meio de «direitos infantis» autônomos, por se livrarem da moral sexual e pelo aborto enquanto «direito humano». Parece que os poderosos do mundo foram abandonados pelos benevolentes espíritos da razão, da consciência e da fraternidade.

A mudança de paradigma depois de 1989

A queda do comunismo na Alemanha, em 1989, acendeu a esperança de que tivesse chegado o fim de toda ideologia e de que a paz no mundo fosse alcançável. Pensou-se que era chegada a alvorada de uma nova era, na qual todas as diferenças se fundiriam, em particular as religiosas. As religiões que haviam reivindicado a verdade absoluta ficaram sob suspeita ideológica, principalmente o cristianismo.

Enquanto garantia de esperança para a paz no mundo, a ONU inspirou-se no capital moral contido na sua Declaração Universal dos Direitos Humanos. Mas a ONU de 1989 não era a ONU de 1948.

Marguerite A. Peeters analisa esta revolução contracultural global e a sua nova ética no livro *A globalização da revolução cultural ocidental*:

> O pós-modernismo implica uma desestabilização da nossa apreensão racional ou teológica da realidade, da estrutura antropológica dada por Deus aos homens e mulheres, da ordem do universo tal como foi estabelecida por Deus. O princípio básico do pós-modernismo é que a realidade é uma construção social, que a verdade e a realidade não têm conteúdo objetivo estável, que, na verdade, não existem... O pós-modernismo exalta a soberania arbitrária do indivíduo e do seu direito de escolha. A ética pós-moderna global celebra as diferenças, a diversidade de escolha, a diversidade cultural, a liberdade cultural, a diversidade sexual (diferentes orientações

sexuais). Esta «celebração» é, de fato, a da «libertação» do homem e da mulher das condições de existência nas quais Deus os colocou. Essa alegada «libertação» torna-se um imperativo da nova ética, passando pela desestabilização e pela desconstrução de tudo o que é considerado universal e, consequentemente, dos valores judaico-cristãos e da revelação divina[2].

O pós-modernismo tem introduzido novas expressões e atribuído novos conteúdos a expressões antigas. Aqui ficam alguns exemplos, extraídos da longa lista de Peeters:

Paradigma judaico-cristão	Paradigma pós-moderno
Verdade	Direito ao erro
Valores absolutos e padrões vinculativos	Escolha livre por indivíduos autônomos
Hierarquia	Igualdade radical
Autoridade parental	Direitos das crianças
Sexo	Gênero
Identidade sexual binária: homem ou mulher	Escolha de gênero
Heterossexualidade como norma	Aceitação legal e social de qualquer comportamento sexual
Cônjuge	Parceiro
Família nuclear	Direitos de adoção
Aborto	Planejamento familiar e «saúde reprodutiva»
Soberania nacional	Governança global
Democracia representativa	Democracia participativa
Confronto de interesses variados	Diálogo
Tomada de decisão pela maioria	Consenso
Tradição	Diversidade cultural

---

[2] Marguerite A. Peeters, «Willkür als Moralgesetz», *VATICAN Magazin*, outubro de 2007. Neste artigo, M. Peeters faz um resumo do seu livro *The Globalization of the Western Cultural Revolution: Key Concepts, Operational Mechanisms*, Bruxelas, Institute for Intercultural Dialogue Dynamics, 2007.

Paradigma judaico-cristão	Paradigma pós-moderno
Identidade cultural	Multiculturalismo
Dez Mandamentos	Relativismo moral
Deus	Indivíduo autônomo

Se, por um lado, os termos da «nova ética global» soam vagamente positivos e parecem prometer algo melhor, por outro os termos antigos que desde há muito têm apoiado a cultura ocidental de influência cristã vêm sendo alvos de manipulação. Usados com aprovação, podem arruinar a reputação de alguém. Esses termos incluem *verdade, moralidade, autoridade, hierarquia, consciência, marido, mulher, castidade, pureza, mal* e muitos mais. Esta alteração deliberada na linguagem é uma estratégia política (ver o Capítulo 8).

Quem se pergunta sequer o que significam verdadeiramente esses termos? São intencionalmente indefinidos e ambíguos para esconder intenções inequívocas? Como é possível que, em 1999, uma expressão como *ideologia de gênero* se tenha convertido em «princípio orientador» da política alemã e, ainda assim, mais de uma década depois, quase ninguém saiba o que ela realmente significa? Como escreve Marguerite Peeters, «não foram os governos, e sim as minorias não estatais, que desempenharam o papel central, do princípio ao fim do processo revolucionário. Foram simultaneamente pontas de lança, pioneiros, peritos, lobistas, sensibilizadores, construtores de consensos, facilitadores, parceiros, engenheiros sociais, agentes operacionais, observadores e defensores da nova ética»[3]. Ele prossegue dizendo que «a autoridade legítima dos governos encontra-se com efeito redistribuída por grupos de interesse não só sem legitimidade, mas frequentemente radicais. Além disso, é a lógica do princípio da parceria que reivindica cada vez mais poder político para os "parceiros", em detrimento dos legítimos detentores do poder»[4]. Apresentam-se como «especialistas», mas são na verdade lobistas a favor de minorias radicais menores, que fazem valer interesses próprios às custas do bem comum.

---

[3] Peeters, *Globalization*, p. 28.
[4] *Ibid.*, p. 29.

Enquanto minorias radicais, as feministas e os ativistas homossexuais desempenharam um papel central no avanço da nova ética. Os interesses destas minorias – o desmantelamento das normas sexuais – podem ser explorados visando o objetivo estratégico da redução da população mundial. Em nome da liberdade, novos «direitos» têm sido proclamados e propagandeados para minar as tradições religiosas: o direito ao amor livre, à contracepção, ao aborto («tenho o direito de controlar o meu próprio corpo!»), o direito à fertilização artificial, o direito à livre escolha da orientação sexual, os direitos das crianças contra os pais... No centro de tudo isto está o direito do indivíduo autônomo à livre escolha. A palavra *liberdade* é truncada, divorciada da verdade, da responsabilidade, do bem dos outros e do bem comum. O egoísmo faz com que o indivíduo autônomo seja facilmente seduzido por estes novos direitos.

A fim de incutir a nova ética na consciência coletiva, as Nações Unidas organizaram conferências mundiais para instituir uma nova visão do mundo. Essas conferências, sobre os assuntos mais proeminentes do terceiro milênio, são eventos-chave para a mudança de paradigma global:

- Bucareste, 1974: População.
- Nova York, 1990: Crianças.
- Rio, 1992: Ambiente; 2012, Rio +20.
- Viena, 1993: Direitos do Homem.
- Cairo, 1994: População.
- Pequim, 1995: Mulheres; 2010, Pequim +15.

Controle da população

A principal preocupação dos Estados Unidos, enquanto país com mais poder nas Nações Unidas, foi e ainda é a redução da população mundial. A pedra angular foi o Relatório Kissinger de 1974[5], um ponto de virada para uma nova estratégia de redução populacional.

---

[5] Henry Kissinger, *Security Study Memorandum 200: Implications of Worldwide Population Growth for U.S. Security and Overseas Interests*, Conselho de Segurança Nacional, http://www.population-security.org/11-CH3.html (consultado em abril de 2018).

Em 1974, Henry Kissinger, conselheiro de Segurança Nacional do presidente Nixon e amigo da família Rockefeller, elaborou o National Security Study Memorandum 200 – NSSM 200, que, na época, era estritamente confidencial. Expunha o tema «Implicações do crescimento da população mundial para a Segurança dos EUA e os seus interesses no estrangeiro». Kissinger trabalhou de perto com o Population Council de John D. Rockefeller III. Neste documento exterior, Kissinger sustentava que a Segurança Nacional dos Estados Unidos dependia da introdução de medidas de controle da população nos países subdesenvolvidos.

Um dos parceiros mais importantes da ONU para esta estratégia global foi a International Planned Parenthood Federation (IPPF). Na primeira conferência da ONU, em 1974, em Bucareste, o IPPF já fazia parte da delegação dos Estados Unidos. No entanto, a conferência não correu como estava planejado porque o Vaticano e os países do Bloco Soviético e do Terceiro Mundo expuseram o «imperialismo contraceptivo» subjacente.

Os Estados Unidos não desistiram de associar a sua ajuda ao desenvolvimento de programas para promover o aborto e a esterilização. A organização operativa é o FNUP – Fundo das Nações Unidas para a População. Por exemplo, em colaboração com o ditador peruano Alberto Fujimoro, o FNUP mandou esterilizar, sem o seu consentimento e muitas vezes mesmo sem o seu conhecimento, 300 mil mulheres pobres no Peru. Na China, o FNUP contribuiu significativamente para a introdução da brutal política do filho único[6].

Não era suficiente chantagear os países associando a ajuda ao desenvolvimento de programas de esterilização e aborto, porque isso geraria demasiada resistência. Era necessário encontrar estratégias para disfarçar os programas de ajuda humanitária aos países necessitados. Era preciso usar de alguma habilidade linguística para fazer com que o «imperialismo contraceptivo» dos Estados Unidos parecesse uma resposta humanitária às necessidades urgentes das mulheres dos países pobres com altas taxas de natalidade.

Termos como «saúde», «liberdade de escolha», «empoderamento», «necessidades não satisfeitas», «serviços de qualidade» e «saúde reprodutiva» são pa-

---

[6] Douglas A. Sylva, *The United Nations Population Fund: Assault on the World's Peoples*, Nova York, The International Organizations Research Group, 2002, p. 50.

lavras-chave usadas para comercializar a estratégia de redução da população. Todas as mulheres deveriam ser capazes de *decidir* quantos filhos gostariam de ter, podendo usar os serviços de saúde reprodutiva através dos Estados Unidos e das agências da ONU. Este termo é um cavalo de Troia para contracepção, aborto «seguro» e esterilização.

O truque está em usar palavras ambíguas, com conotação positiva, para promover objetivos claros que de outra forma não atrairiam consenso. Quem pode discordar da saúde reprodutiva quando ela significa «um estado de completo bem-estar físico, mental e social»? As definições que citamos em seguida, retiradas do plano de ação, o documento final da Conferência Mundial da ONU de 1995, sobre a mulher, que teve lugar em Pequim, mostram a confusão:

A saúde reprodutiva implica que as pessoas sejam capazes de ter uma vida sexual satisfatória e segura, e também que tenham a capacidade de reprodução e a liberdade de decidir fazê-lo, bem como quando e com que frequência[7].

Poderá isto significar que a mulher alcança a livre escolha sobre a sua capacidade reprodutiva por meio do aborto?

Tendo em conta a definição citada, os direitos reprodutivos abraçam certos direitos humanos que já são reconhecidos nas leis nacionais, nos documentos internacionais sobre direitos humanos e outros documentos consensuais.

De que direitos humanos se está falando?

A saúde reprodutiva não chegou a muitos países do mundo devido a fatores como: falta de conhecimentos sobre a sexualidade humana e serviços de informação inapropriados ou de escassa qualidade sobre sexualidade reprodutiva [...]. Os adolescentes são particularmente vulneráveis

---

[7] Nações Unidas, *Report of The Fourth World Conference on Women* (1995), http://www.un.org/esa/gopher-data/conf/fwcw/off/a--20.en (consultado em abril de 2018).

devido à sua falta de informação e de acesso aos serviços relevantes na maioria dos países.

A expressão «serviços» significa «serviços de aborto» e a «falta de informação» entre «adolescentes vulneráveis» sugere um apelo à educação sexual segundo o modelo ocidental[8]?

Os direitos humanos das mulheres incluem o seu direito a ter controle e a decidir livre e responsavelmente sobre matérias relacionadas com a sua sexualidade, incluindo a saúde sexual e reprodutiva, livre de pressão, discriminação e violência.

Pode-se estender a liberdade de decisão da mulher ao número de parceiros sexuais, à orientação sexual e ao aborto?

O grande avanço dos «direitos reprodutivos» chegou à Conferência da População das Nações Unidas no Cairo, em 1994. No período que antecedeu a conferência apareceram anúncios como este: «O Papa proíbe o controle da natalidade: milhões morrem de fome». Esta acusação foi modificada em 2011 contra o Papa Bento XVI: «O Papa proíbe os preservativos: milhões morrem de AIDS»[9]. Al Gore, nessa altura vice-presidente dos Estados Unidos, foi um dos principais protagonistas desta conferência. Proclamou ao mundo que todos os problemas do Terceiro Mundo resultavam do excesso de população, o que nesse contexto significava falta de controle de natalidade e falta de abortos.

---

[8] Dezessete anos depois, em junho de 2012, na conferência da ONU sobre o desenvolvimento sustentável (Rio +20), os delegados conseguiram retirar do documento final as expressões «saúde reprodutiva» e «dinâmica populacional». Ambas funcionam como um cavalo de Troia para o aborto e o controle da população. Foi um notável revés para o Fundo das Nações Unidas para a População e para a International Planned Parenthood: https://c-fam.org/friday_fax/abortion-proponents-admit-defeat-at-rio-conference/ (consultado em abril de 2018).

[9] Na sua viagem a África em 2009, o Papa Bento XVI disse aos jornalistas que a AIDS «é uma tragédia que não pode ser superada com a distribuição de preservativos, que ainda agrava mais o problema». Disse ainda que a verdadeira solução estava no «despertar espiritual e humano» e na «amizade por aqueles que sofrem». Estas declarações lançaram uma tempestade de indignação entre os meios de comunicação e os políticos.

Para além dos países islâmicos, ele teve um grande antagonista: o Papa João Paulo II. O Papa empenhou toda a sua autoridade e influência no esforço de deter a agenda global do aborto, que todos os anos custa a vida de mais de 40 milhões de crianças. Mas a mensagem do Papa não foi muito longe em comparação com os milhões que a ONU e as fundações americanas investiram na causa, em conjunto com as campanhas que promoveram a nível mundial.

Dependendo das inclinações políticas das administrações presidenciais dos Estados Unidos, esta política continuou com maior ou menor vigor e mais ou menos dinheiro. Os presidentes Ronald Reagan e George W. Bush apoiavam políticas pró-vida, enquanto Bill Clinton se uniu a Al Gore fortalecendo as políticas opostas. No entanto, nenhum Presidente lutou tão radicalmente a favor da agenda feminista e homossexual como Barack Obama, com a sua primeira secretária de Estado, Hillary Clinton (ver o Capítulo 10). Na Conferência Internacional sobre População e Desenvolvimento de 8 de janeiro de 2010, a secretária de Estado anunciou uma nova iniciativa de saúde mundial. No seu discurso, Clinton disse: «Para além do novo financiamento, lançamos um novo programa que será a pedra angular da nossa política externa: a Iniciativa de Saúde Global, que nos compromete a gastar 63 bilhões de dólares para melhorar a saúde mundial, investindo em esforços para reduzir a mortalidade materna e infantil, prevenir milhões de gravidezes indesejadas e evitar milhões de novas infecções por AIDS, entre outros objetivos». Esta iniciativa irá empregar uma nova abordagem na luta contra a doença e na promoção da saúde[10].

Os mais ricos do mundo estão por trás dos programas de controle populacional. Em maio de 2009, multimilionários como David Rockefeller, Bill Gates, Ted Turner, George Soros, Michael Bloomberg e Warren Buffett encontraram-se em Nova York. E concordaram em que o maior problema do mundo dizia respeito à população. Pretendiam assegurar que o excessivo nú-

---

[10] Hillary Rodham Clinton, observações no 15º Aniversário da Conferência Internacional sobre População e Desenvolvimento, Washington, DC, 2010, https://www.c-span.org/video/?c4665063/remarks-15th-anniversary-international-conference-population-development (consultado em maio de 2018).

mero de pobres no mundo diminuiria mediante a utilização de serviços de saúde reprodutiva. Para esse propósito fundaram The Good Club[11].

Com um capital de 36,3 milhões de dólares, a fundação Bill & Melinda Gates centrou o seu programa mundial no objetivo de reduzir a população nos países pobres. Bill e Melinda ajudaram a financiar o sistema de baixo custo Sinoplant II[12], um medicamento que é a versão chinesa do Jadelle e que é implantado debaixo da pele para garantir a esterilidade da mulher durante até cinco anos[13].

Em 11 de julho de 2012, a multimilionária Melinda Gates associou-se ao governo britânico, em Londres, numa reunião sobre planejamento familiar. Nessa «conferência de beneméritos», os países ricos conseguiram disponibilizar 2,1 milhões de euros para o financiamento de programas de contracepção e esterilização para mulheres e moças de países pobres. Os parceiros para a implementação eram a International Planned Parenthood Foundation (IPPF), a maior organização abortista do mundo, e o FNUP – Fundo das Nações Unidas para a População.

No dia 11 de maio de 2011, o FNUP publicou novos dados sobre o crescimento da população. Alegava que em 2050 haveria 9,31 bilhões de pessoas na Terra e que em 2100 se chegaria aos 10,1 bilhões. Assim, era chegado o momento de baixar esses números[14].

Steven Mosher, presidente do Population Research Institute, disse que a alegação do FNUP de que as mulheres exigem contraceptivos «não são verdadeiras» e que as mulheres estão, de fato, a «clamar» por melhores serviços de saúde para elas e para as suas famílias. «O seu clamor é ignorado pelos controladores da população no FNUP e noutros âmbitos, que, no entanto, estão

---

[11] Paul Harris, «They're Called the Good Club and They Want to Save the World», *The Guardian*, 30 de maio de 2009, http://www.theguardian.com/world/2009/may/31/new-york-billionaire-philanthropists (consultado em agosto de 2018).

[12] Bill & Melinda Gates Foundation, *Annual Letter 2012*, http://www.gatesfoundation.org/who-we-are/resources-and-media/annual-letters-list/annual-letter2012 (consultado em abril de 2018).

[13] «Jadelle», http://www.rxlist.com/jadelle-drug.htm (consultado em abril de 2018).

[14] Tendo em conta os interesses da ONU e dos Estados Unidos, é difícil saber quais as estimativas válidas.

empenhados, não em salvar vidas, mas na redução do número de pessoas no planeta [...]. O FNUP e outros organismos de controle da população resistem a informar sobre a verdade a respeito da queda das taxas de fertilidade a nível mundial, já que arrecadam fundos assustando as pessoas com o fantasma da superpopulação. Dizem-nos que nascem demasiadas crianças pobres nos países em desenvolvimento. Isto é o mesmo que dizer que só os ricos podem ter filhos, o que equivale a uma nova forma de racismo. Devíamos deixar de sustentar programas de controle da população e, em vez disso, dirigir a nossa atenção para os problemas reais da malária, do tifo e da AIDS»[15].

Conferência Mundial da ONU sobre a Mulher: Pequim, 1995

Um ano depois da conferência sobre população do Cairo, a ONU organizou a conferência de 1995 sobre a mulher, em Pequim. Estas conferências são exemplos perfeitos da «transferência de poder para os não eleitos», como chamou Marguerite Peeters. Enquanto nas democracias representativas o poder político se transfere por meio de eleições e é controlado por legislaturas, a governança mundial funciona através da colaboração das burocracias internacionais com organizações não governamentais (ONGs). Estas são, frequentemente, grupos de interesse especiais de minorias radicais financiados por recursos pouco transparentes, transferidos a partir de fundações mundialmente ativas. A isto chamam «democracia participativa».

A Conferência da ONU sobre a mulher que teve lugar em Pequim foi controlada por feministas radicais. O seu objetivo estratégico a longo prazo era substituir a palavra *sexo* por *gênero*. Era necessário um novo termo para alcançar três objetivos:

- «Igualdade substantiva» entre homens e mulheres.
- Desconstrução das identidades feminina e masculina.
- Desconstrução da «heterossexualidade normativa obrigatória».

---

[15] Rebecca Millette, *UN Population Projections Prompt Calls for Population Control* (9 de maio de 2011), https://www.lifesitenews.com/news/un-population-projections-prompt-calls-for-population-control (consultado em abril de 2018).

No seu livro *The Gender Agenda*, Dale O'Leary descreve pormenorizada-mente de que forma a conferência mundial sobre a mulher foi manipulado-ra e estrategicamente arrasada por feministas radicais[16]. A conferência foi preparada e apoiada pela Women's Environment and Development Organi-zation (WEDO) e pela International Planned Parenthood Federation (IPPF). Grupos contra a vida foram beneficiados com acreditação, enquanto grupos dedicados à proteção da vida e da família não a receberam. Qualquer pessoa que representasse a complementaridade homem-mulher, a maternidade en-quanto vocação especial da mulher ou a família era marginalizada. O'Leary descreve os métodos:

- Traduções falsificadas.
- Difamação como «fundamentalistas».
- Mudança das regras de votação.
- Adição de última hora de mais um dia na conferência[17].

Assim, os delegados dos países pobres não poderiam dar-se ao luxo de remarcar os seus voos e poderiam ser excluídos da votação final. Por conse-guinte, apesar de sérias objeções por parte das delegações do Vaticano e das delegações muçulmanas, a plataforma de ação de Pequim foi «unanimemen-te» adotada.

No fim, a coligação pelas famílias distribuiu um folheto intitulado «Não concordamos»: «A Plataforma de Ação que sairá da Conferência de Pequim é um ataque direto aos valores, cultura, tradições e crenças reli-giosas da grande maioria das pessoas do mundo, tanto nos países em de-senvolvimento como nos desenvolvidos... O documento não respeita a dignidade humana, procura destruir a família, minimiza a importância da maternidade, procura impor comportamentos sexuais depravados, pro-move a homossexualidade, o lesbianismo, a promiscuidade e o sexo nas

---

[16] Dale O'Leary, *The Gender Agenda: Redefining Equality*, Lafayette, Louisiana, Vi-tal Issues Press, 1997.

[17] Christl Vonholdt, *Dale O'Leary, Die Gender Agenda Teil 1*, German Institute for Youth and Society, Bulletin nº 13 (primavera de 2007), p. 17.

crianças e destrói a autoridade dos pais sobre os filhos»[18]. A coligação pela família não prevaleceu.

Aborto como «direito humano»?

Sob a égide da ONU, que continua a ser a autoridade moral da Convenção dos Direitos Humanos, as estratégias culturais revolucionárias começaram a converter a Plataforma de Ação da Conferência de Pequim em estratégias e tratados internacionais vinculantes e, portanto, em realidade social[19].

Havia, porém, um problema: eles tinham sido bem-sucedidos deitando vinho velho em odres novos, associando o antigo objetivo do controle da população, então chamado *ideologia de gênero e saúde reprodutiva*, a valores nobres como *liberdade de escolha, direitos humanos* e *saúde*. No entanto, não tinham conseguido atingir o objetivo de declarar internacionalmente que o aborto é um direito humano. Não houve consenso para apoiar o documento final porque o Vaticano e a maioria dos países católicos e muçulmanos ofereceram uma sólida resistência a isso. Era então chegado o momento de encontrar oportunidades para pressionar os governos nacionais no sentido de implementarem as estratégias da «saúde sexual e reprodutiva».

Como se poderia criar um novo direito humano – tornar possível que o direito à vida se convertesse no «direito humano» de matar? Como se poderia declarar que o aborto era um direito do homem e forçar os Estados-membros a aceitá-lo? Como seria possível contornar a resistência dos Estados soberanos e das suas populações? Como poderia tudo isso ser feito à luz da legitimidade?

---

[18] Dale O'Leary, *The Gender Agenda*, Lafayette, Vital Issues Press, 1997. Ver também: *Nachrichten aus dem Deutschen Institut für Jugend und Gesellschaft*, nº 13 (primavera de 2007), http://www.un.org/documents/ga/conf177/aconf177-20add1en.htm (consultado em abril de 2018).

[19] Douglas A. Sylva e Susan Yoshihara, *Rights by Stealth: The Role of UN Human Rights Treaty Bodies in the Campaign for an International Right to Abortion*, International Organizations Research Group, White Paper nº 8, 2009, https://c-fam.org/wp-content/uploads/IORG-W-Paper-Number8.pdf (consultado em maio de 2018).

Conferência de *networking* de Glen Cove

A resposta era simples: através do *networking*. Os *global players* juntavam-se de modo a que, sem serem vistos nem controlados, pudessem apoiar a equipe. Isto aconteceu no ano de 1996 em Glen Cove, Nova York. À volta da mesa encontravam-se altos representantes do Fundo das Nações Unidas para a População, do Alto Comissariado da ONU para os Direitos Humanos e da Divisão da ONU para o Avanço das Mulheres (DAM), bem como representantes de ONGs selecionadas, como a International Planned Parenthood Federation e o Center for Reproductive Rights, que estão entre os mais influentes na ONU. A ideia era levar avante uma estratégia de redução da população, ainda que nenhum dos tratados da ONU que definia os direitos humanos mencionasse o «aborto» ou os «direitos reprodutivos». Estes tratados foram cuidadosamente negociados, palavra por palavra, por representantes legítimos dos países soberanos. Criaram-se organismos de vigilância para supervisionar a implementação dos direitos humanos nos Estados-membros. Entre eles contam-se os seguintes:

- Comissão para os Direitos Humanos.

- Convenção para a Eliminação da Discriminação contra as Mulheres.

- Convenção dos Direitos da Criança.

- Pacto Internacional sobre os Direitos Civis e Políticos.

Em Glen Cove, ficou decidido que os organismos de vigilância, também chamados comissões de conformidade, teriam o objetivo de converter «normas brandas» em «leis fortes». Os organismos de vigilância deveriam ainda desenvolver, atualizar e reinterpretar os tratados vinculativos. A repetição persistente deveria criar a falsa impressão de que os direitos sexuais e reprodutivos eram aspectos vinculativos dos tratados sobre os direitos já existentes. Seguem-se alguns exemplos das reinterpretações feitas pelas comissões de direitos do homem:

- O direito à livre circulação foi usado para obter o direito a viajar para outro país para fazer um aborto.
- O direito à privacidade foi usado para obter o direito a tomar decisões sobre a gravidez e o aborto.
- O direito à liberdade de expressão tornou legítimo o direito de mulheres de qualquer idade receberem informação sobre «serviços de saúde reprodutiva», contracepção e educação sexual[20].

Estabeleceu-se uma rede de entidades que se iam revezando: as agências da ONU, os programas da ONU, os organismos de vigilância e ONGs. Os organismos de vigilância estão cheios de competências e recursos financeiros. Os seus membros, apesar de serem nomeados pelos Estados-membros, não são responsáveis perante eles. O núcleo da estratégia é o direito das comissões de exigir aos Estados individuais relatórios sobre a implementação do que alegadamente requerem os tratados internacionais. As comissões podem apresentar queixas de particulares e levar a cabo investigações, de forma independente, nos Estados-membros. Os países devem assim elaborar relatórios sobre as medidas que tomaram para remediar a situação.

A influência das ONGs nos processos de vigilância dos tratados está em constante crescimento. Elas atuam como organismos de vigilância a nível nacional para assegurar que são implementadas as recomendações das comissões. Os países são mesmo desafiados a integrar ONGs locais nesse processo. As ONGs entregam relatórios paralelos a comissões como a Convenção sobre a Eliminação de Todas as Formas de Discriminação contra as Mulheres. Outra ONG, o Centro de Direitos Reprodutivos (CDR), tem 45 empregados em tempo integral e uma impressionante rede com outras ONGs e beneméritos. O CDR é financiado pela PNUD e, além disso, recebe anualmente 10 milhões de dólares americanos de fundações.

Instituições da ONU e ONGs ativas ignoram os processos democráticos de decisão dos Estados soberanos e exercem uma pressão maciça junto dos «países difíceis» que não estão dispostos a implementar o «pacote» gênero, aborto, sexualização das crianças e direitos LGBTI. Entre eles es-

---

[20] *Ibid.*, p. 15.

tão Malta, Lituânia, Namíbia, Uganda, Hungria e, mais recentemente, a Finlândia. Os lobistas das ONGs fornecem às comissões os argumentos e estratégias para converter o «direito à vida» em «direito ao aborto». A redução da mortalidade materna não exige melhoria nos cuidados de obstetrícia, condições de higiene e cuidados pós-cirúrgicos. Em vez disso, deve-se suprimir a proibição do aborto, de modo a que a «saúde das mulheres» possa ser promovida por meio do «aborto seguro» («serviços de saúde reprodutiva»). Não há nenhuma lei internacional que obrigue a estabelecer o direito da mulher a matar os seus filhos não nascidos. Não obstante, isto é constantemente reclamado, e a pressão torna-se manifesta.

Isso é posto em prática por meio da confusão de ideias, da ofuscação da estratégia, do trabalho oculto, da difamação dos opositores (acima de tudo o Vaticano) – tudo caminhando sempre para a frente, passo a passo, de acordo com as condições de cada país. Num país onde o aborto é proibido, em primeiro lugar há que lutar para legalizar o aborto terapêutico num número restrito de casos. Para isso, apresentam-se casos isolados, que são midiatizados para se ajustarem ao modelo: uma menina de nove anos é violada pelo pai e tem uma gravidez de risco. Quem se atreve a ser cruel a ponto de negar o aborto a essa pobre jovem?

Por vezes é eficaz dispor de advogados bem colocados nas ONGs que lutem por um caso até ele chegar ao Supremo Tribunal do país ou ao Tribunal Europeu dos Direitos Humanos. O Supremo Tribunal impõe então aos Estados-membros e aos tribunais inferiores uma nova interpretação legal que mine ou até reverta a lei anteriormente vigente (ver o Capítulo 5).

No dia 19 de dezembro de 2016, a Assembleia Geral das Nações Unidas votou, com uma pequena margem de 84 para 77 votos, a favor de um novo cargo: o de perito independente em orientação sexual e identidade de gênero (OSIG). O professor de Direito Internacional Vitit Muntarbhorn, de Bangkok, seria o novo czar da ONU para o avanço global dos direitos OSIG. O seu mandato, à primeira vista, visa acabar com a violência contra as pessoas LGBTI, mas os seus objetivos vão muito além disso:

- Descriminalizar a sodomia.
- Evitar que os profissionais de saúde mental tratem a homossexualidade e a transexualidade como desordens psicológicas.
- Garantir que os documentos legais reflitam a identidade de gênero subjetiva.
- Impor a aceitação social da homossexualidade.
- Doutrinar as crianças e a sociedade por meio da propaganda OSIG, em todos os níveis[21].

O principal instrumento de pressão, para os 193 Estados-membros, é o RPU, o mecanismo de revisão periódica universal[22] que já elaborou cerca de 1300 recomendações sobre os direitos OSIG nos Estados-membros. Essas recomendações vêm de um pequeno grupo de Estados-membros, principalmente Canadá, Holanda, Espanha e França. O UPR é usado por organizações ativistas como a Sexual Rights Initiative e a ILGA (International Lesbian, Gay, Bisexual, Trans and Intersex Association) e é considerado o «faroeste» do ativismo LGBTI mundial, uma vez que não exige consensos nem sequer apoio maioritário em temas controversos. O clima que torna possível o passo seguinte é criado pela sedução ideológica, pela pressão política a nível nacional, pela vinculação de ajuda financeira a programas de «saúde reprodutiva», por direitos OSGI cada vez mais avançados, pela educação sexual abrangente para as crianças, pela distribuição de preservativos, pela propaganda nos meios de comunicação e por várias outras iniciativas culturais.

Krisztina Morvai, membro húngaro da Convenção sobre a Eliminação de Todas as Formas de Discriminação contra as Mulheres, já acusou abertamente os organismos de vigilância dos tratados de excederem regularmente as suas competências para defender objetivos sociais controversos, entre os quais o direito ao aborto, a legalização da prostituição, a promoção da

---

[21] https://c-fam.org/friday_fax/new-un-czar-homosexual-transgender-rights-taunts-general-assembly/ (consultado em abril de 2018).

[22] https://www.upr-info.org/en/upr-process/what-is-it (consultado em abril de 2018).

educação sexual para crianças e adolescentes, a promoção da contracepção para jovens e a distribuição livre de preservativos em países em desenvolvimento[23]. Depois da Segunda Guerra Mundial, a ONU era um farol de esperança para todo o mundo. Agora é a cabeça da revolução cultural.

---

[23] Krisztina Morvai, *Respecting National Sovereignty and Restoring International Law: The Need to Reform UN Treaty Monitoring Committees, briefing* na sede da ONU, Nova York, 6 de setembro de 2006. Citado em *Rights by Stealth*.

CAPÍTULO 5

Acesso totalitário:
os *Princípios de Yogyakarta*

«A humanidade sofre de uma fatal reação tardia. Não entende nada até a geração seguinte.»

Stanislav Jerzy Lec[1]

Os *Princípios de Yogyakarta* (PY) são um manual detalhado para a implementação da ideologia de gênero em todo o mundo: da livre escolha do sexo,
da orientação sexual e da identidade. Propomo-nos discutir aqui em profundidade os 29 princípios, porque este é um documento-chave para a compreensão dos objetivos que ameaçam a liberdade na revolução sexual global. Um
grupo de «renomados especialistas em direitos humanos», sem autorização
oficial nem legitimação, formularam esses princípios em 2007 numa conferência em Yogyakarta, na Indonésia. Em março desse ano, apresentaram-nos
em público no edifício da ONU em Genebra, a fim de os dotar de uma aura
de autoridade. Os PY são «uma nova ferramenta para os ativistas» apoiada
num manual de 200 páginas intitulado *Guia do ativista para os Princípios de
Yogyakarta* que traduz os princípios em ação política. Esse guia assume que

---

[1] https://www.zitate.eu/author/lec-stanislaw-jerzy/zitate/31318 (consultado em abril
de 2018).

os tratados internacionais dos direitos humanos são «instrumentos vivos [...]. Tal como a lei dos direitos humanos internacionais é uma lei viva, que envolve instrumentos, assim também os *Princípios de Yogyakarta* são um documento vivo. E o âmbito dos *Princípios* vai expandir-se»[2].

Na Alemanha, todos os partidos políticos, à exceção do Democrata Cristão, comprometeram-se a implementar os *Princípios de Yogyakarta*. A chave para a sua aplicação é admitir na Constituição a «identidade sexual» como critério de não discriminação. Entre outros países que entraram no comboio dos PY incluem-se Argentina, Brasil, Dinamarca, Holanda, Noruega, Suécia, Suíça, República Tcheca e Uruguai. O presidente dos Estados Unidos Barack Obama e a sua secretária de Estado Hillary Clinton apoiaram inteiramente a homossexualização da cultura. Os PY exigem que todos os países do mundo tomem medidas totalitárias para mudar as suas constituições, leis, instituições sociais e sistemas educativos, bem como as atitudes fundamentais dos seus cidadãos, de modo a impor legalmente a aceitação e o estatuto privilegiado da homossexualidade e de outras identidades e comportamentos não heterossexuais. Cada um dos 29 princípios aparece sob o título «OS ESTADOS DEVERÃO adotar os princípios [...] nas suas constituições nacionais ou noutra legislação apropriada...». Depois seguem-se as exigências revolucionárias detalhadas. O texto dos *Princípios de Yogyakarta* expõe claramente: 1) os objetivos; 2) os métodos de confusão; e 3) os métodos de implementação global da agenda LGBTI. É bom conhecer o plano que se esconde por trás das mudanças que temos testemunhado atualmente na história.

Os objetivos dos *Princípios de Yogyakarta*

A palavra «princípio» vem da palavra latina *principium* e significa «começo» ou «origem». Refere-se à fundamentação legal da qual outras leis ou regras podem derivar. Contudo, os princípios de Yogyakarta não são realmente prin-

---

[2] *An Activist's Guide to the Yogyakarta Principles*, agosto de 2010, http://ypinaction.org/wp-content/uploads/2016/10/Activists_Guide_English_nov_14_2010.pdf (consultado em maio de 2018).

cípios, mas 29 «direitos» arbitrários baseados na reinterpretação e em «subsequentes desenvolvimentos» dos direitos humanos; pretendem atribuir um estatuto privilegiado a minorias não heterossexuais às custas dos direitos e liberdades civis das maiorias. Os conceitos centrais do documento são *orientação sexual* e *identidade de gênero* e estão definidos desta forma no preâmbulo:

COMPREENDENDO «orientação sexual» como estando referida à capacidade de cada pessoa de experimentar uma profunda atração emocional, afetiva ou sexual por indivíduos de gênero diferente, do mesmo gênero ou de mais de um gênero, assim como de ter relações íntimas e sexuais com essas pessoas [...][3].

Esta definição não exclui nenhum tipo de preferência sexual ou atividade, nem sequer a pedofilia (sexo com crianças), o incesto (sexo entre pessoas com laços de consanguinidade), a poligamia, a poliandria, o poliamor (sexo com mais de uma pessoa), ou a zoofilia (bestialidade, sexo com animais).

ENTENDENDO «identidade de gênero» como estando referida à experiência interna, individual e profundamente sentida que cada pessoa tem em relação ao gênero, que pode, ou não, corresponder ao sexo atribuído no nascimento, incluindo-se aí o sentimento pessoal do corpo (que pode envolver, por livre escolha, modificação da aparência ou função corporal por meios médicos, cirúrgicos ou outros) e outras expressões de gênero, inclusive o modo de vestir-se, o modo de falar e maneirismos [...][4].

Assim, a identidade sexual da pessoa não se define por diferenças biológicas e neurológicas para as quais há inúmeras provas científicas, mas deve ser uma questão de sentimentos e uma decisão subjetiva e arbitrária. Esta é a base da «subversão da identidade» (Butler) da teoria de gênero, ou seja, a dis-

---

[3] Comissão Internacional de Juristas (ICJ), *Yogyakarta Principles: Principles on the Application of International Human Rights Law in Relation to Sexual Orientation and Gender Identity*, março de 2007, http://yogyakartaprinciples.org/ (consultado em abril de 2018).
[4] «Preâmbulo», *Princípios de Yogyakarta*.

solução da estrutura binária dada na existência humana. Cada um dos princípios é introduzido por uma declaração geral. Cada declaração é seguida por reivindicações que, de acordo com os peritos em direitos humanos, todos os países devem implementar (P3-F)[5].

Aceitação de comportamento não heterossexual (LGBTI)

As definições de «orientação sexual» e «identidade de gênero» mostram que os autores dos PY separaram a sexualidade do seu objetivo inerente: a união de homem e mulher no matrimônio e a procriação. A igualdade total deve ser estabelecida para todos os tipos de «orientação e identidade sexual». O princípio 2 diz o seguinte:

Todas as pessoas têm o direito de desfrutar de todos os direitos humanos livres de discriminação por sua orientação sexual ou identidade de gênero [...], seja ou não também afetado o gozo de outro direito humano. A discriminação com base na orientação sexual ou identidade de gênero inclui qualquer distinção, exclusão, restrição ou preferência baseada na orientação sexual ou identidade de gênero que tenha o objetivo ou efeito de anular ou prejudicar a igualdade perante a lei ou a proteção igual da lei, ou o reconhecimento, gozo ou exercício, em base igualitária, de todos os direitos humanos e das liberdades fundamentais.

Em linguagem simples: todos os critérios morais que dizem respeito às formas como as pessoas lidam responsavelmente com o poder da sexualidade são classificados como «discriminação». A distinção moral essencial entre o certo e o errado, o bem e o mal, deve ser proibida quando aplicada à sexualidade. Os direitos humanos que possam criar obstáculos, tais como a liberdade religiosa e a liberdade de consciência, devem ser considerados subordinados. Não se permite que as pessoas preguem, ensinem ou sejam educadas para acreditar que o objetivo da sexualidade é a união de amor entre um homem e uma

---

[5] P3-F significa «princípio 3, exigência F». Se o número não for seguido de uma letra, remete-se para a introdução.

mulher e a procriação dos filhos, ainda que as relações heterossexuais estáveis sejam essenciais para a existência da sociedade.

Dissolução da identidade sexual binária

De acordo com as definições de «orientação sexual» e «identidade de gênero», o gênero de cada um é uma questão de *sentimento*, isto é, resulta da autodefinição arbitrária e puramente subjetiva de cada um. O *Guia do ativista* acrescenta: «Exigir que as pessoas se identifiquem com um grupo identitário específico apenas iria perpetuar a opressão que os direitos procuram combater»[6].

A identidade refere-se às características estáveis de identificação da pessoa. No entanto, os sentimentos e as emoções são instáveis. A biologia, a medicina, a investigação sobre o cérebro, a investigação hormonal, a psicologia, a sociologia e outras ciências fazem afirmações precisas sobre as características diferenciadoras do homem e da mulher, ao ponto de cada célula individual dos corpos dum homem e duma mulher ser respectivamente masculina ou feminina. Segundo os autores do PY, todas as pretensões de diferenças inalienáveis entre o homem e a mulher baseiam-se na «ideia da inferioridade ou superioridade de algum dos sexos ou em papéis estereotipados para homens e mulheres» («Preâmbulo»). Os PY pretendem acabar com esses preconceitos em todo o mundo.

Devido ao fato de os PY afirmarem que a identidade de uma pessoa não é determinada por características sexuais biológicas, mas pela «orientação sexual» e a «identidade de gênero» arbitrariamente escolhidas, não há apenas dois gêneros, mas tantos quantas as «orientações sexuais». Já não há homens e mulheres, mas homens *queer*, mulheres lésbicas, homens e mulheres bissexuais, transexuais e intersexuais, de acordo com os seus próprios «gêneros». Porque há um pequeno grupo de pessoas que sofrem com o infortúnio de não conseguirem identificar-se com o seu gênero biológico (transexuais) ou que nasceram com características sexuais ambíguas (intersexuais), os PY usam isso como pretexto

---

[6] *Activist's Guide*, http://ypinaction.org/wp-content/uploads/2016/10/Activists_Guide_English_nov_14_2010.pdf (consultado em maio de 2018).

para subverter os valores profundamente enraizados na humanidade e no sistema legal, e até para ignorar os resultados claros das pesquisas.

No entanto, a ideologia de gênero enreda-se numa outra contradição evidente: por um lado o gênero de uma pessoa deve ser flexível e mutável, mas por outro lado pressupõe-se que qualquer orientação sexual não heterossexual é uma identidade não modificável. Para implementar esta imagem contraditória do homem, os autores dos PY exigem que:

- Nenhum *status*, como o casamento ou a parentalidade, pode ser invocado para evitar o reconhecimento legal da identidade de gênero duma pessoa (P3).
- [Os Estados devem] tomar todas as medidas legislativas, administrativas e outras para:
  – respeitar plenamente e reconhecer legalmente a identidade de gênero autodefinida por cada um;
  – garantir a existência de procedimentos pelos quais todos os documentos de identidade emitidos pelo Estado que indiquem o sexo/gênero da pessoa – como certidões de nascimento, passaportes, registros eleitorais etc. – reflitam a identidade de gênero autodefinida por cada pessoa (P3-C);
  – assegurar a todas as pessoas o direito de poder escolher, normalmente, quando, a quem e como revelar informações sobre a sua orientação sexual ou identidade de gênero (P6-F).

Em linguagem simples: digamos que um homem casado, com três filhos, é invadido pelo sentimento de que a sua identidade real é a de mulher. A informação acerca do seu gênero é retirada da certidão de nascimento, da carteira de motorista e do passaporte pessoais, e, a partir desse momento, ele começa a vestir-se como mulher. De acordo com os PY, a mulher dele deve ser acusada de «discriminação» se achar que isto constitui motivo para divórcio. No P24-C afirma-se que «prevalece o melhor interesse da criança». Os autores dos PY perguntaram às crianças como se sentiriam se o seu pai, de repente, se vestisse como uma mulher?

Ou consideremos este caso: uma mulher que na verdade é um homem casa-se com um homem sem lhe dar conta da sua mudança de identidade sexual. Depois do casamento, ele/ela muda de ideias sobre a sua identidade sexual e volta a ser homem. É «discriminação» o homem processá-la por fraude?

É surpreendente que os «peritos em direitos humanos» possam fazer tais exigências sem se aperceberem de como são ridículas. Mas mais surpreende que organizações internacionais e partidos políticos tenham assumido os objetivos destas reduzidíssimas minorias.

«Casamento» homossexual com direito de adoção

Todas as pessoas têm o direito de constituir uma família, independentemente da sua orientação sexual ou identidade de gênero. As famílias existem em diversas formas. Nenhuma família pode ser sujeita à discriminação com base na orientação sexual ou identidade de gênero de qualquer dos seus membros (P24).

Não há nenhuma definição sobre o que significa «família». Contudo, o critério para família que se aplica em todas as culturas desde tempos imemoriais – o casamento entre um homem e uma mulher que gera descendência biológica – foi abolido. Absolutamente qualquer união de pessoas de qualquer gênero deve chamar-se «família» e deve ser reconhecida, protegida e dotada de serviços sociais pelo Estado. Os participantes deverão ter o estatuto de «parentes» (PI7-H). Isto contrasta claramente com o artigo 16º da Declaração Universal dos Direitos Humanos (1948). Uma vez mais, o artigo 16.º diz o seguinte:

1. Todos os seres humanos nascem livres e iguais em dignidade e em direitos. Dotados de razão e de consciência, devem agir uns para com os outros em espírito de fraternidade.

2. A partir da idade núbil, o homem e a mulher têm o direito de casar e de constituir família, sem restrição alguma de raça, nacionalidade ou religião.

3. A família é o elemento natural e fundamental da sociedade e tem direito à proteção desta e do Estado.

Para acabar com este conceito de família, a instituição do casamento tem de ser redefinida. Embora, no princípio, por razões táticas, apenas fosse exigido o «registro de parcerias de pares do mesmo sexo», o P24-E afirma claramente:

[Os Estados devem] assegurar que qualquer prerrogativa, privilégio, obrigação ou benefício disponível para pessoas casadas ou parceiros/as registrados/as de sexo diferente esteja igualmente disponível para pessoas casadas ou parceiros/as registrados/as do mesmo sexo.

A esterilidade das relações do mesmo sexo deverá ser artificialmente remediada por meio do «acesso à adoção ou procriação assistida (incluindo inseminação de doador)» (P24-A)[7].

[Os Estados devem] tomar todas as medidas legislativas, administrativas e outras necessárias para assegurar que [...] o melhor interesse da criança tenha primazia e que a orientação sexual ou identidade de gênero da criança, de qualquer membro da família ou de terceiros não deve ser considerada incompatível com esse melhor interesse (P24-C).

Porque o direito constitucionalmente garantido dos pais a educarem os seus filhos poderá ser um obstáculo à implementação da agenda LGBTI, é exigido:

[Aos Estados] assegurar que uma criança capaz de ter opiniões pessoais possa exercitar o direito de expressar essas opiniões livremente, e que essas opiniões sejam consideradas de acordo com a sua idade e maturidade (P24-D).

---

[7] Cf. *Google Baby*, filme sobre a procriação artificial por meio de barrigas de aluguel: www.youtube.com/watch?v=pQGlAM0iWFM (consultado em abril de 2018).

Em linguagem simples: o direito biológico de uma criança ter os seus pais biológicos inverteu-se para dar lugar ao direito de os adultos com orientação e identidade sexual «flexível» terem uma criança que eles possam «produzir» mediante métodos de reprodução anônimos. A partir do momento em que a arbitrariedade seja de fato promovida ao estatuto de lei, deixará de ser possível garantir o bem-estar das crianças. Por exemplo, se um pai que acaba de decidir que é homossexual ou é, na verdade, uma mulher entra numa parceria com outra pessoa de gênero flexível, a custódia dos filhos de um casamento anterior não pode ser recusada com base no fato de essas novas relações sexuais serem prejudiciais para o bem-estar da criança.

O casamento e a família serão dissolvidos. No seu lugar, relações arbitrárias entre duas ou mais pessoas de qualquer gênero devem ser reconhecidas como «casamento» e «família» e beneficiar-se dos subsídios do Estado.

Privilégios para pessoas LGBTI

Os PY afirmam que são a aplicação dos direitos humanos existentes às pessoas com orientações sexuais «diferentes», ou seja, as que não são heterossexuais. Na realidade, supõem a criação de novas disposições legais para a liberalização das normas sexuais que serão impostas aos Estados soberanos. Os PY exigem direitos especiais para o ativismo LGBTI. O «direito à liberdade de opinião e expressão» (P19) e o «direito à liberdade de reunião e associação pacíficas» (P20) «não deve ser restringido» por noções geralmente aplicáveis de «ordem pública, moralidade pública, saúde pública e segurança pública». Em *A Brief Commentary on The Yogyakarta Principles*, o Dr. Jakob Cornides, perito em direito internacional, observa:

> Cabe assinalar que, se o PY 20 fosse aceito, as associações, assembleias e manifestações que promovem um estilo de vida LGBT seriam as únicas a não ficar sujeitas a nenhuma restrição de ordem pública ou moral; teriam liberdade ilimitada para insultar ou provocar as pessoas que não partilham de suas opiniões ou que se opõem à promoção da sua agenda. Este tipo de privilégio é completamente inaceitável numa sociedade democrática; aceitá-lo significaria renunciar à democracia em troca da

agenda LGBT. Uma vez mais, parece que o principal objetivo dos PY não é proteger os direitos humanos, mas procurar privilégios[8].

Por definição, os direitos humanos aplicam-se a todos os habitantes da Terra, em todas as épocas. Há muitos grupos e minorias neste mundo que sofrem violações dos direitos humanos. Onde quer que isso aconteça, os Estados, as organizações internacionais e os tribunais são chamados a vigiar a adesão aos direitos humanos, mesmo, é claro, quando os direitos humanos das pessoas LGBTI são violados.

Os autores dos PY devem explicar por que as minorias definidas pelo comportamento não heterossexual devem receber especial atenção por parte do Estado por meio de leis, medidas e instituições de vigilância recentemente criadas. Trata-se, de fato, de um estatuto privilegiado.

A ONU e a União Europeia são seletivas no seu empenho em proteger certos grupos de pessoas contra a discriminação. Hoje, as minorias religiosas perseguidas não recebem nem uma pequena parte da atenção que as instituições internacionais dedicam à discriminação baseada na orientação sexual. Atualmente os cristãos são o grupo mais perseguido do mundo. Há povoações inteiras no Oriente Médio, África e Ásia sendo despovoadas de cristãos, que se veem privados de condições de vida decentes; as suas igrejas são incendiadas e os fiéis são expulsos ou perseguidos, muitas vezes até a morte. Mas, em contraste com a comparativamente pequena minoria de pessoas LGBTI, não há programas na ONU nem na União Europeia para proteger os cristãos.

Métodos de ofuscação

Nesta altura já deve estar claro que a agenda LGBTI não trata de «tolerância» e aplicação dos direitos humanos a minorias sexualmente definidas, mas de outorgar privilégios a minorias não heterossexuais às custas das liberdades

---

[8] Jakob Cornides, *A Brief Commentary on the Yogyakarta Principles*, 2009, http://works.bepress.com/jakob_cornides/20 (consultado em abril de 2018).

da maioria. Se a rede global LGBTI desse aos seus objetivos o nome correto, a agenda não teria nenhuma chance de êxito, porque os privilégios especiais para pessoas LGBTI são rejeitados pela maior parte da população mundial, em todos os continentes, culturas e religiões, que dispõem de normas heterossexuais variadas mas sempre restritivas, reconhecem diferenças claras e irrevogáveis na identidade sexual de homens e mulheres e consideram que o casamento e a família são bens culturais superiores, que contribuem de forma insubstituível para o bem-estar de todos.

O êxito da revolução sexual em todo o mundo requer, portanto, que se gere uma confusão irrevogável, até que toda a oposição possa ser suprimida. A confusão é gerada de três formas:

- Mediante uma presunção falsa de autoridade e legitimidade.
- Mediante a utilização de termos indefinidos e ambíguos.
- Mediante uma falsa pretensão de concordância com as leis internacionais existentes.

Falsa presunção de legitimidade

Como vimos inicialmente, os autores dos *Princípios de Yogyakarta* não tinham nenhuma legitimidade ou autorização conferida por órgãos oficiais das Nações Unidas. No entanto, ativistas de alto nível de Yogyakarta aparecem para falar em nome da ONU. Esta legitimidade falsa permite que as nações sejam pressionadas caso não partilhem dessa nova visão da humanidade e não queiram consagrá-la no seu sistema jurídico.

Manipulação da linguagem

As expressões centrais dos PY são «orientação sexual» e «identidade de gênero». Se o que se pede é que todos os tratados de direitos humanos e todos os sistemas jurídicos dos países se orientem para estes pontos de referência, então aquilo que constitui uma «orientação sexual» deveria ser algo objetivo e cientificamente comprovável. Contudo, a definição de orientação sexual faz de sentimentos subjetivos a base de direitos e privilégios. Não há critérios de exclusão para formas de sexualidade que *ainda* parecem inaceitáveis nos nossos dias. A sua aceitação pública e jurídica já está sendo promovida por grupos de pressão que utilizam os mesmos métodos empregados pelo movimento homossexual e que fazem pressão a favor dos direitos à pedofilia, ao incesto e ao poliamor.

Os PY legitimam as suas exigências de longo alcance para obter privilégios para determinadas minorias, utilizando uma linguagem que aponta para valores elevados, mas esvaziados pela ideologia. A orientação sexual e a identidade de gênero são apresentados como «partes essenciais da dignidade de cada pessoa» (P9). A igualdade do que é diferente é apresentada como justa, mas é na verdade injusta. Qualquer diferenciação e consequente tratamento de pessoas LGBTI diferentes daqueles de que gozam os heterossexuais no que respeita ao casamento e à lei da família é considerado «discriminação», a qual deve ser perseguida. (Abordamos pormenorizadamente a confusão de conceitos no Capítulo 8.)

Falsa pretensão de concordância com o direito internacional

O Princípio 27 exige «o direito a promover os direitos humanos». Um olhar mais rigoroso mostra que se trata de proteger o ativismo cultural revolucionário. Isto é, toda a gente tem o «direito a desenvolver e discutir novas [!] normas relacionadas com os direitos humanos e a trabalhar pela aceitação das mesmas». Portanto, não se trata de afirmar os direitos humanos existentes, mas de afirmar os interesses das minorias que são apresentados como «normas de direitos humanos». Entre outras coisas, os PY exigem que os Estados:

- «garantam um ambiente favorável» para estas atividades (P27-A);
- combatam qualquer oposição aos «defensores e defensoras dos direitos humanos» (P27-B);
- garantam o «acesso não discriminatório às organizações e aos órgãos de direitos humanos nacionais e internacionais» e a possibilidade de «participar deles e estabelecer comunicação com eles» (P27-C);
- garantam, aos defensores e defensoras de direitos humanos trabalhando com temas de orientação sexual e identidade de gênero, proteção contra qualquer violência, ameaça, retaliação, discriminação *de facto*

ou *de jure*, pressão ou qualquer outra ação arbitrária perpetrada pelo Estado ou por atores não estatais (P27-D).

Jakob Cornides acerta em cheio: «Os direitos que eles pretendem promover não são direitos humanos, mas *slogans* de grupos de pressão»[9]. Para que o Estado assegure proteção contra a discriminação por parte do Estado, é necessária uma entidade supervisora que esteja acima do Estado. Esta função já é desempenhada pelos órgãos de vigilância da ONU e pela Agência dos Direitos Fundamentais da União Europeia, em Viena, que os Estados-membros quase não controlam.

Métodos de implementação

Como sabia Edward Bernays, criador da manipulação de massas e sobrinho de Sigmund Freud, «somos dominados por um número relativamente pequeno de pessoas [...] que compreendem os processos mentais e padrões sociais das massas. São eles que puxam os cordelinhos que controlam a opinião pública».

Estes são os métodos de «manipulação inteligente e consciente»:

- Esvaziar a soberania nacional através de órgãos, tratados e ONGs.
- Conseguir recursos financeiros milionários da ONU, da União Europeia e dos Estados para as organizações LGBTI.
- Litigar nos tribunais casos-teste a todos os níveis, em nome dos direitos humanos.
- Modificar os valores fundamentais da população.
- Promulgar sanções jurídicas e sociais contra a oposição.

Esvaziar a soberania nacional

No final do documento, os ativistas de Yogyakarta propõem 16 «recomendações adicionais» (identificadas de A a P) para implementar a revolução

---

[9] *Ibid.*

cultural baseada nos princípios de Yogyakarta. Aqueles que são chamados à ação não são os representantes democraticamente eleitos dos governos soberanos, mas o alto comissário da ONU para os Direitos Humanos (A); a comissão dos direitos humanos da ONU (B); ONGs (D, J); órgãos dos tratados, organizações intergovernamentais regionais e sub-regionais comprometidas com os direitos humanos (I); organizações humanitárias (K); organizações profissionais e o setor educativo (M); organizações comerciais (N); meios de comunicação social (O); fundações governamentais e privadas (P). Isto descreve a rede mundial que está preparada para criar o novo ambiente da ideologia de gênero.

Os órgãos dos tratados das Nações Unidas desempenham papel especial na transmissão da agenda LGBTI. Como já mencionamos, os membros não são democraticamente eleitos. São delegados dos Estados-membros e não respondem perante os governos dos seus países de origem. Representam a autoridade da ONU e exigem que os governos dos Estados soberanos sejam responsáveis pela aplicação dos direitos tal como interpretados e «desenvolvidos» pelos delegados, ao ponto de exigirem mudanças nas respectivas constituições. Enquanto isso, ONGs locais relevantes envolvem-se no processo e entregam «relatórios-sombra».

Financiamento de organizações LGBTI por parte da ONU e da União Europeia

Muitos milhões são destinados à agenda LGBTI através de suborganizações oficiais da ONU e da União Europeia e fundações privadas (Rockefeller, Ford, Bill & Melinda Gates etc.). Isso fica pouco claro nos respectivos orçamentos. Mais de 60% do financiamento da ILGA (International Lesbian, Gay, Bisexual, Trans and Intersex Association) provém da Comissão Europeia, sendo complementado com contribuições do multimilionário George Soros e outros dois grandes financiadores[10]. A Comissão Europeia também utiliza regularmente o dinheiro de impostos para financiar pro-

---

[10] *Guia do Ativista.*

jetos de duas das maiores organizações abortistas do mundo: Marie Stopes International e International Planned Parenthood. Este financiamento
aparece camuflado sob a rubrica «saúde sexual e reprodutiva», ainda que
a definição que a União Europeia dá a esta expressão exclua explicitamente o aborto[11].

Precedentes legais em nome dos direitos humanos

Sob o titulo «Criar estratégias baseadas nos princípios de Yogyakarta»[12],
o primeiro ponto levanta a pergunta: «Existe alguma questão em torno da
qual se possa criar uma estratégia legal para que os princípios dos direitos
humanos expostos nos *Princípios de Yogyakarta* venham a desempenhar papel coadjuvante?». Para levar adiante essa estratégia, recomenda-se que cada
um possa «envolver-se no sistema das Nações Unidas, mediante o *Universal
Periodic Review,* relatório-sombra dos organismos dos tratados, em coligação
com outros, estabelecendo contato com relatores especiais etc.[13]». Presume-
-se claramente que o sistema das Nações Unidas apoia o movimento LGBTI.
Tais casos são levados ao Tribunal Europeu de Justiça (TEJ) com a esperança
bem fundamentada de encontrarem um juiz favorável[14].

Manifestações públicas

Organizam-se manifestações nas capitais do mundo ocidental – por
exemplo, os Christopher Street Days, onde se expõem cenas grosseiramente
obscenas e os políticos marcham na primeira fila. Como já vimos, os autores
dos PY exigem que os direitos à liberdade de reunião e associação não sejam

---

[11] Isto foi revelado num relatório da European Dignity Watch: http://www.euro-
peandignitywatch.org/planned-parenthood-selling-aborted-baby-parts/ (consultado em
junho de 2018).

[12] *Guia do Ativista.*

[13] *Ibid.*

[14] Os processos-teste LGBTI diante do Tribunal Europeu dos Direitos Humanos
nos últimos anos incluem: Schalk e Kopf *vs.* Áustria, Kozak *vs.* Polônia, Courten *vs.* Reino Unido, Schlumpf *vs.* Suíça. Os processos-teste LGBTI diante do Tribunal Europeu
de Justiça incluem Maruko *vs.* VddB, Römer *vs.* Cidade de Hamburgo, entre outros.

limitados por «noções de ordem pública, moral pública, saúde pública e segurança pública» (P20).

Influência dos meios de comunicação

O P19 exige o direito a «procurar, receber e transmitir informação e
ideias de todos os tipos, incluindo ideias relacionadas com direitos humanos, orientação sexual e identidade de gênero, através de qualquer meio de
informação e independentemente das fronteiras nacionais». Além disso, os
PY exigem que os Estados tomem as necessárias medidas legislativas, administrativas etc. para:

- garantir que tanto a produção como a organização dos meios de comunicação regulados pelo Estado sejam pluralistas e não discriminatórias
  no que respeita a assuntos relacionados com a orientação sexual e a
  identidade de gênero (P19-B);
- garantir que o exercício da liberdade de opinião e de expressão não
  viole os direitos e liberdades das pessoas em toda a diversidade de
  orientações sexuais e identidades de gênero (P19-E).

Nas «Recomendações adicionais» (O), pede-se aos meios de comunicação
que evitem o uso de estereótipos em relação à orientação sexual e à identidade
de gênero e promovam a tolerância e a aceitação da diversidade da orientação
sexual humana e da identidade de gênero, sensibilizando a opinião pública
em relação a estes temas.

Em linguagem simples: encoraja-se a agitação sem limites em todos os
meios de comunicação e para além de todas as fronteiras; cotas de conteúdo LGBTI na televisão pública; proibição de todas as declarações em que as
pessoas LGBTI se sintam violentadas nos seus autodefinidos direitos e liberdades; conversão dos meios de comunicação de massas em instituições de
propaganda LGBTI.

Implementação da agenda LGBTI no sistema educativo

No P16, o «direito à educação» exige que:

[Os Estados devem] garantir que os métodos educativos, currículos e recursos sirvam para melhorar a compreensão e o respeito pelas diversas orientações sexuais e identidades de gênero, incluindo as necessidades particulares de estudantes, seus pais e familiares relacionadas com essas características (P16D).

Em linguagem simples: os programas educativos e a formação dos cuidadores e professores devem centrar-se na mudança da forma de pensar das crianças e dos adolescentes, de maneira a que percebam qualquer forma de comportamento não heterossexual como «normal» e possam escolher entre as diversas orientações sexuais e identidades de gênero.

Formação da burocracia

Se a imensa maioria dos seres humanos não acreditasse que a fertilidade baseada na sexualidade entre pessoas de sexo oposto é correta e que a sexualidade entre pessoas do mesmo sexo é errada, as coisas ficariam sombrias para a sobrevivência da humanidade. Para os defensores da teoria da evolução, a prioridade dada à heterossexualidade num sistema de valores social é uma necessidade tanto teórica como prática. No entanto, os autores dos PY julgam ser tarefa do Estado aplicar «programas de formação e consciencialização» para mudar essa crença junto da maior parte da população mundial, especialmente no seio dos grupos seguintes:

- Polícia (P7).
- Juízes, funcionários judiciais, fiscais e procuradores (P8).
- Funcionários das prisões (P10).
- Empregadores (PI2).
- Trabalhadores sociais (PI5).

- «Professores e estudantes em todos os níveis do ensino público, organismos profissionais e potenciais violadores dos direitos do homem» (P28-F).

Em linguagem simples: todos os grupos profissionais devem promover a agenda dos PY. Se houver alguma suspeita de existência de potenciais «violadores dos direitos humanos», serão sujeitos a «programas de formação e tomada de consciência».

Restrições à liberdade de contratação

Os Estados deverão tomar as medidas legislativas, administrativas e outras necessárias para:

- eliminar e proibir a discriminação com base na orientação sexual e na identidade de gênero nas empresas públicas e privadas, inclusive em relação a formação profissional, recrutamento, promoção, demissão, condições de emprego e remuneração (P12-A);
- assegurar o direito a uma habitação adequada, incluindo proteção contra o despejo (P15).

Em linguagem simples: um empregador, como a Igreja Católica ou uma escola privada, não pode recusar emprego a um professor ou cuidador pelo fato de o candidato ser um homossexual ativo ou um homem vestido de mulher. O mesmo se aplica aos proprietários de imóveis.

Restrições à liberdade de expressão

Como já foi mencionado, a liberdade de expressão das pessoas LGBTI deve estar livre de restrições em relação à «ordem pública» e à «moral pública», enquanto a liberdade de expressão do resto da população não pode ofender os sentimentos das pessoas LGBTI (P19). Citamos novamente Jack Cornides:

Obviamente que esta «interpretação» dos «direitos humanos» é não só errada, mas também bastante perigosa: põe em causa a igualdade de todos perante a lei, mina a democracia, afeta diretamente os direitos daqueles que não apoiam a agenda LGBT e revela a mentalidade totalitária dos redatores dos PY. [...] Caso seja aceita, esta cláusula terá efeitos devastadores na liberdade de opinião e expressão, indo muito além dos propósitos específicos dos PY. Se os interesses particulares dos movimentos dos direitos LGBT se sobrepõem ao tema da ordem pública e da moralidade, qualquer outro grupo de pressão pode legitimamente ter as mesmas pretensões. As noções de ordem pública e moralidade são assim totalmente minadas por esta cláusula[15].

Supressão de informação discordante

O *lobby* LGBTI considera que a investigação sobre as causas da homossexualidade (LGBTI) e a oferta de assistência terapêutica para os que sofrem com as suas tendências sexuais são «discriminatórias» e pretende suprimi-las, ainda que sejam as próprias pessoas afetadas a desejar essa ajuda. Exige-se que:

[Os Estados] assegurem que qualquer tratamento ou aconselhamento médico ou psicológico não trate explícita ou implicitamente a orientação sexual e a identidade de gênero como condições clínicas a serem tratadas, curadas ou suprimidas (P18).

Os grupos de interesse usam de intimidação, difamação e campanhas contra terapeutas, conferencistas não aprovados e conferências indesejadas para suprimir qualquer informação sobre a possibilidade de alterar a orientação e o comportamento LGBTI. As causas das inclinações não heterossexuais não devem ser cientificamente investigadas e deve suprimir-se a mensagem de que as tendências sexuais podem ser mudadas (veja-se o Capítulo 10). Em setembro de 2012, a Califórnia converteu-se no primeiro estado dos Estados Unidos a aprovar uma proibição legal sobre terapia

---

[15] Cornides, *A Brief Commentary on the Yogyakarta Principles.*

«reparadora» ou «de conversão» para menores com orientação homossexual indesejada (Lei 1172 do Senado)[16].

Criminalização da oposição

O último princípio, o 29, tem por título «Responsabilização». Os leitores ficarão desapontados se acharem que se trata de responsabilização das pessoas e ativistas LGBTI em relação à sociedade em geral. Entre as exigências encontramos as seguintes:

- Todas as pessoas cujos direitos humanos sejam violados, incluindo os direitos a que se faz referência nestes *Princípios* [!], têm direito a que as pessoas direta ou indiretamente [!] responsáveis pela dita violação, atuem ou não como funcionários públicos, sejam responsabilizadas pelos seus atos de maneira proporcional à gravidade da violação. Não deverá haver impunidade para quem cometa violações contra os direitos humanos relacionados com a orientação sexual ou a identidade de gênero (19).
- [Os Estados deverão] estabelecer mecanismos de vigilância (29-A).
- Deve-se assegurar que os responsáveis sejam processados, julgados e devidamente punidos (P29-B).
- Cabe implantar instituições e procedimentos independentes [!] e eficazes para vigiar a formulação de leis e políticas, bem como a sua aplicação, garantindo a eliminação da discriminação por motivo de orientação sexual ou identidade de gênero (P29-C).
- Deve-se eliminar qualquer obstáculo à responsabilização das pessoas que praticaram violações de direitos humanos por motivo de orientação sexual ou identidade de gênero (P29-D).

---

[16] Martha T. Moore, «N.J. Gov. Christie Signs Ban on Gay Conversion Therapy», *USA Today*, 19 de agosto de 2013, http://www.usatoday.com/story/news/politics/2013/08/19/chris-christie-gay-conversion-therapy-new-jersey/2671197/ (consultado em abril de 2018).

Em linguagem simples: precisam ser criadas instituições estatais independentes e eficazes para a execução e a supervisão dos princípios de Yogyakarta – uma espécie de polícia autônoma LGBTI. Todos os obstáculos para criminalizar a oposição devem ser eliminados. O que se exige é a supressão e a criminalização de todo tipo de oposição a quem eleva a escolha dos próprios gênero e comportamento sexual a norma universal; e o estabelecimento de um estado de vigilância para fazer cumprir essa norma.

Ferramentas para ativistas LGBTI

O *Guia do ativista dos Princípios de Yogyakarta* (GA) é uma ferramenta revolucionária para ajudar as pessoas LGBTI a alterarem os valores e os fundamentos legais dos Estados soberanos. Para isso é fundamental a «linguagem dos direitos humanos», que exige «direitos» em vez de responder a «necessidades»[17]. A caixa de ferramentas contém instruções estratégicas:

- Desafiar as normas jurídicas opressoras.
- Desenvolver novas políticas governamentais.
- Procurar um governo mais sensível.
- Educar a população.
- Construir um movimento.

A Internet liga globalmente entre si as organizações ativistas:

- Human Rights Watch.
- International Planned Parenthood.
- Center for Reproductive Rights.
- ILGA.
- O «sistema» ONU.

---

[17] Martha T. Moore, «N.J. Gov. Christie Signs Ban on Gay Conversion Therapy», *USA Today*, 19 de agosto de 2013, http://www.usatoday.com/story/news/politics/2013/08/19/chris-christie-gay-conversion-therapy-new-jersey/2671197/%20.

A aplicação efetiva dos PY explica-se através de histórias de êxito e de «boas práticas» nos vários países de cada continente (*Guia do ativista*, Seção 3, pp. 87-135). Eles exemplificam a capacidade de adaptação da agenda LGBTI a diferentes contextos culturais. Cada uma das ações estratégicas delineadas sublinha a importância fundamental dos *Princípios de Yogyakarta*. Uma amostra:

- No *Nepal*, uma sentença do Supremo Tribunal sobre o reconhecimento das mulheres transexuais (um terceiro gênero) constitui uma «vitória arrasadora». A sentença serve para todo o mundo como precedente para o reconhecimento legal das minorias sexualmente definidas.
- Na *Índia*, uma coligação de ativistas para a prevenção do HIV/AIDS, pelos direitos das crianças, das mulheres e dos grupos LGBTI usou as «marchas do orgulho *gay*, eventos públicos com convidados VIP, campanhas nos meios de comunicação e processos judiciais para conseguir a despenalização de relações sexuais homossexuais consensuais».
- Nos *Países Baixos*, pioneiros na legalização do «casamento» homossexual, os ativistas desse «casamento» conseguiram obter reconhecimento legal para a «identidade de gênero escolhida» sem intervenção médica.
- Na China – à semelhança da histórica decisão de 1973 da American Psychiatric Association – a homossexualidade deixou de estar incluída na Classificação Chinesa das Perturbações Mentais (CCPM – 3) e, portanto, deixou de ser considerada doença. Isso foi visto como fundamentação para todas as mudanças subsequentes na sociedade. Considera-se uma frustração que o novo CCPM «continue a declarar que as pessoas homossexuais que experimentem transtornos devido à sua orientação sexual (homossexualidade egodistônica) precisem de serviços de saúde mentais»[18].
- No *Brasil*, o programa governamental «Brasil sem Homofobia» foi implementado em 2004.
- Na *Suécia*, um dos países mais avançados nesta questão, os direitos LGBTI foram sistematicamente integrados nas políticas de apoio ao desenvolvimento por parte da Agência de Cooperação Internacional

---

[18] *Ibid.*

para o Desenvolvimento, inclusive mediante o financiamento direto de organizações LGBTI em países cooperantes.

- Na *Nova Zelândia*, o acesso aos serviços de saúde para atribuição de um novo sexo foram melhorados e tornou-se mais fácil mudar de gênero nos documentos de identificação. As «pessoas trans» podem exigir que o seu gênero não figure nos respectivos passaportes.
- Na *Venezuela*, a Unión Affirmativa, uma ONG LGBTI, levou a cabo em 2006 uma ação de formação para 800 policiais e 120 juristas.
- Na *Polônia*, foi levantada a proibição de marchas homossexuais e de «propaganda homossexual nas escolas». Em 2001, teve início uma campanha contra a homofobia no âmbito da qual uma exposição itinerante intitulada «Berlim – Yogyakarta» mostrou «os horrores da perseguição homossexual durante o regime nazista e a esperança depositada nos *Princípios de Yogyakarta* como evidência de progresso no que diz respeito aos direitos das pessoas LGBTI».
- No *Líbano*, abriu-se caminho com uma revista semanal e um livro que apresentava testemunhos de vida de «lésbicas, bissexuais, *queer* e mulheres em dúvida».

No fim do *Guia do ativista* declara-se o que pode realmente impulsionar a revolução cultural: «ao realizar atividades como as que se discutem neste *Guia*, não só provocas uma mudança, mas também te convertes em parte importante do sistema internacional dos direitos humanos que trabalha em benefício de todas as pessoas»[19].

Pessoas influentes formularam os *Princípios de Yogyakarta* e pessoas influentes e ONGs fornecem o impulso para a sua aplicação global, com a ajuda da ONU e das instituições da União Europeia.

Michael O'Flaherty é coautor dos PY, ex-sacerdote católico e professor de Direitos Humanos na Universidade de Nottingham. Foi o líder da campanha pela legalização do «casamento» homossexual na Irlanda. Em 2015, veio a ser nomeado diretor da FRA – Fundamental Rights Agency, em Viena.

---

[19] *Ibid.*

Em cada país existe uma minoria de pessoas com orientação não heterossexual a quem se oferecem perspectivas de vida: dá-se-lhes dinheiro, educação, emprego e apoio jurídico, e podem assim ganhar poder e influência na rede internacional da revolução sexual global. Os países que consideram o casamento e a família a base para uma sociedade vital devem conhecer bem as estratégias de ataque da revolução cultural.

CAPÍTULO 6

A União Europeia na onda do gênero

«[Desde a queda dos regimes totalitários do Bloco Soviético] resta ainda o extermínio legal de seres humanos concebidos e ainda não nascidos... E não faltam outras formas graves de violação da lei de Deus; penso, por exemplo, na forte pressão do Parlamento Europeu para que sejam reconhecidas as uniões homossexuais como uma forma alternativa de família, à qual competiria também o direito de adoção. É lícito e mesmo forçoso interrogar-se se aqui não atua ainda uma nova ideologia do mal, talvez mais astuciosa e encoberta, que tenta servir-se, contra o homem e contra a família, até dos direitos humanos.»

Papa João Paulo II[1]

A UE e a nova pessoa da ideologia de gênero

Em 2006, o ex-dissidente soviético Vladimir Bukovsky proferiu uma conferência em Bruxelas na qual alertava para um novo totalitarismo promovido pela União Europeia[2]. Receava que, contra a vontade do povo, a UE estives-

---

[1] Papa João Paulo II, *Memória e identidade*, Bertrand Editora, Lisboa, 2005, p. 20.

[2] Paul Belien, *Former Soviet Dissident Warns for EU Dictatorship*, *The Brussels Journal*, fevereiro de 2006, http://www.brusselsjournal.com/node/865 (consultado em abril de 2018).

se desenvolvendo um superestado semelhante à União Soviética e chamou a atenção para uma enorme falta de democracia na sua estrutura.

Tendo passado doze anos encarcerado em prisões soviéticas, campos de trabalho e instituições psiquiátricas, Bukovsky observou a transição para o mundo moderno e pode ter se sentido assombrado por fantasmas do totalitarismo onde eles na realidade não existiam. No entanto, pode também ter sido muito perspicaz quanto às dificuldades por vir, as quais a população em geral não viu porque os europeus estavam habituados a sessenta anos de prosperidade e democracia liberal, achando que essa situação inusitada iria durar para sempre.

Será que há alguma coisa de verdade neste alerta de totalitarismo? E, se assim é, o quê? Sem dúvida, a UE tornou as coisas mais fáceis para nós até agora. Podemos mudar a nossa residência sem morosos e complicados procedimentos burocráticos, trabalhar fora do país, reclamar a nossa pensão além-fronteiras... Mas quais são as tendências que podemos observar ao nível da UE no que diz respeito à imagem do homem e à proteção da liberdade pessoal? A agenda estratégica da UE parece estar direcionada para uma nova imagem do homem que abala as fundações da ordem social precedente. Todas as decisões da UE que envolvem ideologia de gênero, orientação sexual, identidade de gênero, diversidade de gênero, antidiscriminação, homofobia e «casamento» do mesmo sexo entram nessa esfera. (Estão também em causa questões bioéticas que não são do âmbito deste livro.) Todas essas noções são novas e designam algo novo: uma nova ética no campo do gênero e da sexualidade e, logo, uma nova ordem legal e social.

O casamento e a família constituem um domínio político que, com base no *princípio da subsidiariedade*, está reservado aos Estados-membros, segundo a Constituição da UE[3]. O princípio da subsidiariedade – um aspecto cen-

---

[3] Tratado da União Europeia, artigo 5º: «A União atua unicamente dentro dos limites das competências que os Estados-membros lhe tenham atribuído nos Tratados para alcançar os objetivos fixados por estes últimos. Em virtude do princípio da subsidiariedade, nos domínios que não sejam da sua competência exclusiva, a União intervém apenas se e na medida em que os objetivos da ação considerada não possam ser suficientemente alcançados pelos Estados-membros, podendo, contudo, devido às dimensões ou aos efeitos da ação considerada, ser mais bem alcançados ao nível da União. O conteúdo e a forma da ação da União não devem exceder o necessário para alcançar os objetivos dos Tratados».

tral da Doutrina Social da Igreja – declara que as altas instituições só devem governar aquilo que não pode ser governado em nível inferior. No entanto, cinquenta anos após o seu nascimento em virtude do anseio pela paz dos povos europeus após a Segunda Guerra Mundial, a União Europeia evoluiu para uma poderosa engrenagem que permite que grupos de pressão influentes estabeleçam a nova «pessoa da ideologia de gênero» como norma a nível europeu e penalizem quem se lhe opõe. As estruturas labirínticas da Comissão Europeia e do Parlamento Europeu, com as suas suborganizações e uma pesadíssima máquina burocrática, dão às ONGs favorecidas acesso privilegiado para usarem da sua influência e imporem a sua agenda. Por exemplo, a organização LGBTI ILGA recebe quase 70% dos seus fundos dos impostos da UE e, no entanto, conserva o estatuto de organização não governamental independente, que alega representar os interesses da «sociedade civil». Os direitos humanos («direitos fundamentais») são explorados para criar uma nova imagem do gênero humano e estão sendo constantemente reformulados, alargados e interpretados de forma manipulatória.

Exploração dos direitos humanos

O primeiro documento universal sobre direitos humanos é a *Declaração Universal dos Direitos Humanos* das Nações Unidas, de 1948, que protege a dignidade das pessoas, o casamento de um homem com uma mulher e a família.

A Convenção Europeia dos Direitos Humanos, adotada em 1950 pelo Conselho da Europa, tem de ser assinada por cada um dos Estados que se juntam a ele. Em 1950, havia 27 Estados-membros, e em 2012, 47. O seu cumprimento é fiscalizado pelo Tribunal Europeu dos Direitos Humanos (TEDH). A convenção também protege o casamento entre o homem e a mulher, dizendo que os homens e mulheres em idade núbil têm o direito de se casar e constituir família, segundo as leis nacionais que regem o exercício deste direito (art. 12º).

No ano 2000, a UE adotou um novo documento sobre direitos humanos: a Carta dos Direitos Fundamentais da União Europeia, que no seu artigo 9º contém uma discreta, mas significativa, alteração à lei da família: «O direito de contrair casamento e o direito de constituir família são garantidos pelas legislações nacionais que regem o respectivo exercício».

O Tribunal Europeu dos Direitos Humanos já reserva aos Estados nacionais o direito de regular o casamento e a família. A novidade é que os homens e as mulheres já não são mencionados. De acordo com isto, casamento e família são instituições não relacionadas com as relações homem-mulher, o que abre a porta à implementação legal do «casamento» homossexual.

O *Tratado sobre o funcionamento da União Europeia*, um dos tratados fundadores da UE, tenta alargar a competência da UE em matéria de família através do artigo 81º, 3:

> [...] as medidas relativas ao direito da família que tenham incidência transfronteiriça são estabelecidas pelo Conselho, deliberando de acordo com um processo legislativo especial. O Conselho delibera por unanimidade, após consulta ao Parlamento Europeu.

A verdadeira restrição para a UE atuar como um regulador das leis da família não é, na realidade, uma falta de competência, mas antes a exigência processual de unanimidade.

O artigo 21º da Carta dos Direitos Fundamentais da União Europeia também introduz a «orientação sexual» – conceito novo e indefinido – como critério de discriminação. Os ativistas dos direitos humanos usam-no como base legal para eliminar ou processar qualquer tratamento desigual ou recusa de privilégios perceptível em relação a pessoas com uma orientação sexual não heterossexual. O pré-requisito para estas mudanças foi o Tratado de Amsterdã, de 1999. Um ano antes de a Carta dos Direitos Fundamentais entrar em vigor, a expressão *orientação sexual* foi adotada pela primeira vez como critério de proteção contra a discriminação – um desvio em relação aos tratados de direitos humanos anteriores e das tradições constitucionais dos Estados-membros. Desde então, incendiou-se a batalha para adotar o critério de «orientação sexual» nas Constituições dos Estados-membros, com as instituições da União Europeia e os seus consideráveis recursos financeiros a deitarem lenha na fogueira.

Como é que os grupos de pressão LGBTI conseguiram consagrar a «orientação sexual» nos tratados? Maciej Golubiewski lança alguma luz sobre isso no seu trabalho *Europe's Social Agenda: Why Is the European Union Regulating Morality?*

Isabelle Chopin, ativista da International Lesbian and Gay Alliance (ILGA), começou uma iniciativa chamada «Starting Line Group». Ela e os seus falaram frequentemente no Parlamento Europeu a favor da introdução dos direitos homossexuais no Tratado de Amsterdã. E conseguiram. Então, por volta da altura da aprovação das diretivas antidiscriminação, Chopin e seus colegas foram convidados pelo PE a criarem um ramo europeu da ILGA com dinheiro do PE extraído do «programa de ação comunitário», criado para implementar as diretivas nos Estados-membros. A unidade antidiscriminação encarregada da coordenação e da implementação das diretivas foi fundada com 200 milhões de dólares ao longo dos sete anos seguintes, sendo 20 milhões consignados a projetos específicos envolvendo pesquisa e ONGs. A ILGA faz parte das listas oficiais da Direção Geral de Emprego, Assuntos Sociais e Inclusão. É importante notar que a ILGA está permanentemente envolvida em *grupos de pressão* para forçar reformas legais conducentes à adoção de leis que favoreçam o «casamento *gay*» nos Estados-membros. Dada a fungibilidade do dinheiro, [isto significa que] o dinheiro que a ILGA recebe da CE pode, potencialmente, ser gasto na promoção de iniciativas ilegais em muitos Estados-membros da UE[4].

Os grupos do *lobby* LGBTI são, de longe, os mais fortes grupos de pressão no Parlamento Europeu; são, de fato, completamente desproporcionados em relação à percentagem de homossexuais na população em geral, que ronda os 2%: 20% dos membros do Parlamento Europeu (MPE) fazem parte

---

[4] Maciej Golubiewski, *Europe's Social Agenda: Why is the European Union Regulating Morality?*, Center for Family and Human Rights, março de 2008, http://c-fam.org/white_paper/europes-social-agenda-why-is-the-european-union-regulating-morality/ (consultado em abril de 2018).

do Intergrupo do Parlamento Europeu sobre Direitos LGBTI; ou seja, são 152 de 751 membros.

Os intergrupos não são uma instituição oficial da UE; reúnem deputados europeus de diferentes grupos políticos relativamente a certas questões para influenciar o processo legislativo. Os intergrupos LGBTI são o braço político da ILGA, organização «guarda-chuva» LGBTI. A líder do grupo é Ulrike Lunacek, uma ativista radical LGBTI austríaca do Partido Verde.

A tabela seguinte revela por que tantas resoluções e leis aprovadas pelo Parlamento Europeu são a favor das questões LGBTI: aborto, políticas antifamília, educação sexual abrangente e leis antidiscriminação:

Grupo	MPE	MPE nos intergruppos LGTBI	Percentagem de MPE nos intergrupos
Grupo dos Verdes – Aliança Livre Europeia	51	19	37,3%
Aliança Progressiva dos Socialistas e Democratas (S&D)	189	62	32,8%
Esquerda radical	52	17	32,7%
Partido da Aliança dos Liberais e Democratas pela Europa (ALDE)	68	17	25%
Europa da Liberdade e Democracia Direta (direita)	42	5	11,9%
Partido Popular Europeu (PPE)	216	14	6,5%
Conservadores	73	4	5,5%
Europa das Nações e Liberdades	40	-	0,0%
Não inscritos	19	-	0,0%

É óbvio que o Parlamento da União Europeia não representa os povos das nações europeias, mas degenerou num corpo político em que os ativistas pró-LGBTI e antifamília controlam as engrenagens do poder político.

Atividades de algumas direções gerais (DG)

Eis uma pequena série de atividades levadas a cabo nas várias direções gerais (as quais se assemelham a ministérios):

- DG Emprego, Assuntos Sociais e Inclusão (EMPL)[5]:
  - Desenvolvimento de legislação antidiscriminação e pró-igualdade na Europa[6].
  - Atribuição de um prêmio de jornalismo antidiscriminação[7].
- DG Cooperação Internacional e Desenvolvimento (DEVCO) e DG Saúde e Consumidores (SANCO), que cooperam com e transferem recursos financeiros para as organizações mundiais abortistas Mary Stopes[8] e International Planned Parenthood Federation, a fim de promover «direitos reprodutivos» (contracepção, aborto, educação sexual) em países em desenvolvimento.
- DG Educação, Juventude, Esporte e Cultura (EYAC), que trabalha, através do Fórum Europeu da Juventude[9], com organizações que modificam os valores sexuais e religiosos dos jovens.
- DG Justiça e Consumidores (JUST), que dirige todas as atividades no domínio dos direitos humanos e da discriminação. Luta contra a «homofobia» e a «discriminação» com base na «orientação sexual»[10].

---

[5] http://ec.europa.eu/social/search.jsp?langId=en&menuType=basic (consultado em abril de 2018).

[6] http://ec.europa.eu/justice/discrimination/files/lgbti_actionlist_en (consultado em abril de 2018); http://ec.europa.eu/social/main.jsp?catId=738&langId=en&pubId=66&-furtherPubs=yes (consultado em abril de 2018).

[7] http://ec.europa.eu/social/main.jsp?catId=88&langId=en&eventsId=246&further-Events=yes (consultado em abril de 2018).

[8] https://ec.europa.eu/europeaid/tags/marie-stopes_en (consultado em abril de 2018).

[9] https://www.youthforum.org/ (consultado em maio de 2018).

[10] https://ec.europa.eu/info/sites/info/files/lgbti-actionlist-dg-just_en.pdf v (consultado em maio de 2018).

O que é questionável aqui é a interação entre a Comissão e as organizações não governamentais, que se posicionam como legítimas representantes da sociedade civil, em parte graças ao magnânimo financiamento da Comissão mesma. As ONGs influenciam todos os passos do processo político, a formulação e a implementação de leis, bem como as atividades de monitorização e direção com vista a uma mudança da cultura. Por meio do «diálogo civil», as ONGs são integradas no processo legislativo; e, por meio de «programas de ação comunitários» dotados de milhões pela UE, levam a cabo a implementação em cada país.

O Fórum Europeu da Juventude (FEJ)[11], financiado com milhões de euros da UE, faz campanhas a nível europeu e internacional pelos direitos da juventude, o *youth empowerment*, a «igualdade de gênero» e o «sexo seguro». Combate a discriminação com base na idade e na «orientação sexual» e, especialmente, a discriminação quando se cruzam a idade e a «orientação sexual»[12]. Uma suborganização é a International Lesbian, Gay, Bisexual, Transgender and Queer Youth and Student Organization (IGLYO)[13]. Entre os parceiros da IGLYO figuram a Comissão Europeia e a Agência de Execução relativa à Educação e à Cultura, o Conselho da Europa, a Education International, uma federação global de professores e sindicatos, o E4 Group, uma aliança para a educação superior e a UNESCO, entre outros.

Os objetivos do Fórum Europeu da Juventude tornam-se claros na carta que enviaram ao presidente da UE, Durão Barroso, a 27 de abril de 2010. Os signatários estavam alarmados porque o parlamento lituano tinha aprovado uma alteração à lei de proteção da juventude que se opunha à «promoção de relações homossexuais», com a justificativa de que as «relações homosse-

---

[11] https://www.youthforum.org/ (consultado em maio de 2018)

[12] Quando comecei a fazer pesquisas para este livro, todas estas áreas de ação eram de livre acesso. Agora, muitos dos *websites* e documentos já não estão acessíveis. Desde a formação de um movimento antigênero em muitos países, estas estratégias passaram a ser dissimuladas e a linguagem foi alterada. Em vez de se falar de «antidiscriminação com base na orientação sexual» e em «igualdade de gênero», estão sendo usadas expressões vazias, como «inclusão social», que podem ser preenchidas com qualquer conteúdo.

[13] https://www.esu-online.org/?member=international-lesbian-gay-bisexual-transgender-and-queer-youth-and-student-organisation (consultado em abril de 2018).

xuais, bissexuais e polígamas são prejudiciais para a saúde física e mental da juventude». Os signatários receavam que «tal lei pudesse agravar estereótipos e preconceitos contra pessoas lésbicas, *queer* e bissexuais na escola... Nós, o povo jovem da Europa, acreditamos que devem ser dados mais passos para eliminar a discriminação por qualquer razão, incluindo a orientação sexual e a idade, para se chegar, efetivamente, à igualdade na Europa»[14].

A UE insurgiu-se contra a pequena Lituânia por se afastar da ideologia de gênero. E o Parlamento Europeu aprovou duas resoluções em 2009 para torpedear a decisão democrática do parlamento dum Estado-membro. A UE não revela nenhum respeito pela autodeterminação dos Estados-membros no que diz respeito ao casamento e à família, apesar de casamento e família não estarem sob a alçada da UE e de a interferência nos regulamentos nacionais violar o princípio da subsidiariedade. Como resume Golubiewski, «a UE transformou-se no recreio de ativistas e grupos de interesse, que perceberam que, por meio da exploração habilidosa de uma já vasta jurisdição das instituições da UE, podem avançar e expandir a sua agenda para toda a Europa»[15].

O Tribunal Europeu de Justiça (TEJ), sediado em Luxemburgo, e o Tribunal Europeu dos Direitos Humanos (TEDH), instituição do Conselho da Europa localizada em Estrasburgo, desempenham um importante papel em litígios estratégicos. Aplicam sentenças sobre direitos humanos com repercussões em todos os casos legais nos países-membros.

A Agência dos Direitos Fundamentais e o Instituto Europeu para a Igualdade de Gênero

Há agências da UE recentemente fundadas que reúnem dados e monitorizam a implementação dos direitos humanos recém-descobertos. A Agência dos Direitos Fundamentais (ADF), fundada em Viena em 2007, tem um orçamento anual de 20 milhões de euros e oitenta funcionários.

---

[14] Os *websites* já não estão disponíveis.

[15] Golubiewski, *Europe's Social Agenda*, p. 11.

As suas principais tarefas incluem o combate à homofobia e à discriminação baseada na «orientação sexual» e a oposição à «islamofobia». A Agência dos Direitos Fundamentais foi fundada para fornecer à Comissão Europeia e ao Parlamento Europeu um conhecimento especializado, mas acabou por se tornar uma organização ativista da orientação sexual e identidade de gênero. O perfil do novo diretor, Michael O'Flaherty, nomeado em 2016, mostra o que é a ADF: o ex-sacerdote católico é o principal autor dos *Princípios de Yogyakarta*. É codiretor do Centro de Direitos Humanos da Universidade de Nottingham e foi vice-presidente da Comissão dos Direitos Humanos da ONU. A cooperação com o novo especialista independente em direitos de OSIG, o professor de Direito Muntarbhorn, designado pela ONU em dezembro de 2016, será pacífica. O'Flaherty luta pela legalização em escala mundial do «casamento» entre pessoas do mesmo sexo, pela «escolha» do gênero, pelo aborto como direito humano, pela criminalização do «discurso do ódio» e pela limitação da liberdade de expressão.

Outro grupo, o Instituto Europeu para a Igualdade do Gênero (EIGE), foi também fundado em 2007, em Vilnius, na Lituânia. Até o ano de 2013, teve um orçamento de 52,5 milhões de euros. Define assim a sua missão:

> O Instituto Europeu para a Igualdade de Gênero (IEIG) é um órgão autônomo da União Europeia, estabelecido para contribuir para o reforço da promoção da igualdade de gênero, incluindo a ideologia de gênero em todas as políticas da UE e políticas nacionais. Dedica-se também à luta contra a discriminação com base no sexo, bem como à educação de cidadãos europeus para que tomem consciência da igualdade de gênero. [...] Existe ainda um déficit democrático claro e comprovado no que diz respeito ao envolvimento das mulheres na atividade política da UE. [...] A União Europeia está a apenas meio-caminho de ser uma sociedade com igualdade de gênero[16].

---

[16] Em resumo, *The European Institute for Gender Equality*, http://eige.europa.eu (consultado em abril de 2018).

Como diretora do IEIG, Virginija Langbakk explica:

> Sendo uma agência relativamente pequena da UE, o instituto procura atrair as melhores competências possíveis do exterior, criando grupos de trabalho com especialistas em determinadas áreas – e contamos com o apoio deles para o desenvolvimento de futuras atividades. [...] Já entramos numa cooperação dinâmica com a nossa recentemente criada *taskforce* jornalística. A *taskforce* irá aconselhar-nos sobre os meios mais eficazes para comunicar as nossas mensagens e chegar a audiências de toda a Europa[17].

Em linguagem simples: a UE disponibilizou 52,5 milhões de euros para instalar mais um centro, que irá trabalhar de perto com a Comissão Europeia, o Parlamento Europeu, as ONGs de relevo e uma *taskforce* jornalística para empregar as «melhores práticas» em todas as esferas da política para influenciar os comportamentos dos cidadãos da UE, «despertando as consciências».

O IEIG e a ADF parecem ser centros ativistas com uma interpretação alargada do seu mandato. Estão equipados com recursos financeiros de uma escala tal que torna realista a imposição dos seus objetivos culturais revolucionários aos 500 milhões de residentes nos Estados-membros da UE.

A deriva LGBTI do Parlamento Europeu e do Conselho da Europa

O Parlamento Europeu e o Conselho da Europa aprovam regularmente resoluções e leis que têm por objetivo impor uma nova moralidade nas áreas da sexualidade e da família. O Parlamento Europeu não tem «competência» em assuntos de casamento, família, direitos LGBTI, aborto ou educação sexual – todos eles são da competência da regulamentação nacional. As resolu-

---

[17] http://www.europarl.europa.eu/sides/getDoc.do?pubRef=-//EP//TEXT+TA+P6-TA2006-0273+0+DOC+XML+V0//EN (consultado em abril de 2018).

ções do Parlamento Europeu não são vinculativas. Ainda assim, o Parlamento publica constantemente resoluções sobre estes tópicos para mudar a atitude pública, sabendo que os meios de comunicação irão difundir a mensagem pelas salas de estar de toda a gente.

A palavra mágica para convocar maiorias sólidas é «homofobia». Qualquer pessoa que se oponha à legislação é homofóbica, racista, sexista, inimiga dos direitos humanos em geral. Quem é o político que quer ser estigmatizado desta maneira? Entre as decisões recentes figuram as seguintes.

Parlamento Europeu

- Resolução sobre Direitos Humanos na União Europeia (A4-0223/1996 e 1999). Apela a que todos os Estados-membros que ainda tenham leis restritivas sobre a homossexualidade as mudem.
- Resolução sobre Mulheres e Fundamentalismo (13 de março de 2002, 2000/2174[INI]). Pressiona os países que são ou querem ser membros para legalizarem o aborto.
- Resolução sobre Homofobia na Europa (P6_TA [2006]0018, 18 de janeiro de 2006). Esta resolução apela a que todos os Estados condenem a «homofobia» e disponibiliza a monitorização pelos tribunais da UE. A «homofobia» é definida como «um receio irracional e uma aversão relativamente à homossexualidade e às pessoas do grupo LGBT (lésbicas, *gays*, bissexuais e transexuais), baseada em preconceitos análogos ao racismo, à xenofobia, ao antissemitismo, ao sexismo». Assim, esses «receios irracionais» devem ser criminalizados.
- Resolução sobre a Escalada de Atos de Violência de Índole Racista e Homófoba na Europa (15 de junho de 2006).
- Resolução sobre a Luta contra a Homofobia na Europa (2012/2657[RSP] 24.05.2012). A «homofobia» é mais uma vez equiparada ao racismo, à xenofobia e ao antissemitismo, e a Comissão Europeia é chamada a lutar contra ela. A discriminação é «frequentemente dissimulada em justificações que se prendem com a ordem pública, a liberdade religiosa e o direito à objeção de consciência» (Seção B). A resolução pressiona os Estados-

-membros para que legalizem o «casamento» entre pessoas do mesmo sexo, apesar de esta matéria estar completamente fora da autoridade da UE.

Até 2013, todas estas resoluções passaram no Parlamento sem muita resistência. A primeira ruptura foi a rejeição do relatório Estrela. A deputada socialista Estrela exigia o direito ao aborto financiado pelo Estado, o fim da objeção de consciência para médicos e uma educação sexual «sem tabus». Uma campanha europeia de larga escala revogou o relatório.

Logo a seguir, foi aceito um novo relatório da deputada socialista/verde Ulrike Lunacek na mesma linha, apesar de 200 mil cidadãos europeus terem assinado uma petição contra ele. O relatório seguinte, da deputada comunista Cristina Zuber, exigindo educação de gênero para crianças pequenas *et al.*, foi rejeitado.

Por isso, pelo menos a agenda da esquerda é desafiada no Parlamento Europeu. O trabalho, a nível interno do Parlamento, de especialistas defensores do casamento e da família está dando frutos.

Conselho da Europa

- O Conselho da Europa dedica-se a «combater a discriminação com base na orientação sexual e na identidade de gênero»[18].
- Resolução sobre *Como É Que o Marketing e a Publicidade Afetam a Igualdade entre Mulheres e Homens* (2008/2038[INI]). Imagens baseadas em «estereótipos de gênero» (tais como atividades de donas de casa) em anúncios de televisão e outros meios de comunicação, especialmente os dirigidos aos jovens, devem ser travadas, porque são «sexistas» e «degradantes»[19].

---

[18] http://assembly.coe.int/nw/xml/XRef/Xref-DocDetails-EN.asp?fileid=20011& lang=EN&search=VGFja2xpbmcgZGlzY3JpbWluYXRpb24gb24gZ3JvdW5kcyBvZiBzZXh1YWwgb3JpZW50YXRpb24= (consultado em maio de 2018).

[19] Resolução do Parlamento Europeu de 3 de setembro de 2008, Parlamento Europeu, http://www.europarl.europa.eu/sides/getDoc.do?pubRef=-//EP//TEXT+TA+P6-TA-2008-0401+0+DOC+XML+V0//DE (consultado em abril de 2018).

Todas as outras medidas para mudar conceitos profundamente arraigados na cultura foram reconhecidas pela UE numa iniciativa do ramo europeu da ILGA: a consagração, em 2005, do dia 17 de maio como Dia Internacional contra a Homofobia. Há uma história por trás disto: só em maio de 2017 é que a Organização Mundial de Saúde (OMS) retirou a homossexualidade dos seus códigos de diagnóstico, enquanto a APA já tinha tomado essa decisão histórica em 1973. Em 2010, o presidente do Conselho de Ministros, o Parlamento Europeu e o vice-presidente da Direção-Geral da Justiça emitiram uma declaração conjunta condenando a «homofobia».

J. C. von Krempach, profundo conhecedor da UE e autor de vários artigos sobre direitos humanos na UE, descreve assim a organização coordenadora mundial ILGA:

> A ILGA é um *lobby* internacional de direitos dos homossexuais que organiza as principais manifestações do «Orgulho Gay» em todo o mundo e promove uma agenda extremista (total reconhecimento do «casamento» entre pessoas do mesmo sexo em todo o mundo, direitos de adoção para os *gays*, benefícios sociais para recompensar o fato de se ser *gay*, legislação de silenciamento contra possíveis oponentes, tais como cristãos e muçulmanos…). Muito curiosamente, o autoapelidado «grupo de defesa dos direitos humanos» viu várias vezes ser-lhe recusada a acreditação do estatuto de consultor da UNECOSOC (Conselho Econômico e Social das Nações Unidas), dado que vários dos seus membros promovem abertamente a legalização da pedofilia[20].

Hoje a União Europeia, amanhã o mundo inteiro

Para implementar a agenda LGBTI nos Estados-membros e nos países não membros, a 8 de junho de 2010 o Grupo de Trabalho dos Direitos Hu-

---

[20] *The EU Lobbies Itself on Gay Rights: Is ILGA-Europe an «Unofficial» EU Agency?*, https://c-fam.org/turtle_bay/the-eu-lobbies-itself-on-gay-rights-is-ilga-europe-an-unofficial-eu-agency/ (consultado em maio de 2018).

manos do Conselho (COHOM) aprovou o *Manual de promoção e proteção do gozo dos Direitos Humanos por lésbicas, homossexuais, bissexuais e transexuais» (LGBT)*[21]. É a ferramenta necessária para a execução global da agenda LGBTI nos grupos de direitos humanos da UE.

O documento «procura habilitar a UE para uma reação proativa em casos de violação dos direitos humanos de pessoas LGBTI e às causas estruturais que estão por trás dessas violações». A «promoção e a proteção dos direitos humanos» são apontadas como um objetivo da política externa da UE para o qual devem ser usados os «instrumentos financeiros disponíveis quer através das instituições da UE, quer através dos Estados-membros».

O Grupo de Trabalho dos Direitos Humanos do Conselho (COHOM) irá atualizar este manual pelo menos a cada três anos após a sua adoção. O COHOM propõe-se a também promover e supervisionar uma maior generalização das questões LGBTI na política externa da UE e difundir de forma ativa este manual, bem como promover a sua implementação pelos Estados--membros da UE, o Serviço Europeu de Ação Externa, a Comissão Europeia e o Parlamento Europeu. Algumas das ferramentas incluem:

- Troca de informações sobre «melhores práticas».
- Envio de mensagens de apoio político.
- Facilitação da obtenção de informações e financiamentos.
- Promoção de atividades externas por organizações LGBTI locais, mediante, por exemplo, organização de debates e seminários sobre assuntos relevantes e que incluam questões LGBTI.
- Apoio de eventos culturais, conferências e projetos sociais.
- Submissão da proposta de que os correspondentes especiais da ONU, os emissários especiais da UE e os representantes relevantes do Conselho da Europa, a Organização para a Segurança e a Cooperação na Europa (OSCE) e os comitês de direitos humanos regionais se reúnam

---

[21] *Toolkit to Promote and Protect the Enjoyment of all Human Rights by Lesbian, Gay, Bisexual and Transgender (LGBT) People*, Conselho da Europa, 2010, https://ec.europa.eu/europeaid/toolkit-promote-and-protect-enjoyment-all-human-rights-lesbian-gay-bisexual-and-transgender-lgbt_en (consultado em maio de 2018).

durante as suas visitas às ONGs locais que promovem a proteção dos direitos humanos das pessoas LGBTI.

- Apelar aos grupos locais para que registrem informações sobre a situação das pessoas LGBTI nos seus relatórios alternativos às organizações regionais de direitos humanos e às comissões da ONU.
- Registrar essas informações nos documentos que o Conselho dos Direitos Humanos da ONU utiliza no âmbito do seu sistema geral e regular de inspeções.
- Colaboração com instituições internacionais.
- Envolvimento de membros da sociedade civil em grupos paralelos às convenções das comissões multilaterais, para conseguirem ser ouvidos em questões que afetam os direitos humanos das pessoas LGBTI.

A Organização de Segurança e Cooperação da Europa (OSCE), uma amálgama de 56 países da Europa, Ásia Central e América do Norte, dispõe de um Gabinete para as Instituições Democráticas e Direitos Humanos. Em 2003, o Conselho de Ministros da UE atribuiu-lhe a agenda antidiscriminação LGBTI. Para este propósito, foi criado o Sistema de Informação sobre Tolerância e Não Discriminação (TANDIS). O TANDIS é um ponto de coordenação para as redes de ativistas LGBTI de todo o mundo e fornece-lhes informações necessárias, como:

- Informação sobre instituições especializadas dos países da OSCE.
- Páginas com informações sobre iniciativas de países, legislação e entidades especializadas, bem como páginas estatísticas com informações sobre assuntos-chave.
- Relatórios nacionais e relatórios anuais de organizações governamentais.

Um relatório deste tipo é o relatório anual sobre crimes de ódio na zona OSCE[22]. Em estreita colaboração com as autoridades do Estado e as organizações da sociedade civil, as ONGs locais recolhem informações sobre crimes

---

[22] *Tolerance and Non-Discrimination Information System*, TANDIS, http://tandis.odihr.pl/?p=about (consultado em abril de 2018).

de ódio nos países-membros da OSCE. A definição de «crime de ódio» pode ser encontrada no *site* da OSCE e inclui o seguinte:

> O crime deve ter sido praticado com uma motivação baseada no preconceito. [...] «Motivação em preconceito» significa que o perpetrador escolhe o alvo do crime com base em determinadas características [...]. Embora a legislação que refere especificamente crimes de ódio tenda a destacar a resposta da justiça para o crime, é também importante ter em conta que a ocorrência destes crimes não depende da existência de legislação específica[23].

Para um ato ser qualificado como crime de ódio, não é necessário que se prove que o «ódio» foi o motivo. Em vez disso, deve estabelecer-se que o crime foi cometido e que o motivo foi um qualquer tipo de preconceito. Para um ato ser registrado no relatório anual como «incidente motivado pelo ódio», só é preciso demonstrar que existiu uma «manifestação de intolerância», porque isso é um sinal precoce de «padrões crescentes de violência».

Portanto, já não se trata aqui de crimes objetivamente verificáveis e dos quais qualquer pessoa está protegida pela lei aplicada de uma forma geral; trata-se de perseguição legal por *motivo de manifestação de intolerância*. Os crimes são reportados às autoridades pela própria pessoa atingida e aparecem no relatório anual da OSCE sem qualquer verificação.

Para o relatório de 2009, dezenove países forneceram informações. O número de casos reportados varia. Portugal reportou um; a Alemanha, 164; a Suécia, 1060; e o Reino Unido, 4805. Como é que se explica que um país como o Reino Unido, que segue uma política antidiscriminação radical, tenha muito mais crimes de ódio a reportar?

Como devemos nós avaliar os avisos de Vladimir Bukowsky, que viveu uma longa exposição ao totalitarismo? Ele está longe de ser o único a queixar-se de uma «incurável falta de democracia», especialmente em relação à gestão

---

[23] *Hate Crimes in the OSCE Region: Incidents and Responses: Annual Report for 2009*, OSCE, última modificação em novembro de 2010, http://www.osce.org/odihr/73636 (consultado em abril de 2018).

da crise financeira europeia. Aqui, lidamos apenas com os esforços da União Europeia para desconstruir o casamento e a família e impor a nova ideologia de gênero. A UE coloca todas as suas forças institucionais, financeiras e culturais ao serviço desse objetivo.

É provável que muitos países procurem entrar na UE por razões econômicas. Esses países podem não estar conscientes de que as possíveis vantagens econômicas têm o preço da subversão forçada dos seus valores e da sua moral. Numa resolução de 21 de maio de 2013, o Parlamento Europeu torna muito claro aquilo que a UE espera dos Estados que pretendem tornar-se membros da UE, ou seja, Croácia, Sérvia, Macedônia, Albânia, Bósnia-Herzegovina, Kosovo e Montenegro. Eles devem adotar medidas de integração da perspectiva de gênero, tais como:

- Lutar contra estereótipos de gênero e todas as formas de discriminação.
- Aumentar a participação das mulheres na política e no emprego através de cotas.
- Implementar medidas para a igualdade de gênero e, sobretudo, políticas de integração da perspectiva de gênero relacionadas com a não discriminação no que respeita à orientação sexual e à identidade de gênero.
- Abordar a homofobia e a transfobia que perduram na lei, na política e na prática, legislando sobre crimes de ódio, treino policial e legislação antidiscriminação.
- Adoção de legislação e políticas que garantam o acesso universal aos serviços de saúde reprodutiva e promovam os direitos reprodutivos[24].

O ataque às fundações morais da Europa é implacável. A 7 de dezembro de 2015, a comissária de justiça Jourova apresentou uma Lista de Ações da Comissão para Promover a Igualdade LGBTI no Conselho EPSCO – Emprego, Política Social, Saúde e Consumidores. Esta lista deveria ser implementada ao longo do período de 2016-2019.

---

[24] *Hate Crimes*, Legislation Online, http://www.legislationline.org/topics/topic/4 (consultado em abril de 2018).

Entre as ações listadas, encontra-se a Diretiva para a Igualdade de Tratamento. Dois dos seus capítulos são dedicados a «melhorar os direitos e garantir a proteção legal das pessoas LGBTI e suas famílias em áreas-chave da competência da UE», incluindo «simplificar a vida do dia a dia das famílias LGBTI que se mudam para a Europa» e uma «forte monitorização e reforço dos direitos existentes das pessoas LGTBI e das suas famílias na legislação da UE».

Claro está que os financiamentos da UE têm de estar de acordo com esta lista de ações. «As subvenções para projetos específicos que abordem a discriminação com base na orientação sexual, a identidade de gênero ou características sexuais (intersexo) continuarão [!] a ser uma prioridade do financiamento».

Além da política de financiamento, a Comissão da UE tem mais medidas para apoiar os Estados-membros em «áreas políticas-chave»: «Novos compromissos dos Estados, facilitados por *pressão dos pares, intercâmbios* e *formações*, que resultem em novos planos de ação nacionais».

O que aconteceu com o senso de responsabilidade dos líderes políticos e de todos os que deles dependem para que os temas LGBTI se tenham tornado «áreas políticas-chave»? Não teremos outros problemas, como o inverno demográfico, a morte de milhões de bebês por nascer, a crise da imigração, o colapso das famílias, com o seu alto custo para a felicidade, a saúde e a educação da próxima geração, o desemprego e a instabilidade econômica global? Por que razão tantos políticos deixaram de ter o bem comum como nobre motivação para a sua sede de poder?

CAPÍTULO 7

Estudo de casos da revolução do gênero

«Podes libertar as coisas de leis alheias ou acidentais, mas não das leis da sua própria natureza. Podes, se o desejares, libertar um tigre da sua jaula; mas não o libertas das suas listras. Não libertes um dromedário do peso da sua bossa: podes o estar libertando de ser um dromedário. Não faças como o demagogo, encorajando os triângulos a libertarem-se da prisão dos seus três lados. Se um triângulo ficar livre dos seus três lados, a sua vida terá um triste fim.»

G. K. Chesterton, *Ortodoxia*[1]

O programa do gênero

A *ideologia de gênero* é um objetivo de alta prioridade a todos os níveis da política. Mas poucos cidadãos compreendem o alcance total da expressão – o que é uma situação estranha em sociedades democráticas.

A princípio, parece que se está usando «a política da igualdade» para acabar com a discriminação contra as mulheres que, alegadamente, ainda existe. Ao longo dos últimos quinze anos, foram colocados agentes promotores da igualdade de oportunidades em todos os níveis da sociedade. A sua tarefa é alterar a relação entre homens e mulheres com vantagem

---

[1] Gilbert Keith Chesterton, *Orthodoxy*. 1908; reimpressão: Nova York, John Lane Company, 1921, p. 86.

para as mulheres, abolir «estereótipos» e papeis «sexistas» dos homens e das mulheres e lutar pelo «empoderamento» (*empowerment*) das mulheres mediante a imposição de cotas. Como já aconteceu na França, definem--se cotas para promover a participação da mulher nos organismos das empresas. Isto é justificado pela aplicação da «igualdade substantiva» entre homens e mulheres.

Mas a perspectiva de gênero vai muito além da promoção da igualdade entre homens e mulheres. Ela implica uma fabricação de igualdade através da *«desconstrução» da ordem hierárquica binária de gênero* para chegar a *uma diversidade de gêneros com igual valor e iguais direitos.*

O programa do gênero inclui aspectos como:

- Plena igualdade (equivalência) entre homem e mulher.
- Desconstrução das identidades masculina e feminina.
- Luta contra a normatividade heterossexual, o que significa providenciar plena igualdade legal e social – ou, na prática, privilegiar todos os modos de vida não heterossexuais.
- Aborto como «direito humano», apresentado como *direito reprodutivo*.
- Sexualização das crianças e dos adolescentes por meio da educação sexual como disciplina obrigatória.
- Privação material e empobrecimento das famílias.

A política e um grande número de grupos de interesse especiais estão alinhados em muitas frentes e trabalham juntos. Raramente se ouvirá dizer que um agente da igualdade de oportunidades restringiu «direitos» ao aborto ou ao movimento LGBTI.

O «Manifesto do Gênero»

O «Manifesto do Gênero»[2], publicado na Alemanha por uma rede de acadêmicas ativistas do gênero – todas mulheres –, mostra a rapidez com

---

[2] http://www.gender.de/manifest/ (consultado em maio de 2018). O «Manifesto do Gênero» pode ser baixado em alemão e inglês.

que o erro da pretensamente inexistente identidade de gênero homem/mulher entrou na política social. Publicado em 2006, o «Manifesto do Gênero» lida com «o desenvolvimento qualitativo na formação e na assessoria de gênero» e, para espanto das próprias autoras, alcançou uma escala «inimaginável em meados dos anos 1990». «Assessores, formadores e *coaches* ganham agora a vida treinando e assessorando instituições de todo tipo sobre questões relacionadas com o gênero». Ao fazê-lo, incorrem no «paradoxo do gênero», o qual, de acordo com Judith Butler, seria apenas uma etapa transitória no caminho para a total abolição da identidade de gênero binária: essa perspectiva de gênero ainda se vende, na política, como «igualdade» entre homem e mulher. E essa compreensão geral da perspectiva de gênero mantém-se porque conta com a aceitação pública. Nos 150 anos da batalha pela emancipação da mulher, acostumamo-nos a pensar nos homens como autores de um delito e nas mulheres como vítimas necessitadas da proteção do Estado para conseguirem a igualdade. Isto abre as torneiras dos financiamentos, mas às custas de afirmar a dualidade do gênero, que a ideologia de gênero pretendia destruir. No «Manifesto do Gênero», «a ordem dominante do gênero, que por exemplo associa um corpo definido como feminino a certos atributos pessoais e padrões de comportamento classificados como femininos e a um necessário enfoque do homem no desejo», sofre uma «crítica fundamental». «Esta crítica baseia-se na observação de numerosos gêneros sociais e diferentes formas de desejo. E mostrou, igualmente, que o "sexo" também tem origem numa construção sociocultural». Portanto, como tão ardentemente afirmam os discípulos de Butler, o corpo não é feminino; isso é apenas uma «construção sociocultural». Nem as características pessoais e os comportamentos, nem sequer o desejo pelo sexo oposto, podem derivar do sexo. E não há só dois, mas muitos gêneros[3]. É assim que, na prática, se resolve o paradoxo: sob o pretexto da igualdade

---

[3] Sobre as diferenças indissolúveis de gênero, ver Louann Brizendine, *The Female Brain*, Morgan Road Books, Nova York, 2007; Lise Eliot, *Pink Brain, Blue Brain: How Small Differences Grow into Troublesome Gaps and What We Can Do About It*, Houghton Mifflin Harcourt, Nova York, 2009; e Susan Pinker, *The Sexual Paradox: Men, Women and the Real Gender Gap*, Scribner, Nova York, 2008.

e da justiça, fabrica-se ainda mais *equivalência* entre homens e mulheres até que os gêneros deixem de se distinguir.

As autoras do «Manifesto do Gênero» não escondem os seus objetivos: o lema é «usar o gênero para desfazer o gênero». Trata-se de «superar a ordem social do gênero desigual» por meio da sua «desconstrução». Afirmam-se contra os «pressupostos teóricos comuns, as abordagens fundamentalistas religiosas ou os determinismos sociobiológicos» que sustentam «preconceitos como a vontade de Deus ou a determinação genética». As signatárias descrevem essa perfeita liberdade assim: «Uma diversidade de gêneros de igual valor, concebidos individualmente e renegociados com base na amizade e na solidariedade [...]. Onde havia dualidade de gênero, passará a haver diversidade de gêneros».

Em linguagem simples: quem acha que existe um desígnio divino para o homem e para a mulher é um fundamentalista religioso. Quem julga significativo que as células do corpo se definam geneticamente como masculinas ou femininas, ou que o cérebro dos homens e das mulheres revele diferenças consideráveis, é um fundamentalista biológico e sexista e, portanto, um perigoso inimigo da liberdade, porque... se opõe a largar «os vínculos, as relações e ligações da ordem bipolar hierárquica de gênero».

A Comissão de Ética Alemã e o «terceiro gênero»

Uma importante vitória foi a afirmação da Comissão de Ética Alemã, em 2012, sobre a intersexualidade. O processo é um primeiro exemplo de colaboração entre redes internacionais para impor a revolução cultural global, um método utilizado a nível internacional pelas organizações sob a égide da ONU.

O Comitê da ONU para a Eliminação da Discriminação contra as Mulheres (CEDAW) exige relatórios dos governos dos Estados-membros sobre os temas por ele escolhidos. Em 2010, o CEDAW estava interessado em saber como os Estados-membros da ONU tratavam as pessoas intersexuais e transsexuais[4]. Enviou então ao Governo Federal Alemão um pedido para «entrar

---

[4] A *transexualidade* é uma desordem mental que implica a identidade de gênero quando do gênero biológico é ambíguo. Está listada como doença mental no manual oficial de

em diálogo com ONGs de pessoas transexuais e intersexuais no sentido de alcançar um melhor entendimento das suas preocupações e tomar medidas efetivas para proteger os seus direitos humanos» e «submeter um relatório escrito sobre as medidas implementadas». O Governo Federal correspondeu a essa solicitação pedindo à Comissão de Ética Alemã que emitisse uma declaração[5].

A Comissão de Ética levou dois anos a interrogar duzentos indivíduos afetados e trinta cientistas e apresentou sua declaração sobre a intersexualidade a 23 de fevereiro de 2012, com as seguintes conclusões:

- Para evitar «a atribuição negativa no sentido de uma doença ou desordem» e para deixar em aberto o fato de que «existe um terceiro gênero», a Comissão de Ética utiliza a expressão «diferenças no desenvolvimento do sexo» (DDS).

- A Comissão de Ética considera uma «intervenção injustificável no direito à privacidade e no direito à igualdade de tratamento» que as pessoas com DDS se vejam obrigadas a preencher as categorias de «masculino» ou de «feminino» atribuídas no nascimento. Por isso deve ser introduzida uma categoria «outro». No entanto, até uma idade máxima a ser determinada, não deverá ser atribuída nenhuma categoria, e a atribuição que venha ser feita deve poder ser alterada a qualquer momento.

- A maioria dos membros da Comissão de Ética acredita que as pessoas com o gênero «outro» devem ter o direito de um registro de união civil, a qual até então só era permitida para pessoas do mesmo sexo. «Por outro lado, alguns membros da comissão recomendam que se abra a possibilidade do casamento».

---

diagnósticos (ICD-10). A *intersexualidade*, antes chamada *hermafroditismo*, designa pessoas com características biológicas de gênero ambíguas.

[5] Carta da ministra federal Annette Schavan ao presidente do Deutsche Ethikrat, Prof. Dr. Edzard Schmidt-Jortzig, de 20 de dezembro de 2010. A autora possui uma cópia dessa carta.

- Na última frase da declaração, lê-se o seguinte: «Dever-se-ia refletir sobre se é mesmo necessária uma atribuição de gênero no registro de nascimento»[6].

Assim, a Comissão de Ética Alemã construiu um «terceiro gênero» para se adaptar às exigências de cerca de oito mil pessoas cujas características biológicas de gênero são ambíguas[7]. Se o Governo Federal Alemão seguir essa recomendação, os futuros formulários apresentarão a possibilidade de escolha entre «masculino», «feminino» e «outro», o que poderá causar irritação aos outros oitenta milhões de alemães – ao ponto de tornar a identidade de gênero heterossexual ambígua e incerta, o que constitui o objetivo dos ativistas do gênero.

Um dos instrumentos para a desconstrução é a ética circunstancial: casos extremos que tocam a sensibilidade das pessoas convertem-se em diretrizes para decisões fundamentais que passam ao largo de todo o sistema de valores da sociedade. A vida é certamente difícil para uma pessoa e para os seus pais quando há uma anomalia genética e a pessoa não sabe se é homem ou mulher. É justo procurar uma forma razoável de facilitar a vida de quem se encontra nessa situação. Mas por que violar a ordem dos gêneros masculino e feminino em que se baseia a sociedade simplesmente para criar a aparência de uma melhoria da situação para 0,01% da população e cumprir os desejos de todas as minorias organizadas que estão utilizando este grupo para defesa dos seus próprios objetivos? Se acontece o desafortunado destino de uns poucos milhares de pessoas carecerem de uma identidade de gênero clara, por que reivindicar que a total desconstrução da identidade masculina e feminina é o remédio para isso? Se existe um «terceiro gênero» ao qual a «justiça do gênero» proíbe que se recuse o casamento ou para a qual exige o «direito a ter um filho»,

---

[6] Deutscher Ethikrat, *Stellungnahme Intersexualität*, abril de 2018, p. 178, http://www.ethikrat.org/dateien/pdf/stellungnahme-intersexualitaet.pdf (consultado em abril de 2018).

[7] Esta é a estimativa do Governo Alemão. As organizações interessadas no assunto falam de números muito mais elevados.

então toda a diversidade *queer* de gêneros passará a reivindicar esses direitos para si própria.

O CEDAW marcou um gol! A equipe vencedora é constituída pelo CEDAW, pelo Governo Federal Alemão, pela Comissão de Ética Alemã e pelas ONGs ativistas.

Quem acredita que existe um limite para a derrocada dos valores morais deverá tomar nota da última decisão da Comissão de Ética Alemã.

A 24 de setembro de 2014, o conselho decidiu que a lei que criminalizava o incesto deveria ser revogada e que o incesto consensual (relações sexuais entre irmãos a partir dos catorze anos) deveria ser permitido se eles viverem longe da família.

O gênero dá forma à sociedade

Para onde quer que se olhe – política, meios de comunicação, fundações, tribunais, empresas, escolas, creches, a ideologia de gênero é o caminho para o progresso pós-moderno. É a ideologia dominante à qual ninguém se pode opor sem ser rejeitado e difamado. Ninguém se atreve a submeter a ideologia de gênero ao «teste do estresse» para determinar as suas consequências e adequação ao futuro. Em vez disso, todas as leis são examinadas em relação à medida em que contribuem para a incorporação da perspectiva ideológica de gênero. Um documento do Senado de Berlim declara que «a introdução é feita de cima para baixo, ou seja, o chefe político de uma organização compromete-se com a implementação da perspectiva de gênero e decide como os processos devem ser orientados e avaliados»[8].

Em menos de duas décadas, a perspectiva de gênero tornou-se a ideologia dominante em relação à qual se deve ser submisso. Quem a questiona é silenciado com acusações de «discriminação». Quem concorda chegará ao topo. Será recompensado com dinheiro, carreira, poder e os ventos favoráveis dos meios de comunicação.

---

[8] Citado por Günter Bertram, *Gender-Mainstreaming, das unbekannte Wesen, MHR Mitteilungen des Hamburgischen Richtervereins*, N.1/2011, 15 de março de 2011.

O alinhamento da política com a agenda LGBTI foi estabelecido de forma bastante moderada na virada do milênio e ocultado sob os termos *igualdade, equidade, liberdade de escolha*. Uma década e meia depois, ela tem sido abertamente implantada nas estratégias sociopolíticas de aliança entre governos na Europa. Um exemplo é a aliança firmada entre o Partido Social-Democrata no governo e os Verdes, em 2010, na Renânia do Norte-Vestefália. Ela reza assim:

No Norte-Vestefália somos a favor de uma sociedade tolerante – as pessoas lésbicas, *gays*, bissexuais e transgênero nasceram iguais em direitos e dignidade. Eliminar a discriminação será a tarefa de fundo do novo governo do estado. A completa igualdade entre o casamento e as uniões de fato será imediatamente implementada. Ao nível federal, trabalharemos pela igualdade total das uniões de fato, em especial nos impostos e quanto a direitos de adoção, pela abertura ao casamento e pela inserção da identidade sexual característica no artigo 3 da Constituição Alemã. Vamos estabelecer um plano de ação em oposição à homofobia contra lésbicas, *gays*, bissexuais e transgêneros. Financiaremos o cuidado de idosos *gays* e lésbicas e o emprego dos jovens[9].

A Constituição alemã determina que o casamento e a família estão sob especial proteção do Estado. No entanto, aqui, o casamento e a família nem sequer são mencionados. Em vez disso, prevê-se que ao artigo 3.3 da Constituição seja acrescentada a expressão «orientação sexual» como critério contra a discriminação. Caso isso aconteça, os tribunais poderão ser obrigados a tomar todas as medidas adicionais necessárias para anular as normas sexuais, às custas do direito que cabe aos pais de educarem os seus próprios filhos, das liberdades civis, da liberdade religiosa e da ordem democrática fundamental.

---

[9] https://gruene-nrw.de/dateien/Koalitionsvertrag_Rot-Gruen_NRW_2010-2015. pdf (consultado em maio de 2018).

Transformação da ciência em ideologia

O que o *materialismo dialético* foi outrora para as universidades sob ditaduras comunistas é hoje a ideologia de gênero para as universidades ocidentais, onde a próxima geração de estudantes está sendo preparada para assumir posições de liderança na sociedade.

O Dr. Michael Bock, professor de Criminologia na Universidade de Mainz, foi formalmente repreendido por seu diretor, em fevereiro de 2007, por causa de um artigo crítico sobre perspectiva de gênero e feminismo. Acabou ameaçado com consequências disciplinares e criminais se esse artigo chegasse a ser publicado. O que ele não foi autorizado a dizer foi o seguinte:

> A perspectiva de gênero distingue-se da tradicional política feminista na medida em que o gênero deve permear todas as políticas em todas as ações individuais. [...] A pretensão de pôr uma sociedade em marcha por este caminho, por meio de um princípio político integral formal e uniforme chegou até nós pelas mãos dos regimes totalitários do século XX. Implica o envolvimento total não só de todo o aparelho do Estado, mas também de associações, organizações e outros grupos sociais, com a política de renovação. A total vontade de subordinar toda a realidade social a um princípio uniforme ou de a penetrar com esse princípio é a razão pela qual esses regimes são chamados «totalitários». Trata-se do extremo oposto a uma concepção liberal do Estado, segundo a qual as pessoas podem desenvolver-se livremente na sua vida social até o limite em que o Estado garanta a liberdade dos outros[10].

Em colégios e universidades, o campo dos estudos de gênero está firmemente estabelecido. Em 2014, havia mais de 200 cátedras de estudos de gê-

---

[10] Michael Bock, *Gender-Mainstreaming als totalitäre Steigerung der Frauenpolitik*, Kellmann-Stiftung, consultado a 17 de agosto de 2015, «Parliamentary Assembly», Council of Europe, https://commons.wikimannia.org/images/Michael_Bock_-_Gender_Mainstreaming_als_totalitaere_Steigerung_von_Frauenpolitik.pdf (consultado em maio de 2018).

nero/*queer*, quase todas ocupadas por mulheres, e cerca de trinta institutos multidisciplinares de gênero.

Trata-se de um mercado de trabalho próspero e «provavelmente o único setor das humanidades que tem conhecido um crescimento ininterrupto no que toca à empregabilidade. No entanto, a investigação e os estudos de gênero não se desenvolvem apenas em instituições universitárias fundadas para esse fim – estão firmemente enraizados nas disciplinas da área de humanidades, sobretudo sociologia, ciência política, história e literatura, e estendem-se muito além dos limites dessas disciplinas»[11].

Todos os tipos de práticas sexuais são investigados pelos que os praticam e implementados em conceitos estratégicos para mudar a sociedade. «Muitos pesquisadores de gênero, e especialmente pesquisadores *queer,* não escondem que o objetivo dos seus estudos reflete os seus interesses sexuais. Portanto, os pesquisadores *queer* lidam "cientificamente" consigo próprios, ou seja, com o seu contexto definido por identidades e práticas sexuais»[12].

«Estudos de Gênero», «Investigação de Gênero e Mulheres», «Estudos Transdisciplinares de Gênero» e «Estudos *Queer*» é o que se vê escrito nas portas dos centros universitários para a formação acadêmica de ativistas de gênero. O que a Escola de Frankfurt estabeleceu como programa – usando a ciência como instrumento para subverter a ordem social existente – tornou-se agora o estado normal das coisas. O ideal de objetividade e verdade da ciência é abandonado e a pretensão de cientificidade é usada para forçar a aceitação social de todos os tipos de práticas sexuais *queer*. Isto é financiado por rios de dinheiro de contribuintes que ainda nem sabem o significado que se está sendo dado à palavra *gênero*.

Conferências sobre o gênero

No fim de outubro de 2010, a Agência Federal Alemã para a Educação Cívica (Bundeszentrale für politische Bildung, ou BpB) organizou a sua terceira

---

[11] Ferdinand Kraus, *Feministinnen erforschen sich selbst,* Handelsblatt, 19 de setembro de 2007.

[12] *Ibid.*

conferência com o tema «O gênero fluido: gênero, felicidade e tempos de crise na economia global». O BpB é uma instituição governamental originalmente fundada para ensinar os Alemães a serem bons cidadãos na democracia. As suas publicações chegam aos gabinetes dos legisladores, a instituições de educação superior e a escolas.

Nessa primeira conferência, o presidente do BpB, Thomas Krüger, fez campanha pela proteção contra a discriminação dos chamados «neogêneros»: «bissexuais, fetichistas, praticantes de BDSM, bigêneros, travestis, transgêneros, transidentificados, e-sexuais, intersexuais, poliamoristas, assexuais, obje-tófilos e agenéricos».

Em julho de 2009, a Fundação Heinrich Böll, financiada pelo dinheiro dos impostos, organizou uma conferência chamada «O gênero está acontecendo». Henning von Bargen, presidente da instituição, explicou o programa: «Esta semana a pornografia estará sobre a mesa – ou pelo menos a questão de saber como pode existir sem cair na armadilha das habituais representações de gênero. Políticos profissionais falarão de como gostariam de reescrever a Constituição alemã e que margem de manobra a atual situação legislativa concede ou nega aos estilos de vida *queer*»[13]. Políticos, professores e representantes de ONGs LGBTI falaram durante uma semana sobre tópicos como:

- Da Constituição a uma Constituição justa com o gênero.
- Estilos de vida *queer*: a lei reflete as necessidades dos movimentos sociais ou limita-se a boicotá-los?
- Discriminação linguística e privilégios.
- Da pornografia pesada à pós-pornografia.
- Para uma interconexão entre o trabalho sexual e o uso de drogas, um âmbito laboral ainda estigmatizado pela sociedade.
- Brinquedos sexuais e a sua história.
- O gênero não é binário: «Neste *workshop*, os participantes poderão divertir-se aprendendo e atuando todas as representações de gênero

---

[13] Heinrich Böll Stiftung, Gunda Werner Institut, *Gender Is Happening*, Conference, Berlim, 6-11 de julho de 2009, http://www.gender-happening.de. (O programa de 2009 já não está disponível na Internet.)

possíveis. [...] O gênero não é uma verdade interior, mas algo que nos leva à loucura e que devemos levar à loucura, a fim de podermos ser absurdamente felizes. Porque todo o gênero é barreira».

A justiça configura-se ao gênero

Em 2007, o Ministério da Justiça federal austríaco organizou uma formação para juízes (a forma feminina da palavra foi usada para ambos os sexos) sob o tópico «Justiça e direitos do homem»[14]. Muitas personalidades participaram do encontro. Compareceram juízes notáveis, políticos, advogados, professores e personalidades dos meios de comunicação. Como muitos dos oradores, entre os quais o jurista e ativista homossexual Helmut Graupner[15], eram internacionalmente ativos, as estratégias discutidas incluíam também as de outros países. A opinião unânime no congresso foi a de que o sistema jurídico deve ser adaptado à perspectiva de gênero, ou seja, adaptado à diversidade de estilos de vida sexual.

Em seu discurso programático, Graupner pediu que se baixasse a idade mínima do consentimento homossexual para os 14 anos, a fim de proteger a pornografia, que está sujeita às leis da liberdade de informação e comunicação (Convenção Europeia dos Direitos Humanos, artigo 10), e que se tornasse as uniões entre pares do mesmo sexo equivalentes ao casamento civil. Para ele, qualquer outra coisa era «*apartheid* sexual». Do artigo 9 da Carta dos Direitos Fundamentais da União Europeia, o homem e a mulher foram afastados enquanto sujeitos do casamento, e o mesmo deveria ser feito nas Constituições dos Estados-membros da União Europeia. «Isso nos permitiria deliberar da mesma maneira em todos os níveis de governo, porque os legisladores federais têm autoridade para determinar a lei do casamento»[16]. Thomas Hammarberg, da

---

[14] *Schriftenreihe des Bundesministeriums für Justiz*, Band 134, Viena, Graz, Neuer Wissenschaftlicher Verlag, 2007.

[15] O Dr. Helmut Graupner, nascido em 1965, é advogado em Viena e ativista europeu pelos direitos de pessoas homossexuais, bissexuais e transgênero.

[16] *Schriftenreihe des Bundesministeriums für Justiz*, Band 134, Viena, Graz, Neuer Wissenschaftlicher Verlag, 2007.

Suécia, também foi convidado para o grupo de juízes e advogados. Desde 2006 tinha sido comissário do Conselho da Europa para os Direitos Humanos, depois de ter desempenhado as funções de secretário-geral da Anistia Internacional. Falou do «papel-chave da magistratura no sistema de proteção dos direitos do homem». Hammarberg defende o «direito humano» das pessoas transgênero de escolher livremente «o seu gênero preferido». Para isso, ele desconstrói o conceito de identidade de gênero: «O conceito de "identidade de gênero" abre a possibilidade de se compreender que o gênero atribuído a uma criança na ocasião de seu nascimento não tem necessariamente de corresponder à identidade de gênero inata que a criança desenvolverá ao crescer»[17]. Assim, Hammarberg declara que o gênero inato não é o «atribuído» no nascimento, mas sim o que se desenvolve com o crescimento. Os dois não têm de coincidir. Dado que as pessoas que vivem com esse dilema devem ter justiça, o comissário do Conselho Europeu dos Direitos Humanos exorta a «procedimentos rápidos e transparentes para mudar o nome nos documentos pessoais» (procedimentos cirúrgicos ou tratamentos hormonais de transformação não deverão ser um pré-requisito), cobertura pela previdência social dos custos da terapia ou cirurgia e direito a continuar o casamento depois da «mudança de sexo», porque isso alegadamente serve o superior interesse dos filhos. Devem ser aprovadas leis sobre os crimes de ódio e os princípios de Yogyakarta devem ser impostos.

Este ministro da Justiça austríaco dá formação a juízes, advogados e políticos com a intenção de impor essa agenda. Esta é a contribuição ideológica que a opinião pública desconhece quando é surpreendida pelas leis e decisões de tribunais que tentam abolir a ordem da sociedade baseada em dois gêneros.

Perspectiva de gênero em escolas e jardins de infância[18]

Desde 2001 têm sido celebrados na Alemanha os «dias das meninas», por iniciativa do Ministério Federal Alemão para a Família. A participação aumen-

---

[17] Thomas Hammarberg, «Human Rights and Gender Identity», discurso, Estrasburgo, Alemanha, 29 de julho de 2009, https://wcd.coe.int/ViewDoc.jsp?id=1476365 (consultado em abril de 2018).

[18] Ver o Capítulo 11.

tou de 1800 meninas em 2001 para 123 mil em 2010. O objetivo é superar os «estereótipos de gênero» na escolha de programas educativos e orientar as meninas em profissões técnicas. A ministra federal para a Família desde 2009 até 2013, Kristina Schröder, lembrou de acrescentar um «dia dos rapazes» para conduzir os rapazes a profissões sociais e de comunicação que anteriormente eram preferidas pelas garotas, como educadores do jardim de infância, professores do magistério primário e cuidadores de idosos.

Na Alemanha, a coordenação nacional dos dias das meninas e dos rapazes cabe ao Centro de Competências para a Tecnologia, a Diversidade e a Igualdade de Oportunidades, em Bielefeld[19]. Para esse centro, é evidente que «os papéis tradicionais do homem como "ganha-pão exclusivo da família" e da mulher como dona de casa e mãe de família cada vez menos refletem a realidade». Dado que estes papéis tradicionais de gênero estão fortemente enraizados, é necessário oferecer às meninas e aos rapazes «escolhas sensíveis ao gênero» para o planejamento da sua vida sem «negligenciar a diversidade dentro dos grupos de gênero». Empregam-se então medidas políticas de engenharia social para criar novas realidades sociais; e a propagação da agenda radical é então justificada pelo ajuste a essas «realidades» recém-criadas.

À primeira vista, os dias das meninas e dos rapazes estão associados apenas à dissolução do «estereótipo dos papéis de gênero», visando a sua substituição pela «igualdade substantiva» entre homens e mulheres. Os aspectos sexuais não são imediatamente visíveis. No entanto, o projeto do Ministério Federal da Família está nas mãos de um centro de competência para a «diversidade», o que significa diversidade LGBTI dentro dos grupos de gênero.

Tal como os dias das moças e dos rapazes, o «Projeto Gênero e Escola»[20] foi promovido e financiado pelo Ministério da Educação do estado da Baixa Saxônia, no Norte da Alemanha. Num documento intitulado *Gênero no ensino e na prática*, podem ser encontradas instruções específicas para o ensi-

---

[19] www.http://www.kompetenzz.de (consultado em abril de 2018); www.neue-wege-fuer-jungs.de (consultado em abril de 2018).

[20] Niedersächsisches Kultusministerium (Ministério Federal da Educação da Baixa Saxônia), *Gender und Schule*, http://www.genderundschule.de/index.cfm?8D8DEC7F-9327CFB39927478A08B94D03 (consultado em abril de 2018).

no, tais como a sugestão de que meias de *nylon* usadas por um rapaz podem dar vida à coeducação e que meninas e meninos devem «ter a oportunidade de desenvolver o seu repertório de comportamentos através da diversidade do seu potencial inato». Além disso, a pedagogia do gênero consiste em «libertar» as crianças do «estereótipo do gênero atribuído». O exemplo de uma pré-escola «sensível ao gênero» que visa remediar a «fixação» das pessoas nos papéis de gênero binário vem de Viena. Chama-se «Diversão e Cuidado». O site o apresenta desta forma:

> Desde o nascimento as crianças aprendem a cumprir os papéis de gênero. Portanto, procuraremos observar em meninos e meninas em que medida foram socializados nos papéis esperados pela sociedade. Queremos ampliar conscientemente o âmbito de ação dos meninos e meninas e, portanto, criar uma verdadeira igualdade de oportunidades (no que diz respeito a capacidades e competências, escolha de profissão, parcerias, educação de filhos, etc.). Se as crianças não adquirem desde cedo conhecimentos atípicos de gênero, frequentemente, quando crescerem, será mais difícil encontrarem alternativas para um determinado papel, ainda que queiram fazê-lo[21].

Como é que isto funciona na prática? As meninas são encorajadas a jogar futebol (que, na Europa, não é um esporte tradicional feminino) para se afirmarem fisicamente, para gritarem e para marcarem gols. São especialmente apoiadas nas áreas tecnológicas, em oficinas de trabalhos em madeira e metal, na informática.

Por outro lado, os rapazes aprendem a fazer massagens e higiene pessoal (cosmética), para adquirir uma percepção positiva do corpo, para serem cuidadosos e carinhosos com os outros, para se habituarem a perder e para apreciarem o desempenho de papéis femininos, como vestir-se de princesa ou pintar as unhas. São encorajados a serem bons pais brincando com bonecas e a serem bons maridos executando atividades domésticas.

Contudo, essa ambiguidade seletiva da identidade de gênero nas crianças não é uma libertação, mas um abuso ideológico sobre crianças dependentes.

---

[21] http://www.funandcare.at (consultado em abril de 2018).

As pessoas vêm ao mundo como meninos ou meninas a partir da união do óvulo de uma mulher com o espermatozoide de um homem. Dado que as crianças não são determinadas apenas por seus genes, mas também por aquilo que veem, experimentam e imitam através da «triangulação» com o pai e a mãe, cada criança desenvolve uma identidade como homem ou mulher e identifica-se com o seu próprio gênero biológico. Isso confere-lhes a sua identidade, o sentimento permanente do que são. A falta da percepção de ser homem ou mulher é sinal de perturbação mental.

Aquilo que já foi uma anedota tornou-se realidade. A anedota era: um casal tem um bebê. A avó telefona, muito animada, e pergunta: «O que é?». O pai responde: «Bom, vamos deixar que a criança decida». Em maio de 2011 surgiu na mídia a notícia de que um casal canadense tinha feito isso de fato. O pai, David Stocker, e a mãe, Kathy Witterick, não disseram a ninguém o sexo do filho, a quem chamaram Storm[22]. Depois de a criança nascer, o casal enviou um *e-mail* aos amigos e familiares: «Decidimos, por ora, não partilhar o sexo de Storm – num tributo à liberdade e à escolha no lugar da limitação, uma homenagem ao que o mundo poderá vir a ser durante a vida de Storm». Parece que criaram um precedente.

Perspectiva de gênero e partidos políticos

Esses são os aspectos mais visíveis da revolução do gênero, que é consumada num estranho nevoeiro de dissimulação e onipresença. Dado que se trata de uma *estratégia* global, todos os dias chegam notícias de países e continentes que relatam novos desenvolvimentos e barreiras que se quebram.

Se a política ainda estivesse centrada no bem comum e não em impor os interesses de uma pequena minoria à custa da maioria, o Estado teria de convocar um plano nacional de ação para a família, no qual os homens e as mulheres se preparassem para a paternidade e as crianças pudessem se tornar adultos saudáveis e capazes. Sem dúvida a sociedade pode viver e sobreviver

---

[22] http://www.thestar.com/life/parent/2011/05/21/parents_keep_childs_gender_secret.html (consultado em abril de 2018).

sem casais ou pares homossexuais. Mas deixará de se desenvolver com sucesso se os homens e as mulheres não abrirem as suas vidas aos filhos aceitando a sua responsabilidade por eles durante toda a vida. As estratégias políticas que afetam o próprio núcleo das condições de vida dos cidadãos e das gerações futuras não são discutidas abertamente, nem nos parlamentos, nem nos meios de comunicação social. Os eleitores europeus devem saber que, quando votam por um partido de esquerda, verde ou liberal, estão votando na agenda do gênero, a qual é tolerada pelos partidos cristãos.

Capítulo 8

Violação política da linguagem

«A realidade da palavra faz, de uma forma significativa, acontecer a interação existencial. Por isso, se a palavra é corrompida, a própria existência humana não deixa de ser afetada e maculada.»

Josef Pieper[1]

«Estas novas palavras não designam, em todo caso, coisas reais, coisas que existem, antes designam coisas inexistentes com palavras que não são verdadeiras, mas que pretendem ser eficazes.»

Helmut Kuhn[2]

Corrupção das palavras

A nossa percepção e a nossa compreensão do mundo dão-se através da linguagem. A posição especial de Adão entre todas as criaturas é revelada pelo fato de ele poder dar nomes a todos os animais. Mas, mesmo depois de fazer isso, ainda assim não tinha ninguém com quem pudesse falar. Por essa razão, Deus colocou uma mulher ao seu lado, que ele saudou com alegria: «Esta é realmente osso dos meus ossos, carne da minha carne» (Gn 2, 23).

---

[1] Josef Pieper, *Abuse of Language: Abuse of Power*, São Francisco, Ignatius Press, 1992.

[2] Helmut Kuhn, «Despotie der Wörter: Wie man mit der Sprache die Freiheit überwältigen kann», *Sprache and Herrschaft*, ed. Gerd-Klaus Kaltenbrunner, Munique, Herder, 1975.

Normalmente, aprendemos a linguagem com as nossas mães, cuja voz já nos é familiar no seu seio, mesmo antes de termos nascido. Mais tarde, elas repetem as palavras uma e outra vez até nós percebermos que determinados sons representam determinados objetos, e até sermos capazes de formar, nós próprios, os sons. Logo aprendemos a dar nomes aos sentimentos, e depois a ideias abstratas e a percepções. Que milagre!

A linguagem existe para expressar algo sobre a realidade e para comunicar com os outros. Nós não fizemos a realidade, nem os recipientes linguísticos que a contêm. Será que quem fala se esforça para que eles estejam em concordância um com o outro, para que o recipiente contenha a verdade? Ou será que usa deliberadamente a linguagem para representar a realidade diferentemente do que ela é? A segunda hipótese chama-se mentir.

A manipulação pode ser uma forma refinada de mentira. Digamos que alguém pretende que outra pessoa mude o seu pensamento e o seu comportamento *sem sequer perceber isso*. Os termos são transformados em etiquetas falsas, que não representam o conteúdo do pacote. Quando os líderes políticos fazem isso, chamamos-lhe «propaganda». O *Pravda*, jornal cujo título significa «verdade», era o porta-voz oficial dos ditadores comunistas da União Soviética. Uma forma de manipulação ainda mais sutil é alterar a estrutura gramatical da linguagem para mudar a sociedade. As feministas e os ativistas de gênero fizeram desta última atitude o seu método.

Os poetas fazem algo muito diferente: utilizam os recipientes linguísticos existentes de forma a que eles se tornem transparentes e permitam uma nova percepção da realidade. Pegam reverentemente nesses recipientes com as mãos e os colocam num novo local, em novos ambientes, misturam o seu som e o seu ritmo e dão-nos uma visão dos bastidores do palco da vida. A força expressiva do poeta não violenta a linguagem, mas dá às palavras o poder total da realidade.

Todos os regimes políticos desenvolvem a sua própria linguagem; viram as palavras contra a realidade para fazerem com que o povo se submeta. Um sistema de palavras falsas, corruptas, chama-se *ideologia*. É um sistema de pensamento que serve aos interesses de uma minoria. Esconde-se por trás da névoa dos «valores» de uma época para ganhar aceitação. Todos querem parecer bem, e quando os planos de uma pessoa beneficiam apenas a ela mesma e causam prejuízo aos outros, ela os esconde por trás de palavras e valores muito populares, como um lobo sob pele de cordeiro. As ovelhas que seguem com o rebanho nunca se dáo conta disso ou só o percebem quando as mandíbulas perversas do lobo as transformam numa refeição. Friedrich Hegel, que com Platão expôs os contorcionistas de palavras sofistas, disse: «Não é preciso avançar muito na aprendizagem para encontrar boas razões até para o pior dos atos. Todos os atos de maldade deste mundo, desde Adáo e Eva, foram justificados com boas razões»[3] – e com a ajuda de palavras bonitas.

Como a realidade está sempre mudando, o mesmo acontece com a linguagem. Mas ela evolui lentamente, de acordo com leis misteriosas. «O ouvido para o discurso é conservador. Não gosta daquilo a que não está habituado», escreve Dieter E. Zimmer no seu divertido livro *On Trends and Madness in the New German Usage*[4]. Zimmer discute «movimentos e loucuras» que surgiram das mais variadas formas – através do contato com outras culturas, pela imigração, pelos novos meios de comunicação tecnológicos e por mudanças de valores e de atitudes».

O último item desta lista é o que nos interessa aqui. Os termos são jogados fora, esvaziados de significado, pervertidos, banidos, proibidos e inventados de forma arbitrária. Como disse Josef Pieper, as palavras tornam-se corruptas quando são utilizadas como instrumentos de poder. «Quem [ao falar com outra pessoa] não estiver comprometido com a verdade, a partir desse momento já não considera o outro como um parceiro, um igual. De fato, já não respeita o outro como um ser humano… [A outra pessoa] transforma-se num objeto a manipular, possivelmente a dominar»[5]. «A perversão da relação com a realidade» e «a perversão do caráter comunicativo» tornam a palavra inapropriada para o diálogo. Neste processo, podem ser distinguidas quatro características:

- Termos que exprimem valores tradicionais tornam-se suspeitos e são descartados. Por exemplo: «castidade».

---

[3] Citado em Pieper, *Abuse of Language*.

[4] Dieter E. Zimmer, *Über Trends und Tollheiten im neudeutschen Sprachgebrauch*, Zurique, Hafman Verlag, 1986.

[5] Pieper, *Abuse of Language*.

- Termos com conotações positivas recebem um novo conteúdo e são depois explorados. Exemplo: «diversidade».
- São inventados novos termos para transmitir novas ideologias. Exemplo: «poliamor».
- São introduzidos novos termos para difamar os opositores. Exemplo: «homofobia».

O mar de lama que afeta todas as normas sexuais há apenas meio século – desde o máximo apreço pela monogamia até as profundezas da «diversidade sexual» – não pode deixar de afetar a linguagem. As palavras que expressam os valores duma sociedade contêm uma carga emocional, seja de aprovação, seja de rejeição, de apreço ou de desprezo. Essa carga emocional contribui para a estabilidade social. Se esses valores mudarem, então os termos assumirão aquilo a que os franceses chamam *haut goût*; ou seja, uma leve mancha de decadência, um gosto insinuante que já foi popular, mas que já não é desejável. E acabam por ser estigmatizados ou mesmo por passar a ser um total tabu. Os termos que descrevem o mundo sob uma perspectiva cristã têm agora um *haut goût*, mesmo para os cristãos, e estão a ser descartados. Isto vale tanto para aqueles que descrevem uma realidade positiva como para os que descrevem uma realidade negativa:

Verdade, virtude, moralidade, tradição, virgindade, castidade, pureza.
Diabo, pecado, vício, fornicação, perversão.

São termos que orientavam as pessoas em relação ao que é certo ou errado, e que eram ensinados por meio da educação. Aqueles que os empregam agora levantam suspeitas. Quem é que ainda diz que as crianças devem ser educadas para serem virtuosas (por adultos que praticam a virtude!), que uma pessoa deve ter discernimento moral para lutar pela virtude, ou que vale a pena lutar pela virtude? Que a virgindade é um presente de casamento precioso, que a castidade é o respeito pela dignidade de uma pessoa e que lhe confere uma beleza radiante? Que o mal é uma força ativa, que o pecado nos separa de Deus, que um vício abre a porta a outro vício, que a autoeducação é necessária para educar o impulso sexual ou que existem comportamentos que pervertem o que é natural?

Palavras-chave afetadas pela ideologia[6]

Termos importantes cujo conteúdo os filósofos discutiram desde sempre – e cuja concretização na sociedade é uma medida da sua humanidade – são transformados em rótulos falsos, promovendo uma mudança social baseada na ideologia.

Valores

Muita gente fica presa em seus discursos de ocasião, queixando-se da perda de «valores». Mas que valores? Um valor é uma coisa boa. Se existe uma coisa boa, então também tem de existir alguma coisa ruim. Caso contrário, o termo «valor» não passa de um invólucro vazio. Quando o termo já não recebe nenhuma qualificação acrescida, assume-se que existe um consenso social sobre o que é bom e o que é mau. Se assim fosse, teríamos uma base comum de valores. Este tipo de consenso depende amplamente do modo como entendemos o ser humano, o que ele é, e que lugar ocupa na ordem deste mundo. O conceito norteador da integração do gênero – liberdade individual absoluta, sem limites nem obrigações – impossibilita cada vez mais esse consenso. Ainda há quem o considere necessário para distinguir o bem do mal, quem sinta que a sociedade sem ele irá colapsar, mas para essas pessoas existe uma nova designação: a de «fundamentalistas»!

Liberdade

A integração do gênero e a nova *pessoa do gênero* que está sendo criada não podem ser entendidas sem um esclarecimento do conceito de liberdade que lhes está subjacente. Hoje em dia, entendemos geralmente a liberdade como a possibilidade de se fazer o que quiser. Ora, quando não passa de um capricho pessoal, a liberdade é dissociada da verdade. No entanto, o reconhecimento da verdade é necessário para escolher o bem. Quando é apenas um capricho subje-

---

[6] Cf. Ratzinger, *Werte in Zeiten des Umbruchs*, Friburgo Br., 2005. (Edição inglesa: *Values in a Time of Upheaval*, Ignatius Press, 2006).

tivo, a liberdade também liberta a pessoa da responsabilidade pelas consequências das suas próprias decisões e dos seus próprios atos. Mas separar a liberdade da verdade e da responsabilidade não conduz a uma maior liberdade – pelo contrário, diminui-a, porque assim ela só pode ser alcançada à custa de outros. O homem torna-se um lobo para o homem, para parafrasear Thomas Hobbes. Isto vale não só para a comunidade, mas também para a liberdade interior do homem. Se ele não orientar a sua liberdade para a natureza compreensível – ou seja, para a verdade –, será controlado pelos seus desejos. Não aceitar que cada pessoa nasceu homem ou mulher numa realidade preexistente não é liberdade, mas uma negação da verdade óbvia acerca da humanidade.

Tolerância

Uma poderosa defesa da tolerância é apresentada pelo texto de Voltaire intitulado *Tratado sobre a tolerância*. Voltaire escreveu a seguinte frase a René Descartes: «Não concordo com o que disse, mas defenderei até a morte o seu direito a dizê-lo». Ser tolerante significa aceitar algo ainda que a minha opinião seja diferente. Não significa defender que tudo é bom e não distinguir entre o bem e o mal. Apesar de os filósofos do Iluminismo terem utilizado o termo «tolerância» para defender a liberdade religiosa e de consciência contra os governantes absolutistas, o mesmo termo é hoje utilizado para enterrar a liberdade religiosa e de consciência. Agora, a mera suposição de que a verdade existe é considerada «intolerante» – independentemente de uma pessoa usar o amor ou a violência para ver reconhecida a sua convicção. O próprio Jesus Cristo transmitiu a seus discípulos o mais radical princípio de tolerância: «Amai os vossos inimigos». O atual conceito de tolerância desviou-se muito disto. Já não diz respeito à verdade e à convicção de que ela não deve ser forçada. Agora, a falsidade deve ser tolerada. E a tolerância tem a ver com a erradicação da verdade[7]. Mais de dois séculos depois de Voltaire, a tolerância tornou-se o grito de guerra do relativismo.

---

[7] Cf. Gabriele Kuby, «Sind Märtyrer intolerant?», *Kein Friede ohne Umkehr: Wortmeldungen einer Konvertitin*, Laudes Verlag, Eggstätt, 2002.

Justiça

A questão da justiça e do Estado equitativo tem ocupado filósofos e teólogos desde o tempo de Platão e Aristóteles. A justiça é uma das quatro virtudes cardeais. O grito dos desfavorecidos ecoou em todas as épocas. Trata-se sempre de um *equilíbrio de interesses* no tecido social entre indivíduos e instituições, por via de direitos e obrigações, de dar e receber. O princípio legal universalmente válido é: *tratar de modo igual o que é igual e de modo diferente o que é diferente, e a cada um como lhe corresponde*; ou, em latim: *Suum cuique* – «a cada um o que lhe cabe». Este princípio é constantemente ameaçado pelo exercício do poder pelos poderosos que não se submetem à lei, antes submetendo a lei ao seu próprio capricho.

As feministas radicais e os ativistas LGBTI exigem *igualdade de gênero*. Alegam que a justiça implica que o Estado force «uma igualdade substancial» entre homens e mulheres, de acordo com o ideal «mulheres na sala de reuniões, homens na cozinha e crianças no berço». Alegam que a justiça implica que cada pessoa possa fazer uma livre «escolha» do seu gênero e da sua «identidade sexual». Alegam que a justiça implica o «direito» de lésbicas, homossexuais e transgêneros se «casarem» e terem filhos recorrendo à biotecnologia.

Não se trata aqui de um justo *equilíbrio* de interesses, mas de interesses políticos especiais que visam usar a força do Estado para forçar os desejos de uma minoria às custas da população geral. Agora, aquilo que é desigual – ou seja, objetivamente diferente – deve ser tratado como igual. Fazer as coisas de outra maneira será rotulado de *desigualdade*. Isto significa a inversão do princípio de justiça no qual está alicerçado o nosso sistema legal.

Igualdade

A igualdade é apresentada como a realização da justiça. Como já foi dito, no entanto, a justiça exige que as coisas iguais sejam tratadas como iguais e as coisas diferentes como diferentes, e que tudo seja tratado de forma justa. Este é um princípio legal universal, que o Tribunal Constitucional Alemão estabeleceu como diretriz para lidar com o princípio da igualdade: «O princípio geral da igualdade no artigo 3º, parágrafo 1 da Constituição exige que coisas que são substancialmente iguais sejam tratadas como iguais, e que coisas que são substancialmente diferentes sejam tratadas como diferentes»[8]. Se as coisas diferentes são tratadas da mesma maneira do que as iguais, o resultado é a injustiça.

Assim, a questão crucial é qual é a característica significativa, o *tertium comparationis*, de acordo com a qual dois objetos ou pessoas podem ser comparados para que a sua semelhança ou a sua diferença possa ser determinada. Os mamíferos de quatro patas e as pessoas são a mesma coisa; devem ser tratados da mesma maneira porque se reproduzem pelo ato sexual? Ou serão diferentes, porque o animal se move por instinto, enquanto a pessoa tem vontade e razão, e devem por isso ser tratados de maneira diferente para que seja feita justiça? É crucial que seja escolhido um critério significativo para determinar igualdade e desigualdade. Qual é o critério significativo para exigir igual tratamento das relações heterossexuais e das relações homossexuais no que diz respeito ao casamento? O casamento é constituído pela atração sexual entre duas pessoas ou pela capacidade de criar descendência e, portanto, formar uma família?

Discriminação

A discriminação é o conceito-chave para legitimar a batalha pela mudança do sistema de valores. A palavra é usada para alegar que é injusto distinguir entre diferentes realidades. O conceito explora a culpa coletiva associada à discriminação histórica – especialmente a discriminação baseada na raça – para promover os interesses de pessoas com uma orientação não heterossexual. As marchas do orgulho *gay* nas capitais ocidentais, os homossexuais em posições políticas de topo, os milhões em subsídios governamentais alocados aos grupos de *lobbying,* os vigilantes da igualdade de oportunidade em todos os departamentos governamentais e a implementação da agenda LGBT no sistema educativo serão evidências de discriminação?

O termo *discriminação*, na sua nova encarnação, é definido de forma muito vaga. No entanto, o seu uso escancara uma coisa: *qualquer* tratamento desigual de heterossexuais e não-heterossexuais é classificado como discriminação. Já

---

[8] *Bundesverfassungsgericht,* Julgamento do Primeiro Senado de 17 de novembro de 1992.

não se pode fazer distinções de valor entre diferentes comportamentos sexuais, apesar de o comportamento sexual afetar enormemente o desenvolvimento do indivíduo e o bem comum na sociedade.

Discrimen é a palavra latina para «distinção» ou «diferença». A pessoa dotada de livre-arbítrio deve distinguir entre o certo e o errado, o bem e o mal, para lidar com a sua liberdade de forma a ter sucesso na própria vida e não causar danos aos outros seres humanos. Para a pessoa que sabe que tem de responder perante Deus, esta distinção entre o bem e o mal é essencial para a sua salvação eterna. Se lhe for proibido fazer esta distinção – e se lhe for proibido passar esse critério para que a geração seguinte possa fazê-la também –, então a liberdade religiosa será *de fato* banida. Serão destruídas as raízes da cultura cristã.

Distinguir entre o bem e o mal não é discriminar as pessoas. Cada pessoa, independentemente da sua orientação sexual, é igual em dignidade, e cada pessoa goza de proteção legal contra a difamação, a perseguição e a exclusão[9]. Julgar o comportamento de uma pessoa, no entanto, não é uma ofensa à sua dignidade, mas torna possível a coexistência, a qual não pode acontecer sem princípios morais.

Diversidade

A *diversidade* tornou-se uma expressão positiva desde que as pessoas começaram a preocupar-se, legitimamente, com as espécies em perigo de extinção. Conservar a biodiversidade é um objetivo pelo qual vale a pena lutar. Há alguns anos, o termo passou a ser excessivamente utilizado pela comunidade LGBTI para legitimar todos os tipos de práticas sexuais, como se a sua *diversidade* fosse desejável e essencial para o bem-estar comum da sociedade. Um termo positivo foi «sequestrado» com o propósito de mudar uma visão negativa de comportamentos sexuais *desviantes*, e de eliminar a «heterossexualidade obrigatória». Isto inclui também a erradicação da palavra *desviante*, porque implica que a heterossexualidade numa relação de compromisso é a norma da

---

[9] Cf. Jakob Cornides, «Fiat aequalitas et pereat mundus? How "Anti-Discrimination" is Undermining the Legal Order», Gudrun Kugler (ed.), *Exiting a Dead End Road: A GPS for Christians in Public Discourse*, Viena, Kairos Publications, 2010.

qual todas as outras orientações e identidades se desviam. Por isso essa norma tem de ser erradicada.

Sexismo

Não é fácil convencer as pessoas de que o seu sexo enquanto homem ou mulher é irrelevante para a sua identidade. Para o conseguir, esta identidade binária tem de ser associada a termos negativos e tem de tornar-se ofensiva. Uma vez instalados os termos depreciativos na sensibilidade da maioria, eles substituem a discussão.

O «sexismo» é uma das palavras de ordem do feminismo, muitas vezes conotada de perto com a palavra «racismo». Formas relacionadas, como «sexista», derivam daí. O sufixo «-ista» como encontramos em «racista», «islamista», «comunista», «classicista» e «fundamentalista», indica uma absolutização de ideais que devem ser impostos, mesmo que seja necessário usar de violência para isso. Inicialmente, o termo «sexismo» era utilizado para condenar um sistema no qual os homens tratavam as mulheres como objetos sexuais. No entanto, é uma vitória para a integração da ideologia de gênero que qualquer observação das diferentes características de gênero ou da sua positiva complementaridade seja estigmatizada como «sexismo». Diferentes tarefas e papéis entre homens e mulheres são denegridos como «estereótipos» que devem ser eliminados pelas autoridades políticas. A ideologia das diferenças de gênero «socialmente construídas» provou ser resistente aos resultados da investigação em biologia, medicina, sociologia, psicologia e neurociências, que descrevem, cada vez com maior precisão, as diferenças entre homens e mulheres e as causas dessas diferenças.

Homofobia

O termo «homofobia» é um neologismo criado no fim dos anos 60 pelo psicanalista e ativista homossexual George Weinberg, para fazer com que as pessoas que rejeitam a homossexualidade parecessem doentes mentais. Uma *fobia* é um medo neurótico tratado terapeuticamente, tal como o medo de aranhas (aracnofobia), de multidões (agorafobia), de espaços fechados (claustrofobia), do número 13 (triscaidecafobia) etc. Com a sua perspicaz percepção de psicanalista, Weinberg pretendia demonstrar que as pessoas que sentem repulsa pela homossexualidade, na realidade apenas receiam as suas próprias tendências homossexuais. A profunda rejeição do estilo de vida homossexual por motivos antropológicos, psicológicos, médicos, sociais ou religiosos foi condenada pelo termo geral «homofobia» e por isso classificada como um medo neurótico. Não é necessário dizer que insultar ou até utilizar formas violentas de rejeição são atitudes estigmatizadas nas interações diárias, inclusive, é claro, contra pessoas com tendências homossexuais.

Em relação aos homossexuais, a Igreja Católica tem de se opor à dissolução da antropologia cristã e à moral sexual que daí derivou se quiser conservar o seu depósito de fé. O *Catecismo da Igreja Católica* (CIC) diz aos fiéis que «devem ser acolhidos com respeito, compaixão e delicadeza. Evitar-se-á, em relação a eles, qualquer sinal de discriminação injusta» (CIC, 2358). As palavras de Santo Agostinho a este respeito tornaram-se proverbiais: «Ama o pecador, detesta o pecado»[10].

Casamento e família

Os termos «casamento» e «família» foram despojados do seu significado universal, ou seja, o de espelharem um vínculo permanente e publicamente reconhecido entre um homem e uma mulher e os seus filhos. Hoje, há uma «vasta gama de famílias»[11] que são representadas como equivalentes, incluindo famílias reconstruídas ou famílias-mosaico[12], famílias monoparentais e «famílias arco-íris», a começar pelos livros usados nos berçários em que um príncipe casa com um príncipe. No entanto, estas são famílias desfeitas e, na maioria

---

[10] Isto revela a profunda diferença de fundo entre o cristianismo e o islã. Os cristãos rejeitam categoricamente a perseguição de homossexuais tal como ela é praticada em muitos países muçulmanos em nome da lei da Sharia.

[11] International Commission of Jurists (ICJ), «*Princípios de Yogyakarta*: Princípios sobre a aplicação da legislação internacional de direitos humanos em relação à orientação sexual e identidade de gênero», março de 2007, Princípio 24, http://yogyakartaprinciples. org; http://www.clam.org.br/uploads/conteudo/principios_de_yogyakarta.pdf (consultado em abril de 2018).

[12] Famílias-mosaico são as famílias que incluem filhos do casamento anterior de, pelo menos, um dos esposos.

dos casos, a fachada feliz esconde um grande sofrimento entre os envolvidos e efeitos negativos a longo prazo – especialmente nas crianças.

Progenitor 1 e progenitor 2

Na fúria de erradicar «estereótipos sexistas», a *mãe* tem de desaparecer da linguagem. Em junho de 2010, a socialista suíça Doris Stump, membro do Conselho da Europa, apresentou uma petição para que as mulheres deixassem de ser retratadas nos meios de comunicação como «seres passivos, inferiores; mães [!] ou objetos sexuais» – e ela não está sozinha nesta ideia. O Serviço Nacional de Saúde da Escócia exige que as designações «mãe» e «pai» sejam banidas dos berçários, por serem discriminatórias em relação aos «pais do mesmo sexo». O documento de 192 páginas *Leitfaden zum geschlechtergerechten Formulieren im Deutschen* (Diretrizes para a formulação do gênero neutro em alemão), da Chancelaria Federal Suíça[13] recomenda a substituição de «pai» e «mãe» por termos «de gênero abstrato», tais como *progenitor*[14]. Hillary Clinton, secretária de Estado dos Estados Unidos de 2009 a 2013, tentou fazer a mesma coisa nos formulários dos passaportes e outros documentos, utilizando «progenitor 1» e «progenitor 2» em vez de «mãe» e «pai». O motivo? «Estas melhorias estão sendo feitas para proporcionar uma descrição de gênero neutra dos pais das crianças e levando-se em conta os diferentes tipos de famílias», de acordo com o *website* do Departamento de Estado. Depois de fortes críticas, no entanto, Clinton teve de chegar a uma solução amistosa. Os formulários dizem agora «mãe ou progenitor 1» e «pai ou progenitor 2»[15].

---

[13] Swiss Federal Chancellery, em colaboração com a Zürich University of Applied Sciences, Gender-Neutral Language, Leitfaden zum geschlechtergerechten Formulieren im Deutschen, totalmente revisto, segunda edição, 2009.

[14] Em português, ao contrário do inglês, a palavra «progenitor» não tem gênero neutro. Poderíamos optar por traduzi-la por progenitor/progenitora, mas, para realçar o sentido da expressão em inglês, utilizaremos sempre o masculino.

[15] International Commission of Jurists (ICJ), «*Princípios de Yogyakarta*: Princípios sobre a aplicação da legislação internacional de direitos humanos em relação à orientação sexual e identidade de gênero», março de 2007, Princípio 24, http://yogyakartaprinciples. org; http://www.clam.org.br/uploads/conteudo/principios_de_yogyakarta.pdf (consultado em abril de 2018).

Por que a primeira palavra que sai da boca de uma criança tem de ser eliminada da linguagem? Nenhuma pessoa – nem sequer uma feminista – poderia lutar pela abolição das mães se não tivesse nascido de uma. Até o progenitor 1 Elton John e o seu companheiro progenitor 2 tiveram de recorrer a uma *mãe* de aluguel para satisfazer o seu desejo de uma criança. Não se deve honrar a pessoa a quem qualquer ser humano existente deve a sua vida[16]? Ainda assim, como os «progenitores» homossexuais sentem-se discriminados ao se falar de mãe e pai, os poderes políticos decidiram «limpar» a linguagem.

Incursão do Estado feminista na linguagem

Nos anos 70, as feministas descobriram a gramática como instrumento para mudar a sociedade. Na Universidade de Constance, Luise F. Pusch e Senta Trömel-Plötz foram duas fundadoras da *linguística feminista*. Queixavam-se de que «a nossa linguagem é violenta para conosco, porque as formas masculinas têm prioridade. Isto cria uma visão do mundo em que as mulheres não estão presentes»[17].

Vamos tentar acompanhar o argumento de Trömel-Plötz: a linguagem é um instrumento para «transmitir violência psicológica». A violência psicológica conduz a atos de violência física, tais como «bombas, armas e guerras». Se retirarmos a violência da nossa linguagem, vamos prevenir a guerra. *Aquele* que ainda não se sentiu vítima de violência deve ser «*sensibilizado*» para isso. Por exemplo, na frase que acabamos de pronunciar, os dois sexos são referidos utilizando apenas palavras masculinas, o que torna as mulheres «invisíveis». Enquanto no mundo de língua inglesa as tentativas das feministas para mudar a linguagem focaram mais na neutralidade do gênero – utilizando títulos profissionais e pronomes de gênero neutro, por exemplo – nos países de língua ale-

---

[16] Para uma perspectiva humorística da maternidade, ver https://www.youtube.com/watch?v=HB3xM93rXbY (consultado em abril de 2018).

[17] Senta Trömel-Plötz, Gewalt durch Sprache, *Die Vergewaltigung von Frauen in Gesprächen*, Frankfurt a. M., 1984, http://www.gleichsatz.de/b-u-t/begin/troml1.html (consultado em abril de 2018). Salva indicação em contrário, as citações de Trömel-Plötz foram extraídas deste texto.

má o foco foi muitas vezes dirigido para a visibilidade das mulheres. Podemos ver isso na discussão que se segue.

Como «utilizamos a linguagem para construir a nossa realidade [...], a linguagem é um instrumento de poder e pode se tornar um instrumento de violência». O fato de o jornal suíço *Neue Züricher Zeitung* utilizar o termo *women's lib* em vez de *women's liberation movement* num título atingiu Trömel-Plötz como um exemplo de «linguagem sexista». O termo acusatório «sexista» foi utilizado em 1984 com a certeza de que essa condenação iria atingir positivamente as mulheres e suscitar sentimentos de culpa nos homens, de forma a que qualquer definição linguística fosse supérflua. Trömel-Plötz defende que esse tipo de sexismo abre caminho para vários genocídios:

> Além da linguagem do sexismo, outros exemplos incluem violência dos poderosos, violência dos eloquentes, a linguagem da perseguição dos judeus, a linguagem do racismo branco, a linguagem da opressão índia, a linguagem do militarismo, que implicam definir um grupo de pessoas como inferiores para limitar os seus direitos, praticar discriminação maciça contra elas, persegui-las, prendê-las e exterminá-las[18].

Este é o rol dos crimes contra a humanidade que afetaram as mulheres – todas as mulheres, sempre e em toda a parte – quando foram objeto de violência linguística «sexista».

Por esta razão, em 1980, a sra. Trömel-Plötz e as suas colegas Guentherodt, Pusch e Hellinger estabeleceram as «Diretrizes para um uso não-sexista da linguagem», às quais as nações de língua alemã começaram a aderir. No texto declara-se que «a linguagem é sexista quando as mulheres e as suas realizações são ignoradas, quando as mulheres só são descritas como dependentes e subordinadas aos homens, quando as mulheres só são mostradas em papéis estereotipados e quando os seus interesses e capacidades, além dos estereótipos, são negados, e as mulheres são humilhadas e ridicularizadas através de linguagem condescendente».

---

[18] *Ibid.*

Atenção: não é aquilo que as pessoas pretendem dizer com a sua linguagem o que as feministas acham reprovável, e sim a própria linguagem na sua estrutura gramatical. Isto nos leva ao *genérico masculino* – um dos principais alvos do ataque feminista. Como as designações de grupos que juntam as pessoas numa determinada categoria (eleitores, estudantes, leitores) são quase sempre masculinas em alemão, «a linguagem é violenta para conosco, porque as formas masculinas têm prioridade». E é isto que faz a ponte entre o racismo e o genérico masculino.

Mas será que isso é verdade? Antes de serem sensibilizadas por Trömel--Plötz e suas colegas, será que as pessoas se sentiam mesmo «violentadas» quando eram chamadas «alunos», «cidadãos», «queridos leitores» ou «ouvintes» nas línguas com a forma masculina predominante? Nos últimos 20 anos, os falantes de língua alemã habituaram-se de tal maneira ao uso das formas masculina e feminina que sentem como sinal de patriarcalismo o fato de em relação às mulheres não serem usadas as formas duplas de gênero, tais como: *Liebe Bürger und Bürgerinnen* («queridos cidadãos e cidadãs»), *Studenten und Studentinnen* («alunos e alunas»), *Christinnen und Christen* («cristãs e cristãos»), *Terroristinnen und Terroristen* («terroristas femininos e masculinos»), *Faschistinnen und Faschisten* («fascistas femininos e masculinos»), *Sexistinnen und Sexisten* («sexistas femininos e masculinos»).

Alto lá… Os três últimos exemplos foram um engano! Só os termos positivos devem vir aos pares, e não os negativos, como *terroristas* e *fascistas*. As mulheres querem ser positivamente referidas e, se não for assim, preferem ficar invisíveis. É por isso que a proibição também se estende a termos tão pejorativos em alemão como *bárbaro, idiota* e *tolo*. Os homens não pedem a proibição de palavras como *fraco, estúpido, mariquinhas* ou outros termos depreciativos. Mas serão todas as mulheres boas e todos os homens maus? Será que todas as mulheres na sociedade ocidental são mesmo vítimas, e todos os homens perpetradores de crimes?

As autoridades a nível nacional e internacional assumiram as preocupações feministas e publicaram manuais obrigatórios que mantêm os oradores em alerta constante para não violarem as regras do politicamente correto. Essas diretrizes vão desde folhetos[19] até o volume de 192 páginas acima referido. As recomendações da comissão alemã da UNESCO para um uso não sexista da linguagem apelam a todos os que «usam a língua alemã profissionalmente, seja nas escolas ou universidades, no Parlamento, nos meios de comunicação ou nos canais oficiais. Apelam às *criadoras* e aos *criadores* de material de ensino e aprendizagem, de não-ficção, de argumentos para rádio e televisão, de dicionários, enciclopédias, discursos e conferências, publicidade e artigos de jornais e revistas de todo tipo»[20].

Já não somos autorizados a falar da forma a que estávamos habituados. Toda gente tem de aprender o alemão feminista como segunda língua, de modo a que ele/ela ou ela/ele, ou eles mostrem constantemente que ele/ela, ela/ele ou eles estão do lado certo, ou seja, do lado das vítimas e dos oprimidos – em outras palavras, do lado das mulheres.

Muitas *nuances* linguísticas se perdem nesse processo. A natureza bizarra, artificial e forçada desta linguagem trai o espírito subjacente. O resultado é que é difícil não rir desta guerra bombástica feminista contra a linguagem, mas isso seria ignorar a gravidade do ataque. Graças ao progresso vitorioso das feministas dentro das instituições, por toda parte as pessoas acatam as diretrizes que as ativistas delinearam, inclusive em autoridades públicas, universidades e na mídia. Os alunos são obrigados a escrever os seus exames respeitando a «linguagem de gênero neutro» (mesmo as alunas mulheres que não subscrevem esses valores), e algumas igrejas protestantes estão investindo milhões para alterar as Escrituras criando uma falsificada «Bíblia com linguagem igualitária». A linguagem de todos os dias tornou-se um labirinto para o politicamente correto, do qual ninguém consegue encontrar a saída. E é exatamente esse o propósito da estratégia: a visão feminista do mundo é imposta às pessoas através da linguagem para conduzir a um admirável mundo novo de homens invisíveis.

---

[19] https://www.kreis-euskirchen.de/kreishaus/downloads/Flyer_geschlechtergerechte_Sprache.pdf (consultado em abril de 2018).

[20] Marlis Hellinger e Christine Bierbach, *Eine Sprache für beide Geschlechter: Richtlinien für einen nicht-sexistischen Sprachgebrauch*, Bona, Comissão alemã da UNESCO, 1993.

CAPÍTULO 9

Pornografia: completamente normal?

«É uma experiência humana brutal e antiética, e é um mistério para mim por que razão continua a não ter entraves.»

Prof. Klaus Beier[1]

O novo flagelo mundial

A era dos meios de comunicação trouxe consigo novas e duradouras agressões à psique humana: imagens do mal. Elas instalam-se, libertam forças incontroláveis, ocupam pensamentos, fantasias e sonhos, e afetam o comportamento das pessoas[2]. E a maioria nem tem consciência disso. Os padrões humanos são elevados no que diz respeito à pureza da água, do ar e da comida, mas consome-se sem reservas a mais imunda e miserável pornografia, a mais assustadora violência e o horror mais arrepiante como «entretenimento». Embora o corpo disponha de mecanismos para excretar os venenos, a alma não. O ser humano não tem poder sobre a sua memória: as imagens ficam gravadas para sempre em nossas cabeças, tal como é relatado por qualquer viciado em pornografia que luta para se libertar dessa obsessão.

O termo «pornografia» vem do grego antigo e resulta de uma combinação de «fornicação» com «escrita». Portanto, a pornografia implica a fornicação na escrita. Até a invenção da fotografia, estava limitada a palavras e imagens que

---

[1] Frankfurter Allgemeine Zeitung, 29 de maio de 2010.

[2] Cf. Gabriele Kuby, «Vergiftung durch Bilder», *Kein Friede ohne Umkehr: Wortmeldungen einer Konvertitin* (Laudes Verlag, Eggstätt, 2002). Disponível através de fe--medienverlag Kisslegg.

não eram amplamente distribuídas. Mas hoje os meios de comunicação estão ao seu serviço: há gravações áudio, fotografias e vídeos distribuídos por todo o mundo através da Internet e dos celulares.

Antes da reforma do Código Penal alemão, era proibido distribuir «textos obscenos» naquele país. No entanto, em 1973, esse termo foi alterado para «pornografia», e a sua distribuição foi legalizada para qualquer pessoa com mais de 18 anos. A pornografia pesada, que envolve violência ou sexo com crianças ou animais, continuou a ser proibida, mas desde então tudo isso passou a estar disponível para qualquer homem, mulher ou criança, através dos computadores ou celulares; bastam alguns cliques. A violação da lei está sujeita a uma multa ou pena que pode chegar a um ano de prisão, mas, por ser difícil recolher provas, as pessoas que têm acesso a esse material dentro de suas casas podem ignorar facilmente essas sanções.

A regulação da pornografia na Alemanha, em 1973, foi precedida de um intenso debate nacional do qual saíram vitoriosos aqueles que acreditavam que os «adultos maduros» não deviam estar sujeitos a tais restrições. Além disso, alegavam que o uso da pornografia diminuiria na medida em que diminuísse o entusiasmo com o proibido, uma vez que os produtos se venderiam legal e não clandestinamente[3].

Os países escandinavos lideraram a marcha na produção de pornografia. Em 1969, o jornal alemão *Der Spiegel* (nº 50) escrevia que, «de acordo com estimativas oficiais, no ano passado os alemães gastaram cerca de 500 milhões de marcos alemães em pornografia – livros, revistas, filmes e gravações por-

---

[3] A lei da obscenidade nos Estados Unidos é mais complexa do que a situação europeia que aqui se apresenta, porque se baseia em grande medida na legislação local e nas sentenças judiciais. A definição do que é obsceno está calcada em «critérios de comunidade» e «valor social redentor» ou na falta deste. Os processos têm altos e baixos conforme a vontade das administrações presidenciais de fazer comparecer os violadores perante os tribunais, e o critério de «normas comunitárias» pode mudar à medida que a Internet e os meios de comunicação vão fazendo com que a opinião pública se habitue cada vez mais ao material sexual. Para uma boa base sobre legislação e juízos sobre obscenidade, confira o *website* do serviço público de radiodifusão *Frontline*, que inclui uma perspectiva geral das sentenças judiciais. Cf. http://www.pbs.org/wgbh/pages/frontline/shows/porn/prosecuting/overview.html (consultado em abril de 2018) e um vídeo documental: http://www.pbs.org/wgbh/pages/frontline/shows/porn/view/ (consultado em abril de 2018).

nográficas». Os legisladores acharam que esse era um argumento convincente para adaptar a lei à «realidade» e acabar com a lei que proibia a pornografia.

Contudo, o apetite dos «adultos maduros» pela pornografia revelou-se insaciável. Ao se digitar no Google as letras «XXX», um símbolo comum da pornografia, no dia 11 de setembro de 2014, por exemplo, com o filtro «inglês», obter-se-ia cerca de 1,700 bilhão entradas, o equivalente a cerca de um quarto da população mundial. A palavra «sexo» em inglês obtinha cerca de 4 bilhões de entradas.

A pornografia está por todos os lados e, através da Internet, é acessível a qualquer pessoa, de qualquer idade. Um título do *Huffington Post* do dia 5 de abril de 2013 afirmava que «A pornografia tem mais visitantes por mês do que a Netflix, a Amazon e o Twitter juntos».

Além disso, há centenas de milhões de aluguéis de vídeos pornográficos nas casas e nos hotéis – sendo as respectivas faturas estritamente confidenciais.

Pamela Paul, que publicou em 2005 o livro pioneiro *Pornified: How Pornography Is Transforming Our Lives, Our Relationships, and Our Families*, relatou em 2010 que, «hoje, o número de pessoas que vê pornografia é impressionante. Os americanos alugam mais de 800 milhões de vídeos e DVD pornográficos (cerca de um em cada cinco de todos os filmes alugados é pornográfico), e os 11 mil filmes pornográficos produzidos todos os anos ultrapassam de longe os 400 que Hollywood produz. Nos Estados Unidos, gastam-se 4 bilhões de dólares por ano em vídeos pornográficos. Um em cada quatro utilizadores da Internet vê um *site* pornográfico por mês. Os homens vêm pornografia *online* mais do que qualquer outra coisa. E 66% dos homens com idade entre os 18 e os 34 anos visitam um *site* pornográfico por mês»[4].

O mercado da pornografia infantil está em rápido crescimento. Todos os dias há, aproximadamente, 116 mil pesquisas *online* sobre pornografia infantil[5]. Estima-se que dois milhões de crianças em todo o mundo tenham sido

---

[4] P. Paul, «From Pornography to Porno to Porn: How Porn Became the Norm», in *The Social Costs of Pornography: A Collection of Papers*, Princeton, N.J., Witherspoon Institute, 2010.

[5] J. S. Carroll *et al.*, «Generation XXX: Pornography Acceptance and Use Among Emerging Adults», *Journal of Adolescent Research*, 23, nº 1, 2008.

oferecidas na *web* ou retratadas em situação de violência sexual. De acordo com o relatório anual do ECPAT – *End Child Prostitution, Pornography and Trafficking of Children for Sexual Purposes*, só na União Europeia são traficadas centenas de milhares de crianças por ano[6]. Há muitos milhares de crianças que são sequestradas e nunca mais são vistas. Este tráfico de crianças está ao serviço da oferta e da procura na Internet.

Há algumas décadas, a pornografia era quase exclusivamente consumida por homens adultos, estava limitada a meios impressos, vídeos e filmes em salas de cinema «para adultos». Atualmente, no entanto, os novos meios de comunicação oferecem uma vasta gama de opções de interação ativa e passiva: baixar e partilhar vídeos pornográficos, *chats* de sexo, sexo com *webcam*, sexo por telefone e jogos de computador eróticos.

Hoje em dia, contudo, calcula-se que cerca de um terço dos consumidores de pornô sejam mulheres. Estima-se que 41% das mulheres nos Estados Unidos visitem *sites* pornográficos pelo menos uma vez por mês e que 10 milhões de mulheres o façam regularmente[7].

Para os jovens, sobretudo rapazes adolescentes, o consumo de pornografia tornou-se um hábito comum. Os rapazes são significativamente mais propensos do que as garotas a ver pornografia *online* com os amigos. Num estudo, 65% dos rapazes entre 16 e 17 anos afirmaram ter amigos que viam e baixavam pornografia na Internet[8] regularmente. Os jovens que têm amigos consumidores de pornografia são mais propensos a fazê-lo também. Na era dos *smartphones*, os pais e os educadores já não conseguem proteger as crianças da pornografia.

Esses números revelam que a legalização da pornografia no mundo ocidental tem sido forjada com a ajuda da revolução dos meios digitais: em pou-

---

[6] http://www.ecpat.org/wp-content/uploads/legacy/ecpat_annual_report12008-2009. pdf (consultado em maio de 2018).

[7] Corinna Rückert, *Frauenpronographie: Pornografie von Frauen für Frauen. Eine kultur wissenschaftliche Studie*, Frankfurt, Peter Lang, 2000, citado em Thomas Schirmmacher, *Internetpornografie*, Holzgerlingen, Hänssler-Taschenbuch, 2008.

[8] Inquérito nacional sobre as atitudes dos americanos face ao abuso de substâncias, IX: «Teen Dating Practices and Sexual Activity», *The National Center on Addiction and Substance Abuse at Columbia University*, agosto de 2004.

cas décadas a pornografia passou da repressão à obsessão. E isso deve-se aos três «A»: *accessibility, affordability and anonymity* (acessível, alcançável e anônimo). Se há 50 anos um beijo na boca era tudo o que se podia ver numa tela, hoje somos diariamente bombardeados com imagens de atividade sexual com apenas um propósito: estimular sexualmente o espectador e prepará-lo para comprar produtos de todo o tipo, desde carros até jornais e serviços sexuais – e fazer crescer as audiências da televisão. Já quase não há um filme que não transforme o espectador em *voyeur* sexual. A *Enciclopédia Britânica* define *voyeurismo* como «comportamento sexual humano que leva à excitação sexual através da visualização da atividade sexual de outros ou através da observação de pessoas nuas». E, como isto ocorre publicamente em todos os cinemas e, privativamente, diante de uma tela de computador, essa perversão é agora um comportamento vulgar. A própria perversão já não é estigmatizada, mas a palavra «perversão» é.

A pornografia está invadindo toda a sociedade: classes, profissões, grupos etários. Ao contrário dos vícios alimentares ou da anorexia, o vício da pornografia não é visível para o próprio, pelo menos à primeira vista. Mas não se pode confiar apenas no que se vê. Como a investigadora de pornografia Tabea Freitag[9] nos disse: «Pela minha experiência com os que são afetados posso dizer que, em muitos deles, não se consegue ver tudo. Não se pensa que seja possível que alguém com um olhar amável e educado seja ao mesmo tempo consumidor da mais dura e violenta pornografia».

A pornificação da nossa sociedade tem consequências catastróficas para os indivíduos, a família, as crianças e os jovens: a pornografia tem custos sociais para os implicados a um nível primário (consumidores e produtores, sejam homens, mulheres ou crianças) e a um nível secundário (geralmente mulheres e crianças). Mary Eberstadt e Mary Anne Layden resumiram os custos sociais da pornografia:

A investigação e os dados sugerem que a utilização habitual de pornografia – e sobretudo de pornografia na Internet – pode ter uma série de

---

[9] Tabea Freitag, *Fit for Love? Praxisbuch zur Prävention von Internet-Pornografie--Konsum*, Hanover, Fachstelle Mediensucht, 2013.

efeitos nocivos sobre os seres humanos de todas as idades e de ambos os sexos, afetar a sua felicidade, a sua produtividade, as suas relações uns com os outros e o seu funcionamento em sociedade[10].

A degradação do perpetrador, da vítima e do consumidor

O que fazem as pessoas quando veem filmes pornográficos? Veem estranhos envolvidos em atos sexuais, pessoas que se degradam e humilham a si mesmas utilizando publicamente os seus corpos como instrumentos de luxúria, deixando-se filmar para que multidões de estranhos possam excitar-se com eles. Cada um desses corpos é de uma pessoa viva, que um dia nasceu como bebê inocente, tem um pai e uma mãe, uma memória, sentimentos; uma pessoa que sente alegria e tristeza, tem uma alma e um desejo de felicidade, ainda que talvez apenas uma leve esperança de conseguir realizar essas aspirações. Comumente, essa pessoa está drogada ou alcoolizada para poder fazer tudo aquilo para que é paga – e muitas vezes coagida. Ela pode ser uma de muitos milhões de mulheres, meninas ou crianças vítimas de tráfico em países pobres com as quais os gangues criminosos ganham muitos milhões, usando-as como prostitutas para saciar o vício sexual de milhões de homens em países ricos, seja ao vivo, seja nas telas.

Será que as pessoas que se sentam à frente de uma tela à procura de excitação sexual alguma vez pararam para pensar que poderiam ser a sua filha, a sua irmã, a sua mulher ou até o seu filho, irmão, marido, diante da câmara? Dada a elevada taxa de mortalidade na indústria pornográfica, será que param para pensar que o objeto da sua luxúria pode já ter morrido tragicamente? Por que razão os consumidores de pornografia não se dão conta de que essas pessoas são *seres humanos* cujas degradação e humilhação fazem que os consumidores se degradem e humilhem a si próprios?

E não é só a mulher que é degradada e humilhada. O homem também se degrada e humilha, e não menos, porque ele também é uma pessoa de car-

---

[10] Mary Eberstadt e Mary Anne Layden, *The Social Costs of Pornography: A Statement of Findings and Recommendations*, New Jersey, The Witherspoon Institute, 2010.

ne e osso que se deixou dominar pelos impulsos animais e desliza para um abismo cada vez mais profundo através do abuso da sua liberdade humana. Pensar que só as vítimas de sexo feminino se degradam quando os homens exercem violência sobre elas é um retrocesso a tempos antigos, quando se fazia uma distinção entre perpetrador e vítima e a parte ativa era respeitada e a parte passiva desprezada, ainda que ambas participassem no mesmo ato.

Até o consumidor que simplesmente assiste a uma pornografia suave «totalmente normal» na tela se degrada a si mesmo e se reduz a uma necessidade animal de gratificação física. Deixa-se levar por uma ânsia de estímulos cada vez mais novos e fortes, porque a intensidade diminui com o aumento do número de imagens pornográficas que vê e, portanto, ele fica preso no ciclo do vício. O instinto escraviza-o, priva-o da sua liberdade e obriga-o a comportamentos que destroem a sua vida e a dos outros seres humanos. E, quanto mais tempo isso dura, pior ele fica. Diz-se que se fala em «adultos maduros» cuja liberdade não deve ser limitada pela proibição da pornografia, não é? Em que medida são «livres» os milhões de viciados na pornografia? Em que medida são «maduros»?

No entanto, a nossa sociedade considera isso completamente «normal». Quando se fala em pornografia infantil – a exploração de crianças e bebês para saciar os inescrutáveis desejos sexuais de alguns adultos, primeiro ao vivo numa gravação e depois centenas de milhares de vezes pelos consumidores –, ainda existe uma proibição legal, mas é frequentemente tão fraca como as infrutíferas tentativas dos políticos para travarem a sua distribuição na Internet.

A pornografia causa dependência

Os comportamentos básicos que sustentam a vida das pessoas são assegurados por instintos. Os seres humanos querem viver, querem comer, querem encontrar um parceiro sexual. O instinto sexual assegura a perpetuação da humanidade. A supressão sistemática da função reprodutiva da sexualidade leva ao fim da população – um processo que já teve início na maioria dos países da Europa. Infelizmente, os comportamentos instintivos podem descarrilar, levando a comportamentos patológicos que chegam até o vício.

Faz quatro décadas que a psicoterapeuta de crianças e adolescentes Christa Meves que alerta para a destruição espiritual e social que ocorre inevitavelmente quando a sexualidade é desancorada da moralidade. Em seu livro de 2011 *Wohin? Auf der Suche nach Zukunft* («Para onde? À procura do futuro»), descreve o propósito instintivo do desejo sexual desta forma:

Na fase preliminar [trata-se de] descobrir a sua própria identidade e, depois da maturidade sexual, trata-se de ter relações com uma pessoa do sexo oposto com a finalidade de gerar filhos e, consequentemente, de perpetuar a espécie humana... Se o propósito deste desejo não for alcançado de forma satisfatória, surge o perigo de se tornar de tal modo dominante que – mesmo inconscientemente – se desliga do seu objetivo. Isto pode abrir perigosos caminhos em direção ao vício[11].

Se examinarmos seriamente a nossa sociedade, podemos ver que vários tipos de comportamentos aditivos estão se espalhando de forma epidêmica: álcool, drogas, alimentação, jogo, Internet, sexo e pornografia. O vício é uma perda de liberdade. A pessoa é apanhada num círculo vicioso de procura de satisfação através de meios que forneçam uma falsa aparência de gratificação, mas que no fundo a lançam numa necessidade e numa dependência ainda maiores. Aquilo que a pessoa julga que precisa para o seu bem-estar vai destruí-la, a ela e aos outros. O instinto desenvolve uma vida própria, torna-se tirano e faz da pessoa um escravo da gratificação instintiva. Merve continua, dizendo:

Quando está completamente dissociado do seu objetivo da procriação, o instinto sexual perturbado causa vício sexual, envolvendo uma grande variedade de satisfações indiretas que podem incluir qualquer tipo de perversão. Um perigo particular para os nossos homens é o fácil acesso à pornografia na Internet. A masturbação rapidamente se torna viciante, levando a uma procura de estímulos cada vez mais fortes,

---

[11] Christa Meves, *Wohin? Auf der Suche nach Zukunft*, Bad Schussenried, Kopp Verlag, 2011.

de tal modo que surge até o perigo de crimes sexuais: tortura, violação, e finalmente até o desejo de abusar de crianças para alcançar indiretamente essa satisfação.

Embora bastem alguns cliques no *mouse* para que tanto novos como velhos possam aceder a imagens e representações de comportamentos que outrora foram tabu, atualmente tornou-se tabu afirmar abertamente as consequências destrutivas do consumo de pornografia para os indivíduos, para o casamento, para a família e para a sociedade em geral. Não deve entrar na consciência pública a informação de que a pornografia destrói as relações vitais e vicia as pessoas, de um ponto de vista clínico. É esse o resultado de inúmeros estudos que investigaram os efeitos da pornografia[12].

O Dr. Victor Cline é um psicólogo e psicoterapeuta que, segundo ele próprio estima, tratou aproximadamente 300 viciados em sexo, delinquentes e vítimas de abuso sexual. De sua experiência terapêutica conclui que o consumo de pornografia tem uma relação causal com a obsessão e o crime. O Dr. Cline descreve quatro fases desse processo:

1. Vício

A primeira mudança é um efeito de vício. Os consumidores de pornografia ficam presos. Depois de se envolverem com materiais pornográficos, recorrem cada vez mais a eles. O material parece fornecer um poderoso estímulo sexual ou efeito afrodisíaco seguido de uma libertação sexual, a maior parte das vezes através da masturbação. A pornografia fornece imagens muito excitantes e poderosas que eles frequentemente recordam para elaborar e recriar as suas fantasias. Uma vez viciados, não conseguem desligar-se da sua dependência sozinhos, apesar dos muitos efeitos negativos, tais como divórcio, afastamento da família ou problemas com a lei (por exemplo por agressão sexual, assédio ou abuso de colegas no trabalho).

---

[12] As referências completas a fontes científicas podem ser encontradas em Pamela Paul, *Pornified: How Pornography is Transforming Lives, Our Relationships, and Our Families*, Nova York, A Holt Paperback, 2004.

2. Escalada

A segunda etapa é um efeito de escalada. Com a passagem do tempo, os viciados exigem material sexual mais pesado, mais explícito, mais perverso e «excêntrico» para obter os seus «picos» e «excitação sexual». Faz lembrar o que acontece a indivíduos afetados pela toxicodependência. Com o tempo, desenvolve-se quase sempre uma necessidade crescente de estimulação para obter o mesmo efeito inicial.

3. Dessensibilização

A terceira etapa de que o Dr. Cline se deu conta foi a dessensibilização. O material (em livros, revistas ou filmes/vídeos) que, inicialmente, era percebido como chocante, quebra-tabu, ilegal, repulsivo ou imoral, embora sexualmente excitante, tornou-se aceitável e vulgar. A atividade sexual representada na pornografia (independentemente de quão antissocial ou perversa) ficou legitimada. Cada vez mais surge a sensação de que «todo mundo faz» e isso justifica que se continue a fazer, embora a atividade seja possivelmente ilegal e contrária às crenças morais e aos seus padrões pessoais prévios.

4. Prática sexual

A quarta etapa foi uma tendência crescente para pôr em prática os comportamentos vistos na pornografia a que os consumidores estiveram repetidamente expostos, incluindo promiscuidade compulsiva, exibicionismo, sexo em grupo, voyeurismo, salões de massagens, sexo com crianças, violações e infligir dor, a si ou ao parceiro, durante o ato. Esse comportamento converteu-se frequentemente em um vício sexual em que as pessoas se sentiam aprisionadas e incapazes de mudar ou reverter o seu comportamento – quaisquer que fossem as consequências negativas nas suas vidas[13].

Quem começa a consumir pornografia geralmente não tem consciência de que ver imagens pornográficas pode levar rapidamente a uma adição clínica. E, se os adultos não estão conscientes disso, as crianças e os adolescentes esta-

---

[13] http://www.catholicnewsagency.com/resources/life-and-family/pornography/pornographys-effects-on-adults-and-children/ (consultado em abril de 2018).

rão muito menos. Depois de tropeçarem nela (talvez venha ao seu encontro involuntariamente através dos celulares ou das telas do computador) em algum momento se dão conta de que foram apanhados. O viciado faz o que não quer fazer e não quer fazer o que faz. Para sentir-se temporariamente «bem», ele tem de fazer mal a si próprio. E torna-se cego em relação ao mal que pode infligir aos outros.

Começa com a «descoberta» de que, aparentemente, podem escapar sentimentos desagradáveis, como frustração, ansiedade, solidão ou inferioridade. O problema real não está resolvido, e por isso o alívio momentâneo é procurado uma e outra vez, para se alcançar temporariamente uma sensação de prazer ou entorpecer uma sensação de dor. A dose tem de ser aumentada; o comportamento aditivo vai dominando, cada vez mais a vida da pessoa e começa a destruir as estruturas de apoio que ainda existem – casamento, família e amigos. Se o viciado tenta escapar ao ciclo, sofre sintomas de abstinência que pode não ter força para aguentar.

No princípio pode ter força de vontade e determinação para aguentar as sensações desagradáveis e encontrar uma solução positiva. Mas, diante do consumo vicioso, o sofrimento é muito maior, as consequências mais devastadoras; a vontade submete-se repetidamente ao vício e torna-se cada vez mais fraca, numa dinâmica semelhante à da contração de dívidas.

O vício em pornografia está entre as adições independentes de substâncias, tais como os vícios do jogo e do trabalho e a anorexia. Estranhamente, no entanto, esses vícios induzem processos bioquímicos no cérebro semelhantes aos vícios dependentes de substâncias. O sistema de auto-recompensa do cérebro começa a fragmentar-se, fica atrofiado devido ao uso excessivo e por isso a dose tem de ser cada vez maior. Os lobos frontais – responsáveis pelo discernimento – começam a encolher.

A investigação atual do cérebro mostra que ele sofre de fato mudanças devido ao vício da pornografia. O autor e investigador Norman Doidge afirma que:

A pornografia, ao oferecer um sem-fim de objetos sexuais, torna hiperativo o sistema motivacional apetitivo. Os consumidores de pornografia desenvolvem novos mapas mentais nos seus cérebros baseados nas imagens e nos vídeos que veem. Dado que o cérebro usa ou rejeita, quando desenvolvemos uma determinada área do mapa, desejamos mantê-la ativa. Tal como os nossos músculos se tornam impacientes por fazerem exercício se estivermos sentados todo o dia, assim também os nossos sentidos desejam ser estimulados. Os homens nos seus computadores [viciados] em pornografia [são], estranhamente, como ratos em jaulas de laboratório, pressionando a barra para obter uma dose de dopamina ou o seu equivalente. Embora [não] o saibam, [foram] seduzidos em sessões de treino sobre pornografia que [correspondem] a todas as condições requeridas para a alteração plástica dos mapas do cérebro[14].

Além disso, durante a relação sexual, libera-se o hormônio da vinculação, a oxitocina. Esse mecanismo bioquímico, que cimenta as relações vitais primordiais entre homem e mulher, entre mãe e filho, ao nível mais profundo da psique, perverte-se: o consumidor de pornografia que se masturba vincula-se a parceiros sexuais anônimos na Internet e por isso diminui o seu interesse pela mulher[15].

Os sinais de vício são:

- Incapacidade de abandonar voluntariamente o consumo.
- Efeito decrescente do mesmo tipo de atividades sexuais e, portanto, necessidade de estímulos mais fortes.
- Preocupação constante com pensamentos, imagens e desejos sexuais.
- Sintomas de abstinência ao abandonar o consumo.
- Cada vez mais tempo perdido. Obrigações sociais, profissionais e familiares e atividades de lazer são negligenciadas.

---

[14] Norman Doidge, *The Brain That Changes Itself: Stories of Personal Triumph from the Frontiers of Brain Science*, Londres, Penguin Books, 2007.

[15] Donald L. Hilton, Jr., *Slave Master: How Pornography Drugs and Changes Your Brain*, Porn Harms, 2010, https://setfreesummit.org/tuesday/brain-science-and-porn--william-struthers-donald-hilton-and-ted-roberts/ (consultado em maio de 2018).

- Continuidade do comportamento apesar do seu efeito destrutivo na pessoa, na sua família e no seu trabalho.

A pesquisa é unânime em afirmar que o consumidor de pornografia se encontra numa queda livre em direção a práticas cada vez mais anormais. Ele tem de aumentar a dose e, por isso, perde cada vez mais a inibição moral. A razão: quando um tabu é quebrado e ocorre habituação, a «substância» perde o efeito.

Até agora, as classificações internacionais de diagnóstico ICD (Classificação Estatística Internacional de Doenças e Problemas Relacionados com a Saúde) e DSM (Manual de Diagnóstico e Estatística de Doenças Mentais) não incluíam nenhum diagnóstico reconhecido do vício à pornografia. A terapeuta Tabea Freitag diz o seguinte:

> A existência desse vício é frequentemente negada. Isto é, as pessoas afetadas raramente aparecem no sistema de reabilitação, muito poucas são tratadas e quase não representam custos. Dado que os terapeutas e os médicos não foram sensibilizados para isto, quando os viciados se atrevem a quebrar a barreira da vergonha e depositam a sua confiança no médico, a maioria é mandada embora. É necessário o reconhecimento do diagnóstico, mas existe uma oposição maciça a isso[16].

Céu e Inferno

Consideremos a verdadeira e adequada natureza da sexualidade. Fundamentalmente, a sexualidade pode expressar a união mais terna, mais sincera e profunda entre um homem e uma mulher. Orientados e capacitados pelo amor recíproco para o risco da dedicação e do compromisso para toda a vida, os dois entregam-se a um acontecimento que transcende as suas capacidades conscientes, indo cada um deles para além dos limites do ego para se abrirem mutuamente. Têm esta experiência simultaneamente, tanto como reve-

---

[16] Tabea Freitag, comunicação privada, 26 de junho de 2012.

lação da sua própria singularidade e da singularidade da outra pessoa, quanto como revelação da natureza do sexo oposto. Desta forma, uma nova pessoa pode vir ao mundo – um filho que é recebido com admiração pelo homem e pela mulher como encarnação do seu amor. Para quem é religioso, ser tomado desta forma por algo maior, algo que transcende o eu, pode ser uma experiência profunda de Deus. A fidelidade para com a pessoa com a qual se experimenta a alegria da entrega mútua e a intimidade pessoal recíproca é um pré-requisito e uma exigência incondicional da alma.

Por outro lado, a pornografia significa a completa separação entre a função sexual e a pessoa, tornando, assim, a sexualidade anônima. Quem a utiliza reduz-se e reduz o outro a objetos de luxúria, e penetra cada vez mais profundamente na degradação, na humilhação, na violência, na perversão e na obsessão. Com o tempo, todos os limites podem desaparecer – até as crianças e os bebês podem ser vitimizados nesse inferno de cobiça sexual desenfreada.

Numa relação de amor entre um homem e uma mulher, a tendência do homem, condicionada pelos hormônios para uma maior agressividade, pode ser pacificada pela receptividade da mulher. Isto requer uma dedicação e um respeito mútuos pelo sexo oposto, encarando-o como um «tu» único. Na cultura hodierna, o feminismo leva a mulher a batalhar com o homem pelo poder e desacredita a força masculina como violenta, má e ameaçadora. Isto atira a complementaridade entre força e acolhimento – entre poder e amor – para fora dos trilhos. Será a pornografia o lado obscuro do feminismo? A potência sexual do homem, dirigida para o exterior, não encontra um lugar seguro na mulher e por isso torna-se selvagem e violenta, subjuga e humilha a mulher.

A cultura feminista dá lugar a mulheres que não precisam dos homens, e que, se querem ter um filho, compram sêmen num banco de esperma. Os homens já não veem razão para utilizar o seu poder para proteger as mulheres ou para usá-lo responsável e energicamente como pais. Ambos se perderam um ao outro: o homem perdeu a mulher e a mulher perdeu o homem. E os filhos perderam o pai e a mãe.

Consequências destrutivas da pornografia

A pornografia atenta contra a dignidade humana e fere-a severa e duradouramente a nível espiritual, físico e social. A pessoa que consome pornografia muda gradualmente as suas atitudes em relação à sexualidade. Os homens tornam-se mais frios em relação às mulheres, deixam de respeitá-las e tornam-se mais dispostos a usar a força. Começam a considerar a utilização de práticas sexuais desviantes como «normais». Desenvolvem o «mito da violação», que afirma que «é isso que as mulheres realmente querem». O desejo de uma relação permanente, família e filhos desvanece-se.

Os efeitos no casamento e na família incluem:

- Distância emocional do parceiro.
- Incapacidade de amar. Perda das expressões afetivas emocionais normais, tais como benevolência, amizade, cuidado e ternura.
- Diminuição da intimidade no casamento e menos satisfação sexual, até o ponto da impotência.
- Confrontar a parceira com solicitações sexuais perversas.
- A parceira entende o uso da pornografia como infidelidade emocional.
- Infidelidade através de cibersexo, *chat*, telefone, *webcam* e prostitutas.
- Perda de interesse pela mulher e pelos filhos.
- Aventuras amorosas e promiscuidade.
- Risco de os filhos encontrarem material pornográfico ou de surpreenderem um dos pais a fazer uso dele.
- Separação e divórcio.

Os efeitos nas crianças e nos jovens incluem:
- Visão da sexualidade como satisfação de instintos.
- Desenvolvimento de uma perspectiva degradada da mulher.
- Quanto mais cedo ocorrer a exposição à pornografia, maior será a probabilidade de vício.
- Quanto mais precoce é o início da vida sexual ativa, maior é o risco de contrair doenças sexualmente transmissíveis.

- A pornografia torna-se parte da cultura da juventude. Pressão nos rapazes para o desempenho sexual; cirurgias plásticas para as garotas.
- Promiscuidade, ligações meramente sexuais e práticas sexuais desviantes são tomadas como normais e dignas de admiração.
- Insegurança e ausência de satisfação com a própria sexualidade.
- Pressão dos pares no sentido do envolvimento em relações sexuais até chegar ao *cyberbullying*[17] e ataques sexuais.
- Aproximação do limiar da violência sexual.
- Casamento e família perdem o seu papel orientador no planejamento do futuro.

O Estudo do Mar Báltico, um estudo largamente representativo da juventude desenvolvido em 2007, revela duas coisas:

- Os consumidores de pornografia pesada são muito mais rapazes do que meninas (10,5 % de rapazes vê pornografia diariamente, 29% mais do que uma vez por semana, mas apenas 1,7% das moças o faz).
- Existe uma diferença significativa entre consumidores diários e consumidores ocasionais, tanto entre rapazes como entre moças.

Os maiores consumidores revelam uma porcentagem três a seis vezes mais elevada de sexo com animais, sexo com crianças e violência sexual. São três vezes mais propensos a cometer abuso sexual ou violação e é mais provável que queriam experimentar o que viram.

Tabea Freitag diz o seguinte:

Os resultados revelam que o abuso sexual e o consumo de pornografia infantil não implicaram, durante muito tempo, apenas alguns pedófilos. De fato, o livre acesso a conteúdos perversos fomentou uma nova classe

---

[17] *Cyberbullying* é o assédio e a humilhação de uma pessoa pela Internet, muitas vezes incluindo a distribuição de fotografias nuas ou com conteúdo sexual contra a vontade da pessoa. *Sexting* é enviar mensagens de texto sexualmente explícitas, às vezes incluindo fotos eróticas. A palavra é uma combinação de «sexo» e «mensagens de texto».

de perpetradores que estão em constante busca por um maior estímulo e consomem pornografia que apresenta orgias, violações e sexo com crianças. O material pode transformar este novo tipo de fantasias em desejos de concretizar ao ato[18].

Libertar-se

Aqueles que se iniciaram sendo demasiado fracos para ouvir as próprias consciências podem aprender com seu sofrimento. Se procurarem ajuda, ela existe: há programas *on-line* que ajudam a derrotar o vício, grupos de autoajuda como os programas anônimos de 12 passos, e apoio terapêutico[19]. Por trás de todos os vícios há um anseio por algo essencial à vida. Para que esse anseio seja descoberto e satisfeito, o viciado deve procurar ajuda para renunciar à sua necessidade de gratificação imediata. Tal como acontece com qualquer vício, qualquer adição, a primeira coisa necessária é a vontade pessoal de assumir a batalha pela própria liberdade e fazer o que for preciso para vencer.

Reflexão: a música popular

Até a música popular desempenha um papel crucial no fomento da sexualidade mal orientada. Tudo vale – quanto maior for a ofensa à norma sexual, maior tende a ser o sucesso da música. E isto não é apenas um fenômeno americano. O *rapper* alemão «Sido» (Paul Würdig) glorifica a violação anal e oral – até contra a própria mãe. As suas canções vendem milhões. Publicou o seu diário na revista pornográfica alemã para adolescentes *Bravo*, apareceu em *talk shows*, conduziu grandes transmissões de televisão e foi jurado num

---

[18] Tabea Freitag, «Internet-Pornografiekonsum bei Jugendlichen: Risiken und Nebenwirkungen», *in* C. Möller (ed.), *Internet- und Computersucht: Ein Praxishandbuch für Therapeuten, Pädagogen und Eltern*, Stuttgart, Kolhammer, 2011.

[19] O *website* do National Center on Sexual Exploitation tem ligações a recursos e programas para quem procura ajuda por causa da pornografia e de outras questões relacionadas à exploração sexual. https://endsexualexploitation.org/resources-struggling/ (consultado em maio de 2018).

show de talentos austríaco em 2011. Por mais que o conteúdo seja perverso e cada vez mais satânico, os meios de comunicação transformam os «artistas» em estrelas porque nada atrai tanto dinheiro como a violação de tabus.

A tendência na música popular, desde a destruição das normas sexuais até ao conteúdo satânico, foi-me descrita por um estudante que observou a cena:

Pelo que vejo e ouço a indústria da música *pop* difundir, a desintegração das normas sexuais é apenas um passo para a destruição moral da juventude. Vi o que era moderno há uns anos e podemos ver que durante décadas a música popular se foi sexualizando cada vez mais. Agora transformou-se numa rotina de alusões pedófilas e na promoção de práticas sexuais degradantes, incluindo a violação. Na minha opinião nunca houve tantas influências ocultas na principal corrente de artistas.

As aparições de Lady Gaga já são obviamente rituais ocultistas e parece que ela já nem quer esconder isso. Houve quem a criticasse por promover a ideologia de gênero e a falta de limites à sexualidade. Mas isto é atualmente a norma na indústria da música. No fim dos anos 80 e nos anos 90, personalidades como a Madonna já estavam envolvidas nisso. Depois de 2000 a tendência era mais o *hip-hop* e o R&B, que pouco têm a ver com a ideologia de gênero, mas são mais sobre pornografia e glorificação da violência. A nova música *pop*, que soa novamente como a dos anos 90, absorve tudo. Desde que a Lady Gaga chegou, o ocultismo tornou-se cada vez mais evidente. Também é desconcertante a frequência com que aparecem armas e militares nos últimos vídeos musicais.

Além disso, transes e sonhos são temas que se repetem. São canções sobre não saber o que é a realidade. As novas estrelas, como Lady Gaga ou Beyoncé, têm um ou mais *alter egos* que representam o seu lado mau. Penso que agora se trata realmente de conduzir os jovens ao culto satânico e à desumanização.

Durante várias semanas a canção *Born This Way*, de Lady Gaga, foi nº 1 na Alemanha. A canção começa com o verso «It doesn't matter if you love him or capital H-I-M. A different lover is not a sin. Believe capital H-I-M (hey, hey, hey)». (Não importa se o [*him*] amas ou se O [*HIM*] amas. Um amante diferente não é pecado. Acredita n'Ele [*HIM*]...)». O que significa H I M? Existe uma banda *rock* moderadamente popular com esse nome. No seu caso, H I M significa «His Infernal Majesty» («Sua Majestade Infernal»). Na minha opinião, nunca houve nada como isto na principal corrente da música *pop*. No videoclipe, Gaga dá à luz uma raça de pessoas e também aparece como um zumbi ou uma espécie de mutante. Noutro vídeo, interpreta Maria Madalena, que se apaixona por Judas e o convence a trair Jesus. Jesus e os apóstolos são uma gangue de motoqueiros. O vídeo está cheio de símbolos ocultos.

Há uma forte tendência para o satanismo, que não se dirige apenas a uma subcultura específica, como os góticos[20] ou os emo[21], mas que alcançou a corrente dominante. Qualquer tentativa de proteger os menores parece falhar completamente.

Em casas nortunas, vejo quantas jovens imitam a forma de dançar e de se vestir dessas cantoras e cantam as suas letras. Tudo se transforma num enorme ritual que recomeça a cada fim de semana. Talvez esteja exagerando, mas tenho a sensação de que agora o cristianismo foi eliminado, que se anuncia um novo culto com os seus próprios gestos rituais e os seus símbolos próprios.

Qualquer tentativa de proteger os menores parece falhar completamente e já não se escutam objeções. Não conheço nenhum jornalista ou pessoa que tenha influência na opinião pública. Suspeito de que sabem como é perigosa essa tendência e talvez conheçam pessoas que falem disso em público.

M.F.[22]

---

[20] O termo «gótico» refere-se aqui a uma subcultura ou tribo urbana que teve início no final da década de 1970, fortemente associada a determinados gêneros musicais e com uma estética visual de temática sombria e soturna (cemitérios, mortos, cor preta dominante, etc.). Com o tempo, foi sofrendo modificações, absorvendo outros gêneros culturais e assumindo características típicas desses gêneros.

[21] Abreviatura de *emocore*, ou *emotional hardcore*, um gênero musical que surgiu na década de 1990 e que se caracteriza pela musicalidade melódica e expressiva, por vezes com letras confessionais. Deu depois origem a uma subcultura com um estilo de moda específico e finalmente a expressão generalizou-se para caracterizar pejorativamente jovens excessivamente emocionais.

[22] Nome ocultado, comunicação privada, janeiro de 2012.

Todos olham para o lado

Os fatos alarmantes não alarmam ninguém. Um livro de Siggelkow e Wolfgang Büscher, *Deutschlands sexuelle Tragödie: Wenn Kinder nicht mehr lernen, was Liebe ist*[23] («A Tragédia Sexual da Alemanha: quando as crianças já não aprendem o que é o amor») provocou um breve debate em 2008. Como diretores de uma fundação para crianças e jovens, os autores relataram os desvios da sexualidade que estão muito difundidos em todas as classes sociais nas grandes cidades alemãs. As crianças veem pornografia com os pais; as mães têm relações sexuais, de porta aberta, com o seu enésimo namorado; as garotas submetem-se, voluntariamente, a violações em série, conhecidas como *gang bangs*. Os educadores sexuais tornam as crianças «competentes em pornografia» durante as aulas de educação sexual obrigatória. Nelas, aprendem que o seu pênis não precisa de ter 30 cm, que não têm de ter 10 orgasmos seguidos, que na realidade as mulheres não gostam de ser violadas e que podem dizer «não» se não tiverem vontade de participar numa violação em série.

Por que razão os políticos, a ONU, a União Europeia e os governos nacionais não se sentem chamados a proteger a população de uma indústria mundial do sexo que fatura cerca de 97 bilhões de dólares americanos[24] e que:

- Degrada, humilha e escraviza os seus intervenientes.
- Leva ao crescimento do tráfico humano para prostituição e pornografia.
- Gera procura da prostituição.
- Vicia os consumidores.
- Destrói as famílias.
- Afasta os pais dos filhos e os filhos dos pais.

---

[23] Bernd Siggelkow e Wolfgang Büscher, *Deutschlands sexuelle Tragödie: Wenn Kinder nicht mehr lernen, was Liebe ist*, Asslar, Gerth Medien, 2008. Cf. Walter Wüllenweber, «Sexuelle Verwahrlosung: Voll Porno», *Der Stern*, 5 de fevereiro de 2007.

[24] Chris Morris, «Porn Industry Feeling Upbeat about 2014», NBC News, 14 de janeiro de 2014, http://www.nbcnews.com/business/business-news/porn-industry-feeling-upbeat-about2014-n9076 (consultado em abril de 2018).

- Enfraquece a autoridade dos pais.
- Dá às crianças e aos jovens uma imagem da sexualidade que é hostil à mulher, ao casamento e à família.
- Reduz a taxa de natalidade, já que o desejo sexual descontrolado sufoca o desejo de ter filhos.
- Abre caminho para os crimes sexuais?

Se os governos a nível nacional e a União Europeia podem lutar contra as pessoas que se agridem a si próprias, por exemplo, pelo uso do tabaco, porque não o fazem contra o vício da pornografia, que destrói não só o corpo, mas a pessoa inteira, e tem efeitos ainda mais graves na sociedade? Não existe resposta racional para isso, mas podemos colocar duas perguntas:

1. Que papel tem a pornografia nas vidas dos políticos e jornalistas estressados?
2. Pode ser o caso de as forças que pretendem destruir a família e tornar as pessoas manipuláveis estarem usando a pornografia conscientemente como um meio para esse fim?

Por que razão o tema é apenas a pornografia e não a proteção dos jovens e crianças cujas vidas se perdem nesta engrenagem assassina? Está certo que alguém com mais de 18 anos satisfaça os seus desejos sexuais com imagens desumanizantes retiradas de uma tela, se torne viciado, arruíne o casamento e a família e perca o emprego por causa disso? Os adultos dão, de fato, o exemplo aos jovens, seja bom, seja mau. Se um filho descobre a pornografia do pai, se o apanha se masturbando em frente à tela dum computador, que lição aprende? Quanto respeito lhe restará ainda pelo pai?

Assim que se fala de proibição, ergue-se um forte clamor. Os defensores da liberdade entram em cena. No entanto, já se viu que, sempre que o Estado aprova sanções legais contra um comportamento que objetivamente lesa o bem comum – um comportamento causado por fortes instintos subjetivos – ele espalha-se como um fogo descontrolado. Como o aborto. Como a pornografia. As leis têm uma função de orientação e servem como quadro estruturante para os valores vinculativos da sociedade. O núcleo deste quadro são as comunidades unidas em que as pessoas interiorizam esses valores, como a família e – cada vez menos – a Igreja.

Os pais que querem educar os filhos para serem adultos responsáveis, capazes de se comprometer, de maneira a poderem ser bem-sucedidos na vida e a quererem e poderem, um dia, vir a ser também pais deparam-se com os seus filhos expostos a um ambiente sexualizado do qual já não conseguem protegê-los. O acesso à Internet mal pode ser controlado. Além disso, deve-se levar em conta uma enorme pressão sexual entre os pares e a sexualização forçada de crianças e adolescentes através da «educação sexual» obrigatória nas escolas. (Ver o Capítulo 12.)

Patrick F. Fagan, pesquisador do Family Research Council, acredita que os laços familiares sólidos são a mais forte proteção contra o vício da pornografia:

A chave para ir contra esses padrões prejudiciais e para proteger dos efeitos da pornografia é alimentar relações de afeto e união na família. A primeira e mais importante relação é a relação entre a mãe e o pai. A segunda é a dos pais comprometidos que amam os seus filhos. Na sociedade tecnológica de hoje, isto significa limitar, controlar e orientar o uso da Internet pelos filhos. Por sua vez, isto proporciona uma valiosa proteção contra a pornografia na Internet e deixa espaço para uma sexualidade saudável que deve desenvolver-se de forma natural e socialmente apoiada. Na nossa cultura hipersexualizada, em que decorre um longo período antes do casamento, as crianças precisam ter a capacidade da continência se quiserem orientar a sua sexualidade para terem um casamento estável, gerar filhos e edificar uma família saudável para os seus filhos. As famílias sólidas continuam a ser a melhor defesa contra os efeitos negativos da pornografia, sobretudo quando ajudadas pela assiduidade no culto religioso, com todos os benefícios que isso traz[25].

---

[25] Patrick F. Fagan, «The Effects of Pornography on Individuals, Marriage, Family and Community», Family Research Council, http://marri.us/research/research-papers/the-effects-of-pornography-on-individuals-marriage-family-and-community/ (consultado em maio de 2018).

Teremos ainda a força necessária para sair deste pântano? Se é possível uma campanha internacional contra o tabaco, também poderia haver uma campanha internacional contra a pornografia. Ambos são sustentados por uma poderosa indústria com lucros de muitos milhões. A deterioração espiritual causada pela pornografia tem um arsenal de efeitos maior do que a deterioração física causada pelo tabaco. A campanha contra o tabaco foi bem-sucedida: o tabagismo entre os adolescentes diminuiu drasticamente. Se isso puder ser feito, então os anúncios e panfletos de educação sexual para adolescentes e adultos poderiam conter frases como estas:

A pornografia é viciante.
A pornografia te deixa só.
A pornografia pode destruir a sua família.
A pornografia faz mal a seus filhos.
A pornografia promove o tráfico de pessoas e a prostituição.
A pornografia conduz ao crime sexual.
Podia ser a sua irmã.
Podia ser o seu irmão.
Podia ser o seu filho,
Podia ser a sua filha.

Capítulo 10

Hétero, homo, bi, trans: somos todos iguais?

«A decisão de hoje usurpa o direito constitucional das pessoas a decidirem se mantêm ou alteram a concepção tradicional do matrimônio [...]. Se uma escassa maioria de magistrados pode inventar um novo direito e impor esse direito ao resto do país, o único limite real sobre a atuação das futuras maiorias é a sua própria percepção do que os que dispõem do poder político e da influência cultural estão dispostos a tolerar.»

Juiz Samuel Alito[1]

«Para evitar a tirania do desejo sexual, o qual, em nome da liberdade e da dignidade, destrói corações e famílias e dissemina a solidão, temos de assumir o compromisso de testemunhar a verdade sobre a natureza humana.»

Ryan T. Anderson[205]

---

[1] Opinião discordante do juiz Samuel Alito sobre a decisão *Obergefell* vs. *Hodges* do Supremo Tribunal dos Estados Unidos a 26 de junho de 2015, sobre o casamento entre pessoas do mesmo sexo.

O movimento homossexual[3]

Uma pequena minoria da população, cujas tendências sexuais diferem da ampla maioria[4], conseguiu fazer dos seus interesses o tema dominante da revolução cultural global. Isto é curioso, porque a resposta a esses interesses não contribui para a resolução dos problemas existenciais da sociedade no seu todo, e até os agrava – pela desintegração das famílias e a crise demográfica.

Vivemos numa sociedade secular, liberalizada, na qual a liberdade está no topo da escala dos valores. É consensual que o Governo deve ficar fora de cena. Há décadas, as autoridades deixaram de impor leis contra a homossexualidade e as legislações dos países ocidentais rejeitaram-nas, dando aos homens e mulheres homossexuais a liberdade de viverem de acordo com as suas tendências, sem perseguição oficial ou discriminação legal. Em muitos países foram introduzidas as uniões civis, e em alguns lugares foi dada aos *gays* e lésbicas uma total equiparação ao casamento, tal como nos Estados Unidos através da decisão do

---

[2] Ryan T. Anderson, «Same-Sex Marriage and Heresy», in *First Things Web-Exclusives*, 16 de julho de 2015. Cf. *Truth Overruled: The Future of Marriage and Religious Freedom*, Washington, D.C., Regnery Publishing, 2015.

[3] Um excelente livro sobre este tema, que esclarece os fundamentos filosóficos da atual guerra cultural, é: Robert R. Reilly, *Making Gay Okay: How Rationalizing Homosexual Behavior Is Changing Everything*, São Francisco, Ignatius Press, 2014. Nele o leitor encontrará fontes relevantes para os Estados Unidos.

[4] «Lésbicas/*gays*/bissexuais» refere-se a sentimentos pessoais, desejo sexual e comportamento. Muitas pessoas afetadas, mas não todas, escolhem uma identidade homossexual ou bissexual. A «transexualidade» se define como: «Desejo de viver e ser aceito como um membro do sexo oposto, acompanhado por sentimentos de desconforto ou discordância com o próprio sexo biológico e desejo de se submeter a tratamento cirúrgico ou hormonal para fazer com que o corpo fique ao máximo parecido com o sexo preferido». www.icd-code.de/icd/code/F64.-.html «Transgênero» é um termo novo que descreve um estilo de vida no qual a «heterossexualidade obrigatória» como homem ou mulher é ultrapassada mediante uma livre escolha de gênero. «Intersexualidade» é um termo coletivo utilizado para designar certas enfermidades físicas ou biológicas. As características biológicas (cromossomos, características sexuais internas e externas, hormônios) estão de alguma forma desordenadas e não permitem uma clara atribuição de gênero masculino ou feminino. Os termos antigos para isto são pseudo-hermafroditismo e hermafroditismo. (Definições de M. Gerbert, «Sexualle Vielfalt», *Bulletin des Deutschen Instituts für Jugend und Gesellschaft*, nº 20, outono de 2011).

Supremo Tribunal de junho de 2015. A nova ética sexual trata homossexualidade, bissexualidade, transexualidade e transgênero de forma equivalente à heterossexualidade e, em muitos países, isso passou a ser um componente pedagógico do ensino pré-escolar e de programas escolares. Onde esses objetivos ainda não foram atingidos há uma batalha em curso. Nos desfiles do dia do Orgulho Gay (ou do Christopher Street Day) em várias capitais ocidentais, a diversidade de estilos de vida sexual é livremente demonstrada. Os homossexuais detêm cargos políticos aos mais altos níveis. Nos Estados Unidos, o ex-presidente Barack Obama declarou junho o «mês do orgulho LGBT». No dia 13 de maio de 2012, no meio de uma campanha eleitoral, Obama afirmou-se a favor da total igualdade entre as uniões homossexuais e o casamento, levando a *Newsweek* a exibir o título «Barack Obama: o Primeiro Presidente *Gay*».

O maior sucesso do «Primeiro Presidente *Gay*» dos Estados Unidos é a histórica sentença do Supremo Tribunal de 26 de junho de 2015, que legalizou o casamento entre pessoas do mesmo sexo nos cinquenta estados do país. Até 2013, o casamento entre pessoas do mesmo sexo só era legal em doze estados. Contra a vontade das pessoas e de seus representantes políticos, o Supremo Tribunal votou com cinco votos contra quatro para que a «Constituição dos Estados Unidos defenda um direito inalienável ao casamento entre pessoas do mesmo sexo». Os quatro magistrados dissidentes, nas respectivas declarações, viram nesta sentença «uma ameaça à democracia americana» (Antonin Scalia), uma usurpação «do direito constitucional das pessoas a decidirem se mantêm ou alteram a concepção tradicional do matrimônio» (Samuel Alito), e argumentaram que «o raciocínio da maioria se aplicaria com igual força à reivindicação de um direito fundamental ao casamento plural» (John Roberts) e que a proteção constitucional da liberdade «foi entendida como libertação da ação do governo, e não como direito aos benefícios que ele proporciona» (Clarence Thomas)[5].

O juiz Anthony Kennedy, que fez de tudo para esvaziar o casamento do seu significado, usou palavras bonitas para proclamar a posição da maioria: «Nenhuma união é mais profunda do que o casamento, já que encarna os mais altos ideais de amor, fidelidade, entrega, sacrifício e família. Ao formar

---

[5] http://www.supremecourt.gov/opinions/14pdf/14-556_3204.pdf (consultado em abril de 2018).

uma união matrimonial, duas pessoas convertem-se em algo mais do que alguma vez foram». O juiz Kennedy quis responder à esperança dos pares do mesmo sexo «de não serem condenados a viver na solidão, excluídos de uma das instituições mais antigas da civilização. Pedem igualdade de dignidade aos olhos da lei. A Constituição concede-lhes esse direito».

Acontece, porém, que a dignidade é inata em todos os seres humanos. A lei não pode concedê-la – tem é de protegê-la.

Não precisamos voltar aos gregos para estudar os sofismas, a arte do discurso enganador, um dos principais métodos do ativismo judicial.

Na noite da decisão do Supremo Tribunal, a Casa Branca foi iluminada com as cores do arco-íris.

O momento crítico: a decisão da APA de 1973

O momento crítico aconteceu em 1973 com a decisão da Associação Americana de Psiquiatria (APA). A princípio, os momentos críticos são imperceptíveis, mas com o tempo têm consequências de grande alcance. A APA decidiu retirar a homossexualidade da lista das doenças mentais suscetíveis de serem tratadas com procedimentos terapêuticos, o que interrompeu o debate científico da investigação que já decorria há algum tempo sobre as causas da homossexualidade. A decisão da APA não resultou de um debate científico, mas da pressão política exercida sobre determinadas pessoas que não conseguiram aguentá-la. Charles Socarides, professor de Psiquiatria Clínica e autor de vários livros sobre a homossexualidade, estava presente e pôde testemunhar a forma como a decisão da APA foi preparada por ativistas homossexuais:

> Os homossexuais unem-se [...] para proclamar a sua «normalidade» e atacam qualquer oposição a esta perspectiva. Os que assumiram esta posição no passado constituíam uma minoria eloquente, mas muito pequena, em comparação com o grande número de homossexuais que desejavam mais ajuda, não menos, ou os que mantiveram o silêncio [...]. Nos 18 anos seguintes, a decisão da APA serviu de cavalo-de-troia, abrindo as portas à generalização das mudanças psicológicas e sociais nos usos e costumes

sexuais. A decisão foi usada em numerosas ocasiões e para numerosos fins com o objetivo de normalizar a homossexualidade e elevá-la a um estatuto respeitável. Para alguns psiquiatras americanos, esta ação continua a lembrar que, quando não se luta pelos princípios científicos, eles podem perder-se – uma advertência desanimadora para o fato de que, a não ser que não façamos exceções com a ciência, estamos sujeitos às armadilhas do partidarismo político e à propagação de mentiras junto de um público insuspeito e desinformado, dos profissionais de saúde e dos cientistas do comportamento... Seguir-se-iam as devastadoras consequências clínicas desta decisão. Aqueles que pretendiam manter a homossexualidade como um diagnóstico válido foram praticamente silenciados por conferências, reuniões e publicações, tanto originárias da nossa associação como de outras fontes. Os partidos políticos e os líderes religiosos foram usados para reforçar esse silêncio[6].

Decorreriam mais 18 anos (1990) até que a Organização Mundial de Saúde (OMS) adotasse a decisão da APA.

Neste capítulo examinaremos criticamente os fundamentos da ofensiva global para derrubar as normas sexuais sem ter em conta as proibições de pensamento e discurso que foram estabelecidas desde então. Discutiremos as causas e os riscos do estilo de vida homossexual, a possibilidade de mudar a orientação sexual, a batalha pelo «casamento» homossexual (incluindo a adoção), as exigências da legislação antidiscriminatória, os apelos aos direitos humanos e as estratégias políticas globais[7].

---

[6] Charles W. Socarides, «Sexual Politics and Scientific Logic: The Issue of Homosexuality», *The Journal of Psychohistory* 19, nº 3, inverno de 1992. Cf. Robert R. Reilly, *Making Gay Okay*.

[7] A investigação científica relevante sobre questões de sexualidade está muito bem documentada na revista *Bulletin des Deutschen Institut für Jugend und Gesellschaft* (DIJG), que aparece semestralmente *on-line* desde 2000 e pode ser consultada em www.dijg.de. Ver também a Therapeutic Choice and Scientific Integrity (anteriormente National Organization for Research and Therapy of Homosexuality (NARTH), https://www.therapeuticchoice.com (consultado em maio de 2018).

Quantas pessoas se identificam como homossexuais[8]?

Considerando o fato de que o Estado gasta milhões para promover a agenda LGBTI, e que este assunto encontra defensores nos mais altos níveis da política, poderíamos pensar que se trata de um fenômeno que afeta muita gente. Portanto, é relevante saber qual é a porcentagem da população que se identifica como homossexual.

Os grupos envolvidos, mesmo nas mais elevadas esferas da política e do Estado, usam dados variados e muito exagerados que não provêm de fontes sérias. Pesquisas representativas nas sociedades ocidentais indicam que 1% a 3% da população se identifica como homossexual[9]. A National Health and Social Life Survey de 1994 determinou que 2,8% dos homens e 1,4% da população feminina adulta dos Estados Unidos se identificam como *gays*, lésbicas ou bissexuais[10]. A mesma pesquisa mostrou que apenas 0,6% dos homens e 0,2% das mulheres não tiveram relações a não ser com pessoas do mesmo sexo desde a puberdade. Isso significa que a grande maioria daqueles que se classificam como «homossexuais» tiveram relações heterossexuais[11]. O que levanta a questão de saber se a identidade homossexual é tão fixa e tão imutável como sempre se afirma ser. A porcentagem de 10% de homossexuais apresentada por Alfred Kinsey é, como muitos dos seus resultados, uma fraude propagandística.

Uma investigação pública em larga escala, a National Health and Social Life Survey, divulgada pelo Center for Disease Control and Prevention em julho de 2014, descobriu que, ao contrário do que comumente se pensa, ape-

---

[8] Onde, mais abaixo, se discute a homossexualidade, geralmente pretende-se incluir outras formas de orientação não heterossexual (LGBTI). Nem todas as pessoas que têm tendências homossexuais escolhem uma identidade homossexual.

[9] EUA: *Sexual Orientation and Health Among U.S. Adults: National Health Interview Survey*, 2013. https://www.cdc.gov/nchs/data/nhsr/nhsr077.pdf (consultado em abril de 2018). Reino Unido: https://data.gov.uk/dataset/measuring_sexual_identity-evaluation_report (consultado em 2018).

[10] Edward O. Laumann, *et al.*, *The Social Organization of Sexuality: Sexual Practices in the United States*, Chicago, The University of Chicago Press, 1994.

[11] Peter Sprigg (ed.), *Homosexuality Is Not a Civil Right*, Family Research Council, 10. http://factn.org/wp-content/uploads/2013/09/Brochure-Homosexuality-not-a-Civil--Right.pdf (consultado em abril de 2018).

nas 1,6% da população se identifica como homossexual, enquanto 96,6% diz ser heterossexual. Isto está em nítido contraste com uma pesquisa do Gallup de 2011. Nela se dizia que 52% dos americanos acreditavam que 25% da população era *gay* ou lésbica. Apenas 4% das pessoas pesquisadas na época acreditavam que a população homossexual era inferior a 5%[12]. O fosso entre a realidade e a opinião pública prova quão incrivelmente bem-sucedida é a campanha de desinformação e propaganda do movimento LGBTI, apoiada pela maioria dos meios e comunicação.

Causas da homossexualidade: perspectivas[13]

A interpretação e a avaliação da homossexualidade mudaram radicalmente no século passado. Eis as principais perspectivas.

Sob a influência dos grandes fundadores da psicologia, Sigmund Freud, C. G. Jung e Alfred Adler, a homossexualidade foi considerada uma perturbação da identidade de gênero. Freud acreditava que trata-se de uma «variação da função sexual causada por um bloqueio no desenvolvimento da sexualidade». Numa carta escrita à mãe dum homem homossexual, ele insinuou a possibilidade de tratamento: «ao perguntar-me se posso ajudar, suponho que queira dizer se posso abolir a homossexualidade e fazer com que a heterossexualidade normal tome o seu lugar. A resposta é, geralmente, que não podemos prometer alcançar esse resultado. Em alguns casos conseguimos desenvolver os germes danificados da tendência heterossexual que estão presentes em todos os homossexuais. Na maioria dos casos, já não é possível. É uma questão que tem a ver com a qualidade e a idade do indivíduo. Não se pode prever o resultado do tratamento»[14].

Anna Freud, filha de Sigmund Freud, via o ato homossexual como uma tentativa falhada, no desenvolvimento do rapaz, de desenvolver uma forma

---

[12] CNSNews.com, 18 de julho de 2014.

[13] Cf. Christl Ruth Vonholdt, «Homosexualität verstehen», *Bulletin DIJG*, edição especial, outono de 2006.

[14] Citado em Jakob Cornides, «Natural and un-Natural Law», *Selected Works of Jakob Cornides*, http://works.bepress.com/jakob_cornides/17/ (consultado em abril de 2018).

de identificação com a masculinidade. A ela se deve a expressão *orientação reparadora*, na qual se baseou a chamada *terapia reparativa*. Esta perspectiva foi aceita durante 70 anos, até que surgiu a decisão da APA de 1973.

C. G. Jung também escreveu que a homossexualidade era um aspecto da masculinidade reprimido e indiferenciado no homem, o qual, em vez de se desenvolver a partir das profundezas da sua psique, é procurado num plano biológico mediante a «fusão» com outro homem[15].

A opinião dos grandes fundadores da psicologia de que a homossexualidade era uma neurose, uma expressão de conflitos subconscientes e não resolvidos na infância, foi indiscutível até 1973. Nas décadas seguintes à decisão, a homossexualidade chegou a ser considerada uma «variante da natureza» que, por isso, deve ser aceita como totalmente equivalente pela sociedade e pelas pessoas afetadas. Entretanto, ficou claro que não existe um gene homossexual e que ninguém nasce *gay* ou lésbica. Isso é demonstrado, por exemplo, pelos estudos feitos em gêmeos. Se a homossexualidade fosse inata, então os gêmeos idênticos deveriam ter a mesma predisposição. Mas não é o caso[16].

Os conceituados psiquiatras americanos Lawrence Mayer e Paul McHugh publicaram em 2016 um estudo sob o título «Sexualidade e Gênero», no qual reexaminaram e resumiram 200 estudos científicos. A sua conclusão: «A compreensão da orientação sexual como uma propriedade inata e biologicamente fixa dos seres humanos – a ideia de que as pessoas "nascem assim" – não é apoiada por evidências científicas»[17].

Peter Tatchell, um importante ativista homossexual, escreveu em seu *website*:

---

[15] Citado em Joseph Nicolosi, *Reparative Therapy of Male Homosexuality: A New Clinical Approach*, Lanham, Maryland, The Rowman & Littlefield Publishing Group, 1991.

[16] M. Bailey, «Genetic and Environmental Influences on Sexual Orientation and Its Correlates in an Australian Twin Sample», *Journal of Personality and Social Psychology* 78, nº 3, 2000. E: Peter S. Bearman e Hannah Brückner, «Opposite-Sex Twins and Adolescent Same-Sex Attraction», *American Journal of Sociology*, 107, nº 5, março de 2002.

[17] Lawrence Mayer e Paul McHugh, «Sexuality and Gender», in *The New Atlantis, Special Report*, outono de 2016. Hier veröffentlicht in mehreren Sprachen: https://www.thenewatlantis.com/publications/introduction-sexuality-and-gender (consultado em abril de 2018).

Há um grande problema com a teoria do gene *gay*, e com todas as teorias que postulam a programação biológica da orientação sexual. Se a heterossexualidade e a homossexualidade estão de fato geneticamente predeterminadas (e, por isso, excluem-se mutuamente e são inalteráveis), como podemos explicar a bissexualidade ou as pessoas que, subitamente, na meia-idade, mudam da heterossexualidade para a homossexualidade (ou vice-versa)? Não podemos[18].

A investigação mostra que os conflitos de identidade na infância podem levar a tendências homossexuais. O National Cohort Study, realizado na Noruega em 2006, questionou *todos* os noruegueses entre os 18 e os 49 anos para averiguar que influência têm as experiências da infância na escolha do casamento ou de uma relação homossexual na idade adulta. O resultado:

A nossa análise prospectiva, baseada em toda a população, indica que várias experiências da infância, na família, têm uma grande influência no fato de uma pessoa escolher mais tarde um casamento heterossexual ou homossexual [...]. Os homens eram mais propensos a entrar numa parceria homossexual se tivessem tido uma das seguintes experiências na infância: pais divorciados, pai ausente, mãe mais velha, ser o filho mais novo da família[19].

Quando a maioria dos modelos de desenvolvimento é rejeitada como politicamente incorreta, apesar dos resultados da investigação atual, o que resta para justificar e legitimar a prática da homossexualidade[20]? Só a ideia

---

[18] http://www.petertatchell.net/lgbt_rights/gay_gene/gene_genie/ (consultado em abril de 2018). Ver também Martin Dannecker, *Gutachten für die Bundesregierung*, Protokoll nº 15/59, des Rechtsausschusses–Öffentliche Anhörung vom 18.10.2004.

[19] Morten Frisch e Anders Hviid, «Childhood Family Correlates of Heterosexual and Homosexual Marriages: A National Cohort Study of Two Million Danes», *Arch Sex Behav*, 2006, 533-47. Em https://static1.squarespace.com/static/55efa8b5e4b0c21dd4f-4d8ee/t/56a9918c69a91ab2742c69ca/1453953422230/ChildhoodCorrelates-1.pdf (consultado em maio de 2018).

[20] Informação mais abrangente pode ser consultada na National Association for Research and Therapy of Homosexuality (NARTH), https://www.therapeuticchoice.com (consultado em maio de 2018).

errônea de que a liberdade humana é absoluta. As necessidades subjetivas do indivíduo tornam-se o único critério para o exercício da liberdade. E isso acarreta consideráveis riscos físicos e psicológicos.

Riscos do estilo de vida homossexual

Todos os homens homossexuais sabem que pertencem a um grupo com muito maior risco para a vida e a saúde. A expectativa de vida de homens que têm relações sexuais com homens (HSH) é muito menor do que a média da população em geral. Um estudo canadense publicado no *International Journal of Epidemiology* indica que:

Num importante centro canadense, a expectativa de vida aos 20 anos para homens *gays* e bissexuais é oito a 20 anos menor do que é para todos os homens. Se esse padrão de mortalidade se mantiver, estimamos que quase metade da população dos homens homossexuais e bissexuais atualmente com 20 anos não chegarão ao seu 65º aniversário[21].

Quais são as razões para uma esperança de vida tão drasticamente limitada?

Doenças físicas

A grande sombra que paira sobre cada homem que tem relações sexuais com outros homens é a doença autoimune fatal HIV/AIDS. O Centers for Disease Control and Prevention (CDC) norte-americano estima que 61% das novas infecções por HIV acometem homens homossexuais, ainda que eles correspondam a apenas 2% da população. Os números para a Alemanha, indicados pelo Robert-Koch-Institut, são ainda mais significativos: «Em

---

[21] Robert S. Hogg, *et al.*, «Modelling the Impact of HIV Disease on Mortality in Gay and Bisexual Men», *International Journal of Epidemiology* 26, nº 3, https://afamichigan.org/images/Intl_Journal_of_Epidemiology.pdf (consultado em maio de 2018).

2016, 68% das novas infecções por HIV estavam relacionadas a homens homossexuais»[22]. Um estudo da Universidade de Zurique (1999) chega à seguinte conclusão: «Com base nos dados atuais, podemos assumir que um em cada quatro homens com contato homossexual será infectado com o vírus da AIDS durante a sua vida[23]».

Como se pode explicar isto? Se se considerar que a população é bombardeada com cartazes, anúncios na televisão, campanhas contra o HIV/AIDS para usar preservativos e ter «sexo seguro», só há uma explicação: ou os preservativos não são seguros ou os homens homossexuais não os usam muito. Baseando-se nos dados da UN-AIDS, o matemático Michael Horn indica que, «apesar do uso habitual e consciente de preservativos, o risco de infeções por HIV está entre os 10% e os 18% em cada 500 contatos sexuais, por exemplo. Uma ou duas em cada 10 pessoas, nas mesmas circunstâncias, serão infectadas. É um grande risco para uma infecção que geralmente conduz a uma morte prematura[24]. Os números demonstram que os principais riscos se escondem por trás do "sexo seguro". A realidade contradiz os *slogans* publicitários que exaltam os preservativos como proteção fiável contra o HIV/AIDS e outras doenças sexualmente transmissíveis e que sugerem que o problema está controlado.

O HIV/AIDS está longe de ser o único risco. O Centers for Disease Control and Prevention declara que «os homens que fazem sexo com homens (HSH) apresentam um risco elevado de transmitir certas doenças sexualmente transmissíveis (DST) entre as quais hepatite A, hepatite B, HIV/AIDS, sífilis, gonorreia e clamídia… Aproximadamente 15% a 25% de todos os novos infectados pelo vírus da hepatite B (VHB) nos Estados Unidos encontram-se entre os homens que têm relações homossexuais»[25].

---

[22] https://www.rki.de/DE/Content/Infekt/EpidBull/Archiv/2017/Ausgaben/47_17.pdf?__blob=publicationFile (consultado em maio de 2018).

[23] *Ibid.*

[24] M. Horn, «Kondome: die trügerische Sicherheit», *Medizin und Ideologie*, 29, n.º 3, 2007, 12. Em http://eu-ae.com/images/heftarchiv/29_2007/medizin_und_ideologie_nr3_2007_web.pdf (consultado em maio de 2018).

[25] http://www.cdc.gov/hepatitis/Populations/MSM.htm (consultado em abril de 2018).

A Gay and Lesbian Medical Association dos Estados Unidos resume os riscos de doença sexual:

As doenças sexualmente transmissíveis (DST) ocorrem com eleva-da frequência em homens *gays* sexualmente ativos. Entre elas contam--se infeções por DST para as quais existe tratamento disponível (sífi-lis, gonorreia, clamídia, piolho púbico e outras), e outras para as quais não há cura disponível (HIV, hepatites A, B, C, vírus do papiloma humano etc.). As infeções [pelo vírus do papiloma humano] podem estar por trás do aumento das ocorrências de câncer anal em homens *gays*... A velocidade com que a infecção se pode propagar entre par-ceiros é muito alta[26].

As lésbicas estão mais sujeitas ao risco de câncer da mama e de câncer do colo do útero do que qualquer outro grupo de mulheres no mundo[27].

Doenças mentais

Estudos representativos chegaram à conclusão de que os homens que vivem num estilo de vida homossexual têm maior risco de doença mental[28]. J. M. Bailey, um pesquisador de renome internacional no campo da homossexua-lidade, comentou dois desses estudos: «Estes estudos contêm provavelmente os dados mais fiáveis publicados sobre a associação entre homossexualidade e psicopatologia, e ambos convergem para a mesma triste conclusão: a de que as pessoas homossexuais correm um risco substancialmente mais elevado de padecer de alguns problemas emocionais, entre os quais o suicídio, a depres-são e perturbações de ansiedade». Bailey adverte depois os leitores para não

---

[26] Esta citação já não está acessível. No entanto, informação similar foi forneci-da pelo Departamento de Saúde de Nova York: https://www.health.ny.gov/diseases/aids/consumers/lgbt/gay_men_health_concerns.htm (consultado em maio de 2018).

[27] K. A. O'Hanlan, *Top 10 Things Lesbians Should Discuss with Their Healthcare Provi-der*, Gay & Lesbian Medical Association, São Francisco. Em http://www.outforhealth.org/files/all/top_ten_things_lesbians_should_discuss_glma.pdf (consultado em maio de 2018).

[28] DIJG, *Homosexualität e wissenschaftliche Studien*, www.dijg.de (consultado em abril de 2018).

colocarem a culpa por esses problemas emocionais apenas na visão negativa que a sociedade tem da homossexualidade[29].

Em 2003, conceituados pesquisadores norte-americanos da AIDS relataram no *American Journal of Public Health* que o comportamento homossexual está associado a mais elevadas taxas de toxicodependência, depressão e violência doméstica entre parceiros, bem como à experiência de abuso sexual na infância[30]. Um estudo dinamarquês de 2009 revelou que os homens homossexuais em união de fato cometiam oito vezes mais suicídios dos que os heterossexuais casados[31].

Isto é confirmado pelos resultados de L. Mayer e P. McHugh:

> Em comparação com a população em geral, na subpopulação não heterossexual é maior o risco de uma diversidade de doenças físicas e mentais, perturbações de ansiedade, depressão, abuso de drogas, e suicídio[32].

Especialmente alarmante é a elevada porcentagem de suicídio entre jovens homossexuais[33]. Em Berlim, cidade onde os homossexuais são apoiados de todas as formas pelo Estado, os jovens *gays* e as lésbicas tentam o suicídio aproximadamente sete vezes mais do que os heterossexuais. Isto foi revelado pela revista *gay* de Berlim *Du & Ich* (junho/julho de 2010). As tentativas de

---

[29] J. M. Bailey, «Homosexuality and Mental Illness», *Arch. Gen. Psychiatry*, 56, outubro de 1999.

[30] Ron Stall *et al.*, «Association of Co-Occurring Psychosocial Health Problems and Increased Vulnerability to HIV/AIDS among Urban Men Who Have Sex with Men», *American Journal of Public Health*, 93, nº 6, junho de 2003, 941.

[31] Robin M.Mathy *et al.*, «Association between Relationship Markers of Sexual Orientation and Suicide: Denmark, 1990-2001», *Springer Link*, dezembro de 2009. http://link.springer.com/article/10.1007/s00127-009-0177-3 (consultado em abril de 2018); DIJG, *Homosexualität und wissenschaftliche Studien*, www.dijg.de (consultado em abril de 2018).

[32] http://www.thenewatlantis.com/docLib/20161012_TNA50ExecutiveSummary-DE.pdf (consultado em abril de 2018).

[33] D. M. Fergusson, «Is Sexual Orientation Related to Mental Health Problems and Suicidality in Young People?», *Arch. Gen. Psychiatry*, 56, outubro de 1999. Cf. R. Herrel, «Sexual Orientation and Suicidality». *Arch. Gen. Psychiatry*, 5 de outubro de 1999.

suicídio entre jovens homossexuais estão associadas a fatores de risco específicos que não podem ser explicados pela discriminação pública, como se pode ver no quadro seguinte[34]:

**Fatores de risco no comportamento suicida
de jovens homossexuais**

Abuso sexual	61%
Homem com identidade «feminina»	37%
Experiência de tráfico sexual	29%
Uso ilegal de drogas	85%
Detenção anterior	51%
Sem pais casados	73%

Como devem ser compreendidos estes fatos terríveis? Os grupos de interesse LGBTI e os partidos alinhados com eles tentam culpar a «discriminação homofóbica» pelos elevados riscos do estilo de vida homossexual. Mas isso é contrariado pelo fato de estes números serem semelhantes em todos os países ocidentais, independentemente de quão liberal e tolerante seja cada um deles. Um estudo recente desenvolvido na Holanda, um dos países mais liberais do mundo, mostra que as mulheres homossexuais apresentam uma maior taxa de abuso de substâncias e que os homens homossexuais revelam uma maior taxa de perturbações de ansiedade[35].

Promiscuidade

Há estudos que mostram que o estilo de vida homossexual é promíscuo e que a fidelidade nos pares é extremamente rara.

Udo Rauchfleisch, professor de Psicologia Clínica em Basileia, na Suíça, além de ativista pelo movimento homossexual, afirma que é uma característica das

---

[34] G. Remafedi, «Risk Factors in Attempted Suicide in Gay and Bisexual Youth», *Pediatrics*, 87, nº 6, 1991.

[35] M. King *et al.*, «A Systematic Review of Mental Disorder, Suicide, and Deliberate Self Harm in Lesbian, Gay and Bisexual People», *BMC Psychiatry* 8, nº 70, 8 de agosto de 2008. Em http://www.biomedcentral.com/1471-244X/8/70 (consultado em abril de 2018).

relações homossexuais ter muitas relações sexuais fugazes e descomprometidas, principalmente anônimas, simultaneamente a uma relação estável[36]. Numerosos estudos confirmam essa conclusão[37]. Além disso, o estudo de Zurique sobre homens homossexuais entre os 20 e os 49 anos de idade indicava que, em média, os inquiridos tinham tido 10 a 15 diferentes parceiros sexuais masculinos nos 12 meses anteriores ao estudo. Dois terços tinham estado com pelo menos um parceiro estável nos 12 meses anteriores, mas 90% de todos os homens tinham tido um ou mais parceiros ocasionais durante o mesmo período[38].

Num estudo australiano de 1997, perguntaram a 2583 homens mais velhos que viviam como homossexuais quantos contatos sexuais tiveram tido durante a sua vida. A média foi 251. Apenas 2,7% dos entrevistados tinham tido apenas um parceiro sexual na vida[39]. De forma semelhante, um estudo feito em Amsterdã (em maio de 2003) concluiu que as uniões entre homossexuais não duravam, em média, mais do que 1,5 ano. Durante essas uniões, cada um dos parceiros tinha tido uma média de mais 12 parceiros sexuais[40]. Estudos recentes sobre a promiscuidade masculina dão conta de números mais baixos, mas todos confirmam que a exclusividade sexual é a exceção, mesmo nas relações estáveis[41].

Volker Beck, secretário parlamentar alemão da Alianza 90/Os Verdes em 2011, confirma essa conclusão. Parece quase uma piada sobre a legislação:

Se a legislação está à espera de transformar os *gays* em parceiros matrimoniais fiéis, há de ficar desiludida com a realidade das relações homossexuais… Obviamente, para muitos casais, viver a sua sexualidade com outros

---

[36] U. Rauchfleisch, *Die Stille und die schrille Szene*, Friburgo-Viena, Herder, 1995.

[37] Cf. Peter Sprigg, *Homosexuality is Not a Civil Right*, Washington, D.C., Family Research Council: http://factn.org/wp-content/uploads/2013/09/Brochure-Homosexuality-not-a-Civil-Right.pdf (consultado em maio de 2018).

[38] *Zürich Men's Study*, Institut für Sozial und Präventivmedizin der Universität Zürich, Sumatrastr. 30, CH-8006 Zürich, junho de 1999.

[39] Van de Ven, P. *et al.*, «A Comparative Demographic and Sexual Profile of Older Homosexually Ative Men», *Journal of Sex Research*, 34, nº 4, 1997.

[40] Maria Xiridou *et al.*, «The Contribution of Steady and Casual Partnerships to the Incidence of HIV Infection among Homosexual Men in Amsterdam», AIDS, 17, nº 7 (2003).

[41] Cf. N. W. Whitehead e Briar Whitehead, *My Genes Made Me do It! – A Scientific Look at Sexual Orientation*, Lafayette, Huntington House Publishers, 1999.

parceiros é um importante fator para a manutenção da união... A regulação legal positiva das uniões homossexuais deve levar em conta o desejo de integração social no plano político, mas os políticos não podem esperar que lhes seja oferecida uma mudança de comportamento que implique uma redução da promiscuidade[42].

Para esse estilo de vida, a inequívoca palavra *fidelidade* foi combinada com um adjetivo que mantém a aparência de fidelidade, mas transforma o conteúdo do termo no seu oposto. A *fidelidade social* pretende uma relação estável simultânea com qualquer número de parceiros sexuais.

Por que razão pessoas cujo estilo de vida é promíscuo e estéril lutam pelo casamento – uma forma de vida baseada na fidelidade vitalícia entre um homem e uma mulher que geram filhos?

Abuso sexual

A investigação mostra que os homens e as mulheres homossexuais foram desproporcionadamente sujeitos a abuso tanto homossexual como heterossexual na infância, e que este fator pode colocar os jovens no caminho da homossexualidade.

- *Estudo Garofalo*: entre jovens do 9º ao 12º ano que se descrevem como *gays* ou lésbicas, 32,5% tinham sofrido abuso sexual ou sido molestados. Por outro lado, entre os adolescentes da mesma faixa etária que não se identificam como *gays* ou lésbicas, 9% tinham sido abusados ou molestados sexualmente[43].
- *Estudo Johnson*: Consideravelmente mais homens homossexuais do que heterossexuais apresentam histórias de abuso sexual[44].

---

[42] Volker Beck, «Legalisierung schwuler und lesbischer Lebensgemeinschaften», *Demokratie und Recht* 4, 1991.

[43] R. Garofalo *et al.*, «The Association Between Health Risk Behaviors and Sexual Orientation Among a School-based Sample of Adolescents», *Pediatrics* 101, nº 5 (1998).

[44] R. Johnson–D. Shier, «Sexual Victimization of Boys», *Journal of Adolescent Health Care* 6, 1985.

- *Estudo Krahé*: Um em cada cinco homens que se sentia homossexual (20,7%) afirmou que tinha sido vítima de abusos sexuais na infância[45].

- *Estudo Tomeo*: Este estudo revela, pela primeira vez, que o abuso sexual também tem um papel na história passada das mulheres homossexuais; 46% dos homens homossexuais e 22% das lésbicas na amostra deste estudo tinham sido heterossexualmente abusados na infância ou na adolescência, enquanto que apenas 7% dos homens heterossexuais e 1% das mulheres heterossexuais tinham passado pela mesma situação; 68% dos homens e 38% das mulheres disseram que não eram homossexuais *até* terem sido abusados[46].

A redução ou a completa abolição da idade de consentimento, como defendem alguns ativistas homossexuais, é, portanto, uma irresponsabilidade para com as crianças e os seus pais[47]. Por que razão há «planos de ação contra a homofobia», mas não há planos de ação nacionais contra o abuso sexual?

O consenso político de que o abuso sexual de crianças e adolescentes é condenável e deve ser punido por lei nem sempre esteve presente e ainda hoje é frágil. Na Alemanha, o abuso sexual por parte de sacerdotes levou à indignação nacional em 2010[48]. O procurador-geral nos casos que envol-

---

[45] Barbara Krahé *et al.*, «Sexuelle Aggression zwischen Jugendlichen: Eine Prävalezerhebung mit Ost-West-Vergleich», in *Zeitschrift für Sozialpsychologie*, n.º 2/3, 1999, 165-178.

[46] M. Tomeo, «Comparative data of childhood and adolescence molestation in heterossexual and homosexual persons», *Arch. Sex. Behavior*, 30 de maio de 2001.

[47] O presidente do movimento homossexual austríaco, Helmut Graupner, é um defensor da descriminalização dos atos sexuais com menores, se forem consensuais. Cf. Helmut Graupner, «Love versus Abuse, Crossgenerational Sexual Relations of Minors: A Gay Rights Issue?» *Journal of Homosexuality*, 37, nº 4, 1999.

[48] Como católica, surpreendem-me e envergonham-me os abusos sexuais por parte de sacerdotes católicos. No entanto, o problema foi distorcido. Na Igreja Católica alemã houve várias centenas de casos em 60 anos. Na sociedade alemã em geral há uns 15 mil casos anuais, e os peritos creem que a quantidade de casos não declarados é 10 a 15 vezes esse número. Os valores são igualmente desproporcionados nos Estados Unidos. O Center for Applied Research in the Apostolate (CARA), a organização de investigação independente da Universidade de Georgetown, informou que em 2011, entre as denúncias de abusos sexuais de sacerdotes, feitas por menores, sete eram «críveis», três «a ser determinadas» e três revelaram-se comprovadamente falsas. O Department of Health and Human Services norte-americano calcula que o total de casos de abuso sexual em todos os Estados Unidos foi, no mesmo ano, de 61 472.

viam abusos por parte de padres católicos, o ministro da Justiça Leutheusser-Schnarrenberger, fazia parte do conselho consultivo da União Humanista (UH) desde 1997. Até o ano 2000, essa organização defendia a descrimilização da pedofilia. Só depois do outono de 2000 é que a UH decidiu (com 44% de votos contra) que «não aprova nem apoia o contato sexual pedófilo» e retirou os *links* para grupos pedófilos dos seus *websites*[49].

A análise da lista dos membros, antigos e atuais, da União Humanista revela que a maioria são intelectuais de renome da esquerda alemã[50]. Considerando quantos professores, políticos e jornalistas estão envolvidos na luta pela liberalização sexual – ao ponto de legalizarem o sexo com crianças –, não admira que este tema seja avaliado com dois pesos e duas medidas: as acusações vão por diante na medida em que prejudicam a Igreja Católica, mas, ao mesmo tempo, há cada vez menos ruído sobre a escandalosa porcentagem diária de abusos contra menores, e até correm petições a favor da sua legalização.

Possibilidades de mudança?

Esta é uma questão importante, sobretudo para os que sofrem devido às suas próprias tendências não heterossexuais, que desejam uma família e filhos e querem ajuda terapêutica[51]. Os especialistas falam em homossexualidade

---

[49] http://www.humanistische-union.de/nc/publikationen/mitteilungen/hefte/nummer/nummer_detail/back/mitteilungen-171/article/erklaerung-des-bundesvorstandes-der--humanistischen-union-zum-sexualstrafrecht/ (consultado em abril de 2018).

[50] http://www.humanistische-union.de/wir_ueber_uns/verein/beirat/historie_beirat/ (consultado em abril de 2018).

[51] Eis algumas organizações que oferecem aconselhamento aberto e imparcial a pessoas que sofrem devido à homossexualidade e querem ajuda:
- Alliance for Therapeutic Choice and Scientific Integrity: www.therapeuticchoice.com
- Brothers on a Road Less Traveled: www.brothersroad.org/
- Courage: www.couragerc.net
- Deutsches Institut für Jugend und Gesellschaft: www.dijg.de
- Desert Stream: www.desertstream.org
- Exodus International: www.exodus-international.org
- Exodus Global Alliance: www.exodusglobalalliance.org

«egodistônica». Numa sociedade livre, deveria ser possível um discurso científico sobre o tema. Já não é o caso, inclusive no que diz respeito às humanidades[52]. Aqueles que se atrevem a desafiar a proibição são assaltados por uma perseguição ruidosa por parte dos grupos de interesse LGBTI e pedófilos.

Um testemunho da possibilidade de mudança é o de Robert L. Spitzer, professor de Psiquiatria que desempenhou um papel-chave na decisão da APA de 1973 de retirar a homossexualidade da lista das doenças mentais. Quando os homossexuais se manifestaram numa conferência anual da APA pelo seu direito à terapia, ele começou uma série de estudos para examinar o sucesso de várias terapias na alteração da homossexualidade. Em 2003, publicou os seus resultados. Entre os 200 homens e mulheres estudados, 66% dos homens e 44% das mulheres tinham experimentado uma considerável mudança e «viviam já vidas heterossexuais satisfatórias»[53]. Dois presidentes da APA já manifestaram a sua preocupação por a decisão da APA de 1973 poder limitar a liberdade terapêutica[54].

- Homosexuals Anonymous: www.ha-fs.org
- Institute for Healthy Families: www.instituteforhealthyfamilies.org
- Living Hope Ministries: www.livehope.org
- Livres para Amar: www.livresparaamar.pt
- PATH – Positive Alternatives to Homosexuality: www.pathinfo.org
- Wüstenstrom: www.wuestenstrom.de

[52] Para uma análise da paralisia da psicologia devida à mentalidade mal orientada do politicamente correto, ver A. Dean Byrd, *Destructive Trends in Mental Health: The Well--Intentioned Path to Harm*, Nova York, Routledge, 2005.

[53] Robert L. Spitzer, M. D., «Can Some Gay Men and Lesbians Change Their Sexual Orientation? 200 Participants Reporting a Change from Homosexual to Heterosexual Orientation», *Archives of Sexual Behavior*, 32, outubro de 2003. https://www.ncbi.nlm.nih.gov/pubmed/14567650 (consultado em maio de 2018). Devido aos seus resultados, o Dr. Spitzer foi alvo da ira do *lobby* homossexual. Desde então, diz-se que pediu desculpa aos homossexuais por alegadamente ter feito afirmações não comprovadas (*Spiegel online*, 21 de maio de 2012). Por outro lado, muitos cientistas e terapeutas, até Peter Tatchell, o representante d'Os Verdes para os *gays* e lésbicas na Inglaterra, atestam que a orientação sexual pode ser alterada: http://www.petertatchell.net/lgbt_rights/gay_gene/homosexualityisntnatural/ (consultado em maio de 2018).

[54] Joseph Nicolosi, *A Call for the American Psychological Association to Recognize the Client with Unwanted Same-Sex Attractions*, http://static1.1.sqspcdn.com/static/f/362976/25576676/1413996439187/callforAPA.pdf?token=EcdEpjDMixBH1oAxH81kvbe77N0%3D (consultado em maio de 2015).

Muitos cientistas e terapeutas, de fato, atestam o sucesso da mudança da homossexualidade não desejada para a heterossexualidade satisfatória[55]. Quem o faça, seja cientista, paciente ou jornalista, é pressionado, perseguido e, se possível, silenciado pelo *lobby* LGBTI.

É óbvio que, para que a terapia funcione, é necessário que o paciente a procure voluntariamente e tenha vontade de mudar. Tal como acontece com qualquer intervenção terapêutica ou médica, o objetivo pode não ser alcançado e podem ocorrer efeitos secundários indesejáveis. No entanto, não há evidência científica que mostre que as abordagens terapêuticas para mudar a homossexualidade egodistônica levem a uma frequência acima da média de resultados indesejáveis[56]. A taxa de sucesso para a intervenção terapêutica pode variar. Um fator importante parece ser o envolvimento da dimensão religiosa[57].

Uma das mais conhecidas testemunhas da possibilidade de mudar é Michael Glatze, fundador e antigo editor-chefe da revista *Young Gay America*. Diz ele:

Na minha experiência, «sair do armário» em relação à influência da mentalidade homossexual foi a experiência mais libertadora, bela e surpreendente que tive em toda a minha vida. Deus veio até mim quando eu estava confuso e perdido, só, assustado e triste. Disse-me – através da oração – que nada tinha a temer e que estava em casa. Só precisaria fazer uma pequena limpeza na minha mente. A homossexualidade tomou quase 16 anos da minha vida [...] como líder no movimento dos «direitos *gay*», foi-me dada muitas vezes a oportunidade de me dirigir às pessoas. Se eu pudesse retirar muitas das coisas que disse, o faria. Agora sei que a homossexualidade é apenas luxúria e pornografia num mesmo pacote. Nunca

---

[55] Alliance for Therapeutic Choice and Scientific Integrity: https://www.therapeuticchoice.com (consultado em maio de 2018).

[56] Joseph Nicolosi, A. Dean Byrd e Richard W. Potts, «Retrospective Self-Reports of Changes in Homosexual Orientation: A Consumer Survey of Conversion Therapy Clients», *Psychological Reports*, 86, 2000.

[57] Richard Fitzgibbons, *Origin and Healing of Homosexual Attractions and Behaviours*, http://www.catholiceducation.org/en/marriage-and-family/sexuality/origin-and-healing-of--homosexual-attractions-and-behaviors.html (consultado em abril de 2018).

mais deixarei que alguém me convença do contrário, independentemente da habilidade da sua conversa ou de quão triste seja a sua história. Eu vi. Sei a verdade[58].

O *lobby* LGBTI faz o possível para retirar da consciência da opinião pública a mensagem de que a orientação homossexual pode dar lugar à heterossexual. Com campanhas de difamação, acabam com organizações que prestam semelhante ajuda.

Em 2012, o estado da Califórnia chegou a proibir a terapia e o cuidado pastoral para menores com homossexualidade egodistônica. Não existe base científica para isso, mas há muitos pedidos para esse tipo de terapia. Até agora, as organizações profissionais cientificamente qualificadas têm decidido se os procedimentos terapêuticos devem ou não ser reconhecidos e controlados. A lei da Califórnia põe esta decisão nas mãos dos políticos e submete-a ao desempenho do poder político. Uma lei similar foi aprovada em New Jersey. Essa lei revoga a liberdade terapêutica dos pacientes e o direito dos pais a decidirem sobre a assistência terapêutica adequada para os seus filhos menores de idade.

Christian Spaemann, especialista em psiquiatria e psicoterapia e antigo diretor clínico da clínica de saúde mental do Hospital St. Joseph em Branau, na Áustria, disse o seguinte em uma entrevista:

Se a homossexualidade fosse uma característica inata, como a cor da pele, o tratamento para os que querem mudar de orientação não seria um procedimento terapêutico ético. Contudo, não é esse o caso. Já nem certos representantes destacados do movimento homossexual afirmam que a homossexualidade é geneticamente condicionada. A possibilidade de mudança permanente na orientação sexual tem sido provada muitas vezes [...]. Tendo em conta os dados existentes, é basicamente inaceitável rejeitar o desejo de mudar de orientação sexual ou oferecer apenas terapias que afirmem a

---

[58] O artigo completo de Michael Glatze já não está acessível, mas há um relatório em World Net Daily, 3 de julho de 2007, http://www.wnd.com/2007/07/42379/ (consultado em maio de 2018)

orientação *gay*. Isso seria impor a ideologia na profissão do psicoterapeuta e não respeitar a autonomia do paciente [...]. Lidar com conflitos emocionais profundos leva a uma diminuição dos impulsos homossexuais e a uma libertação do potencial heterossexual [...]. Não se trata de «reverter a polaridade da pessoa», como repetidamente afirma o movimento homossexual[59].

É uma contradição evidente que um movimento que luta pela abolição da «heterossexualidade obrigatória» faça tudo para negar que as tendências homossexuais possam ser mudadas, para suprimir a informação existente sobre apoio terapêutico, para ameaçar a existência de terapeutas e organizações que ofereçem essa ajuda. O movimento homossexual marcha sob a bandeira da liberdade, da tolerância e da não-discriminação, mas limita a liberdade de opinião, a liberdade da ciência e a liberdade terapêutica em particular. O objetivo é impor o conceito de uma «identidade sexual» pretensamente imutável numa lei constitucional contra a discriminação.

Está em discussão a perspectiva de que a homossexualidade tem o mesmo valor social que tem a heterossexualidade e que por isso deve ser legitimada com o mesmo direito ao casamento e à família.

Está em discussão o direito a apresentar a homossexualidade como opção igual às crianças e aos adolescentes nas instituições públicas de ensino.

Está em discussão a responsabilidade ética da pessoa.

«Casamento» homossexual

Numa época em que o casamento entre um homem e uma mulher é cada vez menos associado ao conceito de fundação da família, e cada vez mais filhos são criados por mães solteiras, está em curso a batalha pela plena igualdade jurídica entre uniões entre pessoas do mesmo sexo e o casamento. Os libertadores sexuais do final da década de 1960 consideraram o casamento sufocante e antiquado, uma relíquia da possessividade burguesa. Isso revela

---

[59] http://www.kath.net/detail.php?id=20708 (consultado em abril de 2018.)

uma contradição evidente: o mesmo grupo social que luta para enfraquecer a instituição do casamento está agora a lutar para que o casamento seja estendido às relações entre pessoas do mesmo sexo. E isso é proclamado como um «direito humano». A batalha cultural imposta ao mundo pelos poderes políticos ocidentais está em curso em todas as nações e a legislação está em rápida mudança.

A propaganda dos meios de comunicação dá a impressão de que o alegado «direito humano» ao «casamento» homossexual e a todos os privilégios a ele associados, bem como todas as proibições de discriminação são já um *statu quo*. Em junho de 2016 a realidade era diferente:

- Em todo o mundo, 24 países redefiniram o casamento como uma instituição independente do gênero: Holanda (2001), Bélgica (2003), Espanha (2005), Canadá (2005), África do Sul (2006), Noruega (2008), Suécia (2009), Argentina (2010), Islândia (2010), Portugal (2010), Dinamarca (2012), Reino Unido (2013), França (2013), Brasil (2013), Uruguai (2013), Nova Zelândia (2013), Finlândia (2014), Luxemburgo (2014), México (2015), EUA (2015), Irlanda (2016), Colômbia (2016), Malta (2017), Alemanha (2017).

- 23 dos 47 Estados-membros do Conselho da Europa introduziram uniões de fato entre pessoas do mesmo sexo.

- 13 países da Europa classificaram o casamento, nas suas Constituições, como a união entre um homem e uma mulher: Bielorrússia, Bulgária, Croácia, Hungria, Letônia, Lituânia, Moldávia, Montenegro, Polônia, Sérvia, Eslováquia, Ucrânia e Macedônia.

- Apenas um Estado africano tinha legalizado a união civil e o «casamento» entre pessoas do mesmo sexo: a África do Sul.

- Na Ásia, até maio de 2017, nenhum país tinha introduzido uniões civis ou «casamentos» entre pessoas do mesmo sexo. Em 24 de maio de 2017, o tribunal constitucional de Taiwan declarou que as pessoas do mesmo sexo têm direito a casar-se legalmente.

- Antes de o Supremo Tribunal ter imposto o «casamento» de pessoas do mesmo sexo em todos os Estados Unidos, apenas 17 dos 50 estados o tinham introduzido.

- Mais de 68 países criminalizam os atos homossexuais mesmo entre adultos que o consintam, e penaliza-os com longas penas de prisão; e – lamentavelmente – há cinco países que os castigam com a pena de morte.

Esses números mostram que a redefinição do casamento como institui-ção independente do gênero baseada no afeto emocional e despojada do seu significado procriativo é um projeto do «imperialismo cultural» do Ocidente (Papa Francisco). Quanto aos valores fundamentais do casamento e da famí-lia, a Europa não está unida, mas sim dividida entre Ocidente e Oriente.

Considerando que menos de 0,1% da população mundial tem algum in-teresse em legalizar a sua relação com uma pessoa do mesmo sexo, surge a pergunta: qual é a verdadeira razão pela qual os que detêm o poder querem levar a cabo uma revolução sexual que perverte o significado do casamento?

Casamento e família: uma indispensável contribuição para o bem comum

Equiparar as uniões do mesmo sexo ao casamento entre um homem e uma mulher representa uma ruptura histórica com os conceitos mundiais milenares de casamento e família e com toda a história do direito até agora[60]. Basicamen-te, esvazia os conceitos da instituição jurídica do casamento e da família.

O casamento é uma instituição pré-política criada por sua própria na-tureza para a procriação. Não deve a sua existência ao Estado. A Declaração Universal dos Direitos Humanos de 1984 diz o seguinte:

A família é o elemento natural e fundamental da sociedade e tem di-reito à proteção desta e do Estado (16, artigo 3º).

---

[60] Cf. Johann Braun, *Ehe und Familie am Scheideweg: Eine Kritik des sogenannten Le-benspartnerschaftsgesetzes*, Regensburg, Roderer Verlag, 2002.

A família serve o bem comum de uma forma única e insubstituível. Para desenvolver critérios de bem comum, o Papa Bento XVI fez um discurso inovador no Parlamento alemão no dia 22 de setembro de 2011:

> Existe também uma ecologia do homem. Também o homem possui uma natureza, que deve respeitar e não pode manipular como lhe apetece. O homem não é apenas uma liberdade que se cria por si própria. O homem não se cria a si mesmo. Ele é espírito e vontade, mas é também natureza, e a sua vontade é justa quando respeita a natureza e a escuta e quando se aceita a si mesmo por aquilo que é e que não se criou por si mesmo. Assim mesmo, e só assim, é que se realiza a verdadeira liberdade humana[61].

Robert George, professor de Direito da Universidade de Princeton, e os seus colegas Patrick Lee e Gerard V. Bradley definem o casamento como «uma união entre um homem e uma mulher, comprometidos a partilhar a sua vida juntos nos âmbitos físico, emocional e racional-volitivo do seu ser, num tipo de comunidade que naturalmente culminará na geração e na educação de filhos em conjunto»[62]. Os fatos de que o casamento «naturalmente culminará na geração e educação de filhos em conjunto» e de que as uniões do mesmo sexo são naturalmente inférteis são as principais características que distinguem as duas realidades.

Casamento e família servem a sociedade como só eles podem fazer: pela «reprodução» e a «criação da riqueza humana» duma sociedade[63]. Estes são os termos dos economistas por trás dos quais se esconde a experiência hu-

---

[61] http://w2.vatican.va/content/benedict-xvi/pt/speeches/2011/september/documents/hf_ben-xvi_spe_20110922_reichstag-berlin.html (consultado em abril de 2018). Cf. Wolfgang Waldstein, *Ins Herz geschrieben. Das Naturrecht als Fundament einer menschlichen Gesellschaft*, Augsburg, Sankt Ulrich Verlag, 2010.

[62] Patrick Lee, Robert P. George e Gerard V. Bradley, «Marriage and Procreation Avoiding Bad Arguments», *Public Discourse: Ethics, Law and the Common Good*, 30 de março de 2011, http://www.thepublicdiscourse.com/2011/03/2637/ (consultado em abril de 2018).

[63] Cf. Manfred Spieker, *Generationenblind und lebensfeindlich*, declaração feita na audiência do parlamento do estado de Hesse no dia 13 de janeiro de 2010, relativa à natureza jurídica das uniões de fato registadas na lei desse estado. http://www.gemeindenetzwerk.de/?author=168 (consultado em maio de 2018).

mana da família: a alegria de um recém-nascido cujo riso renova o mundo aos olhos dos seus pais; o longo caminho de sacrifício do pai e da mãe à medida que criam os seus filhos para se tornarem adultos que contribuam para o bem-estar humano, cultural, intelectual, social e econômico da sociedade no seu conjunto. Quando um grande número de famílias já não quer desempenhar esse papel, quando o homem e a mulher já não querem vincular--se para a vida, gerar descendentes e educá-los como pessoas capazes de criar vínculos e alcançar metas, fica ameaçada a existência de uma nação – não só a sua existência física, mas também a sua existência cultural e política. Isto pode ser visto nas estatísticas do divórcio, nas porcentagens de nascimentos ilegítimos, de famílias monoparentais, de pais ausentes, com todas as consequências que isso traz, que incluem baixo desempenho, perturbações mentais entre os jovens, delinquência e uma explosão de despesas para os sistemas de segurança social.

O «casamento» homossexual não pode dar os contributos necessários para a sociedade. Não pode dar vida a crianças sem explorar o material genético de terceiros e não pode dar às crianças aquilo de que mais precisam: uma mãe e um pai. Essa deficiência permanece ainda que os elementos do par do mesmo sexo sejam «pais» carinhosos e cuidadosos (sobre a adoção, ver o Capítulo 10).

Os novos privilégios financeiros das uniões homossexuais têm de vir do bolso dos casados e solteiros. O direito a pensões e subsídios iguais para aqueles que permanecem sem filhos coloca os pais que criaram filhos numa grande desvantagem. Porque devem eles subsidiar também as uniões homossexuais, que não contribuem para a procriação?

Recurso a uniões civis registradas

Em junho de 2015, o Gabinete Federal de Estatística da Alemanha relatou que 43 mil pares do mesmo sexo viviam juntos na mesma casa em união de fato registrada[64]. Com uma população de 81 milhões e 62 milhões com mais

---

[64] https://www.destatis.de/DE/ZahlenFakten/ImFokus/Bevoelkerung/Gleichgesch-lechtlicheLebensgemeinschaften.html (consultado em maio de 2018).

de 18 anos, dos quais se estima que 2% tenham tendências homossexuais, isto significa que apenas 6,9% das pessoas com orientação homossexual fizeram uso do registo da sua união civil, isto é 0,13% da população. Os números para outros países não diferem significativamente.

Quando se considera que a ONU, a UE, o governo dos Estados Unidos e muitos outros governos nacionais, as ONGs LGBTI globais e todas as instituições que promovem a ideologia de gênero têm saltado todas as barreiras para legalizar esta nova instituição por todos os lados – muitas vezes com grande resistência ao nível das fundações –, surge a questão de saber se esta agenda esconde objetivos que vão para além dos interesses de uma tão pequena minoria.

O «casamento» homossexual é um direito humano?

Em poucas décadas as minorias homossexuais radicais conseguiram apropriar-se da terminologia dos direitos humanos para servir os seus próprios interesses e esvaziá-la do seu conteúdo. O perito em leis Jakob Cornides escreve:

> A emergência de «novos direitos do Homem» que, não sendo geralmente reconhecidos como tais, estão de fato em total contradição com os valores éticos e culturais «tradicionais»; e, por conseguinte, também entram em conflito com a legislação local existente e com a jurisprudência da maioria dos países [...] o que antes seria considerado um delito transformou-se num direito, e o que se considerava justiça transformou-se em violação dos direitos humanos[65].

Durante este processo, os direitos humanos perderam o seu caráter universal. Só podem mantê-lo se a sua fundação for de caráter universal. Esta é a natureza do ser humano, nascido como homem ou mulher e dependente da complementaridade com o sexo oposto para a procriação.

---

[65] Jakob Cornides, «Natural and Un-Natural Law». A mesma estratégia de invocar os direitos humanos para exigir a destruição revolucionária do sistema de valores também é utilizada na luta pela legalização mundial do assassinato de crianças não nascidas. http://works.bepress.com/jakob_cornides/ (consultado em abril de 2018).

Até o primeiro-ministro David Cameron vê o perigo de esvaziar os direitos, ainda que apoie os direitos LGBTI em alguns temas. No dia 25 de janeiro de 2012 falou diante da Assembleia Parlamentar do Conselho da Europa sobre a preocupação de muitos Estados-membros:

> O conceito de direitos humanos está distorcido. O resultado é que, para muitas pessoas, o próprio conceito de «direitos» se arrisca a passar de algo nobre a algo desacreditado, o que deveria ser motivo de profunda preocupação para todos nós. Quando leis controversas eclipsam o trabalho bom e paciente que se fez durante muito tempo, isso não só não faz justiça ao trabalho do tribunal, mas também tem um efeito corrosivo no apoio que as pessoas dão aos direitos humanos. O tribunal não pode dar-se ao luxo de perder a confiança dos cidadãos da Europa[66].

O plano para atribuir às uniões de pessoas do mesmo sexo uma equiparação ao casamento foi posto em prática quando a Carta dos Direitos Fundamentais da União Europeia de 2009 deixou de mencionar homens e mulheres que têm direito ao casamento e à família[67]. Isso abriu as portas ao «casamento» homossexual. Os cidadãos dos Estados democráticos membros da União Europeia não tinham a menor noção de que se tinha dado uma viragem que permitiria mudar a estrutura social fundamental da Europa.

Contudo, o Tribunal Europeu dos Direitos Humanos decidiu em dois julgamentos (*Schalk & Kopf* vs. *Áustria*, 2010 e *Chapin e Charpentier* vs. *France*, 2016) que não há nenhum direito internacional relacionado ao «casamento»

---

[66] *Speech on the European Court of Human Rights*, https://www.gov.uk/government/speeches/speech-on-the-european-court-of-human-rights (consultado em abril de 2018).

[67] Os comentários sobre a convenção da Carta dos Direitos Fundamentais contêm a seguinte interpretação: «A redação do artigo modernizou-se para abarcar os casos em que as legislações nacionais reconhecem vias distintas à lei do matrimônio para fundar uma família. Este artigo não proíbe nem impõe a concessão da condição de matrimônio às uniões entre pessoas do mesmo sexo. Este direito é, portanto, similar ao outorgado pelo CEDH, mas o seu alcance pode ser maior quando a legislação nacional assim o previr». Em http://www.europarl.europa.eu/charter/pdf/04473_en.pdf (consultado em abril de 2018).

de pessoas do mesmo sexo. Isso é regulado pela legislação nacional dos Estados-membros.

A lei antidiscriminação

Desde 1994, o Parlamento Europeu tem aprovado resoluções que exigem igual tratamento de *gays* e lésbicas na União Europeia, inclusive no que diz respeito ao «casamento» homossexual e à adoção plena de filhos. Na nomenclatura da União Europeia, o termo *família* é desaprovado. Inventou-se uma nova expressão que é um tanto difícil, mas que não tem o peso da tradição: *solidariedade intergeracional.*

Passo a passo, a Comissão Europeia foi alargando a legislação antidiscriminação que os Estados-membros aplicam no direito nacional. O avanço decisivo chegou em 1999, com a adoção da «orientação sexual» como um critério antidiscriminatório no Tratado de Amsterdã, o que tornou possível uma legislação invasiva do direito privado.

Na Alemanha, a «Lei Geral sobre Igualdade de Tratamento» é imposta desde 2006. Qualquer forma de «desvantagem por motivo de raça, origem étnica, sexo, religião ou visão do mundo, incapacidade, idade ou identidade sexual» tem de ser prevenida ou eliminada. O princípio do ônus da prova foi invertido: o queixoso não tem de provar a discriminação; o acusado é que deve provar que *não* discriminou. «Um empresário que tem de escolher entre um muçulmano, uma pessoa com incapacidade ou uma mulher, tendo todos as mesmas habilidades, estará em grandes apuros», disse o austríaco Michael Prüller em seu artigo «Wenn die Freiheit ganz leise Ade sagt» («Quando a liberdade diz silenciosamente adeus»)[68].

No dia 2 de abril de 2009, o Parlamento Europeu decidiu agravar a sua diretiva antidiscriminação, mais precisamente a diretiva para «usar o princípio da igualdade de tratamento independentemente de religião, visão de mundo, incapacidade, idade ou orientação sexual»[69]. A única razão pela qual ainda não está em vigor hoje é que a Alemanha se negou a aprovar a medida. Os partidos

---

[68] *Die Presse*, 19 de junho de 2010.

[69] KOM, 2008, 426.

conservadores alemães (a CSU e o FDP) temem uma excessiva burocracia antidiscriminação, pois realmente trata-se de um novo sistema de vigilância. Nem um pio da população. Prüller de novo: «Como qualquer princípio absoluto, o princípio da luta contra a discriminação é adequado para se estabelecer uma sociedade de denúncia totalitária, sobretudo porque proporciona a desculpa para caluniar por uma causa nobre».

Passo a passo: equiparação das uniões do mesmo sexo
ao casamento

A luta pela plena legalização do «casamento» homossexual será adaptada a cada país segundo as suas circunstâncias. A Alemanha é um exemplo disso:

- 2001: Legalização das uniões de fato.
- 2002: O Tribunal Constitucional Federal determina que a proteção especial do casamento do artigo 6.1 da Constituição não impede a legislação de conceder os direitos e obrigações do casamento aos pares do mesmo sexo.
- 2004: O Parlamento Alemão aprova uma nova versão da lei das uniões de fato que elimina muitas diferenças da lei do casamento (pensão alimentícia, heranças e direitos de adoção).
- 2009: O Tribunal Constitucional Federal da Alemanha declara que é inconstitucional a diferença de tratamento entre uniões de fato e casamentos no que diz respeito às pensões de sobrevivência.
- 2013: O Tribunal Constitucional determina que os homossexuais em união de fato registada têm direito às mesmas vantagens fiscais que os casais casados, com efeitos retroativos até 10 anos.
- No dia 30 de junho de 2017, o Parlamento Alemão legaliza o «casamento» entre pessoas do mesmo sexo. Um quarto dos democratas cristãos votou a favor. A chanceler Angela Merkel declarou que, ao contrário do que pensava antes, agora acredita que para os filhos é indiferente terem «pais» do mesmo sexo ou pai e mãe.

Atribuição de privilégios arbitrários

Porque devem os pares homossexuais beneficiar-se dos privilégios que estavam anteriormente reservados ao casamento? Porque não outras pessoas – irmãos, amigos ou quaisquer pessoas que vivam debaixo do mesmo teto durante um determinado período das suas vidas ou durante toda a sua vida? Por que não conceder direitos iguais aos do casamento às relações bissexuais, transexuais, polígamas, poliândricas ou de poliamor? O que torna a relação homossexual tão especial que só ela possa ser equiparada ao casamento?

Na verdade, não existe uma razão convincente. Uma vez que o reconhecimento estatal da união monogâmica entre um homem e uma mulher se debilitou, é só uma questão de tempo até outras formas de relação exigirem equiparação à relação homossexual e, portanto, ao casamento e a imporem nos tribunais. Qualquer outra coisa seria «discriminação». Com isso teremos o que propunham oficialmente os esquerdistas da Alemanha: a família será definida independentemente do matrimônio e da descendência.

Franziska Brychcy, uma candidata sem sucesso do partido da esquerda de Berlim, em 2011 disse em público o seguinte: «Eu mesma vivo uma relação poliamorosa duradoura com dois homens, com os quais tenho quatro filhos. Os nossos filhos têm uma mãe e dois pais sociais que cuidam deles com amor. E isso é o principal: que os filhos possam crescer com amor, que os seus pais tenham tempo e espaço para eles e os acompanhem em seu caminho ao longo da vida. Assim, é irrelevante se os pais são pais biológicos, adotivos ou simplesmente os seus pais sociais»[70].

Alguém perguntou às crianças quão amadas se sentem na sua vida, numa relação poliamorosa onde a trama das relações está sempre a rasgar-se e a ser remendada?

Uma pesquisa feita na Inglaterra com 1600 crianças menores de 10 anos mostra como as crianças sofrem com os divórcios dos pais. Quando lhes perguntaram o que mudariam se fossem um rei ou uma rainha e pudessem pro-

---

[70] http://www.bitterlemmer.net/wp/2011/09/08/polyamourose-kandidatin-der-berliner-linkspartei2-manner4-kinder-wirft-eltern-vor-kinder-sexuell-zu-unterdrucken/ (consultado em maio de 2018).

mulgar novas leis, a resposta mais frequente foi: «Proibia o divórcio». Poderão as crianças proclamar o seu sofrimento e o medo que sentem de forma mais evidente do que esta[71]? Resta ver o que elas dirão e farão depois da puberdade e como se irão comportar em relação aos seus «pais sociais» quando eles envelhecerem e precisarem de cuidados.

O Tribunal Europeu dos Direitos Humanos: o «casamento» homossexual não é um direito humano

No final de junho de 2010 chegou ao fim o caso de dois homens austríacos que recorreram ao Tribunal Europeu dos Direitos do Homem (TEDH) para obter o reconhecimento judicial do casamento entre pessoas do mesmo sexo como um «direito humano» (*Schalk e Kopf* vs. *Austria*). O TEDH determinou que «a Convenção Europeia dos Direitos do Homem não obriga os Estados a garantir o direito ao casamento para pares homossexuais»[72]. A decisão esteve suspensa por um fio, apenas pelo voto de um juiz. A argumentação para a sentença parecia quase lamentar o fato de que «a maioria dos Estados ainda não concede reconhecimento legal a casais do mesmo sexo». Desta vez, o tiro falhou por pouco. Mas o que parecia ser uma vitória para o movimento a favor do casamento e da família acabou sendo uma vitória de Pirro: o tribunal aplicou o artigo 12 (que garante a «homens e mulheres» o direito de se casarem) a casais do mesmo sexo porque «pode ser interpretado por forma a não excluir o casamento entre dois homens ou duas mulheres[73]». O próprio tribunal apontou a forma de atingir o alvo – lutar para mudar a lei nos Estados-membros. Existem livros estratégicos para isso, tais como o *Activist's Guide to the Yogyakarta Principles* e livro de ferramentas do Departamento de Estado dos Estados Unidos.

---

[71] http://www.telegraph.co.uk/news/uknews/3759675/What-children-want-most-is--a-ban-on-divorce-says-poll.html (consultado em abril de 2018).

[72] Tribunal Europeu dos Direitos do Homem, Queixa nº 30141/04, Julgamento de 24 de junho de 2010.

[73] Para uma análise detalhada, ver Gregor Puppinck, «Same-Sex Union and the European Court of Human Rights», *Public Discourse*, 4 de maio de 2015. Em http://www.thepublicdiscourse.com/2015/05/14848/ (consultado em abril de 2018).

No entanto, as populações de 13 países do Leste Europeu, ao definirem o casamento como a união entre um homem e uma mulher nas suas Constituições, bloquearam a «interpretação evolutiva» da Convenção. O tribunal reconheceu a crescente divergência entre os países europeus, que ameaça a estabilidade da própria Europa:

> Num caso histórico, *Hämäläinen* vs. *Finland*, o TEDH, na qualidade de tribunal superior, determinou muito claramente, em julho de 2014, que nem o artigo 8, que protege a vida privada e a família, nem o artigo 12, que garante o direito ao casamento, podem ser entendidos «como impondo aos Estados Contratantes a obrigação de concederem aos pares do mesmo sexo o acesso ao casamento». O tribunal esclareceu que o direito ao casamento e a fundar uma família «consagra o conceito tradicional de casamento como entre um homem e uma mulher». Parece claro que as normas do Conselho da Europa não exigem que os Estados-membros tenham de conceder aos pares do mesmo sexo o direito ao casamento, nem os impedem de definir o casamento como sendo uma união exclusivamente entre um homem e uma mulher[74].

Adoção

O direito das crianças aos seus pais

Outro objetivo intermediário na batalha para tornar as uniões homossexuais totalmente equivalentes é o direito dos pares do mesmo sexo de adotar filhos de outras pessoas. A adoção de enteados já foi aplicada em 2005: por exemplo, se um pai descobre que é homossexual, divorcia-se da sua mulher e entra em uma união de fato com um homem, esse homem pode adotar o filho biológico do pai.

Imaginemos: uma criança cresce com uma mãe e um pai. O casamento corre mal e os pais separam-se, o que já é traumático para qualquer filho. De

---

[74] Puppinck, *ibid.*

alguma forma, ele consegue lidar com o divórcio dos pais, caso eles não vivam em permanente batalha um contra o outro. Dado que o filho é dependente, tem de aceitar o novo companheiro do pai. Que consequências terá para a criança o fato de os arquétipos de pai e mãe começarem a vacilar porque o pai ou a mãe descobrem que se sentem mais atraídos pelo mesmo sexo? O filho dependente tem de aceitar um homem como nova «mãe» ou uma mulher como novo «pai» e começar a deambular, com eles, na comunidade *gay*. O que irá ele chamar ao homem que então será a sua «mãe» e terá total poder paternal sobre ele? Mãe? Pai 2? Como se sentirá o filho quando a nova unidade paterna for à escola ou quando convidar os seus amigos para casa? Como irá lidar com os seus sentimentos de tristeza, depressão, abandono e desorientação se todos disserem que «é completamente normal!», «está tudo bem!» – embora nada esteja bem e nada seja normal? Como se estabelecerão as relações com os parentes, com os vários avôs e avós que a criança passou a ter? Que visão da vida a criança irá formar – consciente ou inconscientemente? Em quem poderá confiar e sobre que bases poderá construir? Acrescente-se a isto o fato de os filhos de famílias retalhadas revelarem estatisticamente um risco de abuso sexual muito maior por parte dos padrastos[75].

A capacidade para adotar enteados não chega para as organizações LGBTI. Todos os tipos de adoção têm de ser possíveis, qualquer outra coisa é considerada «discriminação» e uma violação dos «direitos humanos» dos homossexuais. Até agora, as condições para a adoção têm sido restritas. Geralmente, os pais adotivos têm de estar casados e ser capazes de «aceitar emocionalmente o filho como seu e oferecer-lhe boas condições de socialização». O bem das crianças ficará adequadamente acautelado se elas forem adotadas por pares

---

[75] No seu livro *Die dunkle Seite der Kindheit* («O Lado Obscuro da Infância»), Dirk Bange cita um estudo feito por Russell: uma em cada seis jovens que tem um padastro é abusada por ele antes dos 14 anos, mas «apenas» uma em cada quinze é abusada pelo seu pai biológico. Um estudo da Inglaterra e País de Gales mostra que pelo menos 32% das crianças que crescem com pelo menos um padrasto se tornam vítimas de abuso, *vs.* 3% das crianças que vivem com os seus pais biológicos. Em http://www.sueddeutsche. de/wissen/frage-der-woche-wie-boese-ist-die-stiefmutter1.528256 (consultado em abril de 2018). Ver também: Melanie Mühl, *Die Patchwork-Lüge: Eine Streitschrift*, Munique, Hanser Literaturverlag, 2011.

homossexuais cujo estilo de vida se caracteriza pela promiscuidade e têm uma incidência de doenças mentais e físicas acima da média? As agências de adoção católicas no Reino Unido que responderam «não» a esta questão e por isso se recusaram a conceder crianças a pares homossexuais foram forçadas a fechar, acusadas de discriminação. Contudo, muitas agências não católicas conseguiram satisfazer esta exigência sem problemas éticos. Até que ponto é humana uma sociedade que aplaude o «direito ao filho» nos adultos, mas debilita o direito do filho a ter um pai e uma mãe que o criaram e são responsáveis por ele? Muitos estudos[76] demonstraram que uma criança cresce melhor com os seus pais, quando esses não forem excessivamente negligentes em seus deveres.

Quando o Estado legitima a adoção por parte de pares do mesmo sexo, situa os pretensos direitos de uma minoria de adultos acima do bem-estar da criança. Isso contradiz toda a tradição jurídica do Ocidente. Nem sequer os pais biológicos são «donos» dos seus filhos, mas meros «depositários» da tarefa de lhes providenciar as melhores condições possíveis para que alcancem a sua singular individualidade.

O que dizem as ciências sociais sobre parentalidade do mesmo sexo[77]?

Os meios de comunicação continuam apresentando estudos que parecem «provar» que as crianças criadas com pares do mesmo sexo não sofrem efeitos negativos em comparação às crianças criadas por seus progenitores heterossexuais naturais. Num mundo que parece disposto a acreditar em qualquer

---

[76] «Made for Children: Why the Institution of Marriage Has Special Status», *Iona Institute*, http://www.ionainstitute.ie/assets/files/MADE%20FOR%20CHILDREN_web.pdf (consultado em abril de 2018). O artigo contém mais referências.

[77] Aqui, na edição original alemã, seguia-se uma análise do *Bamberger Studie* [Marina Rupp (ed.), Pia Bergold e Andrea Dürnberger, *Die Lebenssituation von Kindern in gleichgeschlechtlichen Lebenspartnerschaften*, Colônia, Bundesanzeiger Verlag, 2009, que pretendia provar que as crianças criadas por pares do mesmo sexo não sofrem desvantagens em comparação com crianças que crescem com os seus pais biológicos. O estudo foi encomendado pela antiga ministra da justiça Brigitte Zypries, que previa os direitos de adoção para pares do mesmo sexo. Um exame mais minucioso revela que o estudo tinha falhas graves e, por razões metodológicas, não conseguiu provar o que pretendia. Isso não impediu os meios de comunicação de utilizarem os resultados fabricados numa campanha pública pela legalização da adoção

coisa que se apresente como «científica», esses pretensos estudos servem para promover os interesses de pessoas que querem ter filhos, mas não querem comprometer-se com uma pessoa do sexo oposto para isso.

Numa informação imparcial apoiada pelo Colégio Americano de Pediatras e apresentada ao Supremo Tribunal dos Estados Unidos, os professores Lorenn D. Marks, Mark D. Regnerus e Donald Paul Sullins afirmam o seguinte:

> O alegado consenso de que as crianças não sofrem desvantagem é produto não de uma investigação científica objetiva, mas de uma intensa politização dos programas de investigação nas associações de ciências sociais. As falhas metodológicas generalizadas minam o alegado «consenso» em torno de que crianças de pais do mesmo sexo se saem tão bem quanto filhos de pais de sexos opostos[78].

Depois de examinar toda a pesquisa existente, esta é a conclusão demolidora – e demolidora porque demonstra que o Ocidente está começando a abandonar a ética da ciência que foi fundamental para o incomparável florescimento da cultura europeia: o Ocidente renunciou ao compromisso com a verdade. Antes de se pronunciar sobre o caso *Obergefell* vs. *Hodges*, o Supremo Tribunal foi informado de que, apesar de estar certificado por quase todas as principais associações acadêmicas ligadas às ciências sociais – e no fundo, em parte, devido a isso mesmo –, o alegado consenso científico de que ter dois pais do mesmo sexo é inócuo para o bem-estar das crianças carece quase totalmente de fundamentação...

Das várias dúzias de estudos sobre a paternidade do mesmo sexo produzidos nas duas últimas décadas, apenas oito utilizaram uma amostra suficientemente grande para verificar a evidência de um bem-estar menor para

---

por pares do mesmo sexo e da procriação artificial de crianças. A análise do estudo alemão é substituída pelos resultados de descobertas de destacados acadêmicos americanos apresentadas de forma imparcial no Supremo Tribunal.

[78] Informação de *Amici Curiae*, Colégio Americano de Pediatras, Family Watch International, Loren D. Marks, Mark D. Regnerus e Donald Paul Sullins. https://familywatch.org/fwi/documents/Amicus_Brief_and_Appendix_2015.pdf?utm_source=email+marketing&utm_campaign=Pres+Message+4.16.15&utm_medium=email (consultado em abril de 2018)

as crianças com pais do mesmo sexo, se é que existe algum. Desses oito, os quatro estudos mais recentes, do Dr. Mark Regnerus, do Dr. Douglas Alle e dois do Dr. Paul Sullins, dão conta de resultados negativos substanciais e pertinentes para os filhos de pais do mesmo sexo. Os quatro estudos anteriores, um do Dr. Michael Rosenfeld e três da Dra. Jennifer Wainright e seus colegas, não descobriram diferenças para as crianças com pais do mesmo sexo porque, devido a erros de codificação e análise, uma grande parte das amostras efetivamente são de crianças com pais heterossexuais. Quando se corrige a amostra usada pelos três estudos de Wainright e se volta a analisar, os dados também mostram resultados negativos para as crianças com pais do mesmo sexo semelhantes aos encontrados por Regnerus e Sullins. Mais importante ainda é o fato de também terem mostrado resultados substancialmente piores nas crianças que viveram em média 10 anos com pais do mesmo sexo casados do que para crianças que vieram apenas quatro anos, em média, com pais do mesmo sexo não casados...

Dada a crescente evidência de resultados prejudiciais nas crianças criadas em famílias com progenitores do mesmo sexo, as leis do Estado que restringem o casamento a pessoas de sexo oposto têm uma base racional e seria imprudente impedir os Estados de limitarem o casamento a parceiros do sexo oposto de modo a favorecer o bem-estar das crianças.

Mas o Supremo Tribunal não se impressionou. Nem o juiz Anthony Kennedy foi sensibilizado pelas poderosas palavras de uma mulher que, após o divórcio dos seus pais, foi criada por um par de lésbicas. Numa carta aberta, implorou-lhe que «não deixasse que os desejos dos adultos prevalecessem sobre os direitos das crianças»[79]. A sua carta aberta é um poderoso fundamento para o direito das crianças aos seus próprios pai e mãe naturais que a vida lhes deu. Como Katy Faust sabe por experiência, e de fato todos sabemos, nós «somos feitos para conhecer e ser conhecidos por ambos os nossos pais. Quando um está ausente, essa ausência deixa feridas perma-

---

[79] Katy Faust, «Dear Justice Kennedy: An Open Letter from the Child of a Loving Gay Parent», *Public Discourse, Ethics, Law and the Common Good* (2 de fevereiro de 2015), http://www.thepublicdiscourse.com/2015/02/14370/ (consultado em abril de 2018.)

nentes [...]. A criação de políticas que privem intencionalmente as crianças dos seus direitos fundamentais é algo que não devemos apoiar, incentivar ou promover... Leva-nos muito além da nossa filosofia de "vive e deixa viver", em direção a um mundo em que a nossa sociedade promove uma estrutura familiar na qual as crianças irão *sempre* sofrer uma perda».

O juiz Kennedy e os outros quatro ativistas do tribunal encarregados de velar pela justiça nos Estados Unidos da América recusaram-se a reconhecer o que é obviamente uma verdade determinante.

A mentira transgênero: a mudança de gênero destrói vidas

Durante muito tempo houve quem pensasse que a batalha pelo «casamento» entre pessoas do mesmo sexo só tinha a ver com os direitos da minoria homossexual, mas isso é uma ilusão. Nada é suficiente para os agentes da revolução sexual, porque eles não conseguem encontrar paz em si mesmos. Desde que o Supremo Tribunal dos Estados Unidos decidiu legalizar o «casamento» do mesmo sexo, em junho de 2015, o «tsunami transgênero» foi posto em marcha pela Administração Obama. A mensagem é: pode-se mudar de sexo voluntariamente, basta afirmar a sua vontade. Sem diagnóstico médico, sem medidas terapêuticas ou médicas, sem cirurgias.

Recordemos a definição de identidade de gênero que está nos *Princípios de Yogyakarta:*

A identidade de gênero refere-se à experiência interna, individual e profundamente sentida que cada pessoa tem em relação ao gênero, que pode, ou não, corresponder ao sexo atribuído no nascimento.

Qualquer critério objetivo para determinar o sexo da pessoa é abandonado; o único critério é o sentimento subjetivo, o qual pode mudar todos os dias.

Alguns exemplos:

- Em 2016 a Noruega aprovou uma lei que permite a escolha do sexo a partir dos 16 anos de idade.

- Na Inglaterra, a lei da identidade de gênero ganhou a primeira votação no Parlamento a 1 de dezembro de 2016. Trata-se de uma alteração à Lei da Igualdade de 2010, cujo objetivo é proteger a «identidade de gênero» de discriminação. Não são necessárias medidas terapêuticas nem médicas. O ato de vontade subjetivo é suficiente. O Facebook permite escolher entre 58 identidades de gênero. O que era considerado perversão e/ou perturbação psicológica grave é agora objeto de proteção legal contra a discriminação.

- A lei dos direitos humanos de Nova York encara qualquer tipo de tratamento diferente entre homens e mulheres como uma discriminação. Sapatos de salto alto e rabos de cavalo para todos ou para ninguém! A lei obriga os empresários a tratarem os seus empregados pelos seus pronomes preferidos. O patrão não pode exigir nenhum tipo de prova da alegada mudança de sexo. Se o patrão não cumprir a lei, poderá ser acusado de «discriminação» e ser multado em até duzentos mil dólares[80].

O tsunami transgênero teve início na sequência de uma regulamentação do governo Obama: as escolas foram forçadas a permitir que os rapazes que se dizem meninas possam usar os sanitários e vestiários das garotas e vice-versa. Se não cumprirem este requisito da lei, o financiamento das escolas será retirado. Doze estados federais puseram o Governo em tribunal. Agora, a «batalha dos vestiários» chegou ao Supremo Tribunal *(Gloucester County School Board* vs. *Gavin Grimm)*. Uma moça declara que é rapaz e insiste em usar os vestiários e chuveiros dos rapazes.

O problema na realidade não existe – é fabricado para mergulhar o mundo num debate louco sobre a escolha voluntária do gênero – à custa das garotas que se tornam alvos dos abusadores sexuais e à custa da saúde e do bem-estar das pessoas.

No Canadá foram inventados novos pronomes: *ze* e *zir*. A livre escolha da «identidade de gênero» e da «expressão de gênero» foi declarada um «direito

---

[80] https://www.lifesitenews.com/opinion/new-york-city-initiates-the-most-severe--transgender-rights-enforcement-in-a (consultado em abril de 2018).

humano» por lei e qualquer objeção ao assalto aos fatos básicos da existência humana é criminalizada como «discurso de ódio». (Para saber mais sobre o que acontece a quem não cumprir, pesquise o professor de psicologia Jordan Peterson, que se recusou a obedecer à Lei C-16 do Canadá, que força as pessoas a usarem pronomes artificiais. A Universidade de Toronto ameaçou despedi-lo. Em vez disso, ele ficou famoso como o homem que ousou dizer «não»)[81].

As pessoas transgênero sofrem de uma séria perturbação da sua identidade. Sentem que têm «o corpo errado» e submetem-se a vários tipos de procedimentos terapêuticos e médicos. Isso pode implicar tudo, desde vestir-se como o sexo oposto até submeter-se a cirurgias. A lista de diagnósticos da Organização Mundial de Saúde (ICD 10) ainda classifica a disforia de gênero como uma perturbação psicológica.

Em 2015, uma organização homossexual publicou o Transgender Survey dos Estados Unidos[82]. Nele são analisadas as experiências relatadas por 27 715 pessoas que se autoidentificam como transgênero. O resultado confirma o que estudos anteriores tinham evidenciado: a vida dos transgêneros é muito difícil:

- 47% relataram ter sido sexualmente abusados a dada altura da vida.
- A violência é uma faceta comum na vida dos transgêneros.
- 39% relatam graves problemas psicológicos, oito vezes mais do que a média da população americana.
- 40% tentaram o suicídio, nove vezes mais do que a média da população.
- As taxas de HIV são cinco vezes mais elevadas do que as da população em geral; um em cada cinco homens negros que vivem como mulheres é infectado com HIV.
- 12% prostituíam-se.
- 29% viviam na pobreza.

---

[81] https://life.spectator.co.uk/2017/09/jordan-peterson-and-the-transgender-wars/ (consultado em abril de 2018).

[82] http://www.transequality.org/sites/default/files/docs/USTS-Executive-Summary--FINAL.PDF (consultado em abril de 2018).

Esses trágicos números mostram que, se houvesse algum sentido de responsabilidade e orientação para o bem comum, tudo deveria ser feito para prevenir as pessoas em relação à mudança de gênero e para lhes dar a possibilidade de aceitarem o que são – um homem ou uma mulher.

Estratégia e táticas

Num documento estratégico do grupo de *lobby* Centro de Direitos Reprodutivos (CDR), que tem influência na ONU e na União Europeia, descreve-se em linguagem simples as táticas para levar o «casamento» homossexual e o aborto a serem considerados «direitos humanos»; a impressão que fica é de que existe um amplo consenso no sentido de os governos se sentirem coagidos a adotar as medidas recomendadas (aborto e «casamento» homossexual). O CRR explica a estratégia desta maneira:

Há várias vantagens em confiar imediatamente em interpretações de normas rígidas. Como as interpretações das normas que reconhecem direitos reprodutivos são repetidas muitas vezes nos organismos internacionais, a legitimidade desses direitos fica reforçada. Além disso, a natureza gradual desta abordagem assegura que nunca fiquemos numa situação de «tudo ou nada», em que se pode correr o risco de um grave retrocesso. De resto, esta é uma estratégia que não requer grande concentração de recursos, mas que pode ser prosseguida ao longo do tempo mediante um investimento regular de pessoal, tempo e dinheiro. Finalmente, o trabalho tem uma natureza sub-reptícia: estamos a alcançando um reconhecimento crescente de valores sem uma grande quantidade de análises por parte da oposição. Essas pequenas vitórias vão-nos colocando gradualmente numa posição suficientemente forte para fazer valer um amplo consenso em torno das nossas afirmações[83].

---

[83] Congressional Record, Extension of Remarks – E 2534-2547, de 8 de dezembro de 2003, citado em Jacob Cornides, «Human Rights Pitted Against Man (II): The Network Is Back», *The International Journal of Human Rights*, 14, nº 7, 2010, 1139-1164. Em http://www.informaworld.com/smpp/content~db=all~content=a930666426~frm=titlelink (consultado em abril de 2018).

Também parece ser esta a estratégia da Agência dos Direitos Fundamentais (ADF), fundada em Viena em 2007, cuja missão é «facultar às instituições e autoridades competentes da Comunidade e dos seus Estados-membros, na aplicação da legislação comunitária, informações, assistência e conhecimentos especializados sobre os direitos fundamentais, para as apoiar quando tomarem medidas ou formularem ações no âmbito das respectivas esferas de competência pelo pleno respeito dos direitos fundamentais»[84]. O primeiro grande projeto desta agência – com um orçamento anual de 20 milhões de euros – é a investigação pan-europeia *Homofobia e Discriminação com Base na Orientação Sexual nos Estados-Membros da União Europeia*[85]. Aparentemente, os cerca de oitenta empregados da ADF não foram suficientes para conduzir essa pesquisa. O projeto foi entregue aos peritos legais da Agência dos Direitos Fundamentais (FRALEX), uma rede de ativistas de longa data da antiga rede de peritos independentes da UE para os direitos fundamentais.

Quanta discriminação o estudo revelou? Na opinião do diretor do ADF, Morten Kjaerum, surpreendentemente pouca. «É de assinalar que são poucos os dados oficiais ou não oficiais que existem atualmente na União Europeia no que diz respeito a queixas de discriminação devidos à orientação sexual»[86]. Após uma análise detalhada, muitas das queixas registadas não podem ser classificadas legalmente como discriminação. No entanto, os peritos recomendam que todos os Estados-membros criem «organismos para a igualdade» com amplos poderes para observar ativamente a mínima discriminação. «As sugestões feitas pela FRALEX recordam-nos uma nova forma de Inquisição, tribunal vigilante ou caça às bruxas, mais do que uma sociedade democrática de Direito», como escreve Jakob Cornides[87].

---

[84] Council Regulation (EC) n.º 168/2007, de 15 de fevereiro, artigo 2º.

[85] Olivier de Schutter, *Homophobia and Discrimination on Grounds of Sexual Orientation in the EU Member States, Part I: Legal Analysis*, Viena, Agência dos direitos fundamentais, 2008.

[86] *Ibid.*

[87] Jakob Cornides, *Human Rights Pitted Against Man* (II).

A guerra contra a «homofobia»

A palavra «homofobia» é uma invenção destinada a difamar as pessoas que se opõem à homossexualidade e à liberalização das normas sexuais (cf. Capítulo 8). Com esse fim, o Parlamento Europeu aprovou a *Resolução sobre Homofobia do Parlamento Europeu*[88], que define o padrão para posteriores «planos de ação contra a homofobia», tal como foram apresentados pelos partidos esquerdistas na Alemanha.

Em relação às «obrigações em matéria de direitos humanos», que não existem apesar das constantes declarações manipuladoras, o Parlamento Europeu definiu «homofobia» como uma «aversão às pessoas *gays*, lésbicas, bissexuais e transexuais (LGBTI)» e coloca-a ao nível de situações como «racismo, xenofobia e antissemitismo». Deste modo, é criminalizado um sentimento, e não um ato claramente definido.

A «homofobia» manifesta-se «privada ou publicamente como um discurso de ódio e apela à discriminação». Em alguns estados-membros da União Europeia tem levado a «casos alarmantes», como a proibição das «marchas do orgulho *gay* ou marchas pela igualdade de direitos» ou alterações constitucionais «para impedir os casamentos entre pessoas do mesmo sexo ou outras associações semelhantes ao casamento».

Tanto «ao nível da União Europeia como ao nível dos estados-membros, são necessárias mais medidas para erradicar a homofobia». Por isso, o Parlamento Europeu apela aos Estados-membros para que:

1. Reforcem a batalha contra a homofobia mediante a adoção de *medidas educativas* – tais como campanhas de informação contra a homofobia nas escolas, nas universidades e nos meios de comunicação – por via jurídica e administrativa e por via legislativa.
2. Garantam que o *discurso de ódio* baseado na homofobia *ou a incitação à discriminação sejam punidos com extrema eficácia.*

---

[88] *European Parliament Resolution on Homophobia in Europe*, B60025/2006.

3. Proíbam a discriminação baseada na orientação sexual em todos os âmbitos, e estabeleçam legislação contra a discriminação que abranja *todos os tipos de discriminação em todos os âmbitos.*

4. Considerem a batalha contra a homofobia nas *verbas atribuídas* e monitorem rigorosamente esse processo, *informando o Parlamento Europeu de qualquer falha por parte de um estado-membro* na aplicação destas medidas.

5. Tomem qualquer outra medida que vise à aplicação do princípio da igualdade nos seus sistemas sociais e jurídicos.

Aqui o espírito do totalitarismo emerge sem disfarces. A aversão à homossexualidade (LGBTI) deve ser eliminada. A liberdade religiosa é cerceada e as pessoas devem ser treinadas para uma nova moralidade. Se isso não for suficiente, devem ser promulgadas leis que classifiquem a «aversão» como «discurso de ódio» e persigam os que nele participem. *Todos* os tipos de discriminação em todos os âmbitos da vida devem ser castigados com *extrema eficácia.* Para isso o Estado deve disponibilizar os fundos necessários para *vigiar rigorosamente* o processo e informar *qualquer falha* de um estado-membro a este respeito.

Não nos enganemos: os objetivos culturais revolucionários totalitários que o Parlamento Europeu apresenta aqui são perseguidos com extraordinária eficácia. As «medidas educativas» estão sendo implementadas nos jardins de infância através da educação sexual. A batalha pelo «casamento» homossexual foi travada em todos os países. São criadas leis antidiscriminação e surgem novas ofensas criminais, como o «discurso de ódio». Muitas formas de expressão estão sendo reclassificadas como «comportamento» para facilitar a acusação. A ONU, a União Europeia e os governos nacionais disponibilizam milhares de milhões para financiar a guerra cultural. A União Europeia está a estabelecer autoridades de vigilância em todos os estados-membros. Tudo isso em nome da liberdade, da tolerância e dos direitos humanos.

Uma delegada socialista ao Conselho da Europa, Christine McCafferty (Reino Unido), queria proibir o direito à objeção de consciência dos médicos e profissionais de saúde que se recusassem a participar no aborto e na eutanásia. Contudo, em 7 de outubro de 2010, a resolução não só foi rejeitada pela maioria no Conselho da Europa, mas ainda foi virada do avesso. O Conselho decidiu o seguinte:

> Nenhuma pessoa, hospital ou instituição será coagido, responsabilizado ou discriminado da maneira que for por causa de uma recusa em realizar, proporcionar, assistir ou submeter-se a um aborto, um aborto espontâneo, ou a eutanásia, ou qualquer ato que possa causar a morte de um feto ou embrião humano, seja por que motivo for[89].

Esta decisão foi obtida devido ao desenvolvimento de centenas de organizações europeias pró-vida e pró-família.

Hillary Clinton e os «direitos humanos das pessoas LGBTI»

Na celebração do dia dos direitos humanos, a 6 de dezembro de 2011, a secretária de Estado norte-americana Hillary Clinton fez um discurso no Palácio das Nações da ONU, em Genebra, para convencer o mundo de que «os direitos dos homossexuais são direitos humanos, e os direitos humanos são direitos dos homossexuais»[90]. Aqueles que tiverem uma opinião contrária são equiparados a defensores da escravidão, dos crimes de honra, da queima de viúvas e da mutilação genital. Há que empreender uma ação coletiva para «chegar a um consenso mundial que reconheça os direitos humanos dos cidadãos LGBTI em todos os lugares». E disse ainda:

> Em Washington, criamos um grupo de trabalho no Departamento de Estado para apoiar e coordenar esta tarefa. E, nos próximos meses, forneceremos a cada embaixada [dos EUA] um conjunto de ferramentas para

---

[89] Pela liberdade de consciência: http://assembly.coe.int/nw/xml/XRef/Xref-XML2HTML-en.asp?fileid=17909&lang=en (consultado em maio de 2018).

[90] Hillary Rodham Clinton, *Remarks in Recognition of International Human Rights Day*, 6 de dezembro de 2011, https://www.huffingtonpost.com/2011/12/06/hillary-clinton-gay-rights-speech-geneva_n_1132392.html (consultado em maio de 2018).

ajudar a melhorar os seus esforços. Além disso, criamos um programa que oferece apoio de emergência aos defensores dos direitos humanos para as pessoas LGBT [...]. Tenho também o prazer de anunciar que lançaremos um novo Fundo para a Igualdade Global que apoiará o trabalho das organizações da sociedade civil que trabalham nessas questões em todo o mundo. [...] [Aqueles que lutam para expandir a definição de direitos humanos estão] do lado certo da história.

Isto suscita algumas questões para Hillary Clinton:

- De que «direitos humanos para as pessoas LGBT» ela está falando? É correto assumir que fala do direito ao «casamento» entre pessoas do mesmo sexo, da adoção de crianças, da reprodução artificial e da doutrinação de crianças e adolescentes na escola? Não se refere a essas exigências pelo seu nome porque sabe que não são reconhecidas como direitos humanos em lugar nenhum?
- Será possível que a secretária de estado dos EUA esteja a fomentando ódio contra pessoas que, em consciência (Declaração Universal dos Direitos Humanos, artigo 1º), não concordam com as prioridades do governo dos EUA?
- O governo dos EUA tem um mandato dos eleitores para dar prioridade à agenda LGBTI na sua política externa? Onde é que ela adquire o direito de transformar as leis em instrumentos da revolução cultural global?

O discurso de Clinton é uma obra-prima de demagogia. Cumpre os critérios para a demagogia propostos por Martin Morlock em seu livro *Hohe Schule der Verführung*:

Uma pessoa usa da demagogia quando usa uma oportunidade favorável para servir um objetivo político, lisonjeando as massas, apelando aos seus sentimentos, instintos e preconceitos, engana e mente, apresenta a verdade de uma maneira exagerada ou grosseiramente simplista, expõe o seu objetivo como sendo o objetivo de todas as pessoas bem-intencionadas e apresenta a maneira como o vai implementar, ou sugere que seja implementado, como a única possível[91].

Não, os opositores da agenda LGBTI não são a favor do crime de honra, porque acreditam que ninguém tem o direito de matar ninguém, nem sequer as crianças não nascidas. Não são a favor de queimar viúvas, porque acreditam que os homens e as mulheres são iguais e que a sua dignidade humana é sagrada. Não são a favor da mutilação genital, porque defendem a realização plena da sexualidade no amor comprometido entre o homem e a mulher. Não são a favor da escravidão, porque acreditam que ninguém tem o direito de possuir, utilizar ou explorar outro ser humano, nem sequer para satisfazer os seus próprios desejos sexuais. Em vez disso, defendem os direitos humanos tais como eles foram estabelecidos na Declaração Universal dos Direitos Humanos de 1948:

- Pela dignidade inviolável da pessoa.
- Pelo casamento como união permanente entre um homem e uma mulher.
- Pela família natural, como o melhor lugar para os filhos crescerem.

Os opositores da agenda LGBTI estão convencidos de que estão do lado certo da história.

Uma nova antropologia

Ao contrário de um animal, uma pessoa pode interrogar-se: «Quem sou eu?». O homem é uma criatura de Deus ou um mamífero mais evoluído cuja vida acaba na morte? Todas as religiões colocam as pessoas em relação com um poder mais elevado e invisível e ensinam-nas a viver de acordo com esse poder, a fim de terem uma vida boa. Com base nisso e com esse horizonte como pano de fundo, surgiram altas culturas. Os sistemas de crenças ateus

---

[91] Martin Morlock, *Hohe Schule der Verführung. Ein Handbuch der Demagogie*, Viena Düsseldorf, Econ Verlag, 1977.

que limitam o ser humano à sua existência terrestre dilaceraram continentes inteiros e empurraram-nos para o abismo de sistemas de poder totalitário que mataram centenas de milhões de pessoas para alcançar os seus objetivos. O modo como uma sociedade responde à pergunta «Quem é o ser humano?» determina a cultura e o destino do indivíduo.

Nenhuma filosofia e nenhuma religião tem uma imagem mais elevada do ser humano do que o judaísmo e o cristianismo. A primeira história da Criação diz que «Deus criou o homem à sua imagem; à imagem de Deus os criou; homem e mulher os criou» (Gn 1, 27). Toda a cultura ocidental, que se converteu em modelo para todo o mundo, apoia-se nesta crença. Que pode ser *verdade*. Não é provável que mentiras ou ilusões deem origem a uma força criativa como se viu na cultura ocidental edificada sobre o cristianismo. Os frutos, para o indivíduo e para a sociedade, da visão ateia do ser humano, por um lado, e da visão cristã, por outro, são muito reveladores.

Emanciparam-se o homem moderno e pós-moderno – de Deus, da natureza, da família, da tradição –, emanciparam-se a mulher do homem, os filhos dos pais e os indivíduos de si próprios, enquanto homens ou mulheres. Estão nus, sem restrições e definidos por nada mais do que os seus próprios desejos e instintos. Acreditam que são livres para realizarem-se a si próprios, e não veem que, na sua vulnerabilidade e na sua falta de inibições, são mais maleáveis do que nunca: os fortes podem usar os fracos para alcançar os seus próprios objetivos, sem que a pessoa desenraizada e manipulada se dê conta disso *a tempo*.

Uma pessoa nasce homem ou mulher e tira partido da vida quando se desenvolve e amadurece em sua identidade natural. Desenvolver-se e amadurecer significa ultrapassar os limites do egocentrismo para abraçar o outro. Todos desejam e todos temem dar um passo para além do seu pequeno ego. Isso ocorre naturalmente quando alguém entrega o seu amor a outro e quando os dois entregam o seu amor ao filho. Assim se gera o vínculo elementar e se gera a unidade social básica da vida humana: a família. Isso depende de uma decisão moral cotidiana em favor do bem, do exercício das virtudes. Aos pais cabe a tarefa de educar os filhos para serem pessoas que perseverem no bem, uma tarefa que só podem cumprir se eles próprios tiverem sido educados para isso por seus pais.

A verdadeira fonte da perseverança no bem é a religião, a qual desperta e mantém a motivação transcendente que é a salvação eterna.

Equiparar as relações dos pares do mesmo sexo ao casamento de um homem com uma mulher é cravar um punhal no coração do matrimônio e da família. Destrói a sua natureza. A fiel dedicação, numa relação comprometida entre um homem e uma mulher, e a indispensável vontade de gerar filhos e criá-los é a única justificação para a posição especial deste núcleo fundamental da sociedade. O capricho da pessoa que quer determinar o seu próprio gênero e que deseja satisfazer as suas necessidades sexuais sem limites corresponde ao capricho do Estado ao definir como relações familiares as que não possuem essas características essenciais. Todos os tipos de relações humanas são agora considerados família, mesmo que se trate apenas de famílias destroçadas em que a promessa de felicidade se transforma em amarga tristeza e em traumas permanentes para os filhos.

Os ativistas LGBTI gostam muito de dizer que defendem direitos iguais e não a destruição da família. Michaelangelo Signorile, jornalista e ativista homossexual, diz claramente o seguinte:

> O objetivo do movimento homossexual é: lutar pelo casamento do mesmo sexo e pelos seus direitos, e depois, quando esse objetivo for atingido, redefinir completamente a instituição do matrimônio; não pedir o direito ao casamento como forma de integração na moral da sociedade, mas para desmascarar um mito e para virar do avesso uma velha instituição. [...] O ato subversivo que *gays* e lésbicas estão empreendendo [...] é a ideia de mudar completamente a família[92].

O modelo de matrimônio e família deve ter validade na sociedade e ser um objetivo desejável, de modo que a conduta moral que torna possível o casamento e a família seja apoiada pelas normas sociais e transmitida pela educação familiar e pelas instituições educativas do Estado. O matrimônio e a família estão construídos sobre a monogamia. E o compromisso para toda a vida, para além

---

[92] Citado em Johann Braun, *Ehe und Familie am Scheideweg*, Regensburg, Roderer Verlag, 2002.

de ser o desejo de qualquer pessoa que tenha experimentado o amor, é em especial o que desejam cada vez mais os jovens, como revelam alguns estudos[93]. Contudo, realizar esses desejos exige muito das pessoas e é algo que deve ser aprendido. Se o modelo for minado pela constante sexualização das massas e pelo esvaziamento e a distorção dos conceitos de matrimônio e de família, então as bases em que assenta a cultura serão destruídas. Se as fundações desmoronarem, mais cedo ou mais tarde a casa em que elas se apoiam também cairá. Uma cultura elevada requer padrões morais elevados.

---

[93] No *Shell Jugendstudie 2010* («Estudo Shell da Juventude 2010»), na Alemanha, 92% dos entrevistados disseram que um dos seus objetivos mais importantes era «ter uma boa família». A nosso pedido, a IfD Allensbach, uma empresa alemã de sondagens, confirmou que o desejo dos jovens de casar e constituir família tem crescido continuamente nos últimos dez anos.

CAPÍTULO 11

Fé cristã e homossexualidade

«Virão tempos em que o ensinamento salutar não será aceito, mas as pessoas acumularão mestres que lhes encham os ouvidos, de acordo com os próprios desejos. Desviarão os ouvidos da verdade e divagarão ao sabor de fábulas. Tu, porém, controla-te em tudo, suporta as adversidades, dedica-te ao trabalho do Evangelho e desempenha com esmero o teu ministério.»

2 Tm 4, 3-5

Monoteísmo ético

Quando há resistência à liberalização da sexualidade em países de influência cristã, ela vem da Igreja. Todas as denominações cristãs se apoiam na Bíblia e pregam a Boa-Nova de Deus que Se fez homem em Jesus Cristo, que veio para que os homens seguissem o caminho para o Reino de Deus. A orientação pelos Dez Mandamentos de Deus e pelo Sermão da Montanha tem sido a marca da cultura ocidental, uma cultura que se espalhou pelos quatro cantos da Terra e que determinou o critério para a dignidade humana, a liberdade, a arte e a ciência em todas as culturas. Esta elevada cultura baseia-se numa elevada moral.

Se o primeiro mandamento – a adoração a Deus – é infringido, então todos os outros mandamentos também falham. O nome de Deus está sendo esquecido. O domingo já não é reconhecido como o Dia do Senhor. Pai e mãe estão perdendo o seu lugar na ordem social. Crianças não nascidas são legalmente mortas aos milhões. Todos os tipos de sexo extraconjugal são considerados normais. A ganância sem limites está criando cada vez mais pobreza em todo o mundo. Nos meios de comunicação, verdade e mentiras são cada vez mais difíceis de distinguir. Pode alguém demonstrar que o desprezo pelos Dez Mandamentos foi benéfico para a humanidade?

No mundo pagão dos tempos antigos, a ética judaica monoteísta era algo completamente novo. Antes disso, a sexualidade saturava todos os aspectos da vida. Até os deuses eram sexualmente ativos e as pessoas acreditavam que tinham criado o mundo através de atos sexuais. Havia muito poucas normas sexuais restritivas. A homossexualidade não era ilegal, mas, na maioria dos casos, o papel passivo era considerado inferior.

A revelação de Deus ao seu povo escolhido trouxe uma revolução sexual de inauditas proporções. Dennis Prager, professor, autor e apresentador-comentador, descreve essa mudança radical[1]. O ato sexual foi santificado e protegido pelo casamento entre um homem e uma mulher, o que lançou as bases da família, que os judeus tiveram em alta consideração ao longo do milênio e que permitiu que o povo judeu sobrevivesse às sucessivas tentativas de extermínio[2]. A homossexualidade foi proibida (Lv 18, 22; 20, 13). Prager escreveu:

> Dada a natureza inequívoca da atitude bíblica em relação à homossexualidade, sem dúvida que a dita reconciliação [entre o judaísmo, o cristianismo e o comportamento homossexual] não é possível. Só se pode afirmar: «Estou consciente de que a Bíblia condena a homossexualidade, e considero que a Bíblia está equivocada».

---

[1] Dennis Prager, «Judaism, Homosexuality and Civilization», *Ultimate Issues*, 6, n.º 2, abril-junho de 1990.

[2] Cf. Jonathan Sacks, *Radical Then, Radical Now: The Legacy of the World's Oldest Religion*, Londres, Bloomsbury, 2001.

Prager acredita que nenhum livro contribuiu tanto para civilizar o mundo como a Bíblia hebraica:

E a rocha desta civilização, bem como da vida judaica, foi claramente a centralidade e a pureza da vida familiar. Mas a família não é tanto uma unidade natural quanto um valor universal que deve ser cultivado e protegido. Os Gregos atacaram a família em nome da beleza e de Eros. Os marxistas atacaram a família em nome do progresso. E, hoje, o movimento de libertação *gay* ataca-a em nome da compaixão e da igualdade. Consigo perceber por que os *gays* o fazem. Muitos tiveram vidas miseráveis... O que não percebo é por que razão os judeus e os cristãos se juntaram a esse ataque. Agora já entendo. Não fazem ideia do que está em jogo. Está em jogo a nossa civilização[3].

A ordem bíblica da Criação

Segundo o Gênesis, os seres humanos foram criados à imagem e semelhança de Deus, como homem e mulher, para serem reciprocamente complementares; e foram criados para serem fecundos. O vínculo de amor entre o homem e a mulher, que culmina num filho, é uma analogia do amor trinitário do Pai, do Filho e do Espírito Santo. Porque é amor, Deus criou as pessoas por amor e chamou-as a amar. Ele destinou-as a serem cocriadoras de novos seres humanos. Portanto, a prática da homossexualidade contradiz a realidade da criação humana. Viver esse estilo de vida separa a pessoa de Deus e, em última análise, separa-a do seu próprio destino. Na Bíblia, o comportamento que separa a pessoa de Deus chama-se pecado. Mesmo as religiões não cristãs partilham desta visão. Até agora, esta visão da pessoa humana na relação com Deus tem sido predominante na maioria dos países da Terra.

O comportamento homossexual não é condenado em apenas algumas passagens isoladas, mas em toda a tradição bíblica. Ela revela toda uma ordem de criação que é dada ao homem e que ele pode violar por sua conta e risco. Essa ordem de criação proíbe a ultrapassagem dos limites fixados para

---

[3] Dennis Prager, *Judaism, Homosexuality and Civilization*.

a sexualidade: a ultrapassagem do limite do gênero complementar através da homossexualidade, a ultrapassagem do limite do parentesco através do incesto, e a ultrapassagem do limite das espécies através de relações sexuais com animais. Os povos pagãos que rodeavam os judeus faziam todas essas coisas (ver Gn 18, 20).

A analogia da noiva e do noivo para a relação de Deus com o povo estende-se da primeira página da Bíblia até a última. Deus oferece ao povo uma aliança de amor e apresenta-a mediante uma analogia com o amor conjugal entre o homem e a mulher: «E como um noivo se regozija com a sua noiva, assim Deus Se regozijará em ti» (Is 62, 5).

Este Deus é um Deus zeloso que fica zangado quando a sua noiva, o seu povo escolhido, se envolve com outros deuses, em particular Baal e Asherah, os deuses masculino e feminino do excesso sexual que os pagãos adoravam através da prostituição no templo e de orgias sexuais. Uma e outra vez, o povo de Deus é infiel e volta a acabar em desastre.

O profeta Elias trava a sua maior batalha contra os sacerdotes de Baal e Asherah, a quem Israel se rendeu pela corrupção do seu rei Acabe e da sua esposa Jezabel (um relato emocionante que pode ser lido em 1Rs 16-19). O rei maldiz Elias como o «perturbador de Israel», mas Elias contrapõe: «Eu não tenho perturbado a Israel, mas tu e a casa de teu pai, porque deixastes os mandamentos do Senhor, e seguistes a Baalim» (1Rs 18, 17-18).

Elias joga tudo. Desafia os sacerdotes de Baal a um confronto público no monte Carmelo, entre o Deus de Israel e o deus Baal. Apresenta-se sozinho contra 450 profetas de Baal e arrisca a sua vida pelo verdadeiro Deus de Israel, que Se revela. Ambos devem colocar um animal numa pilha de madeira e apelar ao seu deus. «E há de ser que o deus que responder por meio de fogo esse será Deus» (1Rs 18, 24). Toda a fúria dos profetas de Baal é em vão. Elias provoca-os, pergunta-lhes se o seu deus dorme, está a viajar ou apenas foi tratar de outro assunto. Os profetas de Baal clamavam alto e até começaram a cortar-se num ritual sangrento; «porém não houve voz, nem resposta, nem atenção alguma» (1Rs 18, 29).

Antes, Elias tinha mandado regar a sua pilha de madeira com água e depois, em voz alta, exclamara:

Ó Senhor, Deus de Abraão, de Isaac e de Israel, manifeste-se hoje que Tu és Deus em Israel, e que eu sou teu servo, e que conforme a tua palavra fiz todas estas coisas. Responde-me, Senhor, responde-me, para que este povo conheça que Tu és o Senhor Deus, e que Tu fizeste voltar o seu coração. Então caiu fogo do Senhor, e consumiu o holocausto, e a lenha, e as pedras, e o pó, e ainda lambeu a água que estava no rego. O que vendo todo o povo, caíram sobre os seus rostos, e disseram: «Só o Senhor é Deus! Só o Senhor é Deus!». E Elias lhes disse: «Lançai mão dos profetas de Baal, que nenhum deles escape». E lançaram mão deles; e Elias os fez descer ao ribeiro de Quisom, e ali os matou (1Rs 18, 36-40).

Então, depois de anos de seca, a chuva caiu de novo. O rei Acabe celebrou, comeu e bebeu. Contudo, Elias subiu ao cimo do monte Carmelo «e se inclinou por terra, e pôs o seu rosto entre os seus joelhos» (1Rs 18, 42). Tinha de se salvar de Jezabel, que exigira a sua vida. Elias, que tinha arriscado tudo e tinha ganhado, tem medo.

O livro de Oseias

A dramática história de amor entre Deus e o seu povo é retratada no livro de Oseias. Escrito mais de quinhentos anos antes de Cristo, é como um aviso para o presente como foi para o passado. Deus é um deus apaixonado, traído por seu povo – esta é uma linguagem, uma *relação*, que temos dificuldade em entender hoje em dia. Mas a acusação que Deus faz ao seu povo e as consequências da sua rebeldia, na sua essência, não eram muito diferentes então do que são hoje.

Deus lamenta-Se porque o seu povo rompeu o vínculo de amor com ele. O seu povo segue deuses estrangeiros, comete delitos sexuais e «não haverá nascimento, nem gravidez, nem concepção» (Os 9, 10-12). Eles não conhecem o seu Deus, «já que um espírito de prostituição os anima» (Os 5, 4). Inclusive, os sacerdotes tornam-se apóstatas (Os 4, 6) e os profetas são perseguidos (Os 9, 7-8).

As consequências ameaçam a própria existência de Israel. Quatro reis são assassinados num intervalo de 15 anos, Israel é conquistado por seus inimigos, todas as suas fortalezas são destruídas e o povo dispersa-se. «Não me invocam do fundo do seu coração; gritam sobre os seus leitos» (Os 7, 14).

Deus, que estava tão zangado que queria destruir o seu povo infiel, opera uma surpreendente reviravolta. Fica arrebatado pela misericórdia: «Como poderia abandonar-te, ó Efraim? Entregar-te, ó Israel? […] O meu coração dá voltas dentro de mim, comovem-se as minhas entranhas» (Os 11, 8). No final do canto do profeta Oseias, o povo de Deus está pronto para voltar. Apela a Deus: «Perdoa todos os nossos pecados e acolhe favoravelmente o sacrifício que oferecemos, a homenagem dos nossos lábios» (Os 14, 3). Deus, que ama o seu povo como o noivo ama a sua noiva, enche-o de graça: «Curarei a sua infidelidade, amá-los-ei de todo o coração, porque a minha cólera se afastou deles» (Os 14, 5-9). O drama entre o povo e Deus é sempre o mesmo: quando Deus já não é adorado como Criador e Senhor do seu povo, a própria força criativa do povo, a sua sexualidade, torna-se um ídolo. «Foram esses que trocaram a verdade de Deus pela mentira, e que veneraram as criaturas e lhes prestaram culto, em vez de o fazerem ao Criador, que é bendito pelos séculos! Amém» (Rm 1, 25). Os ídolos são imagens-sombra vazias que exercem o seu poder sobre as pessoas através da falsa orientação do culto, que pertence apenas a Deus. São um portal para os poderes demoníacos sobre os quais o mundo moderno nada quer saber. Uma e outra vez, a Bíblia avisa as pessoas para não se renderem a eles, mas uma e outra vez as pessoas ficam surdas a esse aviso até que sejam visíveis as terríveis consequências dessa surdez.

Jesus Cristo

Jesus restabeleceu o mandato original da Criação – amor e dedicação entre marido e mulher. Tem sido algo difícil de viver em todas as épocas e, como já vimos, foi sempre um desafio para os Judeus. Jesus exige não só pureza de amor, mas também pureza de coração (Mt 5, 8). Para Ele, não se trata de aderir exteriormente à lei, mas sim da atitude pura e verdadeira do coração. Na conversa com os fariseus, Ele aponta para o princípio e afirma que o casamento entre um homem e uma mulher é um vínculo vitalício instituído por Deus que o homem não pode dissolver. Diz Jesus:

Não lestes que o Criador, desde o princípio, fê-los homem e mulher, e disse: «Por isso, o homem deixará o pai e a mãe e se unirá à sua mulher, e serão os dois um só»? Portanto, já não são dois, mas um só. Pois bem, o que Deus uniu não o separe o homem (Mt 19, 4-6).

Este plano de Deus foi obscurecido pela dureza do coração do homem.

Por causa da dureza do vosso coração, Moisés permitiu que repudiásseis as vossas mulheres; mas, ao princípio, não foi assim. (Mt 19, 8)

O coração duro e concupiscente que tende a explorar os outros para satisfazer os seus próprios desejos é o coração duro que Jesus quer tornar «brando» – honesto e verdadeiro – de modo a que o Reino de Deus possa descer sobre este mundo. Jesus nunca Se opõe à sexualidade. Tem uma preocupação: chama as pessoas para que sigam o caminho do amor e ao mesmo tempo dá-lhes a graça que lhes permite fazê-lo. Não força ninguém; pelo contrário, protege a adúltera das pedras, das frias e duras projeções dos seus companheiros. Jesus desperta o desejo do dom de si nos corações das pessoas e mostra o caminho que conduz à realização desse desejo. A sexualidade, como expressão fecunda e vivificante de amor, é o plano de Deus para a humanidade. De Deus que é, Ele próprio, amor e vida.

Jesus não condena explicitamente a homossexualidade. Mas consagra o matrimônio e eleva-o a sacramento porque reflete o vínculo de Deus com a humanidade e, portanto, é o único âmbito em que o ato sexual é concordante com a dignidade dos seres humanos. A rejeição da homossexualidade estava tão profundamente enraizada no judaísmo que Jesus não tinha de gastar palavras para falar disso.

Os Apóstolos

Os Apóstolos difundiram os ensinamentos de Jesus, que veio não para abolir a lei, mas para levá-la a seu pleno cumprimento. Levaram a Boa-nova de Jesus ao mundo grego e romano, nos quais era comum todo o tipo de perversões e excessos sexuais. Paulo menciona-os no chamado «catálogo de vícios» (1Cor 6, 9 e 1Tm 1, 10) e afirma muito claramente que as pessoas envolvidas neles «não herdarão o Reino de Deus». Os membros da nova comunidade vindos desse mundo estavam eles próprios envolvidos nesse vício; Paulo diz-lhes: «mas vós cuidastes de vos purificar; fostes santificados, fostes justificados em nome do Senhor Jesus Cristo e pelo Espírito do nosso Deus» (1Cor 6, 11). Esta é a santificação da carne, que «não é para a impureza, mas para o Senhor, e o Senhor é para o corpo… Não sabeis que o vosso corpo é o templo do Espírito Santo, que habita em vós, porque o recebestes de Deus, e que vós já não vos pertenceis?» (1Cor 6, 12-19). A total afirmação do amor é específica do cristianismo. Não há separação entre o espírito e a carne – a pessoa toda é chamada à santidade e, como filha de Deus, tem capacidade para a atingir (cf. Jo 1, 12). No primeiro capítulo da Epístola aos Romanos (Rm 1, 18-23), Paulo explica como as pessoas se afastam de Deus: primeiro vem a injustiça, através da qual se suprime a verdade. Porque reconheceram Deus, mas não O honraram como Deus, isso é imperdoável. O seu pensamento se obscurece e ficam dominadas pela luxúria do seu coração e por paixões degradadas. Passam a trocar a verdade de Deus por uma mentira e adoram a criatura em vez do Criador. Isto tem consequências para o comportamento sexual: as mulheres trocam as relações sexuais naturais pelas antinaturais, e os homens renunciam a manter relações sexuais com uma mulher e ardem em luxúria uns pelos outros. O adultério torna-se uma prática comum. As pessoas começam a odiar a Deus e a usar os outros como objetos. Especialmente entre as mulheres, a Bíblia evidencia o ódio e a falta de misericórdia daqueles cujo pecado foi exposto: Jezabel queria assassinar o profeta Elias, e Herodíades exigiu a cabeça de João Batista, que lhe foi servida numa bandeja por um rei fraco e embriagado. Por quê? Porque havia de morrer de forma tão ignominiosa o precursor de Jesus, que até O tinha reconhecido no ventre da sua mãe? Porque aquele que tinha autoridade, mas não tinha poder, disse a Herodes, que tinha poder, mas não autoridade, que ele não tinha o direito de se casar com a esposa do seu irmão. Com o rei Davi foi diferente: não matou Natã, que o confrontou com o seu crime, mas confessou o seu ato: «Pequei contra o Senhor». Natã concedeu-lhe imediatamente o perdão (cf. 2Sm 12).

O cerne dos ensinamentos do Apóstolo Paulo não é o vício da humanidade, mas o chamamento à santidade, que pode ser atingido no matrimônio de um homem com uma mulher, no qual os cônjuges «se submetem um ao outro no respeito que têm a Cristo» (Ef 5, 21). Paulo apresenta o «grande mistério» do matrimônio fazendo uma analogia com o mistério de Cristo e da Igreja, que se caracteriza pelo amor esponsal.

A Teologia do Corpo de João Paulo II

A semente do plano de Deus para o homem foi plantada pelo Espírito Santo nos relatos bíblicos da Criação, desenvolveu-se lentamente durante milênios antes de Cristo e floresceu em plena luz do dia com Jesus. O Papa João Paulo II reúne tudo isso nas suas catequeses sobre a *Teologia do Corpo* para anunciar *o amor humano como parte do plano de salvação de Deus*[4]. O trabalho da sua vida, enquanto Karol Wojtyla e Papa João Paulo II, foi interpretar as dimensões profundas do homem e da mulher, do amor e da sexualidade, do matrimônio e da família para as pessoas modernas, porque estas são as questões cruciais na encruzilhada entre a «cultura da vida» e a «cultura da morte».

Tomo hoje por testemunhas contra vós o Céu e a Terra; ponho diante de vós a vida e a morte, a bênção e a maldição. Escolhe a vida para viveres, tu e a tua descendência. (Dt 30, 19).

João Paulo II queria que tivéssemos vida em abundância.

Numa era marcada pelo materialismo em todos os níveis, que idolatra a saúde física e a satisfação dos desejos carnais, João Paulo II devolve ao corpo a sua integridade pessoal. Teologicamente, restaura-o até o seu estado original como templo do Espírito Santo. Apenas a integridade do corpo e do espírito reflete a dignidade da pessoa. Qualquer separação – seja a favor do espírito,

---

[4] João Paulo II, *Man and Woman He Created Them: A Theology of the Body*, Boston, Pauline Books & Media, 2006. Ver também Karol Wojtyla, *Love and Responsibility*, San Francisco, Ignatius Press, 1981.

como no maniqueísmo, ou a favor do corpo, como no materialismo – divide a pessoa e aliena-a de si própria. Longe de ver o corpo como inferior ao espírito, João Paulo II diz que o corpo, e apenas o corpo, pode tornar visível o invisível: o espiritual e o divino. «Ele foi criado para tornar visível o eterno mistério escondido em Deus e assim tornar-se sinal desse mistério»[5].

Enquanto homem e enquanto mulher, o ser humano é feito à imagem e semelhança de Deus. Ambos são completos em si mesmos, e ainda assim cada um enfrenta o seu oposto, pelo qual se sente atraído e com quem quer e pode chegar a ser um só, se transcender-se a si mesmo. É precisamente essa natureza dual da pessoa humana que João Paulo II vê como imagem do amor de Deus. Este Deus é amor. É o Deus trinitário, Pai, Filho e Espírito Santo – uma união de pessoas que é espelhada na família humana. Como João Paulo II escreveu, «o mundo não contém mais perfeita imagem de Deus do que a união entre o homem e a mulher e a vida que dela surge».

Assim, a família aparece como um reflexo humano da Trindade. Também ela é uma comunhão de pessoas unidas pelo amor. O Filho Unigênito entrou na história da humanidade através da família e, através do seu próprio exemplo, ensinou a verdade profunda sobre a família, a Igreja e a Trindade.

Sem dúvida que isto só pode ser um indício do tesouro que a Igreja é chamada a acarinhar e defender num mundo que parece ter perdido a sua orientação e está prestes a fazer desaparecer o rumo do coração das pessoas.

Igrejas pressionadas pela revolução sexual global

Em todas as épocas a verdade imutável do Evangelho desafiou as estruturas do poder dominante. Se assim não fosse, a «Nova Jerusalém» já teria chegado. A Igreja de Cristo tem a missão de voltar a anunciar a verdade do Evangelho em cada época, desmascarar qualquer ideologia e qualquer tota-

---

[5] Christopher West, *Theology of the Body for Beginners*, West Chester, Pensilvânia, Ascension Press.

litarismo e proteger a liberdade, de modo a que o caminho da salvação permaneça aberto para todos os que o procuram. E só o pode fazer se estiver *no mundo* sem ser *do mundo*[6].

Ao longo da história, a ideologia de cada época penetrou na Igreja e corrompeu algo nela. Depois do colapso da estrutura do poder político em causa, isso torna-se um motivo para amargas acusações contra a Igreja e motivo para arrependimento e penitência dentro da Igreja. Quando isso acontece, abrem-se as portas a um novo recomeço. Pensemos nos cristãos alemães durante o nacional-socialismo ou no pacto que dividiu a Igreja Ortodoxa Russa com o stalinismo.

Em cada época, contudo, houve também quem sacrificasse a vida pela verdade de Cristo. Quanto mais rigorosamente a ideologia dita as ideias e os comportamentos das pessoas, mais esses mártires se tornam ícones brilhantes, fontes de esperança e força para quem os segue.

A ideologia da nossa época, a revolução sexual, tem como alvo o núcleo da fé cristã: a pergunta «O que é o homem?». Dado que os ideólogos da revolução sexual negam Deus, os seres humanos são reduzidos a um mero produto da evolução que não difere significativamente dos animais e, consequentemente, ficam entregues à manipulação por parte da sua própria espécie. O fato de isto poder evoluir numa espiral até a negação da identidade sexual binária do homem e da mulher teria provavelmente surpreendido quem quer que tenha vivido na Terra antes de Judith Butler.

Hoje, até as igrejas estão cedendo à pressão ideológica do tempo, embora em graus diferentes. Todas as denominações cristãs juntas têm mais de dois

---

[6] No seu discurso no Concert Hall de Friburgo, o Papa Bento XVI tornou isto bem claro para a Igreja alemã: «Há mais uma razão para pensar que é de novo o momento de procurar o verdadeiro distanciamento do mundo, de se desligar com audácia do que há de mundano na Igreja. Naturalmente, isto não quer dizer retirar-se do mundo, pelo contrário […] a abertura às preocupações do mundo significa, então, para a Igreja desligada do mundo, testemunhar a primazia do amor de Deus, segundo o Evangelho, com palavras e obras, aqui e agora. Uma tarefa que, ao mesmo tempo, aponta para fora do mundo presente porque […] esta vida presente também está ligada à vida eterna». http://w2.vatican.va/content/benedict-xvi/pt/speeches/2011/september/documents/hf_ben-xvi_spe_20110925_catholics-freiburg.html (consultado em abril de 2018).

bilhões de membros em todo o mundo. Quando comparamos este número com os números dos grupos de ativistas sexuais, espantamo-nos por a resistência ser tão fraca. Mesmo dentro da Igreja, eles estão a abanar as fundações da antropologia e da moral cristãs que reconhecem o homem como uma criatura de Deus, feito à imagem e semelhança do Deus trino como homem e mulher que são chamados a ser uma só carne e a ser fecundos. Para os cristãos, este é um dos fundamentos *não negociáveis*. No entanto, em toda a Igreja ele está sendo negociado sob pressão da agenda LGBTI e conduzindo-a à divisão.

No nosso tempo, o Papa é a voz da consciência cristã que se ouve no mundo inteiro. Nem mesmo as grandes estrelas da música *pop* conseguem juntar tantos jovens como os papas reúnem nas Jornadas Mundiais da Juventude. Não é estranho que isso possa ser alcançado por homens idosos que os meios de comunicação acusam de estarem divorciados da realidade e de serem hostis ao sexo, hostis às mulheres e ditadores autoritários? Dado que bate à porta da consciência, a Igreja Católica é odiada por todos os que vivem «a diversidade sexual» e querem impor esses «direitos humanos» no mundo.

Nunca se vê o mundo secular tão provocado e furioso – esquecendo toda a racionalidade – como quando o assunto é a sexualidade. Ele prefere culpar o Papa pela AIDS do que abordar questões como a razão pela qual 70% das novas infecções por HIV surgem entre os homens que têm relações sexuais com outros homens. Prefere transformar todos os sacerdotes em bodes expiatórios pelos abusos sexuais do que lidar com questões como saber por que centenas de milhares de crianças são abusadas em seu ambiente cotidiano.

A Igreja Anglicana

Existem setores da Igreja Anglicana que estão muito afastados da revelação bíblica. A tática está em cortá-la como um salame – fatia por fatia – até que, quase sem se dar por isso, deixe de haver salame. Em 1930, na Conferência de Lambeth, a Igreja Anglicana levantou a proibição de usar contraceptivos, então válida para todos os cristãos, e autorizou a contracepção em «casos excepcionais». Bastaram 40 anos para que aquilo que fora proibido para os cristãos durante 2 mil anos se tornasse um aspecto comum da vida no Ocidente, resultando no declínio demográfico que ameaça a sua própria existência.

A Igreja Anglicana também lidera o caminho na aceitação da homossexualidade. Começou por abençoar os pares do mesmo sexo, porque, afinal, «Deus ama todos». Depois seguiu-se a tolerância nos gabinetes pastorais, seguida da «abolição da hipocrisia» através da nomeação regular de homossexuais, e finalmente da cobiça da mitra episcopal, que o homossexual divorciado Gene Robinson conseguiu em New Hampshire em 2003. Consequentemente, várias centenas de bispos boicotaram a conferência de Lambeth e organizaram uma conferência alternativa em Jerusalém.

Poder-se-ia pensar: uns quantos padres homossexuais e um bispo – qual é o problema? Mas as mudanças culturais não são uma questão de massas, e sim uma questão de princípio – e ambos os lados o sabem. A Igreja tem a missão de proteger a verdade que foi válida ao longo dos tempos. Se abre-se uma porta, entra o cavalo-de-troia. A devastação que isto traz foi descrita por Dietrich von Hildebrand em seu livro *O Cavalo de Troia na Cidade de Deus*[7].

A Igreja Luterana

Em apenas 20 anos, a Igreja Luterana na Alemanha (EKD) tem-se desviado com os tempos, indo desde a total rejeição bíblica da homossexualidade até a legalização do concubinato homossexual nas reitorias.

No Christopher Street Day de 24 de junho de 2011, por exemplo, Klaus Wowereit, o *mayor* abertamente homossexual «pregou» na Igreja de St. Mary, em Berlim. E aproveitou a oportunidade para elogiar a Igreja Luterana como uma «aliada de confiança» de *gays* e lésbicas[8].

O afastamento dos ensinamentos da Bíblia começou com um pequeno passo que parecia inofensivo: autorização para «abençoar pessoas homofílicas na sua relação» (Declaração Fürth do sínodo regional da Igreja Luterana Evangélica da Baviera, em 1993). A partir de então, esta pequena concessão liberal foi «excessivamente discutida e repetidamente transgredida sem qualquer intervenção contra. A prática da tolerância aprovada pela Igreja foi fazendo

---

[7] Dietrich von Hildebrand, *Das trojanische Pferd in der Stadt Gottes*, Ratisbona, Verlag Josef Habbel, 1968.

[8] http://www.medrum.de/content/schenkte-gott-dem-menschen-am-achten-tag-die-sexuelle-identitaet (consultado em abril de 2018).

com que as pessoas se habituassem gradualmente a ministros com tendências homossexuais que cada vez mais se foram assumindo [...] assim como a serviços de bênção de casais homossexuais, complementados com ornamentos e repique de sinos na zona pública da Igreja»[9].

Uma «tolerância» mal-entendida, num misto de permissividade e bem-intencionada abertura criaram uma realidade que foi poderosamente reforçada pelos desenvolvimentos sociopolíticos: em 2001 surgiu o primeiro passo para o «casamento» homossexual com a promulgação da lei das uniões civis da Alemanha. Não devia a Igreja seguir o exemplo e oferecer aos *gays* e lésbicas uma bênção litúrgica para as suas uniões? Em 2006 foi promulgada a lei geral de igualdade na Alemanha. Como é que Igreja havia de continuar a ser autorizada a «discriminar», recusando a prática da homossexualidade?

Temporariamente, houve uma resistência fecunda por parte dos *Arbeitskreis Bekennender Christen* ou ABC (grupos de trabalhadores cristãos) na Baviera. Os serviços de bênçãos não eram permitidos – mas aconteciam mesmo assim. O EKD publicou um guia chamado *Mit Spannungen leben* («Viver em tensão»), que deu origem a páginas de eruditas referências aos ensinamentos da Bíblia sobre o matrimônio e a família, para depois concluir: «Para aqueles que não receberam o carisma da abstinência sexual, aconselha-se a coabitação de pares do mesmo sexo que se constituam em nome do mandamento do amor e sejam, portanto, eticamente responsáveis» (ponto 3.5).

Isto levanta logo a questão: se a capacidade de controlar os próprios instintos é um carisma, como devem o Estado e a Igreja tratar as pessoas que não receberam o dom da moderação sexual e desejam orientar os seus desejos sexuais a várias pessoas ou até a animais?

As fundações da Igreja ficaram tão debilitadas em duas décadas que em 2010 o Sínodo EKD fez aprovar uma nova lei sobre o serviço pastoral que aceita casais de *gays* e lésbicas, com ou sem filhos, na reitoria luterana como

---

[9] Martin Pflaumer, «Genese einer Fehlentscheidung. Gleichgeschlechtliche Paare im evangelischen Pfarrhaus», *in* Andreas Späth (ed.), *Und schuf sie als Mann und Frau. Kirche in der Zerreißprobe zwischen Homosexuellen-Lobby und Heiliger Schrift*, Ansbach, Verlag Logos, 2010.

chefes de paróquias, desde que estejam legalmente juntos e cumpram os requisitos de «compromisso, confiança e responsabilidade mútua».

Fundamento: «A expressão "coabitação familiar" foi deliberadamente selecionada por seu amplo significado. Inclui não só a coabitação entre gerações, mas também qualquer tipo de coabitação organizada e juridicamente vinculante de, pelo menos, duas pessoas que represente uma união solidária permanente»[10].

Assim, a Igreja Luterana esvaziou o termo *família* de todo o seu significado: ela não requer pais nem filhos, mas impõe exigências que homens que vivem o estilo de vida homossexual raramente cumprem, porque entre eles a fidelidade é exceção e a promiscuidade a regra. Por que razão o sínodo da Igreja Luterana Alemã exige este comportamento especificamente de casais homossexuais, quando a coisa tem estado extremamente ativa mesmo entre heterossexuais na reitoria luterana?

Vejamos o que está em jogo. Esvaziar os termos «casamento» e «família» do seu significado, eliminando os sexos opostos e a procriação, constitui uma ruptura com os ensinamentos da Bíblia e com a história da humanidade, e não apenas com a história do cristianismo. É algo que conduz a incerteza entre os fiéis, ao abandono da Igreja e a divisões dentro da própria Igreja, e constitui um obstáculo considerável para os esforços ecumênicos. Contudo, a consequência mais grave é que os pastores levam os seus rebanhos pelo caminho mais longo, que leva à perda da salvação eterna.

E o que resta na coluna dos prós quando as pessoas assumem riscos que põem em perigo a própria vida? A presidente do sínodo da Igreja Evangélica Luterana na Baviera (ELKB), Dorothea Deneke-Stoll, defensora das regras pastorais, esperava que a questão não chamasse muita atenção. Não se conhecia mais do que «um total de cinco casos» de casamentos do mesmo sexo na Igreja Luterana da Baviera. Mas por que razão esses meros «cinco casos» foram suficientes para atirar pela janela princípios fundamentais da fé cristã?

Vale a pena observar que isso representava as necessidades de uma minoria de uma minoria de uma minoria… Menos de 3% da população tem

---

[10] https://www.kirchenrecht-ekd.de/document/14992#s47000021 (consultado em maio de 2018).

tendências homossexuais. Desses, apenas cerca de 6,5% tiram vantagem da instituição legal das uniões do mesmo sexo (os números do «divórcio» não são publicados) e, desses, apenas uma pequena porcentagem diz respeito a ministros protestantes. Por que razão a Igreja Luterana Alemã está disposta a enfrentar todos os riscos já mencionados e as suas consequências para satisfazer esse grupo minúsculo?

Hoje, na reitoria luterana – em tempos, e em muitos casos ainda hoje, um lugar abençoado para a família – vale tudo: divórcio, recasamento de divorciados, coabitação e agora até uniões homossexuais. Como é que os pais dos 3,2% de famílias que ainda vão à igreja explicarão aos filhos as alianças nas mãos de dois homens ou mulheres que, de pé diante da congregação, são apresentados como modelos, sem importar o modo como vivem? Como é que um pastor num «casamento» *gay* explica a ordem bíblica da Criação de Deus, que coloca claras exigências éticas às pessoas? Se não quiser parecer hipócrita diante de todos, terá de deturpar e torcer essa interpretação bíblica para que seja conforme à sua própria rebelião contra o Evangelho.

O que aconteceu com a *sola scriptura*, que está na base da identidade da Igreja Luterana? Suscitou e ainda suscita resistência na Igreja Luterana. Oito bispos mais idosos escreveram uma carta aberta de admoestação declarando que veem este princípio fundamental das Igrejas Protestantes em perigo:

> Dado que, com efeito, o que está em causa é nada mais, nada menos do que a questão de saber se as Igrejas Luteranas afirmam que a Sagrada Escritura continua a ser a única base da fé e da vida dos seus membros e do ministério e da vida dos seus pastores ordenados, ou se uma Igreja estatal atrás de outra considera que são tão importantes as formas de vida que se tornaram comuns na sociedade que a orientação para a Sagrada Escritura deve ser abandonada ou diluída[11].

Os bispos mais velhos foram imediatamente inundados por torrentes de insultos. De acordo com os seus detratores, eram desrespeitadores, espalhavam

---

[11] http://www.medrum.de/content/offener-brief-acht-bischoefe-jan2011 (consultado em abril de 2018).

«difamações» e não respeitavam a «liberdade de expressão». Eram «homofóbicos», «fundamentalistas», «biblicistas», «sexistas», «biologistas» e «naturalistas». Pode uma disputa sobre os fundamentos de uma fé – Bíblia, sexualidade, biologia e natureza – ser resolvida com tais epítetos?

Há certamente um doloroso conflito interior para um fiel que pense que não será aceito por Deus devido ao comportamento sexual que lhe pode parecer parte integrante da sua imutável identidade. Esse conflito só pode ser resolvido abandonando a fé ou através da abstinência sexual, com ou sem uma tentativa de terapia. É compreensível que os afetados queiram resolver esse conflito instando a que Deus, a Bíblia e a Igreja renunciem ao seu *ethos*, que se baseia na ordem da Criação. Mas os cristãos, se desejam permanecer fiéis à sua fé, não podem ceder a essa exigência.

A Igreja Católica

Ao longo da história, o magistério da Igreja Católica, mantendo-se fiel à Sagrada Escritura, sempre ensinou que

> os atos de homossexualidade são intrinsecamente desordenados. São contrários à lei natural, fecham o ato sexual ao dom da vida, não procedem de uma verdadeira complementaridade afetiva sexual, não podem, em caso algum, ser aprovados (*Catecismo da Igreja Católica*, 2357).

É verdade que a Igreja considera que o comportamento homossexual é imoral, mas ao mesmo tempo diz que os homens e mulheres que têm esta tendência, objetivamente desordenada, «devem ser acolhidos com respeito, compaixão e delicadeza. Evitar-se-á, em relação a eles, qualquer sinal de discriminação injusta» (CIC, 2358).

Tal como faz em relação a todas as pessoas não casadas, a Igreja pede aos homossexuais abstinência sexual.

> As pessoas homossexuais são chamadas à castidade. Pelas virtudes do autodomínio, educadoras da liberdade interior, e, às vezes, pelo apoio

de uma amizade desinteressada, pela oração e pela graça sacramental, podem e devem aproximar-se, gradual e resolutamente, da perfeição cristã (CIC, 2359).

Em vista da derrocada cultural no sentido do «casamento» homossexual, em 2003, a Congregação para a Doutrina da Fé considerou necessário confirmar a posição da Igreja publicando as *Considerações sobre os projetos de reconhecimento legal das uniões entre pessoas homossexuais*. Nesse tempo, o prefeito da congregação era Joseph Ratzinger, que se tornou o Papa Bento XVI. A declaração da Igreja tem também por finalidade proporcionar orientação aos políticos católicos e indicar «as linhas de comportamento coerentes com a consciência cristã, quando tiverem de se confrontar com projetos de lei relativos a essa questão». A Igreja sublinha a diferença entre o comportamento homossexual como um «fenômeno privado» e como uma «relação social legalmente prevista e aprovada, a ponto de se tornar uma das instituições do ordenamento jurídico»:

O segundo fenômeno não só é mais grave, mas assume uma relevância ainda mais vasta e profunda, e acabaria por introduzir alterações em toda a organização social que se tornariam contrárias ao bem comum. As leis civis são princípios que estruturam a vida do homem no seio da sociedade, para o bem ou para o mal. Desempenham uma função muito importante, e por vezes determinante, na promoção de uma mentalidade e de um costume. […] A legalização das uniões homossexuais acabaria, portanto, por ofuscar a percepção de alguns valores morais fundamentais e desvalorizar a instituição matrimonial. […] Colocando a união homossexual num plano jurídico análogo ao do matrimônio ou da família, o Estado comporta-se de modo arbitrário e entra em contradição com os próprios deveres[12].

---

[12] Congregação para a Doutrina da Fé, *Considerações sobre os projetos de reconhecimento legal das uniões entre pessoas homossexuais*. http://www.vatican.va/roman_curia/congregations/cfaith/documents/rc_con_cfaith_doc_19920724_homosexual-persons_po.html (consultado em abril de 2018).

O canonista Peter Mettler resume as razões pelas quais a Igreja não pode modificar ou abandonar a sua posição:

> A Igreja não pode mudar a sua posição sobre a homossexualidade porque sabe que ela está vinculada à autoridade da Sagrada Escritura. Nenhuma tentativa de facilitar ou mesmo negar a proibição da prática da homossexualidade, numa perspectiva teológica, pode remontar a fundamentos bíblicos. Todo o testemunho da Bíblia sustenta que a prática da homossexualidade viola a ordem querida e estabelecida por Deus na Criação. Toda a tradição judaico-cristã tem interpretado os textos bíblicos relevantes desta forma e a Igreja, portanto, não pode abandonar a distinção entre a norma e o comportamento desviante. É aqui que se encontram os limites da Igreja e quem faz pressão para mudar a doutrina sobre esta questão deve saber que está promovendo a divisão na Igreja. A situação na qual se encontram agora as igrejas protestantes confirma-o com a maior das clarezas[13].

A batalha para destruir as normas morais também está causando estragos na Igreja Católica. A posição da Igreja nos países de língua alemã dificilmente pode ser qualificada como agressiva ou intransigente. Quem se atrever a sê-lo – como fez o falecido bispo Johannes Dyba – deve esperar, em resposta, perseguições e atos de blasfêmia. A Igreja está sob constante e agressiva pressão por parte de grupos ativistas LGBTI para abandonar a sua posição. Academias, institutos educativos e congressos da Igreja são os alvos estratégicos preferidos. Como os bispos tolerantes desviam o olhar, há serviços de bênção e celebrações eucarísticas para *gays* e lésbicas. Na Igreja Católica nenhum homossexual é excluído de uma bênção enquanto fiel. No entanto, é algo totalmente diferente abençoar as pessoas *porque* são *gays* ou lésbicas. Essa é uma linha que a Igreja Católica não está autorizada a ultrapassar. O ataque que provém do interior da Igreja pode sempre contar com o apoio dos meios de comunicação. Por outro lado, a resistência da Igreja

---

[13] Peter Mettler, «Warum die Kirche ihre Haltung zur Homosexualität nicht ändern kann» («Por que a Igreja não pode modificar a sua doutrina sobre a homossexualidade»), *Theologisches*, Lugano, Suíça, n.p., maio-junho de 2010.

incita campanhas destinadas a neutralizar aqueles que se atrevem a opor-se à dissolução do conceito cristão de humanidade. Quanto mais as pessoas cedem ao poder antidemocrático e descontrolado dos meios de comunicação, mais necessário é ter coragem e vontade para sofrer com o fim de deter a supressão gradual da liberdade religiosa. As associações organizadas LGBTI escolheram os congressos da Igreja como campo de ação especial e têm campo livre neles. Nas conferências da Igreja Católica eles têm os melhores lugares e visibilidade para os seus estandes, ações e eventos, enquanto os grupos de defesa da vida são frequentemente colocados o mais longe possível do caminho principal que percorrem os participantes. Na conferência ecumênica da Igreja de 2010, em Munique, havia trinta eventos LGBTI, mas nenhum lidava com a ética sexual bíblica e a sua exposição na teologia do corpo de João Paulo II. As propostas são um ataque direto e manifesto aos princípios fundamentais do cristianismo: «serviços religiosos ecumênicos *queer*»; «vigílias pelas vítimas da homofobia»; «bênçãos de pares do mesmo sexo na Igreja», «filhos de uniões do mesmo sexo»; «Para que possam ter esperança – aumenta a relação do estilo de vida transexual/transgênero com a Igreja», uma conferência de Mari Günther que foi apresentada como «terapeuta sistemática e figura paternal»; «Espiritualidade lésbica»; «A Epístola aos Romanos lida numa perspectiva feminista-lésbica *queer*»; «*Workshop* sair do armário» para adolescentes; e muito mais.

Por que isso acontece? Quem são as pessoas nos ordinariatos e nos gabinetes da Igreja que querem miná-la? Porque é que os bispos permitem que isso aconteça? Parece que existem redes de homossexuais dentro da Igreja Católica que se estabeleceram principalmente nos anos 70. No seu chocante livro *Goodbye, Good Men: How Liberals Brought Corruption into the Catholic Church*, Michael S. Rose descreve o processo de admissão em muitos (certamente não todos) seminários dos Estados Unidos: os candidatos ao sacerdócio com uma identidade masculina normal, que se apoiavam no magistério da Igreja, eram investigados e eliminados do caminho para o sacerdócio. Os candidatos progressistas e homossexuais tinham prioridade na admissão, eram promovidos e ordenados. O livro foi documentado e publicado pouco tempo antes de rebentar a crise dos abusos infantis. É uma chave para explicar – não apenas nos Estados Unidos –

por que razão a força da doutrina da Igreja Católica e a sua atratividade sofreram tanto nos últimos 30 anos[14].

O Papa Bento XVI usou o princípio da tolerância zero contra o flagelo da pedofilia e da efebofilia (atração homossexual por rapazes pré-adolescentes) na Igreja[15]. Em novembro de 2005, publicou uma instrução sobre os requisitos para as admissões ao seminário que proibia a aceitação de homossexuais ativos para o sacerdócio. Um padre precisa de ter «maturidade afetiva» que lhe permita ter uma «relação correta com homens e mulheres», de modo a poder desenvolver um «verdadeiro sentido de paternidade para com a comunidade da Igreja»[16].

Seria de se esperar que todos os que lamentam o abuso sexual na Igreja acolhessem essa instrução. O abuso dentro da Igreja foi perpetrado principalmente por homens sobre rapazes na puberdade, e na sua maioria não foi um problema de pedofilia, mas sim de homossexualidade[17]. Organizações homossexuais e esquerdistas protestaram veementemente contra esta instrução. Aparentemente, a porta deveria ficar aberta para todos os que pretendam destruir a Igreja a partir de dentro.

---

[14] O ensaio do teólogo moral polaco Dariusz Oko, *With the Pope against the Homoheresy*, é uma excelente explicação do problema da homossexualidade na Igreja. http://henrymakow.com/upload_docs/vort-2013-02-22.pdf (consultado em abril de 2018).

[15] Uma visão geral do seu trabalho sobre o tema pode ser consultada aqui: http://en.wikipedia.org/wiki/Pope_Benedict_XVI#Sexual_abuse_in_the_Catholic_Church (consultado em abril de 2018).

[16] Cardeal Zenon Grocholewski, Congregação para a Educação, *Instrução a Respeito dos Critérios de Discernimento da Vocação em Pessoas com Tendências Homossexuais com Vista à Sua Admissão ao Seminário e às Ordens Sacras*, aprovado pelo Pontífice Bento XVI, Roma, 31 de agosto de 2005.

[17] Uma boa fonte de informação sobre o tema é o documento da Conferência Episcopal dos Estados Unidos intitulado *The Nature and Scope of Sexual Abuse of Minors by Catholic Priests and Deacons in the United States 1950-2002*, Nova York, 2004, vulgarmente conhecido como Relatório John Jay 2004: http://www.usccb.org/issues-and-action/child-and-youth-protection/upload/The-Nature-and-Scope-of-Sexual-Abuse-of-Minors-by-Catholic-Priests-and-Deacons-in-the-United-States1950-2002.pdf (consultado em abril de 2018). Ver também: Gerard van den Aardweg (entrevista), «Catholic Psychology and Sexual Abuse by Clergy», http://www.zenit.org/en/articles/catholic-psychology-and-sexual-abuse-by-clergy-part1 e http://www.zenit.org/en/articles/catholic-psychology-and-sexual-abuse-by-clergy-part2 (consultados em abril de 2018).

Os padres que renunciaram intencionalmente ao matrimônio e à família fizeram um grande sacrifício *pelo Reino dos Céus*. Eles dão testemunho no mundo da plenitude do amor de Cristo, através do qual podem agir como pastores para a salvação das almas. Sendo fiéis a este ideal, podem verdadeiramente pregar o conceito que a Igreja tem de matrimônio e de família, fundado na ordem da Criação. E hoje a maioria dos padres é fiel a este elevado ideal, pelo que merecem gratidão e apoio.

Sofismas teológicos

Os sofistas são vigaristas intelectuais que parecem propor argumentos verdadeiros a fim de alcançar um objetivo egoísta. Platão teve alguns problemas com eles e atacou-os e desmascarou-os como vendedores corruptos de falso conhecimento. Quais são os argumentos dos teólogos que apoiam os agentes da revolução sexual? Quais são os argumentos que se lhes opõem? A apologética cristã é urgentemente necessária neste debate para proteger os fiéis da confusão e da heresia.

Reivindicação: Dado que a Bíblia aborda a homossexualidade apenas em alguns lugares[18], o tema é de pouca importância.

Resposta: A mensagem geral da Bíblia é clara, de modo que se pode chegar a conclusões claras para temas individuais. Sem exceção, todas as declarações sobre o comportamento não heterossexual são negativas. No Novo Testamento, qualquer forma de sexualidade fora do casamento é uma ofensa de adultério e por isso um pecado grave. Da primeira à última página da Bíblia, o matrimônio indissolúvel entre homem e mulher é análogo ao vínculo de Deus com a humanidade.

Reivindicação: A Bíblia também condena outros comportamentos que já não são considerados negativos (como mulheres pregarem a uma as-

---

[18] Lv 18, 22; Rm 1, 24-27; 1Cor 6, 9-10; 1Tm 1, 10.

sembleia); por isso, a rejeição bíblica da homossexualidade também deve ser vista como relativa.

Resposta: As afirmações do Apóstolo São Paulo sobre abusos sexuais e sobre a proibição de as mulheres pregarem diferem em relação à sua gravidade. De acordo com São Paulo, os delitos sexuais afastam a pessoa da salvação eterna, enquanto que a pregação das mulheres na assembleia não o faz.

Reivindicação: Tal como, hoje em dia, mudou-se o comportamento em relação à escravidão, e isso é visto como algo positivo, assim também o comportamento mudou diante da homossexualidade.

Resposta: A Bíblia julga universalmente a escravidão como algo negativo. O próprio Deus libertou o seu povo eleito da escravidão do Egito. Uma pessoa não deve ser escrava de outra, nem escrava do pecado, apenas «escrava» do Deus que nos ama. Devemos assim obedecer apenas a Deus – não às pessoas e não aos nossos desejos. Quando São Paulo diz: «Exorta os escravos a serem em tudo dóceis aos seus senhores, procurando agradar-lhes em tudo e não os contradizendo nem defraudando, mas mostrando-se totalmente leais, a fim de honrarem em tudo a doutrina de Deus nosso Salvador» (Tt 2, 9-10), trata-se de uma instrução para a santidade missionária num mundo em que a escravatura estava firmemente estabelecida. O que é revolucionário na Nova Aliança é que todas as pessoas são iguais aos olhos de Deus. «Não mintais uns aos outros, já que vos despistes do homem velho, com as suas ações, e vos revestistes do homem novo […]. Aí não há grego nem judeu, circunciso e incircunciso, bárbaro, cita, escravo, livre, mas Cristo, que é tudo e está em todos» (Cl 3, 9-11).

Reivindicação: Apenas alguns tipos de homossexualidade foram condenados, como a prostituição no templo, as relações sexuais com rapazes e o papel passivo no ato sexual. As atuais formas de relação entre pessoas do mesmo sexo não eram conhecidas nos tempos bíblicos.

Resposta: A homossexualidade sempre foi condenada sem qualquer limitação. A Bíblia não distingue entre conduta homossexual aceitável e não aceitável.

Martinho Lutero destacou o princípio da *sola scriptura*. Quinhentos anos depois, não resta muito desse princípio.

A banalização do amor

Uma e outra vez, o «amor» é citado para justificar relações homossexuais comprometidas. Muitos teólogos utilizam a mais que velha questão da canção alemã dos anos 30 – «Pode o amor ser um pecado?» – e apressam-se a responder com o resto da letra – «o amor não pode ser pecado. E, mesmo que fosse, eu não me importaria. Prefiro pecar a viver sem amor»[19].

Mas o que é o amor? O Papa Bento XVI dedicou a sua primeira encíclica, *Deus Caritas Est*, a este tema para nos livrar da grande confusão que reveste a palavra «amor». Entre os Gregos as palavras para «amor» eram *philia, eros* e *ágape. Philia* é o amor que se encontra na amizade platônica, que é aparentemente desconhecido para os que pretendem ver uma amizade homossexual entre o rei Davi e Jonathan ou mesmo entre Naomi e a sua nora Ruth. *Eros* é o amor de desejo que exige elevação e purificação para se tornar amor oblativo. *Ágape* é o termo para designar o «amor fundado e modelado pela fé».

> [Ágape] exprime a experiência do amor que agora se torna verdadeiramente descoberta do outro, superando assim o caráter egoísta que antes claramente prevalecia. Agora o amor torna-se cuidado do outro e pelo outro. Já não se busca a si próprio, não busca a imersão no inebriamento da felicidade; procura, ao invés, o bem do amado: torna-se renúncia, está disposto ao sacrifício, antes procura-o[20].

Se o amor, no pleno sentido da palavra, significa reconhecimento mútuo e profundo da singularidade do outro e por isso exige exclusividade e finalidade, então apresenta-nos grandes exigências. Isso é explicitado no sexto

---

[19] http://www.youtube.com/watch?v=0zDL4j9haQ0 (consultado em abril de 2018).
[20] Papa Bento XVI, *Deus Caritas Est*, Roma, Libreria Editrice Vaticana, 2005. Ver: http://w2.vatican.va/content/benedict-xvi/pt/encyclicals/documents/hf_ben--xvi_enc_20051225_deus-caritas-est.html (consultado em abril de 2018).

mandamento – «Não cometerás adultério» – e no nono – «Não cobiçarás a mulher do próximo» –, entregues por Deus a Moisés nas Tábuas da Lei.

A legalidade dos judeus é superada ou «cumprida» por Jesus quando Ele pede aos seus discípulos que cumpram os mandamentos por amor a Ele. Três vezes seguidas repete esta condição mútua ao despedir-se dos Apóstolos: «Se Me tendes amor, cumprireis os meus mandamentos. […] Quem recebe os meus mandamentos e os observa, esse é que me tem amor. […] Se alguém me tem amor, há de guardar a minha palavra» (Jo 14, 15-24).

Jesus descreve a comunhão entre Deus e o homem. Aqueles que amam a Jesus *querem* cumprir os seus mandamentos. Não se trata de uma exigência externa ou de um peso, mas de algo que descreve a vida justa que torna possível o crescimento dessa emocionante relação de amor. Os que ainda não tiveram este encontro vivo com Jesus procuram constantemente o amor humano. Ao fazê-lo, podem ficar tão enredados na satisfação dos desejos carnais que aquilo que procuram, e o verdadeiro significado do amor, afundam-se para além do horizonte.

Contudo, Deus torna possível a entrada neste Reino através do amor que tem pela sua criação. O desejo que Deus tem de que cada pessoa seja salva implica que Ele mostre a todos o caminho da salvação. Os sinais indicadores revelam-se sob a forma de normas morais. A Bíblia é um convite e uma exortação ao afastamento do comportamento que nos separa de Deus e à caminhada para a conversão. «Pregar que Deus é amor incondicional [amor sem mandamentos] destrói a fundação da moral cristã […] Esta pregação esvaziou os confessionários», escreve Uwe Lay a respeito do «triunfo da indiferença»[21]. Só o autoconhecimento e o arrependimento abrem a porta ao Deus misericordioso, que perdoa às pessoas contritas *todos* os pecados.

É frequente ouvirmos dizer a partir do púlpito: «Deus ama-te, Deus ama-te, Deus ama-te tal como és». Não é preciso mudar, não é necessária uma conversão, não há necessidade de arrependimento, não é necessária a Confissão, não precisas de penitência, podes deleitar-te na mesa do Senhor. Só há um problema: ninguém que esteja em conflito consigo mesmo ou com

---

[21] Uwe C. Lay, *Liebt Gott unbedingt? Anmerkungen über den Triumph des Indifferentismus*, Theologisches, set/out. de 2010.

os outros, ou que alguma vez tenha experimentado a misericórdia, acredita nesta mensagem. Ela soa como uma poção milagrosa. Dietrich Bonhoeffer chamou-lhe uma espécie de «graça barata», «o inimigo mortal da Igreja»:

> Hoje estamos a lutar por uma graça cara. A graça barata é misericórdia negociada nos bastidores, perdão desperdiçado, consolação desperdiçada, sacramentos desperdiçados. A graça saiu inexplicavelmente da sopa dos pobres da Igreja descuidada, desconsiderada e sem limites. A graça que nada custa nada vale. A graça cara é o Evangelho, que deve ser procurado uma e outra vez, o dom que deve ser pedido, a porta à qual se deve bater. É cara porque precisamos segui-la, é graça porque nos chama a seguir Jesus Cristo. É cara porque Lhe custou a vida a Ele; é graça porque nos dá a vida verdadeira; é cara porque condena o pecado, e é graça porque justifica o pecador [...]. A graça cara é a Encarnação de Deus[22].

O dilema da Igreja é que quer e precisa estar próxima das pessoas para pregar a Boa-nova do Evangelho. No entanto, se reduz os elevados padrões apresentados aos fiéis a mero ruído de fundo que já não lhes chega aos corações, a mensagem perde o seu poder transformador e, por isso, a atratividade.

Excurso: *Humanae vitae*

Uma resistência crucial à liberalização da sexualidade veio da Igreja Católica, para a qual a vida de cada pessoa é sagrada e deve ser protegida. John D. Rockefeller III tentou de tudo para dissuadir o Papa desta política, numa batalha para a qual encontrou aliados inclusive no seio da Igreja Católica. A sua visita pessoal ao Santo Padre em 1965 não obteve o sucesso que ele esperava. No dia 4 de outubro de 1965, o Papa Paulo VI fez um discurso às Nações Unidas no qual ficou claro que a santidade da vida deixa de fora a contracepção:

---

[22] Dietrich Bonhoeffer, *Discipleship, Dietrich Bonhoeffer Works*, vol. 4, Minneapolis, MN, Fortress Press, 1937.

É na vossa Assembleia que o respeito pela vida, mesmo no que se refere ao grande problema da natalidade, deve encontrar a sua mais alta missão e a sua mais racional defesa. A vossa tarefa é agir de modo a que o pão seja abundante à mesa da humanidade, e não favorecer um «controle» artificial dos nascimentos, que seria irracional, com a finalidade de diminuir o número dos convivas no banquete da vida[23].

O Papa Paulo VI estava trabalhando numa encíclica sobre o controle da natalidade. No dia 25 de julho de 1968, apesar da imensa resistência – mesmo dentro da Igreja –, publicou a sua encíclica *Humanae vitae* («Sobre a vida humana») versando sobre a regulação da natalidade. Nela se recorda que a Igreja exorta as pessoas a observarem os preceitos da lei natural e que, por necessidade, «qualquer ato matrimonial deve permanecer aberto à transmissão da vida» (nº 11). «Esta doutrina, muitas vezes exposta pelo Magistério, está fundada sobre a conexão inseparável que Deus quis e que o homem não pode alterar por sua iniciativa entre os dois significados do ato conjugal: o significado unitivo e o significado procriativo» (nº 12). Isto abre espaço para a «paternidade responsável», que significa que «em relação às condições físicas, econômicas, psicológicas e sociais», os pais podem «por motivos graves e com respeito pela lei moral, evitar temporariamente, ou mesmo por tempo indeterminado, um novo nascimento» – mas usando os meios naturais, isto é, fundados no respeito pela fertilidade natural do ciclo da mulher (nº 10).

O Papa previu as graves consequências que poderiam resultar do fato de o ato sexual ser sistematicamente dissociado da fertilidade, o que a «pílula» tornara possível para qualquer mulher desde o início dos anos 60. Na encíclica, o Pontífice faz apelo aos homens e mulheres responsáveis para que «considerem, antes de mais nada, o caminho amplo e fácil que tais métodos abririam à infidelidade conjugal e à degradação da moralidade». Argumenta ainda com o receio de que «o homem, habituando-se ao uso das práticas anticoncepcionais, acabe por perder o respeito pela mulher, e, sem se preocupar mais com o equilíbrio físico e psicológico dela, chegue a considerá-la um simples ins-

---

[23] http://w2.vatican.va/content/paul-vi/pt/speeches/1965/documents/hf_p-vi_spe_19651004_united-nations.html (consultado em abril de 2018).

trumento de prazer egoísta e não mais como a sua companheira, respeitada e amada». O Papa também estava consciente do perigoso poder que isso poderia dar às autoridades. «Quem impediria os governantes de favorecerem e até mesmo de imporem às suas populações, se o julgassem necessário, o método de contracepção que eles reputassem mais eficaz?» (nº 17).

Meio século depois, é claro para todos que os receios do Santo Padre eram proféticos. A contracepção tornou-se uma parte assumida do comportamento sexual e é ensinada às crianças desde o ensino básico. A «lei natural» que ainda era sustentada pelo hábito, pela legislação e pela sociedade em meados do século passado foi arrancada das suas amarras no coração e nas mentes das pessoas. No entanto, apesar da sua presciência, o Papa não previu a mudança demográfica e a sua ameaça à sobrevivência da cultura cristã ocidental na Europa. Alguns dias depois do lançamento da encíclica, em Castel Gandolfo, o Papa falou em público sobre a sua luta com esta posição:

> Nunca antes tínhamos sentido tão fortemente o peso do nosso ofício como nesta situação [...] quantas vezes trememos diante das alternativas de uma fácil condescendência às opiniões correntes, ou de uma decisão que a sociedade moderna acharia difícil de aceitar, ou que pudesse ser arbitrariamente demasiado vexatória para a vida conjugal! [...] Depois de invocar o Espírito Santo, colocamos a nossa consciência em plena e livre disposição à voz da verdade, refletimos sobre os elementos estáveis da doutrina tradicional e vigente da Igreja, especialmente sobre os ensinamentos do recente concílio, ponderamos as consequências de uma e outra decisão; não temos dúvida sobre o nosso dever de pronunciar a nossa sentença nos termos expressos na presente encíclica[24].

No fim da encíclica, o Papa Paulo VI apela candidamente aos bispos para que sigam as suas difíceis decisões: «A todos queremos dirigir um convite insistente. À frente dos vossos sacerdotes, dos vossos colaboradores e dos vossos fiéis, trabalhai com afinco e sem tréguas na salvaguarda e na santificação do

---

[24] Papa Paulo VI, *Discurso na Audiência Geral*, Castel Gandolfo, 31 de julho de 1968, publicado no *Osservatore Romano*, edição inglesa, a 8 de agosto de 1968.

matrimônio, para que ele seja sempre e cada vez mais vivido em toda a sua plenitude humana e cristã. Considerai esta missão como uma das vossas responsabilidades mais urgentes desta época»[25].

Mas as conferências episcopais em muitos países recusaram obedecer ao Santo Padre em aspectos cruciais da encíclica. Emitiram comunicados liberando os casais católicos da obediência à autoridade magisterial da Igreja Católica no que dizia respeito aos métodos de controle de natalidade, deixando isso ao critério da sua consciência subjetiva (cf., na Alemanha, a Königsteiner Erklärung; na Áustria, a Maria Troster Erklärung; na Suíça, a Solothurner Erklärung; no Canadá, o Winnipeg Statement). Embora não se destinasse a eximir os casais da sua responsabilidade perante Deus no que dizia respeito à sua motivação para a contracepção, isso dava-lhes a opção de utilizar a contracepção artificial[26].

Evidentemente, as conferências episcopais não previram uma das consequências dessas declarações: permitir que os casais católicos usassem a pílula era algo que poderia generalizar-se na sociedade. Poderia ser separado da consciência cristã dos casais e aplicado a todas as relações sexuais, inclusive as que ocorrem antes e fora do casamento. No início dos anos 60 a pílula triunfava, não só porque dava às mulheres um controle sobre a sua fertilidade, aparentemente sem complicações, mas também porque as preocupações que se iam difundindo sobre a «explosão demográfica» faziam com que a contracepção parecesse a coisa certa a fazer para o bem da humanidade. Entretanto, em quase todos os países da Europa, a pílula conduziu a uma queda catastrófica do número de nascimentos.

No dia 27 de março de 2008, na Santa Missa celebrada na Sala do Cenáculo, em Jerusalém, o cardeal Christoph Schönborn disse a 150 bispos de todo o mundo que «o futuro da Europa estava em perigo. Nos últimos 40 anos a Europa disse três vezes "não" ao seu futuro. Em 1968 disse "não" à encíclica *Humanae vitae* de Paulo VI, uns anos depois fê-lo através das leis que apro-

---

[25] Papa Paulo VI e Marc Caligari, *Humanae Vitae, Encyclical Letter of His Holiness Pope Paul VI, on the Regulation of Births*, São Francisco, Ignatius Press, 1983.

[26] Cf. Vincent Twomey, *Moral Theology after* Humanae Vitae: *Fundamental Issues in Moral Theory and Sexual Ethics*, Dublin, Four Courts Press, 2010.

varam o aborto na maioria dos países europeus, e finalmente disse "não" com o "casamento" homossexual». E interrogou-se: «Terá a resistência da Igreja à revolução sexual em marcha ficado debilitada quando os bispos permitiram que os fiéis confiassem na consciência subjetiva para a escolha de um método anticonceptivo que viola a instrução doutrinal do Papa[27]?».

O teólogo moral irlandês Vincent Twomey, que fez o seu doutorado sob orientação de Joseph Ratzinger, vê nisso o momento decisivo de virada. Diz ele: «Penso que o debate sobre a *Humanae vitae* levou toda a crise na história cultural do Ocidente a um clímax. Estou convencido de que a Igreja na Europa, e não menos na Alemanha, não se recuperará enquanto não aceitar a *Humanae vitae*[28]».

---

[27] Cardeal Christoph Schönborn, «Jerusalem homilie», 27 de março de 2008, http://kath.net/news/21357 (consultado em abril de 2018).

[28] Cf. V. Twomey, *Der Papst: die Pille und die Krise der moral*, Sankt Ulrich Verlag, Augsburg, 2008; e a sua entrevista no *Die Tagespost*, a 4 de agosto de 2007.

Capítulo 12

A sexualização das crianças
e dos jovens imposta pelo Estado

«Sem uma ideia bem desenvolvida do pudor, não pode existir infância.»

Neil Postman[1]

Sexualização dos jovens pelo Estado

Quem controla a juventude é dono do futuro. E isso decidirá quem ganhará a guerra cultural em que nos encontramos. A cultura cristã vai vencer baseia-se na família e nas normas sexuais que tornam a família possível, em particular a monogamia. Até algumas décadas atrás, costumes, usos e leis ajudavam o indivíduo a orientar o seu desejo sexual de modo a ser capaz de fidelidade e responsabilidade dentro da família. Tudo isso acabou.

Sejamos claros. Se a orientação para os valores cristãos não for passada de geração em geração, a tradição acabará. Como diz o provérbio, «Deus não tem netos». «Tradição» vem do latim *trader* – «passar a outro», «transmitir». Se uma geração não recebe o que é bom, verdadeiro e justo, então não tem

---

[1] Neil Postman, *The Disappearance of Childhood*, Nova York, Vintage Books, 1982.

nada para transmitir às gerações seguintes, o que equivale a um colapso na cultura. Leva muito tempo construir uma casa, mas apenas algumas horas são necessárias para a destruí-la.

Desde que foi introduzida nas escolas alemãs na década de 1970, a educação sexual obrigatória progrediu da informação para a educação para a doutrinação – foi uma jornada rumo à completa desmoralização da sexualidade. De acordo com os principais «educadores sexuais», a «formação sexual» começa no nascimento. As crianças são incitadas a masturbar-se e recebem «cantinhos aconchegados» para brincar de médico no ensino infantil. Todos os tipos de famílias desfeitas são agora retratados como iguais em livros ilustrados, e a homossexualidade é apresentada como uma opção «normal». São cada vez mais agressivas as técnicas usadas para moldar crianças e adolescentes de forma irreversível. Isso implica a destruição do seu sentido de pudor, a ativação de impulsos sexuais a partir da primeira infância e a obstrução da consciência. Resta apenas um padrão: não faça nada de que o seu parceiro sexual não goste. Isto é reduzir o problema à quadratura do círculo, porque esses limites só podem se manter se a pessoa tiver aprendido o autodomínio. O crescente abuso sexual de crianças por adultos e, também, o crescente abuso sexual de crianças por outras crianças mostra que esse padrão não pode ser respeitado numa sociedade hipersexualizada.

A educação sexual obrigatória em escolas e jardins de infância lesa o direito dos pais a educarem os filhos como acharem adequado. Os pais deram a vida aos seus filhos. Em contraste com os clientes de bancos de esperma e as barrigas de aluguel, os pais sabem que o seu filho é um dom de Deus, e que não são donos do filho, mas apenas seus cuidadores, chamados à tarefa de criá-lo para se tornar uma pessoa que contribua para a sociedade. Por outro lado, essa obrigação é um seu direito natural. Não é atribuída pelo Estado, e o Estado não pode tirá-la[2]. A Declaração Universal dos Direitos Humanos (artigo 16.3), a Convenção Europeia dos Direitos Humanos e as constituições de inúmeros países reconhecem aos pais a autoridade para educar os filhos, porque se entende que, em geral, os pais amam, cuidam, são

---

[2] Cf. Wolfgang Waldstein, *Ins Herz geschrieben*, Augsburgo, Sankt Ulrich Verlag, 2012, Capítulo 8: «Das Erziehungsrecht der Eltern».

responsáveis e se sacrificam pelo bem-estar dos seus filhos. O artigo 2º do primeiro protocolo adicional à Convenção Europeia dos Direitos Humanos (CEDH) estabelece o seguinte:

A ninguém pode ser negado o direito à instrução. O Estado, no exercício das funções que tem de assumir no campo da educação e do ensino, respeitará o direito dos pais a assegurar aquela educação e ensino consoante as suas convicções religiosas e filosóficas.

Assim se dá cumprimento ao princípio da subsidiariedade, um aspecto central da doutrina social da Igreja, tal como é consagrado no nº 3 do artigo 5º do Tratado de Lisboa. O princípio da subsidiariedade diz que o Estado só deve assumir tarefas que não possam executadas de maneira autônoma a um nível inferior.

Os tratados internacionais atribuem as máximas autoridade e obrigação aos pais na educação dos seus próprios filhos. No entanto, esses tratados não impediram o Estado de assumir a autoridade de iniciar as crianças em idade escolar, desde a mais tenra idade, numa sexualidade hedonista e voltada para a luxúria. O direito dos pais a ensinarem aos seus filhos os padrões morais da sexualidade é assim subvertido.

Mesmo de um ponto de vista democrático, a educação sexual abrangente não pode ser justificada. Mais de 50% dos casamentos *não* acabam em divórcio. Em média, na União Europeia, 75% das crianças viviam com os seus pais biológicos e casados[3] – uma porcentagem impressionante, porque as televisões mostram majoritariamente os lares desfeitos. Mesmo aqueles que sofreram com o fim de um casamento querem que os seus filhos sejam felizes num casamento estável e que constituam família. Onde estão os pais ou mães que querem que os filhos ou filhas se divorciem e criem os filhos sozinhos, ou que se envolvam numa união homossexual? A grande maioria

---

[3] Eurostat, *Living arrangements in the EU27*, press release 156/2011-27 de outubro de 2011. http://www.europarl.europa.eu/RegData/etudes/note/join/2014/474407/IPOL- -FEMM_NT(2014)474407_EN.pdf, Table 1 (consultado em abril de 2018).

dos jovens quer famílias[4]. Mas o Estado, todo o sistema educativo e quase todas as organizações que têm alguma coisa a ver com a juventude deixaram de ensinar às crianças como amar e se relacionar.

A educação para a *castidade* e para o *autodomínio*, como preparação para o casamento e como um pré-requisito fundamental para a fidelidade (que era um dos principais aspectos do trabalho com jovens antes de 1968) é agora rara na Europa Ocidental, mesmo em escolas e organizações juvenis católicas. Até os termos «castidade» e «autodomínio» são mal compreendidos. Estamos a assistir a um enorme fracasso não só do Estado, mas também da Igreja. A teologia e o cuidado pastoral não aproveitaram praticamente nada do tesouro da teologia do corpo de João Paulo II e da riqueza das suas maravilhosas orientações (ver Capítulo 13); pelo contrário, a grande maioria das pessoas e organizações responsáveis pela instrução formal dos fiéis falhou na sua missão. O abandono da moralidade sexual cristã tem sido a tónica da auto-secularização da Igreja.

Introdução da educação sexual obrigatória nas escolas

A educação sexual escolar na Alemanha é um produto das revoltas estudantis de 1968. O seu objetivo central era a «libertação sexual» através da destruição dos valores cristãos. Teria sido expectável uma resistência por parte das igrejas cristãs, mas essa resistência, em grande medida, não se materializou. Os protagonistas de esquerda cedo fizeram o seu «avanço através das instituições», diretamente até os centros do poder, onde usam a legislação e programas financiados pelo governo para pôr em prática os seus objetivos revolucionários.

Isso aconteceu em todos os países ocidentais. Em apenas algumas décadas, organizações internacionais como a ONU e a UE tornaram-se centros de poder para a destruição do sistema tradicional de valores a nível global. Elas têm os recursos materiais e *o know-how* cultural revolucionário para enterrar os requisitos prévios sociais, culturais, legais e morais do casamen-

---

[4] Cf. *Shell-Jugendstudie* 2010 (Shell Youth Study 2010), http://jugend.ekir.de/Bilderintern/20100922_zusammenfassung_shellstudie2010.pdf (consultado em maio de 2018).

to e da família. Tudo isto é possível porque a linha dominante dos meios de comunicação ocidentais apoia esta agenda e eles próprios serviram em grande parte como manipuladores da opinião pública ao serviço dos objetivos da revolução cultural. O criminoso sadomasoquista Alfred Kinsey desempenhou um papel central na destruição dos valores judaico-cristãos relativos à sexualidade (ver Capítulo 2), sendo considerado um «sexólogo» sério pelos livros sobre educação sexual de que é autor. Em seu excelente livro *You're Teaching My Child What?*, a Dra. Miriam Grossman explica as mentiras e os perigos da educação sexual e descreve o papel fundamental de Alfred Kinsey: «O Dr. Kinsey foi para educação sexual o que Henry Ford foi para o automóvel. Ele foi o principal arquiteto de um novo modelo de sexualidade humana – um modelo baseado em sua convicção de que, na sociedade moderna, a moralidade tradicional é irrelevante e destrutiva»[5]. Após a morte de Kinsey, em 1956, o seu sucessor, Paul Gebhard, liderou o Kinsey Institut na Universidade de Indiana e, juntamente com o amigo íntimo de Kinsey, Wardell Pomeroy, fundou o Advanced Institute of Human Sexuality em São Francisco, a primeira grande instituição de ensino para a «sexologia» e a educação sexual. Pouco tempo depois, Mary Calderone, ex-diretora da Planned Parenthood, fundou o Information and Education Council of the United States (SIECUS). A seu lado estava Lester Kirkendall, que escreveu «uma declaração de direitos sexuais» em 1976. Esta declaração ainda influencia a agenda revolucionária sexual da IPPF e da UNESCO e pode ser vista como uma precursora da Convenção da ONU de 1990 sobre os direitos da criança. O que se alega é que as crianças têm «direito» a informação e a atividade sexual desde o nascimento, independentemente dos valores dos seus pais; e direito a qualquer forma de sexualidade, desde que seja voluntária e consensual. O que, há décadas, era visto como antinatural, perverso, anormal e repugnante – práticas sexuais que pertenciam à área da prostituição e sobre as quais as crianças certamente nada deveriam saber – tornaram-se hoje material educacional obrigatório.

---

[5] Miriam Grossman, *You're Teaching My Child What? A Physician Exposes the Lies of Sex Education and How They Harm Your Child*, Washington D.C., Regnery Publishing, 2009.

Na Alemanha, são o *Bundeszentrale für gesundheilitche Aufklärung* (BZgA), que é a organização federal para a saúde e educação sexual; o Centro Federal para a Educação para a Saúde; e o *Institut für Sexualpädagogik* («Instituto para a Educação Sexual») que estão levando a cabo a sexualização em escolas e jardins de infância com orçamentos de milhões. Entre as suas principais figuras incluem-se os professores Uwe Sielert, Rüdiger Lautmann, Elisabeth Tuider, Karlheinz Valtl e, antigamente, Helmut Kentler.

Uwe Sielert é professor de Educação Sexual na Universidade de Kiel desde 1992. O muito influente pedófilo Helmut Kentler era seu amigo e mentor. Durante mais de 20 anos, o seu livro *Lisa & Jan* esteve no mercado, com grandes imagens de crianças masturbando-se sob o olhar aprovador dos pais, uma menina brincando no chão com as pernas abertas e os pais durante o ato sexual. Sob o título de especialista, Kentler tornou-se conselheiro até das igrejas, ajudando-as a «adaptar as atividades da pastoral juvenil à mudança na Igreja e na sociedade». As tentativas feitas através do processo legal para proteger os direitos dos pais à educação dos filhos, tal como é garantido pela Constituição alemã, foram infrutíferas até agora. A situação é ainda mais grave porque a frequência escolar é obrigatória na Alemanha e o *homeschooling* (a educação escolar em casa) é proibido. Os pais não têm o direito legal de manter os seus filhos longe da doutrinação sexual da escola. Houve alguns casos em que os pais foram presos e os seus filhos foram colocados sob a guarda do Estado. E foi rejeitado um recurso apresentado pelos pais envolvidos ao Tribunal Europeu dos Direitos Humanos.

Um aspecto-chave para legitimar a educação sexual foi o surgimento da síndrome da imunodeficiência adquirida (AIDS) nos anos 80. Os políticos alemães tiveram uma oportunidade simples para dar seguimento ao seu juramento de tomada de posse: «promover o bem-estar [do povo] e protegê-lo de danos». Eles poderiam ter usado o poder do Estado para levar a população a perceber que a abstinência fora do casamento e a fidelidade ao cônjuge é 100% eficaz na prevenção da AIDS e de todas as outras doenças sexualmente transmissíveis, e que a heterossexualidade, em particular, diminui a probabilidade de contrair a doença. Em vez disso, o alarme contra a AIDS foi usado para legitimar a formação das crianças, cada vez mais novas, por especialistas em contracepção e alimentar a mentira do «sexo seguro» mediante a utilização de preservativos – apesar da propagação explosiva das doenças sexualmente transmissíveis. Os «educadores» sexuais começaram a visitar escolas com *kits* de contracepção e a praticar a colocação de preservativos em pênis de plástico. A porta já estava entreaberta. Com materiais gráficos e tridimensionais, filmes, dramatizações e articulações verbais forçadas de atos sexuais podiam neutralizar os padrões tradicionais, romper o sentimento de pudor das crianças e iniciá-las em práticas sexuais de todos os tipos, particularmente na masturbação.

O maior agente global no campo do aborto e da desregulação da sexualidade é a International Planned Parenthood Federation (IPPF), que tem organizações subsidiárias em 180 países. No seu relatório anual de 2010[6], a IPPF orgulha-se de:

- Ter evitado 22 milhões de gravidezes.
- Ter disponibilizado 131 milhões de serviços contraceptivos.
- Ter prestado 25 milhões de serviços relacionados com o HIV.
- Ter efetuado 38 milhões de CYP[7].
- Ter distribuído 621 milhões de preservativos.
- Ter prestado 80 milhões de serviços a jovens.

A IPPF não só faz milhões de abortos em todo o mundo, mas também vende partes intactas de corpos fetais obtidas através do procedimento ilegal de aborto por nascimento parcial. Isso foi revelado em uma série de vídeos secretos divulgados a partir de julho de 2015[8].

---

[6] IPPF's 2010 *Five-Year Performance Report*. https://www.ippf.org/resource/five-year--performance-report2010 (consultado em abril de 2018).

[7] CYP – Couple Years Protection é um indicador que estima a proteção dada pelos métodos contraceptivos durante um ano, com base no volume de contraceptivos vendidos ou distribuídos gratuitamente durante esse período.

[8] https://www.lifesitenews.com/news/undercover-video-planned-parenthood-uses--illegal-partial-birth-abortions-to (consultado em abril de 2018); https://www.youtube.com/watch?v=jjxwVuozMnU (consultado em maio de 2018). https://www.youtube.com/watch?v=XY1ReU8hLVI (consultado em maio de 2015).

A IPPF alega enganadoramente, em seu Relatório Anual de Desempenho de 2007-2008, que o acesso ao aborto legal seguro é um imperativo de saúde pública e do respeito pelos direitos humanos. Mas esta é uma mentira crassa. Nenhum documento internacional vinculativo da ONU ou da UE reconhece o aborto como parte da saúde sexual e reprodutiva (SPH), e muito menos como um direito humano. O relatório anual da IPPF de 2010 diz que a União Europeia é o maior doador para o desenvolvimento internacional e que tem historicamente defendidos a saúde e os direitos sexuais e reprodutivos. A Rede Europeia da IPPF lidera os esforços para garantir que a saúde sexual e reprodutiva permaneça no centro da política de desenvolvimento da UE.

Como revela um relatório de março de 2012 da European Dignity Watch, os programas de aborto que a IPPF e a Marie Stopes International conduzem nos países em desenvolvimento são financiados pela UE, apesar de não haver base legal para isso[9]. O principal grupo-alvo da IPPF são os adolescentes: «Nos últimos cinco anos, a IPPF passou de uma organização que trabalha com jovens para uma que tem o seu foco na juventude e onde a participação dos jovens é um princípio para a prestação de serviços de saúde sexual e reprodutiva de qualidade»[10].

Para a IPPF, os direitos sexuais dos jovens não devem ser limitados nem pela lei, nem pelas normas sociais ou religiosas. O relatório dos cinco anos diz, orgulhosamente, que a IPPF fez 238 alterações legais em 119 países a favor dos direitos reprodutivos e sexuais, dos quais 52 envolvem a liberalização do aborto. A IPPF forneceu 3,9 milhões de serviços relacionados com o aborto, 41,7% deles a jovens, o que corresponde a um aumento de 22%.

A Pro Familia, sucursal alemã da International Planned Parenthood Federation (IPPF), implementa a sua estratégia a nível nacional e local. A Planned Parenthood foi fundada em 1942 por Margaret Sanger nos Estados Unidos e a Pro Familia em 1952 por Hans Ludwig Friedrich Harmsen. Como já tivemos ocasião de referir, Sanger e Harmsen viam-se como eugenistas que queriam redu-

---

[9] Revelado por um relatório do European Dignity Watch: http://www.europeandignitywatch.org/planned-parenthood-selling-aborted-baby-parts/ (consultado em junho de 2018). Ver ref. 11 no Capítulo 5.

[10] IPPF, *Five-Year Performance Report 2010*.

zir o «patrimônio genético inferior na população» com o objetivo de promover um patrimônio genético «digno» para apoio ao Estado. Harmsen foi fundador e presidente da Pro Familia até 1962 e seu presidente emérito até 1984. Nunca se distanciou da sua posição sobre a eugenia. De 1973 a 1983, o marxista Jürgen Heinrichs foi presidente da associação. O nome Pro Familia sugere o oposto do que a organização, patrocinada pelo Estado, na realidade promove.

Na Alemanha, a Pro Familia tem cerca de duzentos centros de aconselhamento, além de inúmeros *sites* e serviços de consultoria. É o principal parceiro do Governo na sexualização de crianças e adolescentes. Ao fazê-lo, a Pro Familia angaria continuamente novos clientes para a sua empresa de abortos. As suas próprias estatísticas afirmam que 77% de todas as interrupções de gravidez feitas na Alemanha foram realizadas em um dos seis centros de aborto da Pro Familia. No entanto, a Pro Familia é uma «instituição de caridade», isenta de impostos.

Conteúdos e métodos da educação sexual abrangente

Vejamos mais de perto o conteúdo da «educação sexual abrangente». Quase todas as organizações nacionais e internacionais que têm algo a ver com crianças ou jovens investem o seu poder e os seus recursos na sexualização das crianças desde o nascimento e no afastamento dos limites morais à atividade sexual. As organizações juvenis de movimentos cristãos são uma exceção, mas, infelizmente, muitas delas também estão sendo engolidas pela perspectiva dominante. A mensagem é que a sexualidade serve apenas para o prazer. Os efeitos colaterais indesejáveis, como a geração de uma nova vida humana, devem ser evitados pela contracepção ou eliminados pelo aborto. Os danos psicológicos causados por relações desfeitas e o perigo das DST são banalizados e ignorados.

Entre as organizações norte-americanas que atuam a nível global promovendo a sexualização de crianças e adolescentes estão as seguintes[11]:

---

[11] Outras organizações e outros recursos para a educação sexual abrangente podem ser encontrados no final de *Standards for Sexuality Education in Europe*, publicado pela OMS e pelo BZgA.

- Advocates for Youth
- Guttmacher Institut
- International Planned Parenthood Federation
- National Education Association
- Population Council
- Sex Education Forum
- SIECUS
- UNESCO
- FNUP
- World Association for Mental Health
- Youth Peer Education Network

Todas essas organizações são agentes da revolução sexual global e usam a desregulação dos padrões morais sexuais para subverter a base social da sociedade, isto é, a família, baseada no casamento entre um homem e uma mulher[12].

A 11 de novembro de 2014, no Twitter, o cardeal sul-africano Wilfrid Fox Napier acusou o Ocidente de estar espalhando um «ebola moral»:

Quando vejo a depravação moral a espalhar a sua mortalha maléfica sobre a sociedade, lembro-me da devastação causada na África Ocidental pelo ebola[13].

Será que o cardeal está exagerando? Vamos examinar mais de perto três dos documentos dos promotores da globalização sexual, prestando especial atenção ao texto, porque os termos são geralmente uma caixa de Pandora com informação oculta.

---

[12] A organização americana Family Watch International produziu um excelente vídeo informativo: *War on Children. The Comprehensive Sexuality Education Agenda.* https://www.comprehensivesexualityeducation.org/film/ (consultado em maio de 2018).
[13] Rádio do Vaticano, 8 de novembro de 2014.

Modelo de Educação Sexual Abrangente (ESA) da IPPF[14]

Eis alguns excertos (as citações aparecem entre aspas, os cortes não estão assinalados e foram acrescentados itálicos):

A IPPF «trabalha para um mundo» no qual «as necessidades dos jovens» são satisfeitas, a saber: «mulheres, homens e jovens em todos os lugares têm controle sobre os seus próprios corpos e são *livres de escolher a paternidade ou não*; livres para procurar uma vida sexual saudável sem medo de gravidezes indesejadas e infeções sexualmente transmissíveis, incluindo o HIV».

Outra declaração diz:

A IPPF compromete-se com a promoção, a proteção e a defesa dos direitos de saúde sexual e reprodutiva de *todos os jovens*. Isso inclui o direito a informação e educação sobre sexualidade, e o *direito a prazer* e confiança nas relações e todos os aspectos da sua sexualidade. *A informação deve estar disponível para crianças e jovens de todas as idades.*

São necessárias estratégias amplas dirigidas aos jovens *tanto dentro como fora da escola.*
O modelo inclui «Sete componentes essenciais da ESA»:

1. Gênero: diferença entre gênero e sexo, manifestações e consequências do preconceito de gênero, estereótipos e desigualdade.
2. Saúde sexual e reprodutiva e HIV: como usar preservativos; outras formas de contracepção (incluindo contracepção de emergência); aborto legal e seguro.
3. Direitos sexuais e *cidadania sexual*: abordagem baseada em direitos para a saúde sexual e reprodutiva (SSR); serviços e recursos disponíveis e como ter acesso aos mesmos; diferentes identidades sexuais;

---

[14] http://www.ippf.org/sites/default/files/ippf_framework_for_comprehensive_sexuality_education.pdf (consultado em abril de 2018).

defesa; escolha; proteção; o direito de expressar e explorar livremente a sexualidade de uma maneira segura, saudável e gratificante.

4. Prazer: ser positivo em relação à sexualidade dos jovens; gênero e prazer; *masturbação; amor, luxúria e relacionamentos; a diversidade da sexualidade; a primeira experiência sexual;* abordar o estigma associado ao prazer.

5. Explorar os vários tipos de violência contra homens e mulheres: homens/rapazes como perpetradores e aliados na prevenção da violência.

6. Uma perspectiva positiva da diversidade: reconhecer a discriminação, *apoiar os jovens a irem para além da simples tolerância.*

7. Relacionamentos diferentes (*i.e.*, família, amigos, sexual, romântico etc.).

Tudo isso levanta algumas questões.

Em primeiro lugar, será realmente o maior desejo dos jovens do mundo decidir a favor ou contra a paternidade? Não! As pesquisas dizem algo muito diferente: a maioria dos jovens quer ter a sua própria família estável.

Em segundo lugar, *todos os jovens de todas as idades têm* realmente direitos sexuais e reprodutivos, especificamente o «direito» de serem instruídos pelos adultos para descobrir o corpo como um meio de luxúria através da masturbação[15]? Têm o direito de satisfazer essa luxúria como queiram, independentemente dos estereótipos masculinos e femininos? Não! É assim que os direitos dos pais e a liberdade religiosa estão sendo minados. *Todas* as religiões ensinam valores morais sexuais que são transmitidos às gerações mais novas.

Em terceiro lugar, a educação sexual abrangente e a mensagem de «sexo seguro» fornecem proteção contra o HIV e outras doenças sexualmente trans-

---

[15] No livro *Lisa & Jan*, o Prof. Uwe, uma figura-chave da Educação Sexual Abrangente, promove a masturbação nas crianças. No manual para pais, afirma claramente que as crianças devem ser conduzidas a fazê-lo: «Naturalmente, as crianças descobrem esse prazer por si mesmas, se forem acariciadas antecipadamente pelos seus pais. Se não souberem de todo o que é a luxúria, também não haverá jogos sexuais». Isto consiste num claro incentivo ao comportamento pedófilo. Frank Herrath, Uwe Sielert, *Elterninformation, Lisa & Jan, Ein Aufklärungsbuch für Kinder und ihre Eltern*, Weinheim, Beltz Verlag, 1991.

missíveis? Não! A sexualização levou a uma propagação explosiva das DST, incluindo o regresso da sífilis e da gonorreia, doenças venéreas que tornam muitas jovens estéreis para sempre.

Em quarto lugar, as crianças sexualizadas podem realmente proteger-se melhor contra os abusos sexuais do que aquelas cujo sentido de pudor não foi destruído? Não, porque elas já não conseguem perceber a diferença entre ternura e avanços sexuais, sobretudo se forem crianças emocionalmente carentes.

E, finalmente, devem os jovens deste mundo ser educados e «capacitados» para assassinar os seus próprios filhos não nascidos? Não! Eles devem ser educados para honrar a vida e respeitar a dignidade de cada indivíduo.

Healthy, Happy and Hot: A Young Person's Guide to Their Rights, Sexuality and Living with HIV (IPPF, 2010)

Este guia foi distribuído pela Associação Mundial de Escoteiros e Guias que participaram na reunião anual da Comissão da ONU sobre o Estatuto da Mulher (CSW)[16]. O escotismo começou como uma organização cristã de jovens baseada em valores de construção de caráter, tais como os deveres em relação a Deus e à pátria, a lealdade e a entreajuda.

A IPPF transmite aos jovens uma mensagem diferente: «Os direitos sexuais e reprodutivos são reconhecidos em todo o mundo como direitos humanos. Todas as pessoas que vivem com o HIV estão aptas a usufruir desses direitos e eles são necessários para o desenvolvimento e o bem-estar de todas as pessoas e das sociedades em que vivem».

Esta declaração de abertura está cheia de mentiras. Não existe um tratado internacional que reconheça os «direitos sexuais e reprodutivos» como um «direito humano». As atividades sexuais para as quais a IPPF orienta os jovens não são certamente «necessárias para o desenvolvimento e o bem-estar de todas as pessoas e sociedades em que elas vivem». A verdade é que elas não poderiam ser mais destrutivas para o bem-estar da pessoa e da sociedade.

---

[16] Sharon Slater, *Stand for the Family*.

A IPPF dirige este guia a «todos os jovens que vivem com HIV e que estão interessados em namorar e ter relações sexuais com pessoas do mesmo sexo ou do sexo oposto, assim como àqueles que estão a explorando e a questionando a sua "orientação sexual"». A IPPF (des)informa ainda que os jovens têm o «direito de decidir se, quando e como divulgar a sua situação quanto ao HIV». De acordo com a IPPF, há razões válidas para não o fazer: «As pessoas irão descobrir outras coisas que eles mantiveram em segredo, como o uso de drogas injetáveis, terem feito sexo fora do casamento ou sexo com pessoas do mesmo sexo». Que isso possa ser problemático para o parceiro é irrelevante. Estar numa relação com alguém que tem HIV «é tão gratificante e satisfatório quanto estar numa relação com qualquer outra pessoa». A IPPF dá a absolvição: «Você não fez nenhum mal». Além disso, a IPPF considera uma «violação dos direitos pessoais» que alguns países obriguem por lei a que a infeção pelo HIV seja revelada ao(s) «parceiro(s)» sexuai(s) – para a IPPF, essa é uma razão para os jovens procurarem mudar essas leis.

A IPPF encoraja uma ampla variedade de práticas sexuais:

> Muitas pessoas pensam que sexo diz respeito apenas a relações sexuais vaginais ou anais, […] mas existem muitas maneiras diferentes de fazer sexo e muitos tipos diferentes de sexo […]. Não há uma maneira certa ou errada de fazer sexo […]. A masturbação é uma ótima maneira de descobrir mais sobre o seu corpo e o que você acha sexualmente estimulante. Misture as coisas usando diferentes tipos de toque, de muito macio a duro. Fale sobre, ou expresse, as suas fantasias. Use uma linguagem vulgar.

A IPPF também considera que fazer sexo e beber álcool ou usar drogas ao mesmo tempo é uma questão de opção: «Basta planejar com antecedência e ter os preservativos e lubrificantes por perto».

A IPPF não se detém perante os riscos acrescidos de contrair DST, especialmente quando uma pessoa já está infectada com o HIV:

> As DST podem afetar os órgãos genitais, o ânus, a boca e a garganta. As DST podem ser transmitidas ao bebê durante a gravidez e o parto. Ter uma DST pode aumentar as hipóteses de o parceiro ser infectado

pelo HIV. As DST não tratadas podem levar a problemas de saúde como infertilidade, câncer cervical e câncer anal. O HIV pode tornar a pessoa propensa a infecções vaginais – fungos, vaginose bacteriana e doença inflamatória pélvica (PID) – e a um crescimento anormal de células no colo do útero que podem transformar-se em câncer se não forem tratadas. O HIV pode reduzir a resistência a infecções que causam feridas abertas ou verrugas genitais no pênis e até corrimento. Muitos jovens que vivem com o HIV também têm hepatite C, que também pode ser transmitida sexualmente. Certifique-se de que os profissionais de saúde que o atendem estejam cientes de sua coinfecção.

Mas não há necessidade, de acordo com a IPPF, de dizer isso ao(s) parceiro(s) sexual(ais). A IPPF dá «dicas para tornar o sexo mais seguro» caso os preservativos não façam o seu trabalho: «Mantenha a saúde vaginal fazendo um exame ginecológico anual e tratando quaisquer feridas, inchaços ou irritações nos órgãos genitais o mais rapido possível. Mantenha o teu pênis saudável verificando regularmente quaisquer feridas e secreções (não te esqueças de observar a zona debaixo do prepúcio) e pedindo ao médico que faça um exame peniano».

No entanto, a IPPF fica em silêncio em relação às hipóteses de cura para as graves consequências do comportamento sexual que promove.

A IPPF acha que é uma questão de opção «não fazer sexo seguro» e aconselha sobre métodos para «reduzir um pouco os riscos do HIV, outras DST e gravidezes não intencionais sem usar preservativos. É possível limitar a quantidade de fluidos corporais como o sêmen e as secreções vaginais que a pessoa e o parceiro(s) compartilham».

A IPPF apresenta como um «direito dos jovens que vivem com HIV escolher se, quando, quantos e com quem ter filhos», mesmo que haja um risco de 25% a 30% de transmissão vertical do HIV para a criança – criança esta que, está claro, pode ser abortada por um «aborto seguro» efetuado pelos «serviços de saúde reprodutiva» da IPPF, «sem necessidade da permissão dos pais ou responsáveis». Se houvesse uma organização cujo propósito fosse promover a disseminação do HIV/AIDS e outras doenças venéreas, seduzir adolescentes para comportamentos sexuais de risco pessoalmente destrutivos, e encorajá-los a porem em risco outras pessoas, não seria proibida?

Pois essa organização existe, e chama-se International Planned Parenthood Federation. Não é proibida, mas subsidiada com centenas de milhões de dólares. No entanto, as coisas estão mudando nos Estados Unidos. O Congresso dos EUA começou a olhar para a Planned Parenthood. Setenta e dois congressistas pediram ao Government Accountability Office que investigasse a Planned Parenthood. Em sua carta de fevereiro de 2014 eles disseram o seguinte:

> É profundamente preocupante que, apesar de a Planned Parenthood reivindicar responsabilidade direta pela morte de mais de seis milhões de bebês em gestação, apresentando um recorde de 333,964 abortos só em 2011, ainda assim receba dinheiro dos contribuintes – desde a eleição de Obama, os subsídios dos EUA para a indústria nacional ou internacional do aborto aumentaram significativamente[17].

Esta é uma nova forma de imperialismo cultural que pode trazer mais destruição do que qualquer saque de recursos de outras nações ou continentes.

Qualquer pessoa pode perceber que *Healthy, Happy and Hot* conduz a um inferno de dependência sexual, vício, doença e destruição de relacionamentos. É extremamente fino o véu que cobre a sedução diabólica, do prazer e do bem-estar! Pode a IPPF provar que os jovens que seguem esse conselho sentirão prazer e bem-estar nas suas vidas? O seu «provedor de saúde» não lhes vai devolver a sua saúde, e o sistema de assistência médica e social será cada vez menos capaz de arcar com os custos.

Há uma maneira muito simples de lidar com o dom da sexualidade, de modo que ele seja uma expressão do amor verdadeiro a partir do qual uma nova vida humana pode ser criada – e não representa *absolutamente nenhum* risco para a saúde: *sexo com apenas uma pessoa*. É o ideal da monogamia que torna a família possível. Por que as elites políticas e empresa-

---

[17] https://www.lifesitenews.com/news/planned-parenthood-now-under-nationwide-investigation-by-gao-congressmen-an (consultado em abril de 2018).

riais estão trabalhando para destruir sistematicamente esse ideal e, com ele, a família? Porque estão muito centrados nos 2% que não são atraídos pelo sexo oposto – ou porque estão a usar essa pequena minoria para destruir o casamento e a família?

Padrões para a Educação Sexual na Europa (OMS e BZgA, 2010)

Um terceiro documento persegue os mesmos objetivos, mas com palavras mais moderadas: *Padrões para a Educação Sexual na Europa,* publicado pela Organização Mundial de Saúde (OMS) e pelo Centro Federal Alemão de Educação para a Saúde (BZgA) em 2010[18].

Como em qualquer educação sexual, a OMS funciona segundo a premissa antropológica de que os seres humanos necessitam de atividade sexual desde o nascimento; que têm «direito» a isso. Os adultos deveriam, supostamente, estimular essa necessidade desde o início, falar com a criança sobre atos sexuais, com detalhes e em todas as faixas etárias, e dar-lhes a oportunidade de viverem as suas necessidades sexuais livres de «estereótipos de gênero». Um mapa apresenta a educação sexual «apropriada em cada idade»:

- Dos 0 aos 4 anos: A criança tem «o direito de explorar a nudez e as identidades do corpo e do gênero». A criança deve aprender a «diferenciar entre segredos "bons" e "maus" e aprender que "o meu corpo me pertence"».

- Dos 4 aos 6 anos: A criança aprende a nomear cada parte do corpo e os cuidadores devem «lavar todas as partes do corpo» e «falar sobre assuntos sexuais em linguagem sexual». A criança deve «receber informações» sobre «prazer e prazer ao tocar o próprio corpo na masturbação infantil precoce», «amizade e amor para com pessoas do mesmo sexo», «amor secreto e primeiro amor» e «uma consciência dos direitos».

---

[18] http://www.bzga.de/infomaterialien/einzelpublikationen/who-regional-officc-for--europe-and-bzga-standards-for-sexuality-education-in-europe (consultado em abril de 2018).

- Dos 6 aos 9 anos: A criança deve ser informada sobre «menstruação e ejaculação, opções relacionadas com a gravidez, diferentes métodos de contracepção, sexo nos meios de comunicação, incluindo a Internet, sensações agradáveis e de prazer ao tocar o próprio corpo (masturbação/autoestimulação), diferença entre amizade, amor e luxúria, amizade e amor para com pessoas do mesmo sexo, doenças relacionadas com a sexualidade». Deve «examinar o seu corpo, usar linguagem sexual e aceitar a diversidade».
- Dos 9 aos 12 anos: Primeira experiência sexual, variabilidade do comportamento sexual, contraceptivos e seu uso, prazer, masturbação, orgasmo, diferenças entre identidade de gênero e sexo biológico, saber o que são DST, HIV e direitos sexuais. A criança deve adquirir competências nos meios de comunicação usando a Internet e telefone celular, e lidar com a pornografia. A criança deve falar sobre sexo e fazer escolhas conscientes em relação a ter ou não experiências sexuais.
- Dos 12 aos 15 anos: A criança aprende a obter e a usar preservativos, bem como ferramentas de comunicação para ter sexo seguro e agradável e para lidar com o pudor, o medo, os ciúmes e as desilusões. A criança adquire mais competências no uso dos meios de comunciação modernos e lida com pornografia.
- 15 anos ou mais: é chegada a hora de saber o que são mutilação genital, circuncisão, anorexia, bulimia, hímen e reconstituição do hímen, gravidez em relações entre pessoas do mesmo sexo, serviços de contracepção, «bebês *designer*»[19], sexo transacional [um eufemismo para a prostituição] – e adquirir uma visão crítica das diferentes normas culturais/religiosas relacionadas com a gravidez e a paternidade.

Muito bem, pais: ensinem então aos vossos bebês o que é a masturbação, falem sobre sexo com os vossos filhos, estimulem a sua atividade sexual e deixem que a escola lhes fale sobre contracepção, aborto e desejo pelo mesmo sexo, amor e paternidade antes da puberdade. Ensinem-nos a usar pre-

---

[19] Bebê-*designer*: um bebê cujo material genético foi selecionado de modo a erradicar um determinado defeito ou a assegurar que determinado gene está presente.

servativos, mergulhem-nos na pornografia, deixem-nos viciados em sexo, deixem-nos saber que tudo isso é um «direito» deles – e façam com que a sua infância caia no abismo da obsessão sexual, juntamente com a dignidade humana e a esperança de virem a ter uma família feliz.

Que diretor de escola, professor, pai ou mãe consegue enfrentar essa pressão autoritária internacional? Quando uma organização responsável pela saúde no mundo (a Organização Mundial de Saúde), juntamente com uma instituição do Governo alemão, elabora «Padrões para a Educação Sexual» e cria a impressão de que eles resultam da objetividade científica, é porque isso serve ao bem-estar da população mundial, ou não?

O anexo do documento contém listas abrangentes de literatura, currículos, organizações, centros, fundações e organizações juvenis que impulsionam a «educação sexual» de crianças e adolescentes nos Estados Unidos.

COMO É POSSÍVEL que toda uma geração tenha caído nas mãos de uma máfia cultural revolucionária que parece inclinada a transformar as futuras gerações em massas amorfas e desenraizadas de consumidores viciados em sexo?

Abuso sexual de crianças e adolescentes e sua «prevenção»

O abuso sexual de crianças e adolescentes é onipresente na nossa sociedade. O National Center for Victims of Crime (EUA) publica pesquisas e estatísticas sobre abuso sexual infantil[20]. Os números são alarmantes:

- Uma em cada cinco garotas e um em cada 20 rapazes são vítimas de abuso sexual infantil.
- Estudos comunicados pelos próprios revelam que 20% das mulheres adultas e entre 5% a 10% dos homens adultos se lembram de um incidente de assédio sexual ou abuso sexual na infância.

---

[20] http://www.victimsofcrime.org/media/reporting-on-child-sexual-abuse/child-sexual-abuse-statistics (consultado em abril de 2018).

- Ao longo da vida, 28% dos jovens dos EUA com idades entre 14 e 17 anos foram vítimas de violência sexual.
- As crianças são mais vulneráveis ao abuso sexual entre os sete e os 13 anos de idade.

De acordo com um relatório do National Institute of Justice norte-americano de 2003, três em cada quatro adolescentes que foram sexualmente molestados foram vítimas de alguém que conheciam bem.

Os números mostram que uma sociedade hipersexualizada – uma sociedade em que filmes, pornografia, publicidade, revistas e literatura provocam constantemente o desejo sexual – usará os mais indefesos, os mais vulneráveis, para satisfazer esse desejo: as crianças.

Não há dúvida de que as feridas profundas do abuso sexual traumatizam as vítimas e distorcem as suas vidas. Porque é que o abuso sexual generalizado de crianças não é um assunto de interesse nacional? Por que razão não é reconhecido como uma doença cancerígena que a sociedade deve combater? A resposta é óbvia: porque é generalizada; porque o vício sexual é um fenômeno de massas; porque a nossa cultura não ensina o controle do impulso sexual – muito pelo contrário: proclama um «direito ao prazer sexual» desde o berço até o túmulo. Apenas um grupo da sociedade sofrerá revolta e perseguição se transgredir as leis que ainda restam contra o abuso sexual de crianças: o dos padres católicos. Quando são ordenados sacerdotes, prometem o celibato. Desde o primeiro momento em que consideraram a sua vocação até o momento da sua ordenação, eles souberam que isso fazia parte do seu chamamento.

O mundo secularizado e sexualizado odeia o celibato, ataca-o sempre que possível e alegra-se quando os padres caem. Essa é uma arma muito útil na batalha contra a Igreja Católica. Para um católico, trata-se de um crime terrível e de uma ferida que sangra no corpo de Cristo. Não só a criança fica traumatizada, como a sua relação com Deus pode ficar destruída para sempre. Graças a Deus, esse mal purulento foi exposto.

Mas há uma contradição gritante: por que não há indignação, atenção pública ou ação política contra o abuso sexual diário de centenas de milhares de crianças no meio de nós?

O abuso sexual já não é apenas um problema entre adultos e crianças – é também um problema de crianças e adolescentes entre si. O que não é de se admirar, já que os meios de comunicação e a escola estimulam constantemente as crianças com sexo. Anita Heiliger, pesquisadora de abusos do German Youth Institute, mostra que é crescente a quantidade de menores que abusam sexualmente uns dos outros. São aqueles que estão «entre os 14 e os 16 anos que correm maior risco de abusar sexualmente de crianças!... Na faixa etária dos 14 aos 16 anos, [os crimes sexuais violentos] aumentaram para mais do dobro nos últimos 15 anos»[21].

A associação alemã Zartbittere, um centro de contato e informação que combate o abuso sexual de rapazes e garotas, diz que cada vez mais são os pais que relatam que os filhos em idade pré-escolar e no ensino básico sofreram ataques sexuais por parte de crianças da mesma idade e mais velhas:

> As crianças mais velhas, que já têm um acesso não controlado aos meios de comunicação, consideram essas violações normais. Algumas consomem material pornográfico na casa dos pais, na vizinhança ou nos smartphones dos colegas de turma, e revivem as imagens incriminadoras durante as brincadeiras. Há dez anos, era raro as crianças do jardins de infância imitarem as práticas orais dos adultos. Hoje em dia, não se passa uma semana sem que várias mães e pais inseguros telefonem para o Zartbitter perguntando se o toque oral dos órgãos genitais é adequado em crianças em idade pré-escolar[22].

A comunicação eletrônica desempenha um papel cada vez maior nisso. O *cyberbullying* é assédio e coerção através da Internet ou de um smartpho-

---

[21] Anita Heiliger, *Sexuelle Übergriffe unter Jugendlichen, Hintergründe, Risikofaktoren und Ansatzpunkte für Prävention* («Abuso Sexual entre os Jovens. Antecedentes, Fatores de Risco e Pontos de Partida para a Prevenção»), Hanover, Fachtagung Landesstelle Jugendschutz – Kinderschut-zzentrum, Landesjugendamt, 4 de julho de 2006. https://www.forum.sexualaufklaerung.de/index.php?docid=1353 (consultado em maio de 2018).

[22] http://www.zartbitter.de/content/e158/e66/e6485/index_ger.html (página já não acessivel em maio de 2018). Cf. Bernd Siggelkow, Wolfgang Büscher, *Deutschlands sexuelle Tragödie: Wenn Kinder nicht mehr lernen, was Liebe ist* («A Tragédia Sexual da Alemanha: Quando as Crianças já não Aprendem o Que É o Amor», Asslar, Gerth Medien, 2008.

ne, e, muitas vezes, tem um componente sexual. Um estudo representativo desenvolvido em 2011 pela Universidade de Münster e por uma companhia de seguros de saúde revelou que mais de 36% dos adolescentes e jovens já foram vítimas de *cyberbullying*[23].

Todos estão de acordo que as crianças e os adolescentes devem ser protegidos disto. Mas como? Um bom senso saudável diria que a sexualização das crianças pelos meios de comunicação e pelas escolas devia terminar. As crianças têm direito a um ambiente protegido onde possam ser crianças. Esse ambiente protegido deve ser recriado.

Mas os mercenários profissionais da sexualidade infantil, que se apresentam como «especialistas científicos», têm outras estratégias. A sua ideia é estimular as crianças para a atividade sexual, afastar todas as limitações, dar-lhes espaço para brincarem de médico e se masturbarem, informá-las desde cedo sobre a «diversidade» das práticas sexuais e depois desenvolver nelas a confiança e a autoestima para se protegerem contra o abuso sexual. O Dr. Günther Deegener, especialista em psicologia infantil e juvenil, aparece como testemunha especialista em julgamentos por abuso e é presidente da Deutscher Kinderschutzbund («Associação Alemã de Proteção à Criança») no estado alemão de Saarland. Em seu livro *Kindesmißbrauch: erkennen, helfen, vorbeugen* («Abuso Infantil: Reconhecer, Tratar, Prevenir»), apela à prevenção do abuso sexual de crianças[24]. No entanto, também defende o «direito das crianças à autodeterminação física e sexual». Cita, aprovando, que «as crianças devem ser instruídas na escola sobre sentimentos de luxúria, diversão, ereção e orgasmo, masturbação, carinho e relações sexuais. O comportamento lascivo natural da criança com o seu próprio corpo deve ser permitido, mesmo em brincadeiras físicas com outras crianças»[25].

Numa palavra, a sexualização das crianças é recomendada como meio de prevenção de abusos. Não admira que os programas de abuso tenham

---

[23] http://de.wikipedia.org/wiki/Cyber-Mobbing (consultado em abril de 2018).

[24] Günther Deegener, *Kindsmißbrauch: erkennen, helfen, vorbeugen*, 4.ª ed., Weinheim, Basel, Beltz Verlag, 1998.

[25] *Ibid.*, 197. Cf. Christa Wanzeck-Sielert sobre treino da assertividade sexual nos jardins de infância e no ensino básico, http://forum.sexualaufklaerung.de/index.php?docid=1353 (consultado em abril de 2018).

os resultados que têm: «Até hoje, não ficou provado que tais programas de prevenção reduzam a frequência dos abusos sexuais». Deegener confirma os números de Anita Heiliger. A nível internacional, supõe-se «que cerca de 20% a 25% das violações e 30% a 40% de outros atos de abuso sexual sejam cometidos por crianças, adolescentes ou jovens adultos»[26]. Assim, até a prevenção do abuso se transforma num instrumento do Estado para sexualizar as crianças.

Métodos e riscos da sexualização manipuladora de crianças e adolescentes

Conseguir afastar o sistema de valores da sociedade da educação sexual escolar sem levantar nenhuma resistência digna de nota foi uma obra de mestre dos agentes da revolução cultural. Isso requer técnicas sofisticadas de manipulação, entre as quais:

- Apresentarem-se ao mundo adulto como «especialistas científicos».
- Apresentarem-se aos jovens como amigos e defensores competentes e compreensivos contra pais rígidos e austeros.
- Adaptar a linguagem ao jargão da juventude e às imagens dos desenhos animados infantis.
- Apresentar a sexualidade permissiva como dominante: «Isto é normal!».
- Pressupor a pressão dos pares: «Todo mundo faz isso!».
- Não mencionar casamento ou família.
- Apresentar formas deficientes de família – famílias monoparentais, famílias reconstituídas, famílias LGBTI – como iguais às famílias tradicionais (mãe-pai-filhos).
- Destruir o sentido de pudor através de:
  - Brincadeiras com pênis de plástico, vaginas de pelúcia e preservativos.
  - Representações detalhadas do comportamento sexual em palavras, imagens, filmes e vídeos.

---

[26] Heiliger, *Sexuelle Übergriffe unter Jugendlichen.*

- Verbalização forçada de atos sexuais na sala de aulas.
- Atuações e exercícios físicos sexualmente orientados.
- Educação pelos pares: treino e uso de adolescentes para a educação sexual de outros adolescentes[27].
- Ligação do impulso sexual dos adolescentes aos objetivos da cultura revolucionária dos educadores sexuais adultos, estimulando constantemente o apetite sexual das crianças e dos adolescentes.

Os riscos elevados da atividade sexual precoce são amplamente conhecidos, mesmo pelas autoridades públicas que promovem a sexualização precoce de crianças e adolescentes. Entre eles contam-se:

- Gravidez na adolescência e aborto.
- Danos na saúde causados por contraceptivos.
- Infecção por doenças sexuais.
- Danos psicológicos que podem conduzir à depressão e ao suicídio.
- Menor desempenho acadêmico.
- Capacidade de vinculação enfraquecida.

Gravidez na adolescência e aborto

A natureza quer sustentar a vida e não pode ser completamente controlada. A expectativa de que o uso generalizado da pílula diminuísse o número dos abortos nunca se concretizou. De fato, aconteceu o contrário: apesar da pílula – e, na verdade, paralelamente à disseminação da sua utilização –, os números do aborto dispararam após a liberalização. O professor Manfred Spieker, renomado especialista neste campo, estima que o número real de crianças mortas no útero desde 1976 na Alemanha seja de mais de 8 milhões[28]. Nos Estados Unidos, o número de abortos legais entre 1973 e 2011 foi de 53 milhões. A porcentagem dos abortos difere entre mulheres brancas

---

[27] *Ibid.*

[28] Manfred Spieker, *Kirche und Abtreibung in Deutschland*, Paderborn, Schöningh Verlag, 2001.

e mulheres negras. Estima-se que 10% das gestações de mulheres brancas e 29% das gestações de mulheres negras terminem em aborto[29]. De forma alarmante, 18% de todos os abortos feitos nos EUA são em adolescentes (dos 15 aos 19 anos)[30]. No entanto, a maré pode estar mudando: um novo relatório do Guttmacher Institute identificou um declínio geral de 13% nos números do aborto entre 2008 e 2011 nos EUA[31].

Houve também um grande declínio – de 64% – do número de gravidezes na adolescência nos EUA entre 1990 e 2010 e, posteriormente, na porcentagem de abortos entre adolescentes. A partir de 2010, o governo dos EUA calculou que tenha havido 15 abortos por cada mil adolescentes entre os 15 e os 19 anos de idade. Isto é considerado um «sucesso» para a educação sexual abrangente, mas também pode ser devido ao adiamento do sexo para uma idade mais tardia[32]. Ainda que a educação sexual abrangente conduza a uma diminuição do número de abortos entre as adolescentes, o projeto tem outras consequências para os jovens:

- Treina-os para serem especialistas em contracepção anos antes de chegarem à puberdade.
- Apresenta a morte de um ser humano no útero como uma «escolha» sem consequências.
- Leva uma jovem a uma clínica para fazer um aborto sem o conhecimento dos seus pais (e a clínica até pode esconder o fato de ela ter sido vítima de violação).

Será realmente necessário que crianças de oito, nove e dez anos de idade treinem a colocação de um preservativo num pênis de plástico em sala de

---

[29] Para estatísticas de abortos nos Estados Unidos, ver http://www.abort73.com/abortion_facts/us_abortion_statistics/ (consultado em abril de 2018).

[30] http://www.childtrends.org/wp-content/uploads/2012/07/27_Teen_Abortions.pdf (consultado em abril de 2018).

[31] http://www.guttmacher.org/media/nr/2014/02/03/ (consultado em abril de 2018).

[32] Valerie Huber, «Is "Safe Sex" Education the Reason behind the Drop in Abortion?», *Public Discourse*, 15 de junho de 2015, http://www.thepublicdiscourse.com/2015/06/15174/ (consultado em abril de 2018).

aula? Pode-se pensar que um adolescente que sabe mexer num smartphone poderá manipular um preservativo sem orientação escolar se tiver necessidade disso, mas neste caso trata-se de algo muito diferente.

O que uma menina ou um rapaz aprende realmente com isso? Uma criança que não é sexualizada tem desde cedo um sentido natural de pudor que a protege de intrusões e atividades sexuais. Os limites estabelecidos por esse sentido natural de pudor só são normalmente ultrapassados num relacionamento íntimo e amoroso, em que a dignidade do parceiro é respeitada. Intimidade significa que mais ninguém, a não ser o amante, está presente. A manipulação de órgãos sexuais e preservativos plásticos numa turma mista, a coação para falar sobre atos sexuais e a exposição a materiais gráficos prejudicam o sentido de pudor. É difícil para uma criança fugir do abuso de autoridade por parte de um professor e da pressão dos colegas da turma. As crianças assumem que os professores são modelos que lhes transmitem as informações necessárias. Então, concluem: «A escola está me preparando para as relações sexuais; logo, é normal tê-las na primeira oportunidade. Todo mundo faz isso».

Os riscos dos contraceptivos

Os contraceptivos hormonais, como as pílulas contraceptivas ou as injeções, têm efeitos colaterais graves, sobre os quais a educação sexual escolar é omissa. A Organização Mundial de Saúde (OMS) classifica-os como cancegírenos. Além do aumento do risco de câncer, a pílula tem outros efeitos colaterais: depressão, perda da menstruação, redução da libido, enxaquecas, aumento de peso e aumento do risco de coagulação do sangue, especialmente se combinada com o tabagismo. A pílula duplica o risco de acidente vascular cerebral. Até os ecologistas deveriam ter reservas em relação a ela porque, após a excreção, os hormônios entram no lençol freático, causando mudanças genéticas e deformidades em animais e pessoas. A diminuição da qualidade dos espermatozoides e o aumento da infertilidade feminina ocorrem junto com isso. No entanto, a pílula é prescrita a mulheres jovens como algo natural na sua primeira visita ao ginecologista.

Os preservativos são o fetiche da ideologia do «sexo seguro». A ilusão de «sexo seguro» com preservativo é difundida em todo o país através de campanhas com cartazes e outros meios. Os preservativos podem ter algum efeito na prevenção da transmissão de doenças da gravidez, mas não são seguros! Se é uma questão de vida (gravidez) ou de morte (HIV/AIDS), as pessoas deviam saber os riscos que correm[33].

Rápida disseminação de doenças sexualmente transmissíveis (DST)

Doenças venéreas que se pensava terem sido eliminadas, como a sífilis e a gonorreia[34], estão de volta, como uma vingança, e há novas doenças sexuais que estão a atingir proporções epidêmicas. Especialmente virulentas são a clamídia, a tricomoníase e o vírus do papiloma humano de alto risco (HPV), que é conhecido por causar câncer uterino. A pediatra e psiquiatra Miriam Grossman denuncia os riscos da atividade sexual precoce, sobretudo nas meninas[35].

Nos Estados Unidos, todos os anos surgem até 19 milhões de novas infecções por DST, e metade das pessoas afetadas tem entre 15 e 24 anos de idade. Os adolescentes sexualmente ativos são o grupo de maior risco. Os Centros de Controle de Doenças indicam que 25% das adolescentes têm uma DST. Infeções por DST «custam 16,4 bilhões de dólares por ano ao sistema de saúde dos EUA, e ainda mais aos pacientes em termos de consequências agudas e de longo prazo para a sua saúde»[36]. Todos os anos, 24 mil mulheres nos Estados Unidos ficam inférteis devido às DST. As infecções por clamídia são a causa mais comum. Também aumenta, nas mulheres, o risco de infecção por outras doenças sexuais, como HIV e sífilis.

---

[33] Michael Horn, «Kondome: die trügerische Sicherheit», *Medizin und Ideologie*, 29, nº 3, 2007. https://gloria.tv/text/Hc7hifoyCH2H3KLUtoEcdbcVx (consultado em maio de 2018).

[34] Nas grandes cidades alemãs, a sífilis e a gonorreia espalham-se rapidamente entre os homossexuais dos 25 aos 39 anos de idade (https://de.wikipedia.org/wiki/Sexuell_übertragbare_Erkrankung (consultado em abril de 2018).

[35] Grossman, *You're Teaching My Child What?*

[36] http://www.cdc.gov/std/stats/sti-estimates-fact-sheet-feb2013.pdf (consultado em abril de 2018).

Os médicos no Canadá e nos EUA estão ficando preocupados com o aumento recente do câncer na garganta e na boca. Os estudos mostram que a causa mais comum é o vírus do papiloma humano (HPV), ainda mais comum do que o câncer causado pelo tabagismo. Como é que ele entra na boca e na garganta? Através do sexo oral. «As pessoas mais novas, que são saudáveis, não fumam e não bebem, estão desenvolvendo câncer nas amídalas e na parte posterior da língua», disse o Dr. Anthony Nichols, do London Health Sciences Center, em Ontário. «Os adolescentes realmente não fazem ideia de que o sexo oral pode ter consequências, como DST (doenças sexualmente transmissíveis), HPV, clamídia etc.», disse a Dra. Bonnie Halpern-Felsher, da Universidade da Califórnia, em São Francisco[37].

Depressão e suicídio

Estudos científicos revelam que os adolescentes sexualmente ativos apresentam um maior risco de depressão e suicídio do que aqueles que não são sexualmente ativos. Esse foi o resultado do National Longitudinal Survey of Adolescent Health (1994-2001)[38].

Um quarto (25,3%) das moças sexualmente ativas dizem que estão sempre, geralmente ou frequentemente deprimidas, distando dos 7,7% das moças que não são sexualmente ativas. Para os rapazes, as porcentagens são, respectivamente, de 8,3% e 3,4%. Ou seja: 60,2% das moças que não são sexualmente ativas raramente ou nunca estão deprimidas, mas o mesmo só acontece com 36,8% das que são sexualmente ativas. Isso se aplica a ambos os sexos: os jovens que não são sexualmente ativos são consideravelmente mais felizes do que aqueles que o são.

Das moças são sexualmente ativas, 14,3% já tentaram o suicídio, mas, para aquelas que praticam a abstinência sexual, a porcentagem é de 5,1%.

---

[37] Rebecca Millette, «Oral Sex Causing Oral Cancer Rates to Rise: Studies», *Life Site*, 4 de março de 2011, https://www.lifesitenews.com/news/oral-sex-causing-oral-cancer-rates-to-rise-studies (consultado em abril de 2018).

[38] http://www.heritage.org/research/reports/2003/06/sexually-ative-teenagers-are-more-likely-to-be-depressed (consultado em abril de 2018). Os dados foram cuidadosamente analisados e verificados em relação aos fatores sociais antecedentes.

Para os rapazes, a porcentagem é de 6% para aqueles que são sexualmente ativos, e de apenas 0,7% para aqueles que não são.

Outros estudos, relatados no *Journal of Sex Research*, relatam que a troca frequente de parceiros causa depressão. A maioria dos jovens iniciou-se no sexo antes de terminar o ensino secundário. Na faculdade, a prática sexual comum é «curtir com alguém», ou seja, fazer sexo sem compromisso por uma noite ou duas. Também é comum os alunos falarem de «amigos com algo mais», referindo-se assim a amigos platônicos com quem se tem relações sexuais:

> Há estudos que mostram que 70% dos estudantes universitários relatam ter tido relações sexuais com pessoas que não consideravam ser o seu parceiro romântico... Essas «relações» baseiam-se principalmente num desejo sexual ou numa atração física por si sós, e geralmente envolvem drogas ou álcool. O estudo descobriu que, para as mulheres, à medida que o número de parceiros sexuais aumenta, os sintomas de depressão também aumentam. As meninas que tinham tido um maior número de parceiros apresentaram os sintomas mais fortes de patologia depressiva[39].

Fraco desempenho escolar

O National Longitudinal Survey of Adolescent Health (Add Health) demonstra que há uma correlação negativa entre a atividade sexual precoce e o desempenho acadêmico subsequente. Os resultados provam o que seria de se esperar: os adolescentes que se abstêm de sexo durante os anos do ensino elementar têm substancialmente menos probabilidades de serem expulsos da escola; são menos propensos a abandonar o ensino secundário e mais propensos a frequentar e a completar a faculdade. Quando comparados com os adolescentes sexualmente ativos, aqueles que se abstêm de atividade sexual durante o ensino secundário (pelo menos até os 18 anos) são:

---

[39] Grossman, *You're Teaching My Child What?*

- 60% menos propensos a ser, por exemplo expulsos da escola.
- 50% menos propensos a abandonar o ensino.
- Têm quase duas vezes mais probabilidade de concluir a faculdade.

As diferenças não podem ser atribuídas a diferentes origens socioeconômicas. A inclusão de fatores sociais como raça, escolaridade dos pais, rendimento familiar e estrutura familiar teve pouco impacto nos resultados. Mesmo após a inclusão destes fatores de fundo, a virgindade entre adolescentes foi considerada um indicador significativo e independente do sucesso acadêmico[40].

Isto não é uma surpresa. A adolescência é uma época para aprender, para construir amizades, para descobrir o mundo e viver uma vida alegre, enérgica e criativa, desde que o adolescente tenha o apoio de uma família estável e amorosa e não seja enredado no turbilhão das relações sexuais precoces.

Enfraquecimento da capacidade de se relacionar

Todo mundo deseja um amor verdadeiro, comprometido e incondicional. Estudos com jovens revelam que mais de 80% expressam uma inclinação para um relacionamento fiel e esperam vir a constituir uma família. Realizar esse desejo requer certa maturidade. O contato sexual precoce impede a maturidade e conduz a profundas decepções e danos psicológicos. Cada desilusão no amor diminui a capacidade de se relacionar. Uma pessoa que é tão profundamente afetada pelo amor que se sente preparada para uma profunda dedicação e depois é abandonada pode nunca vir a correr esse risco outra vez.

Cada relacionamento sexual leva a uma ligação entre os parceiros sexuais, quer eles queiram, quer não. Existem razões hormonais para isso. A oxitocina, às vezes chamada «hormônio da felicidade», influencia muito o elo emocional entre duas pessoas. É secretada especialmente durante o parto, a amamentação, o orgasmo e a proximidade física amorosa. A oxitocina fortalece a confiança e reduz a ansiedade. Quanto mais forte for o amor, maior será a secreção de oxitocina e mais forte será o vínculo – o reforço é

---

[40] Robert Rector e Kirk A. Johnson, *Teenage Sexual Abstinence and Academic Achievement* (27 de outubro de 2015). https://www.heritage.org/education/report/teenage-sexual-abstinence-and-academic-achievement (consultado em abril de 2018).

mútuo. As maiores capacidade e disposição das mulheres para se vincularem refletem a influência positiva do hormônio feminina estrogênio para a secreção de oxitocina. Se esse vínculo for rompido uma e outra vez, a secreção de oxitocina diminui[41].

Se o sexo for promíscuo desde o início, o anseio por um relacionamento amoroso profundo e fiel enfraquece, bem como a crença de que tal coisa seja sequer possível. Com o tempo, há uma separação do corpo e da mente e a relação sexual torna-se mera gratificação física.

Doze boas razões para acabar com a sexualização das crianças pelo Estado

A desregulação da sexualidade leva à decadência cultural.

Como os seres humanos têm livre-arbítrio, precisam de uma bússola que aponte o bem e o mal. Quando se trata da sexualidade, as pessoas vivem numa tensão entre o impulso biológico e um chamamento ao amor que está aberto à criação de uma nova vida. A desregulação moral é um sintoma de decadência cultural[42]. Causa danos no indivíduo e cria o caos social. O colapso da família, a decadência da realização, os distúrbios psicológicos generalizados, a disseminação de doenças sexualmente transmissíveis e a morte, aos milhões, de crianças não nascidas são sinais de alarme que indicam que a sociedade está em declínio. A separação entre a sexualidade e a procriação através da contracepção e do aborto causou uma catástrofe demográfica. Fará com que a segurança social do Estado fraqueje, tornando-se incapaz de pacificar pessoas desenraizadas e empobrecidas.

---

[41] Eric Keroack, John R. Diggs, «Bonding Imperative», *in* Physicians for Life, *The Two Become One*, http://www.physiciansforlife.org/the-two-become-one-the-role-of-oxytocin-and-vasopression/ (consultado em maio de 2018).

[42] http://www.dijg.de/sexualitaet/joseph-unwin-sex-culture/?sword_list[0]=unwin (consultado em abril de 2018), https://archive.org/details/b20442580 (consultado em abril de 2018).

A desregulação da sexualidade destrói a família como o melhor ambiente para as crianças[43].

A família assenta no casamento monogâmico de um homem e uma mulher desejosos de ter filhos. O divórcio destrói a comunidade conjugal. Deve-se ensinar às crianças virtudes para elas virem a ser capazes de satisfazer o seu próprio desejo de família. A família, enquanto «unidade natural e fundamental da sociedade» (Declaração Universal dos Direitos Humanos), integra a sociedade nos seus pontos de ruptura antropológicos: a relação entre homem e mulher e a relação entre gerações. Estudos científicos confirmam o que todos sabemos: as crianças desenvolvem-se melhor numa família estável, com os seus pais biológicos, num casamento de baixo conflito. Só a família pode produzir uma cidadania independente e autoconfiante. As pessoas oriundas de famílias destruídas, sem vínculos fortes e sem a capacidade de se vincular não têm raízes, são propensas a manipulações ilimitadas e constituem uma ameaça para a democracia.

A sexualização rouba a infância às crianças.

Quando descrevemos uma «criança inocente», entre outras coisas queremos dizer que está livre de pensamentos, imagens, desejos e atividades sexuais. Essa inocência é, virtualmente, a definição de infância e, até a revolução sexual, no final dos anos 60, foi ativamente protegida pelos adultos. As crianças precisam de um espaço para brincar, descobrir e aprender de forma criativa onde o seu sentido de pudor seja respeitado e onde não tenham de recear agressões sexuais. Precisam de adultos que respondam à sua curiosidade sobre a criação da vida humana com responsabilidade, sensibilidade e de maneira apropriada à idade.

Neil Postman relaciona os três fatores que levam ao desaparecimento da infância e que infringem os limites entre adultos e crianças:

---

[43] Allan C. Carlson, Paul T. Mero, *The Natural Family: A Manifesto*, Dallas, 2007.

- Desaparecimento da literacia.
- Desaparecimento da educação.
- Desaparecimento do sentido de pudor[44].

Estes três fatores aumentam vertiginosamente na nossa sociedade.

Em 1982, ainda antes do triunfo da Internet, Postman culpou os meios eletrônicos de comunicação, «uma tecnologia de admissão aberta», por rasgarem a fronteira entre a infância e a idade adulta. Como principais testemunhas da necessidade de pudor, Postman convoca G. K. Chesterton, Norbert Elias e Sigmund Freud, resumindo assim as suas perceções:

> A civilização não pode existir sem o controle dos impulsos, particularmente o impulso para a agressão e para a gratificação imediata. Estamos constantemente em perigo de sermos possuídos pela barbárie, de sermos invadidos pela violência, pela promiscuidade, pelo instinto e pelo egoísmo. O pudor é o mecanismo através do qual a barbárie é mantida à distância [...]. Portanto, inculcar o sentido do pudor tem sido um aspecto rico e delicado da educação formal e informal duma criança[45].

A sexualização de crianças e adolescentes mina a autoridade parental

Os pais estão ligados aos seus próprios filhos pelo amor e assumem por eles uma responsabilidade permanente. Eles são, portanto, obrigados à educação moral dos seus filhos, que é tida como um direito humano inalienável. Na ONU e na UE, trava-se uma batalha para incluir os «direitos das crianças» na Constituição. Os objetivos são a dissolução da autoridade dos pais e a sexualização das crianças. Sigmund Freud acreditava que a atividade sexual precoce nas crianças prejudicava a sua educação: «Vimos, pela experiência, que as sedutoras influências externas podem causar uma ruptura prematura da fase latente ou a sua extinção [...] e que qualquer atividade sexual prematura prejudica

---

[44] Neil Postman, *The Disappearance of Childhood*, op. cit.
[45] *Ibid.*

a educabilidade da criança»[46]. Para que a educação das crianças funcione, elas devem ter a possibilidade de viver uma infância. As crianças sexualizadas escapam ao abraço dos seus pais e ameaçam não apenas as boas relações entre pais e filhos, mas também uma vida familiar bem-sucedida.

A sexualização de crianças e adolescentes contraria o seu desenvolvimento hormonal

O desenvolvimento hormonal de rapazes e meninas apresenta um longo período de latência, que dura de pouco depois do nascimento até a puberdade. Os níveis do hormônio sexual masculino testosterona e do hormônio sexual feminino estrogênio aumentam nos primeiros um a dois meses após o nascimento e depois caem para um nível baixo constante até a puberdade. É com a puberdade que o nível hormonal volta a aumentar rapidamente, e só atinge um nível adulto relativamente constante vários anos depois[47]. Portanto, ao nível físico, os jovens crescem gradualmente até a maturidade sexual. O processo da maturidade psicológica é ainda mais longo.

A masturbação habitual causa fixação numa sexualidade narcísica

Levar as crianças à masturbação habitual inicia-as numa gratificação sexual narcisista, o que impede a sua capacidade de se envolver num comportamento sexual maduro no âmbito do amor por outra pessoa. Uma pessoa que se masturba está egocentricamente fixada em si mesma e está isolada. Isso bloqueia a maturidade necessária para o amor que é dom de si.

A masturbação pode tornar-se rapidamente um hábito, e um hábito pode se tornar um vício. Por trás da masturbação habitual estão problemas psicológicos como a ausência de amor e de relacionamentos satisfatórios, que só são exacerbados pela masturbação. Isso resulta num prejuízo para a autoestima.

---

[46] Sigmund Freud, «Gesammelte Werk», Frankfurt am Main, S. Fischer Verlag, Vol. V, 136.

[47] Lise Eliot, *Wie verschieden sind sie? Die Gehirnentwicklung bei Mädchen und Jungen*, Berlim, Berlin Verlag, 2010. (Texto original em inglês: *Pink Brain, Blue Brain: How Small Differences Grow Into Troublesome Gaps – And What We Can Do About It*, Nova York, Houghton Mifflin Harcourt, 2009.

A masturbação é acompanhada por fantasias sexuais que podem muitas vezes levar à pornografia, o que provoca o desejo de mais masturbação – um círculo vicioso no qual milhões de homens estão aprisionados.

A incerteza sobre a identidade sexual masculina e feminina devido à ideologia de gênero leva a transtornos de personalidade

Uma pessoa é forte quando sabe quem é e se identifica de forma positiva com isso – chama-se a isso identidade. Identidade é saber quem se é e saber que isso é bom. Se uma pessoa não sabe quem é, fica debilitada. O conflito interno pode tornar-se patológico e manifestar-se como neurose, esquizofrenia ou transtorno de personalidade *borderline*. Os laços que suportam a identidade estão hoje se tornando cada vez mais fracos: religião, nação, família, pátria, tradições culturais e identificação com uma profissão. Mas uma coisa tem sido certa ao longo da história humana: as pessoas nascem como homens ou mulheres e encontram a sua identidade tornando-se o que são como homem ou como mulher. O desejo de roubar às pessoas esta última certeza é uma loucura moderna que ameaça as fundações da existência humana.

Um estudo recente da Universidade de Harvard mostra que a incerteza acerca da identidade de gênero em crianças com menos de 11 anos aumenta a probabilidade de abuso sexual, físico e psicológico e de transtornos de *stress* traumático duradouros[48]. A desconstrução da identidade de gênero através da «educação diversificada» e da dissolução dos «estereótipos de gênero» é uma experimentação irresponsável em crianças indefesas.

O incentivo a «assumir-se» na adolescência é um ataque ao desenvolvimento natural da identidade de gênero heterossexual

A educação sexual pública encoraja as crianças em fase púbere a «assumir-se». Torna atraente, para crianças que estão numa instável fase de for-

---

[48] Andrea L. Roberts *et al.*, «Childhood Gender Nonconformity: A Risk Indicator for Childhood Abuse and Postraumatic Stress in Youth», *Pediatrics*, 20 de fevereiro de 2012. Em http://pediatrics.aappublications.org/content/early/2012/02/15/peds.2011--1804 (consultado em abril de 2018).

mação da identidade, a afirmação da sua orientação homossexual, ainda que a grande maioria das crianças supere naturalmente esta fase e chegue a uma identidade heterossexual estável.

Em 2007, um estudo americano de grande escala sobre a mutabilidade da orientação sexual em jovens entre os 16 e os 22 anos descobriu que a probabilidade de uma orientação homossexual ou bissexual mudar para a heterossexualidade no espaço de um ano é, pelo menos, 25 vezes maior do que o contrário. Na maioria dos adolescentes, os sentimentos homossexuais diminuem. Entre os jovens de 16 anos, 98% experimentam uma mudança da homossexualidade ou bissexualidade para a heterossexualidade. Cerca de 70% dos rapazes de 17 anos que evidenciaram atrações exclusivamente homossexuais evidenciaram uma orientação exclusivamente heterossexual aos 22 anos[49].

Um estudo do pesquisador, assumidamente homossexual Gary Remafedi indica que quanto mais cedo uma pessoa «se assume», maior é o risco de tentativa de suicídio. Para cada ano que esse «assumir-se» é adiado, diminui o risco de suicídio[50]. Promover o «assumir» precoce constitui, portanto, um grave risco para o desenvolvimento psicológico e a formação da identidade de um jovem.

Esconder os riscos da prática da homossexualidade coloca os jovens em risco

Estudos científicos apontam para maiores riscos físicos e mentais no comportamento homossexual. Como já foi dito, esses riscos incluem porcentagens mais elevadas de depressão, transtornos de ansiedade, abuso de álcool, drogas e medicamentos, risco de suicídio e de infecção por HIV e outras DST. O Dr. Christl Vonholdt, especialista em fatores sociais da homossexualida-

---

[49] R. C. Savin-Williams e G. L. Ream, «Prevalence and Stability of Sexual Orientation Components during Adolescence and Young Adulthood», *Arch Sex Behavior*, 36, 2007. Citado em Neil e Briar Whitehead, «Adoleszenz und sexuelle Orientierung», *Bulletin des Deutschen Instituts für Jugend und Gesellschaft*, nº 20, Herbst, 2011, https://www.dijg.de/bulletin/20-2011-identitaetsentwicklung-erziehung/ (consultado em abril de 2018).

[50] Gary Ramafedi, «Risk Factors in Attempted Suicide in Gay and Bisexual Youth», *Pediatrics*, 87, nº 6, 1991.

de, observa com perspicácia que «os grupos de *lobbying* homossexual alegam frequentemente que esses problemas são causados pela rejeição da homossexualidade pela sociedade. Até a data, não há provas para essa alegação»[51].

É dever dos políticos e cuidadores responsáveis explicar aos jovens os perigos do comportamento homossexual. Isto não é «discriminação» contra os jovens com sentimentos homossexuais, tal como explicar os perigos do tabagismo não é discriminação contra os fumantes.

Apresentar estruturas familiares desfeitas como «normais» impede que as crianças superem os seus dolorosos efeitos psicológicos

A realidade é que as famílias desestruturadas levam a uma incapacidade de compromisso e a infidelidade, adultério, domínio e irresponsabilidade em relação às crianças. As crianças confiam na unidade entre o pai e a mãe para a sua existência. Destruir esse vínculo cria um sofrimento mental profundo e muitas vezes traumático nas crianças[52].

A dor psicológica, muitas vezes acompanhada por consequências materiais e sociais drásticas, deve ser reconhecida como real para que as crianças possam superá-la. Se isso não acontecer, o dano inconsciente e não tratado permanece virulento e conduz a neuroses e a transtornos comportamentais. A criança não tem como sair deste círculo vicioso, porque os adultos exigem que ela considere adequados e normais os sinais de declínio social. O estudo de Bella no Robert Koch Institute indicou que 21,9% de todas as crianças e jovens com idades entre os sete e os 17 anos apresentam evidências de anormalidades psicológicas. Entre os de 14 a 17 anos, cerca de 40% apresentam distúrbios comportamentais. Os maiores fatores de risco são um ambiente familiar desfavorável e um baixo estatuto socioeconômico[53].

---

[51] Dr. Christl Ruth Vonholdt, «Anmerkungen zur Homosexualität», *Bulletin*, nº 20, 2011.

[52] Cf. Melanie Mühl, *Die Patchwork: Eine Streitschrift*, Munique, Hanser Literaturverlag, 2011.

[53] David Cameron, *Riot Statement*: http://www.theguardian.com/uk/2011/aug/09/david-cameron-full-statement-uk-riots (consultado em abril de 2018).

A destruição da família leva ao controle estatal da educação infantil

O que não é ensinado na família provavelmente não será aprendido na idade adulta. Isso inclui confiança básica, compromisso, boas maneiras, disposição para aprender, produtividade, autoconfiança e muito mais. Quanto menos ocorrer na família, mais essa formação pessoal deve ser assumida por serviços públicos financiados para jovens, lares de jovens, psiquiatras, prisões, assistentes sociais, terapeutas, médicos e polícia. Os que abandonam a escola, as crianças institucionalizadas e emocionalmente perturbadas, os membros de gangues, os anarquistas, os terroristas, os delinquentes, os viciados em drogas e os criminosos violentos raramente vêm de famílias intactas com uma figura paterna presente. Os problemas sociais aos quais o governo tem de dar assistência estão se tornando uma justificação para aumentar a intromissão estatal no direito dos pais a educarem os seus filhos.

A crise demográfica resulta da separação
entre sexualidade e fertilidade

A taxa de natalidade da Alemanha é uma das mais baixas da Europa. Em 2009, foi de 1,36 por casal – a mais baixa já vez registada no país. A população trabalhadora está diminuindo, e o aumento da expectativa de vida está fazendo aumentar a população idosa – uma tendência que certamente deitará por terra o sistema de segurança social. Considerando esta situação, por que o Governo está educando as crianças e os adolescentes para se tornarem especialistas em contracepção e a abrir caminho para o aborto e para a homossexualidade?

No verão de 2011, quando grupos de jovens violentos incendiaram ruas inteiras, o primeiro-ministro David Cameron disse:

Se quisermos ter alguma esperança de consertar a nossa sociedade desfeita, temos de começar pela família e pela paternidade [...]. Assim, doravante quero um teste familiar aplicado a todas as políticas públicas. Se prejudicarem as famílias, se minarem o compromisso, se atropelarem os valores que mantêm as pessoas unidas ou se impedirem que as famílias fiquem juntas, então não devemos adotá-las[54].

A perspectiva de gênero está abrindo o caminho para a perspectiva familiar.

Inconsistências dos revolucionários sexuais

Todas as consequências negativas da sexualidade precoce, descomprometida e promíscua podem ser documentadas por estudos científicos. Elas são óbvias para qualquer pessoa cujas percepções não tenham sido obscurecidas por tal comportamento[55]. Onde estão os argumentos e os estudos científicos que comprovam que a sexualidade precoce, descomprometida, promíscua ou homossexual torna as pessoas saudáveis, competentes, capazes de se comprometer, dispostas a procriar e a serem felizes? Os jovens precisam ser informados com veracidade dos riscos da contracepção, da disseminação de doenças sexualmente transmissíveis, do risco das consequências negativas a longo prazo do aborto, dos danos psicológicos causados por relacionamentos desfeitos e dos riscos específicos da homossexualidade. Por que são enviados para as salas de aula pares homossexuais e não casais heterossexuais – casais que podem dar esperança, inclusive aos filhos de lares desfeitos, de que a vida familiar gratificante é possível? Os revolucionários sexuais emaranham-se nas contradições que são camufladas pela ideologia das alegadas necessidades sexuais das crianças e do pluralismo oferecido na «educação diversificada».

Os revolucionários sexuais falam em amor, mas seduzem as pessoas para gratificações ilimitadas de impulsos que destroem o amor. E causam ainda mais danos:

---

[54] Dr. Christl Ruth Vonholdt, «Anmerkungen zur Homosexualität», *Bulletin*, nº 20, 2011.

[55] Pode ser encontrada documentação científica abrangente na Human Life International: https://www.hli.org/resources/ (consultado em julho de 2018) e na Alliance for Therapeutic Choice and Scientific Integrity https://www.therapeuticchoice.com/important-research-articles (consultado em julho de 2018).

- Prometem liberdade, mas disponibilizam vício sexual.
- Falam de responsabilidade, mas conduzem as pessoas em rebanhos para comportamentos que degradam os outros encarando-os como objetos sexuais.
- Defendem a livre escolha do gênero, da orientação sexual e da identidade, mas negam a possibilidade de se mudar de homossexual para heterossexual.
- Dizem que querem proteger as pessoas contra o HIV, mas encorajam a retenção de informações sobre uma infecção e promovem o sexo anal com múltiplos parceiros.
- Fazem propaganda pelo «sexo seguro» com preservativos, mas não conseguem conter a explosão de doenças sexualmente transmissíveis – nem conseguem reduzir o número de novas infecções por HIV em homens que fazem sexo com homens.
- Alegam que querem proteger as crianças dos abusos, mas destroem o seu pudor, deixando-as indefesas contra ataques sexuais.
- Querem fortalecer a autoestima das crianças através de experiências de prazer sexual, mas destroem a sua inocência e a sua infância.
- Promovem os «direitos das crianças», mas tornam-nas indefesas ao destruir os seus laços familiares com os pais.

Quem ganha?

As consequências negativas da sexualização de crianças e adolescentes não são «efeitos colaterais» que se devam dar por adquiridos para se atingir metas positivas. Do lado da defesa da sexualização, não há nada além da falsa promessa de gratificação e prazer. A partir daí, podemos concluir que esses efeitos são o objetivo real. Então, quem beneficia com a sexualização de crianças e adolescentes e com a sua educação para a «diversidade»? Vários intervenientes vêm à cabeça:

- Aqueles que querem produzir pessoas desenraizadas, que possam ser manipuladas para fins estratégicos globais.

- Aqueles que têm interesse em reduzir o crescimento da população global sem mudar a distribuição global da riqueza.
- Aqueles que têm interesse em ver as nações ocidentais afundarem-se num «inverno demográfico».
- Aqueles que têm interesse em eliminar a religião, especialmente o cristianismo.
- Aqueles que sofrem sob a «normatividade heterossexual» e desejam obter reconhecimento por meio da sua dissolução.

Tudo o que foi descrito neste capítulo aconteceu porque foi escondido sob um manto de silêncio. É como se um jacaré tivesse entrado no quarto de uma criança e ninguém quisesse olhar para ele. Desviar o olhar é o caminho mais fácil.

No entanto, as pessoas não vão poder continuar a desviar o olhar do sofrimento das famílias arruinadas quando o Estado deixar de conseguir amenizar as consequências desagradáveis.

Assim, eis uma série de perguntas desagradáveis para todos os pais e todos aqueles que esperam vir a ser pais:

- Quer que os seus filhos sejam encorajados, no jardins de infância, a masturbar-se e a envolver-se em brincadeiras sexuais?
- Quer que os seus filhos sejam familiarizados, em todos os níveis de ensino, com os métodos de contracepção e todos os tipos de práticas sexuais? Quer que o seu sentido de pudor seja destruído?
- Quer que os seus filhos considerem todas as «orientações sexuais» iguais?
- Quer que o seu filho ou filha seja encorajado(a) em relação à homossexualidade na escola – e que os riscos sejam ocultados?
- Quer que os seus filhos tenham os seus próprios «direitos», privando-o da sua autoridade paterna?
- Quer que os seus filhos cresçam sem padrões éticos ou crença em Deus?

A desregulação normativa da sexualidade através da sexualização e da desestabilização da identidade de gênero de crianças e adolescentes ameaça a família enquanto unidade fundamental da sociedade, prejudica as crianças e os adolescentes e contribui para uma taxa de natalidade. Serve aos interesses de minúsculas minorias e não ao bem comum.

A propaganda midiática e política cria a impressão de que as famílias constituídas por pais casados e seus filhos são uma estrutura social desgastada do passado. Se for assim, os números do Eurostat de 2008 sobre estilos de vida na União Europeia (que já referimos antes) são uma surpresa. Segundo a Eurostat, em 2008, em toda a UE, 74% de todas as crianças com menos de 18 anos viviam com pais casados, 11,5% com dois pais em união estável e apenas 13,6% com apenas um dos pais. Esses números mostram quão robusta é a família como base natural da sociedade humana[56]. Apesar de décadas de políticas destrutivas para a família, três quartos das crianças na Europa ainda vivem com pais casados.

Os jovens anseiam pelo verdadeiro amor e pela fidelidade. Mais de três quartos dos adolescentes acreditam que «é preciso uma família para se ser verdadeiramente feliz»[57]. Os adultos devem ajudá-los a concretizar este anseio[58].

Com uma maioria de três quartos de «famílias tradicionais» numa sociedade democrática, seria de esperar que a política visasse os seus melhores interesses. Aparentemente, houve alguns danos no mecanismo fundamental da democracia que permite traduzir os interesses da maior parte da população para a tomada de decisões políticas pelos partidos. Nas grandes questões existenciais da sociedade, aquelas que afetam a vida do indivíduo, a maioria das pessoas já não é representada pelo Parlamento ou pelo Governo: não o é na política financeira, não o é na política de migração, e não o é na política familiar.

---

[56] Como Frank Schirrmacher demonstrou, nas crises que ameaçam a vida, as hipóteses de sobrevivência das famílias são maiores do que as dos indivíduos, mesmo se estes forem homens jovens cheios de vitalidade. Ver Frank Schirrmacher, *Minimum*, Munique, Karl Blessing Verlag, 2006.

[57] *Shell Jugendstudie*, 2010.

[58] Cf. Gabriele Kuby, *Ausbruch zur Liebe*, Kisslegg, fe-medien Verlag, 2003; *only you: gib der Liebe eine Chance*, Kisslegg, fe-medien Verlag, 2007.

Já é chegada a hora de acabar com as políticas sexuais que trabalham contra o bem-estar da população em geral e da próxima geração, e é mais que tempo de as escolas ensinarem às crianças e aos adolescentes os valores e capacidades que os ajudarão a realizar o seu desejo de um casamento e uma família.

Capítulo 13

Relação entre a educação sexual abrangente e a Igreja Católica: o que é e o que deveria ser

«Quando assumimos que o comportamento real das pessoas deve ser o padrão para revogar as normas positivas da Igreja, corremos para o grande erro secular do nosso tempo: a ideia de que a religião deve ser adaptada as pessoas, e não às pessoas à religião.»

Dietrich von Hildebrand[1]

Organizações católicas no caminho errado

A Igreja Católica é o último bastião para defender a moral sexual cristã como pré-requisito indispensável para o matrimônio e a família. Os pais – e nem só os católicos – que desejam proporcionar aos seus filhos uma educação orientada por valores matriculam-nos em colégios católicos. Acreditam que a etiqueta «católico» significa que apresentarão a seus filhos a beleza do amor, do

---

[1] Dietrich von Hildebrand, *Das trojanische Pferd in der Stadt Gottes*, Regensburg, Verlag Joseph Habbel, 1968, 258.

casamento, da sexualidade e da família e que os guiarão pelo caminho certo para os alcançar. Geralmente, ficam desiludidos. A educação sexual integral penetrou profundamente na Igreja Católica, nas suas organizações juvenis e nas escolas, bem como nas organizações que levam a cabo a educação sexual e a «prevenção do abuso».

Desde que os bispos se opuseram à encíclica *Humanae vitae* (1968), como na Declaração de Königstein de 1968 (ver o Capítulo 11), surgiu um vazio eclesiástico na proclamação e no ensino da moral sexual católica. Esse vazio foi preenchido pelos missionários da sexualidade hedonística, o que causou uma divisão na Igreja. Por causa dos seus ensinamentos sobre a moral sexual, a Igreja Católica tem estado constantemente sob o fogo dos meios de comunicação, pese embora esses ensinamentos raramente serem proclamados, ensinados ou vividos nas paróquias. No entanto, apesar da enorme oposição, o magistério guarda-os como um depósito da fé que a Igreja não tem poder para abandonar. Atualmente, são quasesó as novas comunidades espirituais que seguem o elevado caminho do amor que a Bíblia propõe.

A Caritas e organizações de mulheres e de jovens estão ativamente empenhadas em adaptar a doutrina católica sobre o casamento e a sexualidade à «evolução das exigências da sociedade», muitas vezes com o apoio dos seus bispos. Apesar de haver uma grande riqueza nos ensinamentos da Igreja Católica sobre o amor, a castidade, o casamento e a família, não há praticamente uma pedagogia católica aplicada que integre o tema da sexualidade no contexto da antropologia cristã. Não há, pelo menos nos países da Europa Ocidental, nenhum instituto de ensino eclesiástico onde pais e professores possam aprender a preparar as crianças e os adolescentes para o caminho cristão do amor, do casamento e da família.

A falta de uma educação sexual apropriada como preparação para o casamento e para a família na Igreja Católica é uma falha grave.

Educação para o amor: princípios católicos

Quem já esteve apaixonado sabe o que o amor evoca no coração: tu e apenas tu para sempre. Quando o milagre do amor acontece entre duas pessoas, o ego abre-se de repente e a pessoa apaixonada fica preparada para fazer um dom de si mesma ao outro. Amar e ser amado é o maior desejo da pessoa e ao mesmo tempo o maior risco, porque a possibilidade de se ser ferido é tão grande como a promessa de felicidade.

Se Deus existe, e se a Trindade – Pai, Filho e Espírito Santo – é amor, e se Deus Se fez homem em Jesus Cristo para que as pessoas pudessem partilhar com Ele a vida divina para sempre, então as pessoas têm a oportunidade de aprender a amar – e são, efetivamente, chamadas a isso. Ensinar isso às pessoas e abrir-lhes as fontes da graça e da misericórdia é a principal tarefa da Igreja. Se ela não cumpre essa missão, perde a sua atratividade e o propósito da sua existência.

O ato sexual é a mais completa expressão de amor possível entre um homem e uma mulher. Os dois tornam-se uma só carne e, assim, cocriadores de uma nova vida. É, portanto, uma das tarefas fundamentais da Igreja ensinar as pessoas a lidarem com o poder da sexualidade com verdadeira liberdade, para que ela se torne uma expressão do dom livre do amor, e para protegê-las da perda de sua liberdade, dignidade e felicidade entregando-se ao domínio dos seus instintos.

Este é o único sentido dos mandamentos da moral sexual católica. Se eles não forem sustentados por práticas religiosas e plasmados pela experiência da fé, parece que se tornam um jugo excessivamente pesado e repressor. No entanto, quando as pessoas são carinhosamente educadas desde a mais tenra idade numa relação vital com Deus, descobrem que o fardo é leve (Mt 11, 30) e lhes permite preencher o seu próprio desejo de amor duradouro. Como disse Jesus, «Se Me amardes, guardareis os meus mandamentos» (Jo 14, 15). A observância dos mandamentos surge do amor a Deus e aos irmãos e irmãs. Contudo, se resultar do medo do castigo, a pessoa fica sem perceber o verdadeiro significado do ensinamento e corre o risco da hipocrisia e de cair, mais cedo ou mais tarde.

Percorrer este elevado caminho para o amor requer uma educação para a castidade. A palavra «castidade» vem do latim *castus*, que significa «puro». Faz parte da virtude cardeal da temperança, sendo a virtude «uma disposição habitual e firme para praticar o bem» (CIC, 1833). A castidade é definida como «a integração conseguida da sexualidade na pessoa, e daí a unidade interior do homem no seu ser corporal e espiritual» (CIC, 2337).

A Igreja Católica proclamou os princípios da educação para a castidade, que na verdade é educação para o amor, em inúmeros documentos publicados durante o pontificado de João Paulo II e extraídos do seu trabalho sobre a teologia do corpo. Os mais importantes são *Familiaris consortio,* de 1981 (FC), a «carta dos direitos da família», de 1983 (Carta, a *Preparação para o sacramento do matrimônio,* de 1995, *Sexualidade humana: verdade e significado* (SH), também de 1995. O último destes documentos apresenta as «Linhas de orientação para a educação dentro da família». E responde à situação dos pais cristãos que veem o direito a educar os seus próprios filhos ser destruído pela educação sexual obrigatória nas escolas. (Nas citações seguintes deste documento, os números entre parênteses indicam a secção e as omissões não estão assinaladas.)

A perspectiva cristã do homem

O ponto de partida é a perspectiva cristã do homem. Dado que foi feito à imagem e semelhança de Deus, e querido por si mesmo, o homem possui uma dignidade sacrossanta que o proíbe de ser usado como objeto.

A vida humana é um dom recebido a fim de, por sua vez, ser dado (SH, 12). Ninguém pode dar aquilo que não possui: se a pessoa não é senhora de si – por meio da virtude e, concretamente, da castidade – falta-lhe o autodomínio que a torna capaz de se dar. A castidade é a energia espiritual que liberta o amor do egoísmo e da agressividade. É precisamente na medida em que, no ser humano, a castidade enfraquece, que o seu amor se torna progressivamente egoísta, isto é, a satisfação de um desejo de prazer e já não um dom de si (SH, 16). A castidade supõe uma aprendizagem do domínio de si, que é uma pedagogia da liberdade humana. A alternativa é clara: ou o homem comanda as suas paixões e alcança a paz, ou se deixa comandar por elas e torna-se infeliz (SH, 18).

O direito dos pais a educar os filhos

O direito e a obrigação de educar os filhos recaem sobre os pais.

Os filhos, dom e empenho, são a sua tarefa mais importante, se bem que, aparentemente, nem sempre muito rentável: são-no mais do que o trabalho, mais do que as distrações, mais do que a posição social (SH, 51). Uma vez que conferiram vida aos filhos, os pais têm o direito original, primeiro e inalienável de educá-los; por esta razão devem ser reconhecidos como os primeiros e principais educadores dos seus filhos. Os pais têm o direito de educar os seus filhos em conformidade com as suas convicções morais e religiosas, tomando em consideração as tradições culturais da família que favorecem o bem e a dignidade do filho. Eles têm o direito de escolher livremente as escolas ou outros meios necessários para educar os seus filhos segundo as suas consciências. Em particular, a educação sexual – que é um direito fundamental dos pais – deve ser levada a cabo sob a sua atenta supervisão, seja em casa, seja nos centros educativos escolhidos e controlados por eles (Carta, artigo 5). A Igreja opõe-se firmemente a uma certa forma de informação sexual, desligada dos princípios morais, tão difundida, que não é senão uma introdução à experiência do prazer e um estímulo que leva à perda – ainda nos anos da inocência – da serenidade, abrindo as portas ao vício (FC, 37).

É necessário educar os filhos na castidade no seio da família «para ajudá-los a compreender e a descobrir *a própria vocação para o matrimônio ou para a virgindade consagrada pelo Reino dos Céus* em harmonia e no respeito pelas suas atitudes, inclinações e dons do Espírito» (SH, 22). Quando isto não acontece, o inevitável resultado é o colapso da família. «À desagregação da família segue-se a falta de vocações» (SH, 34).

O Conselho Pontifício especifica os direitos que derivam do direito dos pais a educarem os seus próprios filhos:

Como temos recordado, a tarefa primária da família inclui o direito dos pais a que os seus filhos não sejam obrigados a assistir na escola a cursos sobre temas que estejam em desacordo com as próprias convicções religiosas e morais. A missão da escola não é substituir a família, mas assistir e complementar a tarefa dos pais, oferecendo às crianças e aos adolescentes uma visão da sexualidade como valor e tarefa da pessoa toda, criada, homem e mulher, à imagem de Deus (SH, 64).

Assim, é necessário realçar que a educação para a castidade é inseparável do empenho em cultivar todas as outras virtudes e, de modo particular, o amor cristão, que se caracteriza por respeito, altruísmo e serviço, e que, afinal, se chama caridade. A sexualidade é um bem tão importante que precisa ser protegido seguindo a ordem da razão iluminada pela fé. Daqui se conclui que, para educar na castidade, é necessário o autodomínio, o qual pressupõe virtudes como o pudor, a temperança, o respeito por si e pelos outros, a abertura ao próximo (SH, 55).

Esses nobres objetivos só podem ser transmitidos se os próprios pais viverem de acordo com eles, se os filhos forem fortalecidos por uma vida de fé ativa e pela recepção dos sacramentos, e se o objetivo da sexualidade for transmitido num diálogo atento e apropriado à idade.

A formação na castidade e as oportunas informações sobre sexualidade devem ser fornecidas no contexto mais amplo da educação para o amor. Não é por isso suficiente comunicar informações sobre o sexo juntamente com princípios morais objetivos. É necessário também uma ajuda constante para o crescimento da vida espiritual dos filhos, a fim de que o desenvolvimento biológico e as pulsões que começam a experimentar sejam sempre acompanhados de um crescente amor a Deus Criador e Redentor e de um maior conhecimento da dignidade de cada pessoa humana e do seu corpo (SH, 70).

Os pais bem sabem que os filhos se desenvolvem de forma muito diferente e estão por isso em posição de «dispensar esta informação com extrema delicadeza, mas de modo claro e no tempo oportuno» (SH, 75). As primeiras explicações dadas a uma criança no contexto do nascimento de um irmão devem ser dadas «sempre no contexto mais profundo das maravilhas da obra criadora de Deus, o qual dispõe que a nova vida que Ele dá seja guardada no corpo da mãe, perto do seu coração» (SH, 76). A educação sexual deve ser adaptada aos principais estágios do desenvolvimento da criança.

Dos cinco anos até a puberdade, a criança está num estágio a que João Paulo II chamava de «os anos da inocência». Este período de tranquilidade e felicidade nunca deve ser obscurecido por informação desnecessária sobre a sexualidade. Nesta idade, os rapazes e as garotas não estão particularmente interessados em temas sexuais e preferem a companhia de crianças do seu próprio gênero.

A informação sexual prematura ameaça ferir a sua vida emocional e educativa e destruir a falta de autoconsciência própria desta fase da vida. Isto acontece porque as crianças ainda não são capazes de compreender plenamente o valor da dimensão afetiva da sexualidade. Não podem compreender a imagem sexual num contexto adequado de princípios morais, ou seja, e portanto, não podem integrar uma informação sexual prematura com o necessário sentido de responsabilidade moral (SH, 83).

Educar no amor através da educação na castidade estabelece as fundações da criança para, mais tarde, dar e proteger a vida:

O conhecimento do significado positivo da sexualidade, em ordem à harmonia e ao desenvolvimento da pessoa, assim como em relação à vocação da pessoa na família, na sociedade e na Igreja, representa sempre o horizonte educativo a ser proposto nas etapas de desenvolvimento da adolescência. Nunca se deve esquecer que a desordem no uso do sexo tende a destruir progressivamente a capacidade de amar da pessoa, fazendo do prazer – em lugar do dom sincero de si – o fim da sexualidade, e reduzindo as outras pessoas a objetos da própria gratificação: tal desordem debilita seja o sentido do verdadeiro amor entre o homem e a mulher – sempre aberto à vida –, seja a própria família, e induz sucessivamente ao desprezo pela vida humana que poderia ser concebida, considerada então como um mal que ameaça, em certas situações, o prazer pessoal. A banalização da sexualidade, com efeito, conta-se entre os principais fatores que estão na origem do desprezo pela vida nascente: só um amor verdadeiro é capaz de defender a vida (SH, 105).

Estando tanta coisa em jogo, os pais são chamados à resistência. Em jogo está a felicidade individual, a família, a procriação da vida e a propagação da fé à geração seguinte e, portanto, o futuro de toda a sociedade.

Recomenda-se aos pais que se associem a outros pais, não só com o fim de proteger, manter ou completar o seu papel de educadores primários dos filhos, especialmente na área da educação para o amor, mas também para se oporem a formas perniciosas de educação sexual e para garantirem que os filhos sejam educados segundo os princípios cristãos e em consonância com o seu desenvolvimento pessoal (SH, 114). Ninguém pode obrigar as crianças e os jovens ao segredo acerca do conteúdo ou do método da instrução dada fora da família (SH, 115). Recomenda-se que os pais acompanhem com atenção toda forma de educação sexual que for dada aos seus filhos fora de casa, retirando-os sempre que esta não corresponda aos seus princípios (SH, 117).

Ao cumprir o seu ministério de amor para com os filhos, os pais deverão ter o apoio e a cooperação dos outros membros da Igreja. Os direitos dos pais devem ser reconhecidos, tutelados e mantidos não só para assegurar a sólida formação das crianças e dos jovens, mas também para garantir a justa ordem de cooperação e de colaboração entre os pais e aqueles que os ajudem na sua tarefa. Do mesmo modo, nas paróquias ou nas diversas formas de apostolado, o clero e os religiosos devem apoiar e encorajar os pais no esforço de formar os seus filhos (SH, 148).

Cortina de fumaça ou uma mudança de rumo?

Uma coisa é escrever estes princípios, outra é colocá-los em prática. O direito dos pais de educarem os seus filhos, sobretudo na área formativa da moral sexual, tem sido usurpado pelo Estado e preenchido com conteúdos que se opõem não só aos valores cristãos, mas também a uma sólida compreensão do homem. Os pais já não têm muitas possibilidades de ensinar aos seus filhos a castidade, que lhes impõe exigências morais, se os filhos, desde o jardins de infância, estão sendo seduzidos pela orientação para o prazer e para a autogratificação.

As crianças estão alienadas e afastadas da influência dos pais e da família pelos fones de ouvido, as mensagens de texto, a Internet ou grupos de amigos. Vêm à memória as palavras de Sigmund Freud sobre a atividade sexual prematura, que «prejudica a capacidade da criança para ser educada»[2].

Ainda que pareça que a sociedade, a Igreja e aqueles sobre quem recai a responsabilidade por outros já não têm mais tempo, nunca é tarde demais. Precisamos de conceitos que ressuscitem o tesouro da Igreja Católica sobre o amor, o matrimônio, a sexualidade e a família, e os apliquem em programas educativos concretos. Esses programas são a resposta necessária ao desejo que os jovens têm de amor verdadeiro e de uma família. A Igreja tem a obrigação de abrir à nova geração o difícil caminho para o amor e de não a deixar indefesa perante a agressiva sedução da sexualidade hedonista. Só aqueles que desenvolverem uma personalidade madura e responsável poderão lidar prudentemente com o poder da sexualidade. Devem ser desenvolvidos e implementados programas educativos que trabalhem nesse sentido, dando às escolas católicas integridade, atratividade e esplendor e constituindo um modelo futuro para toda a sociedade.

---

[2] Sigmund Freud, *Gesammelte Werke*, vol. V.

CAPÍTULO 14

Intolerância e discriminação

«As consequências da confiança que o homem deposita em si mesmo estão ocultas aos seus olhos e fadadas ao fracasso. Ele declarará vitórias e outorgará coroas. Chamará luz à escuridão, chamará alturas às profundidades absolutas. Ganhará nada e chamar-lhe-á tudo. Perderá tudo e chamar-lhe-á nada. Adorará. Adorará como todas as coisas criadas têm de adorar, mas, no esforço de se adorar apenas a si mesmo, acabará por não valorizar nenhum ser humano e, sem o saber, adorará o pai da mentira».

Michael O'Brien[1]

Ataque às liberdades fundamentais

Já descrevemos os objetivos, as estratégias, as redes e os métodos da revolução social global. As suas premissas ideológicas são as seguintes: não há homem nem mulher; matar é um direito humano; e padrões morais equivalem a discriminação. A implementação estratégica prossegue nos bastidores, oculta aos olhos do povo, das próprias pessoas que supostamente legitimam o poder duma democracia. Os valores das pessoas estão anestesiados pela constante

---

[1] Michael O'Brien, *Elijah in Jerusalem*, Ignatius Press, São Francisco, 2015.

avalanche de sexo e crime nos meios de comunicação social. Elas já não reparam na manipulação ideológica e, cada vez mais deprimidas e incomodadas, permitem que o Estado-cuidador as arraste na sua vertigem ladeira abaixo, rumo à destruição da família e ao inverno demográfico, amassadas no lodo das liberdades democráticas corroídas. Isto levanta algumas questões:

- Como há de preocupar-se com a liberdade religiosa quem não acredita?
- Como há de preocupar-se com a liberdade de consciência quem coloca uma tampa na sua?
- Como há de preocupar-se com a liberdade de opinião aquele cuja opinião é politicamente correta?
- Como há de preocupar-se com a liberdade de expressão quem uiva com o resto da matilha?
- Como há de preocupar-se com a liberdade científica quem procura o benefício próprio em vez da verdade?
- Como há-de preocupar-se com a liberdade terapêutica quem vê o objetivo da sua terapia ser aprovado?

No crepúsculo decrescente da cegueira em relação aos valores, uma pequena mas ativa minoria pode pôr a espiral do silêncio em movimento. Converte-se então em porta-voz para confundir e desorientar a maioria, fazer da sua própria ideologia a perspectiva comum e, finalmente, começar a vender como bom o que costumava ser mau. O preço que o indivíduo tem de pagar para objetar e se opor aumenta na medida em que se mantenha em silêncio e na medida em que a minoria conquiste poder político e social. Pode eventualmente resultar daí uma clara supressão dos opositores. Quanto mais alto é o preço, menos gente está disposta a pagá-lo. Mas a minoria triunfante nunca tem o suficiente. A rampa deslizante em direção a um novo totalitarismo é oleada com a promessa fraudulenta de uma ilimitada liberdade individual. Mas, como transforma as pessoas em escravas de seus impulsos, esse tipo de liberdade só pode conduzir à servidão. Uma sociedade só pode ser livre na medida em que as pessoas que a compõem tenham, elas próprias, a liberdade de fazer o bem. Nenhum Estado pode basear-se na luxúria ou na cobiça.

Aqueles que defendem os valores cristãos no início do terceiro milênio – que os vivem e os reconhecem – colidem com as crescentes limitações das liberdades que são (ou eram) as marcas da cultura europeia. As liberdades ameaçadas são:

- Liberdade religiosa
- Liberdade de consciência
- Liberdade de expressão
- Liberdade de discurso
- Liberdade de reunião
- Liberdade jurídica
- Liberdade científica
- Liberdade terapêutica
- Liberdade econômica
- Liberdade contratual
- Liberdade dos pais

Foram criadas bases jurídicas questionáveis para limitar a liberdade dos que recusam obedecer à pressão cultural do politicamente correto: leis contra a discriminação, leis sobre igualdade ou tratamento igual, leis contra o «discurso de ódio» e proibição da «homofobia». Os países e instituições são pressionados para legalizar o aborto e a agenda LGBTI. Juízes submissos interpretam e aplicam a legislação vigente à luz desta agenda. Os indivíduos são ostracizados, difamados, condenados e ameaçados, as suas carreiras e subsistência econômica ficam arruinadas.

Os que têm a sorte de passar a maior parte das suas vidas a desfrutar de uma ordem democrática e livre sabem o que é a liberdade de expressão. Na Alemanha, isto implicou que, desde que não se glorificasse os crimes dos nazis, pode-se dizer e escrever tudo sem a ameaça de sanções do Governo e sem o ostracismo social. Sob a capa protetora desta liberdade, tiveram início as revoltas dos estudantes de 1968. Essa liberdade era tão ampla que se discutia a possibilidade de violência contra as pessoas e a propriedade, toda a autoridade era questionada e os padrões morais válidos foram frontalmente agredidos. Os estudantes de 1968 revoltaram-se e deleitaram-se no heroísmo de uma minoria que se revoltou contra o *establishment* e foram cortejados pelos meios de comunicação esquerdistas, que agiram como defensores da liberdade contra o editor conservador Axel Springer. Depois mantiveram-se vigilantes contra quem estava no poder e hoje fazem parte da classe política. Os grupos de estudantes socialistas que se revoltaram contra o *establishment* em 1968 organizaram-se de acordo com os princípios autoritários de Stalin; 40 anos depois, passaram a ser o *establishment* e puseram em prática os seus objetivos sociais e políticos, limitando cada vez mais liberdades.

Além disso, hoje em dia todo o panorama dos meios de comunicação social deslocou-se para a esquerda. Os meios dominantes de comunicação social já não garantem a liberdade de expressão, mas estão ativamente por trás da guerra cultural. Nos bastidores, definem-se os temas a discutir, as regras de expressão são inventadas, criam-se novas leis, forjam-se novos planos de ação globais e nacionais e criam-se redes entre políticos poderosos, ONGs, meios de comunicação e sistema jurídico. Enormes quantidades de dinheiro, provenientes de multimilionários, fundações e organizações mundiais vão parar nas mãos dos ativistas. Países e instituições mais atrevidos são chantageados pelo poder político. Tudo isto agarra e esmaga quem quer que seja fiel à sua consciência e ouse opor-se à perspectiva dominante que desta forma se criou. Isso é feito através de:

- Ostracismo social para quem se oponha ao que é politicamente correto.
- Difamação mediante acusações como fundamentalista, intolerante, radical de extrema-direita, racista, antissemita, sexista, biologista e homofóbico.
- Exclusão do debate público.
- Admoestações por parte de superiores e ameaça com sanções.
- Nova legislação penal: contra a discriminação, contra o discurso de ódio e a homofobia.
- Despedimento.
- Negação de emprego e de carreira.
- Multas pesadas.

- Formação obrigatória em ideologia de gênero.
- Prisão.
- Proibição de *homeschooling*, revogação do poder paternal.
- Assédio por telefone e *e-mail*, mensagens de ódio e ameaças de morte.
- Campanhas nos meios de comunicação.
- Campanhas nas redes sociais.
- Interrupção de eventos.
- Vandalismo.
- Ataque físico.

Tudo isto acontece quando as pessoas ousam resistir à escravatura da sexualização – não por causa de discriminação, ódio, violência ou qualquer dos métodos mencionados, mas apenas porque afirmam a sua opinião, fazem uso das suas liberdades cívicas e recusam comportar-se de formas que vão contra a sua consciência. O movimento homossexual é o mais adiantado do movimento para restringir as liberdades democráticas. É apoiado pela ONU, pela União Europeia, pela maioria dos governos ocidentais, pelos meios de comunicação dominantes e pelas grandes empresas (como Google, Facebook, Twitter e Apple) que detêm poder para mudar a opinião pública.

Os países que estão especialmente associados à luta pela liberdade e pela democracia – Grã-Bretanha, Estados Unidos e Canadá – são líderes na aplicação da agenda LGBTI. A guerra é levada a todas as nações, todos os partidos, todos os departamentos governamentais, todas as universidades, todos os tribunais, todas as comunidades religiosas, militares, de escoteiros, famílias – criando cismas onde quer que entre. Os casos individuais mostram o que isso significa em termos concretos.

O Observatório da Intolerância e Discriminação contra os Cristãos[2], organização caritativa austríaca, observa e publica casos de intolerância e discriminação contra cristãos na Europa. De 2005 até 2016, milhares de casos têm sido documentados e publicados num relatório anual. A Dra. Gudrun

---

[2] Observatório da Intolerância e Discriminação contra os Cristãos na Europa (IAC, em inglês). A palavra-chave pode ser usada para encontrar o caso usando a função de busca em https://www.intoleranceagainstchristians.eu/

Kugler, diretora da instituição, explica que «os estudos mostram que na Europa 85% dos crimes cometidos com base na intolerância religiosa são dirigidos contra os cristãos. É hora de se fazer um debate público, aberto, sobre este tema!». Veja-se, em particular, o *website* canadense *Life Site News*, que informa amplamente sobre a intensificação da guerra cultural global contra a família, o direito à vida e a agenda LGBTI. A Alliance Defending Freedom International é uma fundação de juristas especializados que defendem o direito das pessoas a viverem livremente a sua fé, protegendo a liberdade religiosa, a santidade da vida, o matrimônio e a família em todo o mundo. Fornecem excelentes informações no seu *website*[3].

A British Coalition for Marriage publicou um folheto que elenca 30 casos de pessoas que foram penalizadas por acreditarem no matrimônio tradicional[4]. Esses casos demonstram claramente que o «casamento» do mesmo sexo não tem nada a ver com liberdade para uma minoria dentro duma minoria. Cerca de 2% da população tem atração pelo mesmo sexo. Destes, apenas 5% fazem uso da legalização das uniões do mesmo sexo. Trata-se de um novo totalitarismo sexual que pretende destruir o significado e a realidade do matrimônio e da família. Todos os dias surgem novos casos de restrição da liberdade. Apresentamos alguns como exemplo.

Discriminação: casos concretos

Ataque a: liberdade religiosa, liberdade de consciência, liberdade de expressão, liberdade de reunião.

Métodos: boicote pelo estado de Indiana, proibição de viajar, proibição de se associar, assédio público, ruína financeira, acusações de discriminação, multas, assédio por telefone e *e-mail*, vandalismo, ataques violentos.

Casos: Lei da Restauração da Liberdade Religiosa de Indiana de 26 de março de 2015; InterVarsity Christian Fellowship; capelão do Exér-

---

[3] https://adfinternational.org/about-us/who-we-are (consultado em abril de 2018).

[4] https://www.c4m.org.uk/wp-content/uploads/2017/09/30cases.pdf (consultado em maio de 2018).

cito Wes Molder; capelão da Marinha Joseph Lawhorn; bispo Anthony Priddis; agências de adoção católicas; arcebispo André-Joseph Leonard; Papa Bento XVI; Universidade Católica de Milão.

A *Lei da Restauração da Liberdade Religiosa de Indiana (LRLR)* é idêntica à LRLR assinada pelo Presidente Clinton em 1993. A lei proíbe que se onere substancialmente o exercício religioso, a menos que o Governo possa mostrar que: 1) tem um interesse imperioso em sobrecarregar a liberdade religiosa; e 2) faça isso através dos meios menos restritivos possíveis. Em toda a nação, levantou-se uma campanha histérica sem precedentes para proteger a «orientação sexual» e a «identidade de gênero», seguida de pressões junto dos governos estatais para que proclamassem a proibição de viajar para Indiana, o encerramento de empresas e ameaças a pessoas. O estado de Indiana teve de alterar a lei. Os direitos da minoria não heterossexual tiveram preferência sobre a consciência moral pessoal dos cidadãos.

O InterVarsity Christian Fellowship é um grupo de um colégio cristão muito consolidado, fundado em 1941, com 1011 capítulos nos Estados Unidos, que deixou de ser reconhecido pela Universidade do Estado da Califórnia, com 23 *campi*; e também pela Universidade de Vanderbilt, pelo Rollins College e pela Universidade Tufts. Isto implica perda de financiamento e ausência de acesso a salas de reuniões nos *campi*, feiras para os estudantes ou funções oficiais da escola. A razão é que o InterVarsity recusou-se a compactuar com uma política geral de não-discriminação que exigia que os lugares de chefia estivessem abertos a todos (i.e., todas as «orientações sexuais»). O porta-voz da InterVarsity, Greg Jao, disse que mudar a política de liderança do InterVarsity iria pôr em xeque a sua origem cristã.

O capitão-de-fragata Wes Modder, um respeitado capelão da Marinha, foi afastado do seu cargo porque o seu oficial assistente *gay* apresentou uma queixa contra ele. Após um mês de serviço, o oficial assistente acusa-o de ter dito a um estudante que a homossexualidade era errada. O capelão foi acusado de ser incapaz de «trabalhar no ambiente diverso e plural do Comando de Treino de Energia Nuclear Naval». Franklin Graham, presidente e diretor executivo da Associação Evangélica Billy Graham disse: «É triste para a América que capelães militares tenham de escolher entre ser verdadeiros em relação à sua fé e manter o seu emprego[5]».

O capelão do Exército Joseph Lawhorn, que dirigiu uma sessão de formação sobre a prevenção do suicídio junto do 5º Batalhão de Formação de *Rangers*, recebeu uma «carta de admoestação» que o acusava de defender o cristianismo e de «usar as Escrituras e as soluções cristãs». A ofensa: o capelão tinha entregado um folheto que, num lado listava recursos do Exército e, do outro lado, apresentava uma abordagem bíblica para lidar com a depressão. Como uma pessoa se queixou disso, o capelão foi alertado para «ter cuidado para evitar dar a ideia de estar defendendo um sistema de crenças em detrimento de outro». Tudo o que o capelão fez foi dar o seu testemunho pessoal de como ele próprio tinha lidado com a depressão[6].

Anthony Priddis, bispo anglicano do Reino Unido, foi multado em 47 345 libras, em 2008, e condenado a participar de um «treino de igualdade de oportunidades» porque não querer contratar homossexuais ativos para o trabalho com jovens. Além disso, o bispo teve de indenizar os candidatos rejeitados com 7000 libras por «danos psiquiátricos» e 6000 libras por «danos emocionais»[7].

Todas as instituições de adoção católicas do Reino Unido foram obrigadas a fechar devido à sua política de só entregar as suas crianças a casais heterossexuais casados.

O arcebispo de Bruxelas, André-Joseph Leonard, foi atacado, tendo-lhe sido lançadas empadas durante a Santa Missa e numa conferência na Universidade Católica de Lovaina. Um dos atacantes disse: «Ele merece isto por causa de todos os homossexuais que não se atrevem a assumir-se perante as famílias e de todas as garotas que querem abortar[8]». Em abril de 2013, voltou a ser atacado por quatro mulheres em *topless*, ativistas do gru-

---

[5] http://www.foxnews.com/opinion/2015/03/12/more-than40000-rally-for-navy--chaplain-accused-being-anti-gay.html (consultado em abril de 2018).

[6] http://www.foxnews.com/opinion/2014/12/09/chaplain-punished-for-sharing-his--faith-in-suicide-prevention-class.html (consultado em abril de 2018).

[7] https://www.intoleranceagainstchristians.eu/index.php?id=12&case=58 (consultado em maio de 2018).

[8] http://www.intoleranceagainstchristians.eu/case/belgian-archbishop-hit-in-face--with-cream-pies.html (consultado em abril de 2018). Palavra-chave: *Leonard*.

po Femen, que interromperam o discurso do arcebispo numa conferência na Universidade de Bruxelas gritando alto e segurando um cartaz onde se lia «Stop Homofobia»[9].

O Papa Bento XVI foi formalmente condenado pelo Parlamento Belga por dizer, em sua viagem à África, que a distribuição de preservativos não prevenia a propagação do HIV/AIDS. Edward C. Green, diretor do Projeto de Investigação de Prevenção da Aids do Centro Harvard para Estudos de População e Desenvolvimento, afirmou: «As evidências que temos apoiam as observações do Papa»[10].

A Universidade Católica de Milão foi forçada, por um decreto de 2009 do Tribunal Europeu dos Direitos Humanos (TEDH), a prolongar o contrato do Prof. Luigi Lombardi Vallauri. A universidade quis despedir o professor por incitar as pessoas contra o cristianismo com declarações como «Jesus era um péssimo ser humano». O Tribunal Europeu dos Direitos Humanos afirmou que isto se enquadrava no direito de livre expressão de opinião numa universidade católica[11].

Vladimír Špidla, comissário europeu do Emprego, Assuntos Sociais e Igualdade de Oportunidades, declarou em novembro de 2009 que não poderia haver exceções nas leis contra a discriminação no que diz respeito à «orientação sexual», ainda que baseadas na consciência religiosa[12].

Ataque a: Liberdade de expressão, liberdade de discurso, liberdade de reunião, liberdade científica.

Métodos: Difamação, calúnias, exclusão do debate público, pressão através da política e dos meios de comunicação, interrupção de eventos,

---

[9] http://www.intoleranceagainstchristians.eu/case/archbishop-of-brussels-andre-leonard-attacked.html (consultado em abril de 2018).

[10] http://www.washingtonpost.com/wp-dyn/content/article/2009/03/27/AR2009032702825.html (consultado em maio de 2018).

[11] http://www.intoleranceagainstchristians.eu/case/italy-european-court-of-human--rights-violates-freedom-of-religion.html (consultado em abril de 2018). Palavra-chave: *Vallauri*.

[12] http://www.intoleranceagainstchristians.eu/case/eu-commission-demands-uk--abolish-religious-freedom-rights.html (consultado em abril de 2018). Palavra-chave: *Spidla*.

vandalismo, exclusão do partido, prisão, multas, manifestações, medidas disciplinares.

Casos: Conferência de Marburg, jornalistas politicamente incorretos.

Conferência de Marburg. Na Conferência Profissional da Academia de Psicoterapia e Cuidado Pastoral (Fachkongress der Akademie für Psychotherapie und Seelsorge) em Marburg, na Alemanha, que ocorreu de 20 a 24 de maio de 2009, a Associação Alemã de Lésbicas e *Gays* (LSVD) lutou por todos os meios para evitar a aparição pública de dois oradores convidados: Dr. Christl Vonholdt, editor do boletim do Instituto Alemão da Juventude e da Sociedade, que publica estudos científicos sobre a homossexualidade, e Markus Hoffmann, diretor da organização Wüstenstrom, que ajuda pessoas com atração pelo mesmo sexo egodistônica (pessoas que sofrem por causa da sua homossexualidade). Uma «coligação de ação *queer*, feminista, antissexista, grupos de antifascistas e indivíduos críticos» trataram de arruinar toda a conferência. Numa declaração pública, 370 figuras conhecidas, entre as quais o professor de filosofia Robert Spaemann, o juiz do tribunal constitucional Martin Kriele e o perito em direito constitucional Ernst Wolfgang Böckenförde publicaram uma «Declaração pela Liberdade e a Autodeterminação» que afirma o seguinte:

> Protestamos contra a atuação da LSVD com base em pretensões não provadas e mediante meios difamatórios contra Wüstenstrom e.V. e o Deutsches Institut für Jugend und Gesellschaft, desacreditando-os nos meios de comunicação social. Está sendo usada a intimidação para criar um clima de medo, com o objetivo de silenciar os políticos, os jornalistas, os cientistas e os terapeutas[13].

Desta vez a campanha da LSVD não foi bem-sucedida e a conferência ocorreu. Mil policiais tiveram de ser deslocados para proteger cerca de mil

---

[13] http://www.medrum.de/content/initiative-fuer-freiheit-und-selbstbestimmung (consultado em abril de 2018).

participantes na conferência contra mil manifestantes. Os protestantes ostentavam cartazes onde se podia ler:

- «Estamos aqui para ofender os vossos sentimentos religiosos!»
- «Deus é lésbica!»
- «Fode o teu próximo como a ti mesmo!»
- «Liberdade para todos os perversos!»
- «Melhor uma violação em grupo do que rezar!»
- «Se Maria tivesse abortado, vocês não estariam aqui!»

Nesse mesmo ano, a Alemanha celebrava o 60º aniversário da sua Constituição. Instituições públicas e fundações associadas a partidos políticos estão contribuindo com a limitação das liberdades que essa magnífica Constituição deu ao povo alemão na sequência do terror nazista. Habitualmente, estigmatizam os jornalistas politicamente incorretos como membros da «direita radical» que se manifestam contra a incorporação da ideologia de gênero, a agenda LGBTI e o aborto.

Prof. Edith Düsing. Em dezembro de 2012, a Organização Autônoma de Estudantes Lésbicas e *Gays* da Universidade de Colônia (LuSK) exigiu a proibição de uma conferência a cargo da professora de Filosofia Edith Düsing por ocasião do 250º aniversário do nascimento de Friedrich Schiller. A única razão para o ataque: a Profª Edith Düsing tinha assinado a Declaração pela Liberdade e a Autodeterminação em apoio à Conferência de Marburg. A conferência foi interrompida por um *«kiss in* de meia hora entre pessoas do mesmo sexo»[14].

Melanie Phillips, uma proeminente colunista britânica, recebeu ameaças de morte depois de ter criticado no jornal *The Daily Mail* o tratamento positivo da homossexualidade em todas as disciplinas escolares. «A resposta, contudo, superou todas as minhas expectativas… Fui sujeita a uma extraordinária

---

[14] http://www.medrum.de/content/vorlesungsverbot-fuer-die-philosphin-edith-duesing (consultado em abril de 2018).

e perversa efusão de ódio e incitação a violência [por *e-mail*, Internet e meios de comunicação social dominantes]»[15].

Phillip Lardner, um candidato conservador escocês, foi expulso de uma festa em abril de 2010 porque em seu *website* se pronunciou contra a igualdade de tratamento entre o estilo de vida homossexual e o casamento e o fato de aquele ser apoiado com subsídios estatais[16].

Tony Miano, um pregador de rua, na Escócia, disse que a homossexualidade era um pecado. Foi preso pela polícia e multado em 1000 libras por suas «declarações homofóbicas»[17].

A autora *Gabriele Kuby* e outras quatro mulheres, todas conservadoras e líderes de opinião na Alemanha, foram retratadas como «zumbis saídas da tumba em 1945» numa peça de teatro chamada *FEAR*, da autoria de Folk Rixe, no teatro alemão Schaubühne. Para destruir esses zumbis era necessário «dar-lhes um tiro na cabeça». As fotografias das quatro mulheres eram mutiladas pelos atores no palco. Citações de Gabriele Kuby foram manipuladas, rearranjadas e emitidas com a sua voz para retratá-la como fascista. Gabriele Kuby moveu ações legais e perdeu na primeira instância com o argumento de que se tratava de «liberdade artística».

Ataque a: Liberdade terapêutica.

Métodos: Difamação, calúnias, exclusão de participação no debate público, pressão política e midiática, interrupção de eventos, ameaças, espionagem, barreiras ao emprego.

---

[15] https://www.lifesitenews.com/news/death-threats-against-uk-columnist-for-opposing-homosexualist-agenda (consultado em abril de 2018). Cf. Melanie Phillips, *The World Turned Upside Down*, Nova Iorque, Encounter Books, 2011.

[16] Life Site News, 20 de abril de 2010, https://www.lifesitenews.com/news/i-stand-by-my-statement-absolutely-scottish-candidate-sacked-by-conservativ (consultado em abril de 2018).

[17] Life Site News, 29 de janeiro de 2014, https://www.lifesitenews.com/news/street-preacher-arrested-in-scotland-for-condemning-homosexuality (consultado em abril de 2018).

Casos: Wüstenstrom e.V., Weißes Kreuz («White Cross»), Lesley Pilkington, Dr. Hans-Christian Raabe.

Stefan Schmidt, funcionário da Wüstenstrom, relatou ataques contra o trabalho da Wüstenstrom na conferência da OCDE sobre a liberdade religiosa em Viena, a 9 de dezembro de 2009:

- Difamação como radical de extrema-direita e negador do Holocausto.
- Pressão pública junto do organizador do evento para negar um fórum aos empregados de Wüstenstrom.
- Distúrbios e ataques violentos nos eventos.
- Pressão sobre os jornais e editoras para que não publicassem informações sobre a organização e o seu trabalho.
- Pressão sobre os fornecedores de serviços, companhias de seguros e organizações profissionais para proibir e penalizar a terapia para a homossexualidade egodistônica[18].

Lesley Pilkington, uma psicoterapeuta do Reino Unido, foi convidada pelo jornalista Patrick Strudwick para lhe dar apoio terapêutico porque, alegadamente, sofria com a sua orientação homossexual. Secretamente, gravou duas sessões e publicou uma notícia sobre elas no *The Independent*. Depois disso, a terapeuta foi ameaçada com a expulsão da sua ordem profissional sob acusação de trabalhar «de forma temerária, desrespeitosa, dogmática e sem profissionalismo». O jornalista foi designado «Jornalista do Ano» pela organização homossexual Stonewall[19].

O Dr. Hans-Christian Raabe, médico cristão, foi demitido em fevereiro de 2011 do Conselho Consultivo da Grã-Bretanha sobre Abuso de Drogas, sob pressão de organizações homossexuais, por ter apontado uma relação entre o

---

[18] http://www.intoleranceagainstchristians.eu/case/list-of-attacks-against-christian-sexual-orientation-group.html (consultado em abril de 2018). Palavra-chave: *Stefan Schmidt*.

[19] https://www.lifesitenews.com/news/christian-psychotherapist-found-guilty-of-professional-misconduct-for-repar/ (consultado em abril de 2018) Palavra-chave: *Pilkington*.

estilo de vida homossexual, o abuso de drogas e o abuso sexual de crianças. Num relatório pericial, disse «apesar de a maioria dos homossexuais não estarem envolvidos na pedofilia [...] um número de pedófilos acima da média é homossexual e, portanto, há uma sobreposição entre o movimento homossexual e o movimento para a aceitação da pedofilia». Esta declaração estava de acordo com um documento do British Home Office, o seu empregador, que tinha determinado que entre 20% e 33% dos abusos infantis são de natureza homossexual[20].

Malta. A 30 de setembro de 2016, Malta aprovou uma lei para «afirmar que nenhuma orientação sexual, identidade de gênero e expressão de gênero constitui perturbação, doença, deficiência, incapacidade ou anomalia; e para proibir práticas de conversão por serem atos enganadores e prejudiciais...» Todas as pessoas acusadas de praticar «terapias de conversão» serão multadas até 10 mil euros e um ano de detenção.

Ataque a: Liberdade de consciência.

Métodos: Demissão, assédio por telefone e *e-mail*; perseguição.

Casos: Conselheiros matrimoniais cristãos, parteiras, notários, funcionários administrativos da câmara.

Gary McFarlane, do Reino Unido, foi demitido da Relate, organização que oferece aconselhamento conjugal, porque se recusou a aconselhar pares do mesmo sexo no sentido de melhorarem a sua relação sexual. Dado que se considerou alvo de discriminação por objeção de consciência, levou o caso ao Tribunal de Recurso para Questões de Trabalho, o qual determinou que o despedimento tinha sido legal. O Tribunal Europeu dos Direitos Humanos recusou o seu apelo em janeiro de 2013, alegando que cabia às

---

[20] http://www.intoleranceagainstchristians.eu/case/christian-drug-expert-sacked-from-government-advisory-panel-over-gay-dispute.html (consultado em abril de 2018). Palavra-chave: *Raabe*.

autoridades nacionais decidir sobre o equilíbrio entre a orientação sexual e a liberdade religiosa[21].

À parteira sueca Ellinor Grimmark foi recusado emprego em três clínicas de Jönköping porque não queria colaborar em abortos devido às suas convicções sobre a dignidade da vida humana. No entanto, em novembro de 2015, um tribunal distrital determinou que o seu direito à liberdade religiosa não tinha sido violado. E atribuiu-lhe custas no valor de 100 mil euros. A ADF Internacional assumiu o seu caso[22].

Lillian Ladele, notária no Reino Unido, solicitou, por razões de consciência, dispensa de presidir a cerimônias de «casamentos» entre pessoas do mesmo sexo. Por isso foi ameaçada de demissão. Por ter se sentido «intimidada e humilhada», moveu um processo laboral, que ganhou. A parte contrária levou o caso ao Tribunal Europeu dos Direitos Humanos, onde Ladele perdeu[23].

A funcionária administrativa Kim Davis, do Kentucky, recusou-se a emitir licenças de casamento para pares do mesmo sexo porque isso ia contra a sua fé e a sua consciência. O juiz americano David Bunning mandou-a para a prisão, porque «multá-la não alcançaria o resultado da desejada conformidade». O caso de Kim Davis dividiu a América. Hillary Clinton tuitou o seu apoio dizendo que todos os funcionários eleitos «deveriam ser responsabilizados por seu dever de cumprir a lei: ponto final». A prisão de Kim Davis também foi apoiada pela Administração Obama. Por outro lado, os dois candidatos republicanos à presidência, Mike Huckabee e o senador Ted Cruz apoiaram Kim Davis. Ted Cruz disse que a prisão era uma «tirania judicial».

Ataque a: Liberdade de consciência; liberdade jurídica, liberdade econômica.

---

[21] http://www.intoleranceagainstchristians.eu/case/no-conscientious-objection-with--regard-to-affirming-homosexuality-in-the-workplace.html (consultado em abril de 2018). Palavra-chave: *McFarlane*.

[22] https://adfinternational.org/detailspages/press-release-details/swedish-conscience--trial-will-court-protect-fundamental-right-for-medical-staff (consultado em abril de 2018).

[23] http://www.intoleranceagainstchristians.eu/case/registrars-wish-not-to-register-homosexual-unions-rejected.html (consultado em abril de 2018). Palavra-chave: *Lilian Ladele*.

Métodos: Campanhas difamatórias, expulsão, demissões, perseguição jurídica, encerramento forçado do negócio, ameaças de morte, difamação nos meios de comunicação, ruína financeira.

Casos: Rocco Buttiglione, Eunice e Owen Johns, Peter e Hazel-Mary Bull, Karolina Vidović-Krišto, Barronelle Stutzman, Kevin O'Connor, Brendan Eich.

Rocco Buttiglione, nomeado comissário europeu para Justiça, Liberdade e Segurança, foi destituído por um voto no Comité de Assuntos Internos do Parlamento Europeu porque, como católico e filósofo, falou contra a homossexualidade.

Eunice e Owen Johns, um casal britânico, perderam o direito a receber os filhos adotivos porque, como cristãos, não queriam apresentar de forma positiva o estilo de vida homossexual e insistiam em levar os filhos à igreja aos domingos. O tribunal determinou que a proteção contra a discriminação baseada na orientação sexual tinha prioridade sobre a discriminação religiosa. O casal apelou ao Supremo Tribunal Britânico mas não obteve resultados[24].

Peter e Hazelmary Bull, do Reino Unido, recusaram alugar um quarto de casal a dois homens em sua residência. Em fevereiro de 2012, foram condenados a pagar uma multa de 3600 libras. O tribunal a que apelaram manteve a sentença porque eles tinham violado os requisitos da lei da igualdade. Os visados relataram que tinham sido vítimas de uma campanha de ódio que incluiu ameaças, telefonemas e *e-mails* abusivos, vandalismo no carro e em casa. O *website* foi atacado e encheram-no de conteúdo pornográfico. Tiveram de vender o seu negócio[25].

Karolina Vidović-Krišto, respeitada jornalista do canal de televisão croata HRT, era a editora e apresentadora de um programa popular, *Slika Hrvatske,*

---

[24] http://www.intoleranceagainstchristians.eu/case/government-requires-foster-parents-to-affirm-homosexuality-rules-uk-high-court.html (consultado em abril de 2018). Palavra-chave: *Owen Johns*.

[25] https://www.lifesitenews.com/news/christian-bb-owners-lose-supreme-court-appeal-forced-to-sell-business-after (consultado em abril de 2018).

produzido especialmente para croatas residentes fora do país. Em janeiro de 2013 foi suspensa depois de ter editado e apresentado um programa que criticava o programa de educação sexual do Governo. Vidović-Krišto foi suspensa das suas funções e o programa foi retirado da programação[26]. Em 8 de janeiro de 2015, ficou sem emprego. Processou o patrão e foi novamente admitida, mas sem autorização para abordar temas críticos.

Barronelle Stutzman, de setenta anos de idade, florista em Washington, recusou-se a fornecer flores para o «casamento» *gay* dum cliente habitual com o seu amigo, «devido à minha relação com Jesus». Para o procurador--geral de Washington, isso constituiu uma violação da lei estatal antidiscriminação e foi razão suficiente para processar Stutzman, que também foi processada pelos dois parceiros homossexuais, representados pela ACLU[27]. No dia 19 de fevereiro de 2015, o juiz do Estado de Washington determinou que a florista fornecesse serviço completo às cerimónias de casamento de pares do mesmo sexo. O Estado e o par do mesmo sexo têm direito a receber uma indenização e o pagamento dos honorários dos advogados, não só da parte da empresa, mas também da própria Sra. Stutzman. A florista está em risco de perder o seu negócio, a sua casa e as suas economias[28].

Kevin O'Connor, dono da pizzaria Memories Pizza, que não escondia a sua fé cristã e o seu apoio à Lei de Restauração da Liberdade Religiosa de Indiana, declarou, em resposta a um jornalista, que qualquer pessoa era bem-vinda no seu restaurante, mas que não forneceria um «casamento» homossexual. Manifestações públicas forçaram-no a fechar as portas da pizzaria e a esconder-se das pessoas.

Brendan Eich, cofundador da Mozilla, foi nomeado CEO a 24 de março de 2014. Uma semana depois, abandonou o cargo porque uma campanha pública de ativistas dos direitos *gays* exigiu um boicote à companhia. A razão: em 2008 Eich tinha feito um donativo de mil dólares para apoiar a campa-

---

[26] https://www.intoleranceagainstchristians.eu/index.php?id=12&case=860 (consultado em maio de 2018).

[27] União Americana pelas Liberdades Civis.

[28] https://edition.cnn.com/2015/02/20/living/stutzman-florist-gay/ (consultado em abril de 2018).

nha California Proposition 8, que definia o casamento como a união entre um homem e uma mulher.

Ataque a: Direitos dos pais.

Métodos: Educação sexual obrigatória, formação sobre ideologia de gênero nas escolas, supervisão das crianças pelas autoridades da escola, multas e penas de prisão, privação da custódia parental.

Casos: Escolas na Áustria, Reino Unido e Espanha; alunos de uma escola na Califórnia; jardins de infância na Inglaterra.

Todas as escolas austríacas foram avisadas pelo Governo de que a educação sexual deve ser orientada no sentido da «pluralidade dos valores e do respeito pelas uniões do mesmo sexo». Pessoal educativo e material informativo com diferentes pontos de vista já não seriam permitidos. Isto também se aplica às escolas cristãs[29].

Todas as escolas da Grã-Bretanha, incluindo as escolas cristãs, estão proibidas pelas Sexual Orientation Regulations (SOR) de ensinar a moral sexual «como se fosse uma coisa objetivamente verdadeira». Se desobedecerem às SOR, perderão o financiamento público.

Todas as escolas na Espanha, sob o regime de Zapatero, tiveram de introduzir uma matéria obrigatória chamada Educação para a Cidadania (EpC), uma espécie de educação cívica com um *curriculum* em claro conflito com a ética cristã; 55 mil pais protestaram com base na sua consciência. Foram apresentadas 2300 queixas judiciais[30].

Na Alemanha, a educação escolar para crianças dos seis aos 14 anos é obrigatória. O *homeschooling* é proibido. Com base nesta lei, os pais são

---

[29] http://www.intoleranceagainstchristians.eu/case/christian-sexual-education-jeopardized-by-government.html (consultado em abril de 2018). Palavras-chave: *Austria sexual education.*

[30] https://www.intoleranceagainstchristians.eu/index.php?id=12&case=237 (consultado em maio de 2018).

obrigados a enviar os filhos às aulas de educação sexual. Se retirarem os filhos das aulas de educação sexual, serão severamente multados. Já houve cerca de 20 casos de pais que se recusaram a pagar a multa. Alguns foram coercivamente detidos e os filhos colocados sob a proteção do Estado. Desde 2014, novas leis federais ampliam a educação sexual a todos os grupos etários e a todas as matérias, a fim de conseguir a aceitação do estilo de vida não heterossexual[31].

Todos estes casos mostram como a situação está ficando difícil para os cristãos e para qualquer cidadão que queira manter-se fiel à sua consciência. Randall Smith, em *The Perils of Political Propaganda*, escreve: «O Estado [...] depende fortemente da consciência moral pessoal dos seus cidadãos e obrigá-los a violar essa consciência é contaminar o próprio gérmen da vida moral comum, ou seja, da consciência moral pessoal de cada indivíduo dentro do Estado[32]».

O destino dos cristãos em países como Nigéria, Sudão, Paquistão, Indonésia, Iraque, Síria, Turquia e Coreia do Norte mostram o abismo sangrento da perseguição dos cristãos nos nossos dias. Na Europa, os cristãos ainda não temem pela vida, mas as consequências ideológicas podem levar rapidamente a ameaças físicas. O cardeal Francis George proferiu esta famosa declaração: «Espero morrer na cama, o meu sucessor morrerá na prisão e o sucessor dele morrerá mártir na praça pública». E acrescentou: «O seu sucessor recolherá os fragmentos de uma sociedade em ruínas e lentamente ajudará a reconstruir a civilização, como a Igreja fez tantas vezes ao longo da história humana». (O cardeal morreu em sua cama a 17 de abril de 2015.) A transformação de

---

[31] «2007 German Horror Tale», *Washington Times*, 27 de fevereiro de 2007, http://www.washingtontimes.com/news/2007/feb/27/20070227-084730-5162r/ (consultado em maio de 2018); «More problems for home-schoolers in Germany», *Washington Times*, 15 de junho de 2008; http://www.washingtontimes.com/news/2008/jun/15/more-problems-for-home-schoolers-in-germany/ (consultado em abril de 2018); «German Family pleads for Help from European Court of Human Rights» https://hslda.org/content/hs/international/Germany/201704110.asp (consultado em maio de 2018).

[32] Randall Smith, «The Perils of Political Propaganda: Mass Hysteria over Indiana», *Public Discourse*, 2 de abril de 2015. http://www.thepublicdiscourse.com/category/conscience-protection (consultado em abril de 2018).

uma sociedade democrática, baseada na fé cristã, numa sociedade hedonista não se dará de um momento para o outro. Não há indícios de que esta tendência se detenha, a menos que as pessoas se ergam para defender os seus valores e os seus direitos democráticos.

CAPÍTULO 15

Resistência

«A única coisa necessária para que o mal triunfe é que os homens bons não façam nada.»

Edmund Burke

Pode parecer impossível deter a revolução sexual global. O poder político e enormes recursos financeiros da ONU, da União Europeia, dos governos dos Estados Unidos e outros países, bem como milhares de milhões controlados por fundações, multinacionais e ONGs têm sido investidos para apoiar o esforço de desconstrução da ordem de gênero binária, liberalizar as normas sexuais, dissolver a família e reduzir a população mundial.

Mas existe resistência, e resistência bem-sucedida. Por todo o mundo, Igrejas cristãs, ONGs, indivíduos e instituições trabalham por uma cultura que respeite a dignidade humana e lutam pela vida, pelo matrimônio e pela família. Um relatório do Friedrich Ebert Stiftung, um centro ativista intelectual do Partido Social-Democrata alemão (SPD), mostra que os ativistas do gênero estão ficando alarmados com a crescente resistência às «políticas de gênero» por parte do cidadão comum (*La Manif pour Tous*, na França, e a *Demo für alle*, na Alemanha), expressa em referendos levados a cabo em vários países da Europa[1].

Os países do Leste Europeu que tiveram de suportar a opressão comunista foram poupados à revolução sexual do Ocidente – uma ironia do destino,

---

[1] Gabriele Kuby, «Gender Activists Alarmed: New Report on the "Anti-Gender Mobilizations in Europe" by Left-Wing Think Tank», 31 de julho de 2015. https://pt.scribd.com/document/288481177/Gender-Activists-Alarmed (consultado em maio de 2018).

– 349 –

uma vez que foi o comunismo que quis destruir a família mediante uma sexualidade «liberta».

Vejamos mais detalhadamente os casos de dois países. Primeiro, a Espanha, um país que teve um primeiro-ministro revolucionário do gênero, que fez o que pôde para destruir a velha cultura cristã do seu país; e depois a Hungria, um país que sofreu imensamente sob a ditadura comunista e o Governo de esquerda depois de 1989, e voltou à Constituição cristã a 1 de janeiro de 2012 com uma vitória eleitoral avassaladora.

Espanha

Desde 2004 até 2011, a Espanha foi governada pelo socialista José Luís Rodríguez Zapatero, um ideólogo do gênero radical que sabia o que queria: «Hoje a Espanha está na vanguarda de um projeto radical internacional que afetará profundamente a família […] um projeto de grande envergadura para mudar os valores culturais que determinará a identidade histórica e social da Espanha durante muito tempo[2]». Esse «projeto radical internacional» avançou regido por um conceito de liberdade que tinha sido «emancipado» da realidade. Nas palavras de Zapatero, «é a liberdade que nos torna verdadeiros. Não é a verdade que nos torna livres».

Durante o período em que esteve no Governo, Zapatero usou a «legislação como chave determinante para a mudança cultural». As seguintes leis foram aprovadas pelo seu regime:

- Lei contra a violência de gênero.
- Lei de divórcio expresso (o número de divórcios disparou de 51 mil, em 2004, para cerca de 122 mil, em 2008).
- Legalização do aborto a pedido (o número de abortos aumentou de 49 500, em 1997, para 112 mil em 2007)[3].

---

[2] «Demographic Deficit. Family rights and human capital in Europe. Experiments on families – Member States experiences and consequences: SPAIN», ECR Group, Bruxelas, Instituto de Política Familiar, 17 de novembro de 2010.

[3] «Demographic Deficit. Family rights and human capital in Europe. Experiments on families – Member States experiences and consequences: SPAIN», ECR Group, Bruxelas, Instituto de Política Familiar, 17 de novembro de 2010.

- Distribuição livre da «pílula do dia seguinte» sem prescrição médica.
- Legalização dos métodos de reprodução artificiais.
- Livre escolha da identidade de gênero.
- Legalização do «casamento» homossexual.
- Legalização da clonagem terapêutica.
- Introdução obrigatória da educação sexual a favor da «diversidade» e contra a «homofobia».
- Leis de igualdade de tratamento e contra a discriminação.
- Introdução obrigatória da educação defensora da ideologia de gênero.
- Reforma da lei da liberdade religiosa.

Como disse Zapatero: «Estamos perante um projeto global de transformação social com o objetivo de destruir a velha ordem e construir uma nova ordem. Nunca aprovamos em tão pouco tempo tantas leis que mudassem a vida das pessoas»[4].

Um forte movimento de oposição a esta política foi organizado. Lutava pelo direito à vida, pelo matrimônio, pela família, pelos direitos dos pais, pela liberdade religiosa e contra o novo doutrinamento de gênero nas escolas (sob o nome de Educación para la Ciudadanía, ou EpC). Em junho de 2005, mais de 2 milhões de espanhóis protestaram a favor da família e contra o «casamento» homossexual. O movimento recebeu um forte apoio do Papa Bento XVI, que visitou três vezes esse país outrora católico (em junho de 2006, para o Encontro Internacional das Famílias, em Valência; em novembro de 2010, em Santiago de Compostela e Barcelona, para a consagração da Igreja da Sagrada Família; e em agosto de 2011, em Madrid, para as Jornadas Mundiais da Juventude).

O regime de Zapatero teve um final abrupto. Tanto a destruição cultural como a péssima gestão financeira conduziram à destituição do Governo em 2011. O novo primeiro-ministro foi Mariano Rajoy, do Partido Popular, de pendor conservador. A 31 de janeiro de 2012, o novo ministro da Educação desferiu um golpe no *curriculum* escolar e retirou a disciplina de Educação para a Cidadania. Para o movimento a favor da família, esta foi uma grande vitória após cinco anos de luta.

---

[4] *Ibid.*

O sonho de Zapatero tinha acabado, por enquanto, mas a revolução cultural legalmente instaurada durante o seu regime tinha deixado para trás uma sociedade profundamente destroçada. A luta pela vida, pela família e pela inviolável dignidade da pessoa ainda não está ganha. A União Europeia persegue objetivos contra a vida semelhantes para os 500 milhões de habitantes dos seus estados-membros.

Hungria

Os Húngaros são um povo patriota, amante da liberdade e pró-europeu. Por isso, pagaram com o sangue o levantamento contra os ocupantes soviéticos e tiveram de suportar depois uma brutal ditadura comunista durante mais de 30 anos. Foram os Húngaros que abriram a Cortina de Ferro, e consequentemente desencadearam o colapso final do comunismo soviético. Depois começou o processo de integração no Ocidente, com a entrada na OTAN em 1999 e a integração na União Europeia a 1 de maio de 2004.

Após cinco anos de um governo de esquerda autossuficiente, nas eleições parlamentares, o partido conservador Fidesz obteve uma vitória avassaladora em abril de 2010. A maioria de dois terços que conseguiu deu-lhe a capacidade, sob a orientação do primeiro-ministro Orbán, de alterar a Constituição. Depois da derrota da ditadura comunista em 1989, a Constituição fora parcialmente emendada, mas ainda não fornecia à Hungria uma nova fundação. A Hungria atreveu-se então a derrotar as velhas estruturas comunistas que tinham permeado todos os aspectos da sociedade e a começar de novo, baseada em valores com os quais a Hungria católica se tinha comprometido durante dez séculos. Isto causou um alvoroço internacional, liderado por membros do Parlamento Europeu.

A nova Constituição entrou em vigor a 1 de janeiro de 2012. Desde então, os meios de comunicação têm dado a ideia de que a Hungria está à beira de uma ditadura fascista, que os direitos democráticos fundamentais estão sendo anulados, que a independência judicial foi abolida, que a liberdade de imprensa está comprometida e não há direitos humanos. Mas aqui estão os verdadeiros pomos de discórdia:

- Reconhecimento de Deus: a primeira frase da Constituição é «Deus abençoe a Hungria».
- Reconhecimento da nação e das suas tradições: a Constituição faz referência à «Sagrada Coroa» do rei Estêvão no século X.
- Reconhecimento da família: a Constituição vê a família como «a base da força da sociedade e da honra de todas as pessoas». Diz que «o matrimônio é uma parceria de vida entre um homem e uma mulher».
- Reconhecimento do direito à vida das crianças não nascidas: «a vida do feto tem direito a ser protegida desde o momento da concepção».
- Reconhecimento do homem enquanto criatura de Deus: o governo proíbe a clonagem humana e o uso de partes do corpo com propósitos lucrativos.

A nova lei sobre a família define-a como «uma comunhão autônoma entre um homem e uma mulher cuja missão se cumpre na educação dos filhos». E ela deve ser respeitada pelo Estado por razões de sobrevivência nacional. A lei designa os pais como a primeira autoridade na educação dos filhos.

Para o bem de todos, a Hungria deseja restabelecer os valores fundamentais cristãos com o fim de derrubar uma cultura de morte e desenvolver uma cultura da vida. Reconhece Deus, a nação, a família e a sacralidade da vida, da concepção até a morte – razão evidente para que a União Europeia se lance numa cruzada contra a Hungria. O ímpeto diminuiu um pouco desde a reeleição de Viktor Orbán, em abril de 2014, com uma maioria absoluta de dois terços.

Mas nem o casamento e a família, nem a proteção da vida ou a aprovação da Constituição estão sob a autoridade da União Europeia. Viviane Reding, comissária para a justiça na União Europeia, não tem problema em imiscuir--se na soberania nacional do país e exigir «mudanças reais ou o abandono da nova legislação»[5].

O primeiro-ministro Orbán assistiu, no dia 18 de janeiro de 2012, à discussão no Parlamento Europeu. Guy Verhofstadt, ex-primeiro ministro da Bélgica, perdeu a compostura e, num rasgo de raiva, disse aos gritos o que estava real-

---

[5] http://www.europeandignitywatch.org/commisioner-reding-new-power-grab/ (consultado em julho de 2018).

mente pertubando a Europa. O problema não era «este ou aquele artigo, mas toda a filosofia por detrás do que está acontecendo neste momento»[6]. Pode haver questões individuais a se resolver na Constituição, mas estão longe de ser as «violações dos direitos humanos» de que o novo governo foi fortemente acusado.

Em janeiro de 2012, a Dra. Eva Maria Barki, advogada de origem húngara, lançou uma petição chamada *Hungaria semper libera. Una et eadem libertas.* Eis um excerto:

> Sabemos que essa luta é mais dura do que combater tanques. As nossas armas são apenas palavras, lei e valores europeus. É difícil porque não somos nós, mas a União Europeia, quem carece de falta de democracia. Estamos à sua mercê porque até hoje a União Europeia não cumpriu a obrigação que assumiu e ainda não assinou a Convenção Europeia para os Direitos Humanos; por isso, os seus órgãos não podem ser julgados perante o Tribunal Europeu dos Direitos Humanos. Não fomos nós que abandonamos os valores europeus, mas o centro do poder em Bruxelas. Não somos nós que traímos a democracia, mas as instituições europeias que carecem de legitimidade democrática. A Europa está vivendo uma crise política e econômica e um declínio moral. Não era isto o que sonhávamos para a nova Europa! Temos de construir uma nova Europa. Uma Europa que não seja estruturada de forma centralizada, mas que seja multicentrada, uma Europa que regresse às suas raízes e aos valores cristãos, uma Europa na qual as pessoas e as nações sejam soberanas, e não a oligarquia financeira. Uma Europa na qual a vontade democrática das pessoas seja respeitada[7].

França

O movimento de massas *La Manif pour Tous* surgiu no início de 2013 para se opor à nova agenda do gênero. O plano do Presidente socialista François

---

[6] Cf. J. C. von Krempach, https://c-fam.org/turtle_bay/god-save-the-hungarians-iii--the-eus-crusade-against-hungary-likely-to-end-in-defeat-and-ridicule/ (página já não acessível devido ao relançamento do *site*, maio de 2018).

[7] http://www.petitionen24.com/selbstbestimmung_und_souverenitat_ungarns (consultado em abril de 2018).

Hollande de legalizar o «casamento» homossexual com o slogan «Casamento para todos» levou milhões de manifestantes às ruas de Paris e de outras cidades francesas. A lei foi aprovada de qualquer maneira, mas o movimento conseguiu impedir uma nova lei destinada a mudar a definição de família. *La Manif pour Tous* está se espalhando ativamente por outros países europeus.

Alemanha

La Manif pour Tous mudou-se para a Alemanha, onde intensificou a resistência à sexualização forçada das crianças pelo Estado nas escolas – uma manifestação para todos, como reza o nome do movimento em francês e em alemão: *Demo für alle*[8]. Muito rapidamente, 200 mil cidadãos assinaram uma petição contra um currículo educativo em Baden-Württemberg que pretendia ensinar as crianças a aceitarem todos os tipos de estilos de vida não heterossexuais (LBGTIQ). Desde então acontecem regularmente manifestações em Stuttgart: «Casamento e família em primeiro lugar! Chega de ideologia de gênero e da sexualização dos nossos filhos!».

Suíça

Até a Suíça pisa fundo quando se trata de sexualizar as crianças do jardim de infância. Mas as revelações na imprensa sensacionalista sobre a «caixa de sexo de Basileia» perturbaram a população suíça[9]. Trata-se de uma caixa que continha reproduções em plástico dos órgãos genitais masculino e feminino para serem usados, para «esclarecimento», por crianças do ensino infantil. Em junho de 2011, formou-se uma iniciativa de cidadãos contra ela que elaborou petições contra a sexualização precoce e, em três meses, reuniu mais de 90 mil assinaturas. Agora, há uma iniciativa para organizar um referendo. Graças à pressão dos cidadãos, foi fechado o «Centro de Competências para a Pedagogia Sexual» da Universidade de Formação de Professores de Lucerna.

---

[8] https://demofueralle.wordpress.com (consultado em abril de 2018).

[9] Philipp Gut, «Porno für Kindergärtler», *Die Weltwoche*, Zuriqueürich, n.p., 6 de outubro de 2011.

Eslováquia

A Eslováquia não legalizou as uniões civis nem o «casamento» entre pessoas do mesmo sexo. Na Constituição (2014), o casamento é definido como a união entre um homem e uma mulher. Três iniciativas parlamentares para legalizar as uniões entre pessoas do mesmo sexo não tiveram sucesso. Na primavera de 2015, houve um referendo para proibir, na Constituição, a adoção por pares do mesmo sexo e permitir que os pais retirassem os filhos da educação sexual na escola, a fim de se protegerem das intervenções da União Europeia. O referendo não foi válido, porque apenas 20% da população participou.

Polônia

Sob o governo de Jarosław Kaczyński (de julho de 2006 a setembro de 2007), a Polônia seguiu em frente com o tratado de reforma da União Europeia. O ministro da Educação Roman Giertych falou contra a legalização do aborto e do «casamento» entre pessoas do mesmo sexo. Apesar das campanhas a favor da respectiva legalização, o aborto e as uniões do mesmo sexo ainda eram proibidos em 2014. Não há educação sexual nas escolas, mas «educação para a vida familiar». Ainda assim, na Polônia os valores cristãos estão em vias de derrocada. As eleições de outubro de 2011 trouxeram à cena um novo partido, liderado por Janusz Palikot, que conquistou 10% dos votos no primeiro turno. Esse multimilionário está a lutar pela legalização do aborto, dos direitos homossexuais, das drogas leves, da fertilização *in vitro* e da contracepção gratuita para todos.

Croácia

Em 2013, um movimento cívico forçou o governo esquerdista a fazer um referendo com o propósito de definir constitucionalmente o casamento como uma união entre um homem e uma mulher. Apesar da resistência implacável e unida do governo e dos meios de comunicação, o referendo foi aprovado e a

Constituição teve de ser mudada nesse sentido. Após essa vitória da oposição conservadora, o governo apressou-se a legalizar as uniões de fato entre pessoas do mesmo sexo.

Noruega

Na Noruega, país pioneiro da integração da ideologia de gênero, a resistência inesperada surgiu de um comediante popular, Harald Eia, que submeteu o credo norueguês da igualdade de gênero a um teste de realidade. Ele reparou que em seu país – que promoveu e apoiou a igualdade de gênero durante décadas – apenas 10% dos engenheiros eram mulheres e apenas 10% das equipes de enfermagem eram constituídas por homens, tal como em qualquer outro lugar do mundo. Apesar dos programas maciços de defesa da igualdade de gênero, esses números permaneceram firmes na Noruega desde os anos 80. Eia pegou no «paradoxo do gênero» pelos chifres e produziu sete vídeos de meia hora altamente informativos intitulados *The Gender Equality Paradox*[10] sobre os temas polêmicos do gênero, da homossexualidade, da violência, do sexo e da raça que foram transmitidos pela televisão norueguesa. Os seus filmes provocaram um debate nacional e contribuíram para a redução do financiamento do governo norueguês para pesquisas sobre gênero.

União Europeia

Ultimamente, está surgindo no Parlamento Europeu uma resistência à agenda LGBTI antifamília. As resoluções que promovem essa agenda costumavam transformar-se diretamente em lei. Agora isso está mudando. Um avanço importante foi a rejeição do Relatório Estrela sobre direitos sexuais e reprodu-

---

[10] https://www.youtube.com/watch?v=tiJVJ5QRRUE&index=2&list=PLPPa8aTP-2j2MPyEzYwqmCOMHLi1bmu95e (consultado em abril de 2018).

tivos. (Edite Estrela é uma deputada socialista portuguesa no Parlamento Europeu.) Esse relatório exigia a educação sexual precoce para crianças, o «direito» ao aborto e restrições à liberdade de consciência de médicos e enfermeiros. A nova cooperação entre ONGs pró-família em toda a Europa levou à aceitação de um relatório alternativo da facção mais conservadora do Parlamento Europeu (o Partido Popular Europeu).

A iniciativa cívica *One of Us* («Um de Nós»), levada a cabo em todos os estados-membros da União Europeia, tinha o objetivo de proibir, em toda a União Europeia, o financiamento da investigação com embriões destruídos. Foi a iniciativa de cidadãos mais bem-sucedida da história, e conseguiu mais de 1,7 milhões de assinaturas. Não obstante, a Comissão Europeia vetou a iniciativa no último dia antes de adiá-la para 2014, demonstrando assim o seu desprezo pela democracia participativa[11].

Estados Unidos

A resistência à agenda antivida, antifamília e pró-LGBTI nos Estados Unidos está além do escopo deste livro[12]. O país está dividido em questões de aborto, privilégios LGBTI, «casamento» homossexual e educação sexual. No entanto, as pesquisas Gallup e Rasmussen indicam que um número-recorde de americanos se identifica como pró-vida, superando os que dizem ser «pró-escolha». De fato, a maioria dos Americanos, agora, diz que se opõe ao aborto ou à maioria dos abortos. Além disso, o aborto caiu para o seu nível mais baixo desde que a decisão *Roe* vs. *Wade* o legalizou em 1973. A queda de uns 13%, de 2008 até 2011, pode ser vista como um grande sucesso para o movimento pró-vida, que

---

[11] http://www.citizens-initiative.eu/eci-one-of-us-rejected-by-the-european-commission/ (consultado em maio de 2018). A decisão da Comissão Europeia foi levada ao Tribunal de Justiça da União Europeia. No seu acordo de 23 de abril de 2018, o tribunal declarou que a rejeição da iniciativa legislativa de cidadãos *One of Us* prejudicava o objetivo de «encorajar a participação dos cidadãos na vida democrática e tornar a União mais acessível», mas não revogou a decisão da Comissão. Cf. https://eclj.org/abortion/eu/affaire-un-de-nous-contre-commission-europenne-le-tribunal-de-lunion-europenne-a-rendu-son-jugement (consultado em maio de 2018).

[12] Pode encontrar-se excelente informação sobre isto em: www.lifesitenews.com.

leva centenas de milhares de pessoas a Washington todos os anos. Apesar de os grandes meios de comunicação ignorarem o evento, a participação tem vindo a crescer (250 mil, em 2009, para 650 mil, em 2013).

Descrevemos brevemente a batalha com a agenda radical pró-LGBTI, antifamília e antivida da administração Obama.

Através do mandato dos Health and Human Services (HHS), as reformas do sistema de saúde promovidas pelo presidente Obama obrigaram todos os empregadores a oferecer aos seus trabalhadores receitas de contraceptivos, a «pílula do dia seguinte» e a esterilização gratuita. Mesmo organizações religiosas como igrejas, universidades, hospitais e instituições de caridade se viram obrigadas a fazê-lo.

Isto gerou uma tempestade de resistência que o governo Obama não esperava. A administração foi inundada com ações judiciais, cartas de protesto e petições de assinaturas. Todos os bispos católicos, 65 bispos ortodoxos, 2500 pastores, líderes de igrejas evangélicas, presidentes de universidades e muitos outros comunicaram ao Presidente Obama que não se submeteriam à lei. Rick Warren, que fez o discurso na posse de Obama, disse: «Antes ser preso do que ceder a um mandato do governo que viola o que Deus nos manda fazer (At 5, 29). Não acham?».

Os procuradores gerais de 13 estados dos EUA anunciaram uma ação legal contra os Health and Human Services. Numa carta aberta à secretária dos HHS, Kathleen Sebelius e outros membros do gabinete declararam: «[O mandato HHS] entra em conflito com os aspectos mais elementares das liberdades religiosa, de expressão e de associação estabelecidos na Primeira Emenda. Acreditamos que o [mandato HHS] constitui uma violação inadmissível da Primeira Emenda da Constituição praticamente sem paralelo na história americana»[13]. Parece que o mandato atingiu um ponto fraco dos livres-pensadores americanos.

O ataque à identidade do ser humano por meio de graves abusos contra as crianças cometidos pelo Estado perdeu força com a presidência de Donald

---

[13] http://www.ncregister.com/DAILY-NEWS/bishops-conference-attorneys-submit--comment-to-hhs-on-contraceptive-mandate (consultado em abril de 2018).

Trump. Trump revogou o decreto de Obama sobre a obrigatoriedade de vestiários transgênero nas escolas.

Igreja Católica

A voz que lidera a oposição a esta desorientação é a da Igreja Católica. Está, portanto, sob ataque constante por parte dos meios de comunicação e dos poderes promotores da liberalização das normas sexuais[14].

Desde o fim de 2013, várias conferências episcopais produziram declarações inflexíveis contra a ideologia de gênero afirmando a asserção bíblica de que os seres humanos são criados homem e mulher.

Em vários países da América do Sul, como o Peru[15], a Venezuela[16] e o Panamá[17], as conferências episcopais pronunciaram-se contra a ideologia de gênero e a sexualização das crianças.

No ano passado, os bispos da Europa ergueram as vozes em defesa da antropologia cristã. O primeiro foi o guerreiro solitário entre os bispos suíços, o Dr. Vitus Huonder, com a sua declaração «Gender: Die tiefe Unwahrheit einer Theorie» («Gênero: a Profunda Falsidade de Uma Teoria)[18], de 10 de dezembro de 2013, que lhe valeu uma manifestação da Catholic Women's Organization. Desde 2013, as conferências episcopais têm-no seguido com declara-

---

[14] Isto atingiu um novo auge nas Nações Unidas. No dia 15 de fevereiro de 2014, a Comissão da ONU para os direitos das crianças pressionou a Santa Sé para que abandonasse a sua posição sobre o aborto, a contracepção, o «casamento» de pessoas do mesmo sexo e o sexo entre os jovens.

[15] http://www.ncregister.com/DAILY-NEWS/bishops-conference-attorneys-submit-comment-to-hhs-on-contraceptive-mandate (consultado em abril de 2018).

[16] http://www.esposiblelaesperanza.com/?option=com_content&view=article&id=338:la-ideologia-de-genero-sus-peligros-y-alcances-conferencia-episcopal-peruana&catid=348:magisterio-conferencias-episcopales&Itemid=24 (consultado em abril de 2018).

[17] http://www.esposiblelaesperanza.com/index.php?option=com_content&view=article&id=434:obispos-de-panama-ante-ley-de-sexualidad&catid=348:magisterio-conferencias-episcopales&Itemid=24 (consultado em abril de 2018).

[18] http://www.bistum-chur.ch/wp-content/uploads/2013/12/Wort_des_Bischofs_VIII_2013.pdf (consultado em abril de 2018).

ções pastorais muito claras e livres, tais como as da Eslováquia[19], da Polônia[20], e da Croácia[21].

Um ano antes, no dia 21 de dezembro de 2012, o Papa Bento XVI aproveitou o seu discurso de Natal à Cúria e ao Colégio dos Cardeais para lhes recordar que «[A Igreja] deve propor com grande clareza os valores que reconhece como fundamentais e não negociáveis». Em seu discurso, esclareceu a profundidade do que considera ser a «antropologia católica»:

Se antes tínhamos visto como causa da crise da família um falso entendimento sobre a essência da liberdade humana, agora fica claro que é a própria noção do ser – o que realmente significa ser homem – que está a ser posta em causa.

Ele [o Grande Rabi de França, Gilles Bernheim] cita o famoso aforismo de Simone de Beauvoir: «Não se nasce mulher, torna-se mulher». Nestas palavras manifesta-se o fundamento daquilo que hoje se apresenta, com o nome de *gender*, como uma nova filosofia da sexualidade. Segundo esta filosofia, o sexo já não é um dado originário da natureza que o homem tem de aceitar e ao qual deve dar pleno significado, mas um papel social que cada um escolhe para si próprio, enquanto no passado era decidido pela sociedade. É evidente a profunda falácia desta teoria e da revolução antropológica nela contida. O homem contesta o fato de possuir uma natureza preconstituída pela sua corporeidade, que é elemento determinante do seu ser. Nega a sua natureza e decide que esta não lhe foi previamente dada, mas é algo que ele constrói por si mesmo. Segundo o relato bíblico da criação, faz parte da essência da criatura humana o fato de ter sido criada, por Deus, como homem ou mulher. Esta dualidade é parte essencial do que significa ser humano, como Deus o fez. É precisamente esta dualidade, como algo previamente dado, que agora é contestada. As palavras do relato da criação «homem e mulher os criou» (Gn 1, 27) já não se aplicam.

---

[19] http://www.familiam.org/pls/pcpf/v3_s2ew_consultazione.mostra_pagina?id_pagina=5708 (consultado em abril de 2018).

[20] http://torontocatholicwitness.blogspot.ca/2014/01/the-polish-bishops-conference-denounces.html (consultado em abril de 2018).

[21] http://torontocatholicwitness.blogspot.de/2014/11/croatian-bishops-conference-denounces.html (consultado em abril de 2018).

Não! O que vale agora é: não foi Deus que os criou homem e mulher – até agora tem sido a sociedade que o determina e agora cada um decide por si. Homem e mulher enquanto realidades da criação, como natureza da pessoa humana, já não existem. O homem contesta a sua própria natureza. A partir de agora ele é somente espírito e vontade. A manipulação da natureza, que hoje deploramos devido às consequências que teve no ambiente, converte-se aqui na opção do homem a respeito de si mesmo. Agora existe apenas o ser humano em abstrato, que escolhe para si qual será a sua natureza. Homem e mulher são contestados como exigência ditada pela criação, como duas formas da pessoa humana que se completam mutuamente. Porém, se não há uma dualidade preordenada na criação, então a família também já não é uma realidade preestabelecida pela criação. Da mesma forma, os filhos também perdem o lugar que até agora tinham ocupado e a dignidade que lhes é própria. Bernheim mostra como o filho, de sujeito jurídico que era com direito próprio, passa agora, necessariamente, a objeto ao qual se tem direito e que, como objeto de um direito, se pode adquirir. Quando a liberdade para ser criativo se torna a liberdade para se criar a si próprio, então, necessariamente, o próprio Criador é negado e em última análise o próprio homem, como criatura de Deus, como imagem de Deus, é despojado da sua dignidade no núcleo do seu ser. Na luta pela família está em jogo o próprio homem. E torna-se evidente que, quando se nega Deus, dissolve-se também a dignidade do homem. Quem defende Deus defende o homem[22].

O Papa Francisco referiu-se várias vezes no seu magistério a esta revolução antropológica. Reunimos aqui esquematicamente as suas intervenções mais destacadas.

Encíclica *Laudato Si'*[23]

Se o ser humano não redescobre o seu verdadeiro lugar, compreende-se mal a si mesmo e acaba por contradizer a sua própria realidade. Não só a

---

[22] http://w2.vatican.va/content/benedict-xvi/pt/speeches/2012/december/documents/hf_ben-xvi_spe_20121221_auguri-curia.html (consultado em abril de 2018).

[23] http://w2.vatican.va/content/francesco/pt/encyclicals/documents/papa-francesco_20150524_enciclica-laudato-si.html (consultado em julho de 2018).

terra foi dada por Deus ao homem, que a deve usar respeitando a intenção originária de bem, segundo a qual lhe foi entregue; mas o homem é doado a si mesmo por Deus, devendo por isso respeitar a estrutura natural e moral de que foi dotado (nº 115).

A ecologia humana implica também algo de muito profundo que é indispensável para se poder criar um ambiente mais dignificante: a relação necessária da vida do ser humano com a lei moral inscrita na sua própria natureza. Bento XVI dizia que existe uma «ecologia do homem», porque «também o homem possui uma natureza, que deve respeitar e não pode manipular como lhe apetece». Nesta linha é preciso reconhecer que o nosso corpo nos põe em relação direta com o meio ambiente e com os outros seres vivos. A aceitação do próprio corpo como dom de Deus é necessária para acolher e aceitar o mundo inteiro como dom do Pai e casa comum; pelo contrário, uma lógica de domínio sobre o próprio corpo transforma-se numa lógica, por vezes sutil, de domínio sobre a criação. Aprender a aceitar o próprio corpo, a cuidar dele e a respeitar os seus significados é essencial para uma verdadeira ecologia humana. Também é necessário ter apreço pelo próprio corpo na sua feminilidade ou masculinidade, para se poder reconhecer a si mesmo no encontro com o outro que é diferente. Assim, é possível aceitar com alegria o dom específico do outro ou da outra, obra de Deus criador, e enriquecer-se mutuamente. Portanto, não é salutar um comportamento que pretenda «cancelar» a diferença sexual, porque já não sabe confrontar-se com ela (nº 155).

Exortação apostólica *Amoris laetitia*[24]

Avança, em muitos países, uma desconstrução jurídica da família, que tende a adotar formas baseadas quase exclusivamente no paradigma da autonomia da vontade (nº 53).

---

[24] http://w2.vatican.va/content/francesco/pt/apost_exhortations/documents/papa--francesco_esortazione-ap_20160319_amoris-laetitia.html

Outro desafio surge de várias formas duma ideologia genericamente chamada *gender*, que «nega a diferença e a reciprocidade natural de homem e mulher. Prevê uma sociedade sem diferenças de sexo, e esvazia a base antropológica da família. Esta ideologia leva a projetos educativos e diretrizes legislativas que promovem uma identidade pessoal e uma intimidade afetiva radicalmente desvinculadas da diversidade biológica entre homem e mulher. A identidade humana é determinada por uma opção individualista, que também muda com o tempo». Preocupa o fato de algumas ideologias deste tipo, que pretendem dar resposta a certas aspirações por vezes compreensíveis, procurarem impor-se como pensamento único que determina até mesmo a educação das crianças. É preciso não esquecer que «sexo biológico (*sex*) e função sociocultural do sexo (*gender*) podem-se distinguir, mas não separar-se». Por outro lado, «a revolução biotecnológica no campo da procriação humana introduziu a possibilidade de manipular o ato generativo, tornando-o independente da relação sexual entre homem e mulher. Assim, a vida humana, bem como a paternidade e a maternidade, tornaram-se realidades componíveis e decomponíveis, sujeitas de modo prevalecente aos desejos dos indivíduos ou dos casais». Uma coisa é compreender a fragilidade humana ou a complexidade da vida, e outra é aceitar ideologias que pretendem dividir em dois os aspectos inseparáveis da realidade. Não caiamos no pecado de pretender substituir-nos ao Criador. Somos criaturas, não somos onipotentes. A criação precede-nos e deve ser recebida como um dom. Ao mesmo tempo somos chamados a guardar a nossa humanidade, e isto significa, antes de tudo, aceitá-la e respeitá-la como ela foi criada (nº 56).

Não podemos ignorar que muitas vezes a sexualidade se despersonaliza e enche de patologias, de modo que «se torna cada vez mais ocasião e instrumento de afirmação do próprio eu e de satisfação egoísta dos próprios desejos e instintos». Neste tempo, também a sexualidade corre grande risco de se ver dominada pelo espírito venenoso do «usa e joga fora». Com frequência, o corpo do outro é manipulado como uma coisa que se conserva enquanto proporciona satisfação e se despreza quando perde atrativo. Pode-se porventura ignorar ou dissimular as formas constantes de domínio, prepotência, abuso, perversão e violência sexual que resultam de uma distorção do significado da sexualidade e sepultam a dignidade dos outros e o apelo ao amor sob uma obscura procura de si mesmo? (n° 153).

Na lógica do domínio, o dominador acaba também negando a sua própria dignidade e, em última análise, deixa «de identificar-se subjetivamente com o próprio corpo», porque lhe tira todo o significado. Vive o sexo como evasão de si mesmo e como renúncia à beleza da união (n° 155).

No decurso dos debates sobre a dignidade e a missão da família, os padres sinodais anotaram, quanto aos projetos de equiparação ao matrimônio das uniões entre pessoas homossexuais, que não existe fundamento algum para assimilar ou estabelecer analogias, nem sequer remotas, entre as uniões homossexuais e o desígnio de Deus sobre o matrimônio e a família. É inaceitável que as Igrejas locais sofram pressões neste assunto e que os organismos internacionais condicionem a ajuda financeira aos países pobres à introdução de leis que instituam o «matrimônio» entre pessoas do mesmo sexo (n° 251).

A educação sexual deveria incluir também o respeito e a valorização da diferença, que mostra a cada um a possibilidade de superar o confinamento nos próprios limites para se abrir à aceitação do outro. Para além de compreensíveis dificuldades que cada um possa viver, é preciso ajudar a aceitar o seu corpo como foi criado, porque «uma lógica de domínio sobre o próprio corpo transforma-se numa lógica, por vezes sutil, de domínio sobre a criação. [...]. Também é necessário ter apreço pelo próprio corpo na sua feminilidade ou masculinidade, para se poder reconhecer a si mesmo no encontro com o outro que é diferente. Assim, é possível aceitar com alegria o dom específico do outro ou da outra, obra de Deus criador, e enriquecer-se mutuamente». Só perdendo o medo à diferença é que uma pessoa pode chegar a libertar-se da imanência do próprio ser e do êxtase por si mesmo. A educação sexual deve ajudar a aceitar o próprio corpo, de modo que a pessoa não pretenda «cancelar a diferença sexual, porque já não sabe confrontar-se com ela» (n° 285).

Discurso no Encontro com as Famílias no Mall of Asia Arena, Manila (16-1--2015)[25]

A família está ameaçada também pelos crescentes esforços de alguns em redefinir a própria instituição do matrimônio mediante o relativismo, a cultura do efêmero, a falta de abertura à vida.

Discurso no Encontro com os Bispos Poloneses na Catedral de Cracóvia (27--7-2016)[26]

Estamos vivendo um momento de aniquilação do homem como imagem de Deus. E aqui gostaria de concluir com um aspecto concreto, porque por detrás dele estão as ideologias. Na Europa, nos Estados Unidos, na América Latina, na África, em alguns países da Ásia, existem verdadeiras colonizações ideológicas. E uma delas – digo-a claramente por «nome e apelido» – é o *gender*! Hoje às crianças – às crianças! –, na escola, ensina--se: cada um pode escolher o seu sexo. E por que ensinam isto? Porque os livros são os das pessoas e instituições que te dão dinheiro. São as colonizações ideológicas, apoiadas por países muito influentes. E isto é terrível. Em conversa com o Papa Bento – que está bem e tem um pensamento claro – ele me disse: «Santidade, esta é a época do pecado contra Deus Criador». É inteligente! Deus criou o homem e a mulher; Deus criou o mundo assim, assim e assim; e nós estamos fazendo o contrário. Deus deu-nos um estado «inculto» para que o fizéssemos tornar-se cultura; e depois, com esta cultura, fazemos as coisas que nos levam ao estado «inculto»! Devemos pensar naquilo que disse o Papa Bento: «É a época do pecado contra Deus Criador»! E isto nos ajudará.

---

[25] http://w2.vatican.va/content/francesco/pt/speeches/2015/january/documents/papa-francesco_20150116_srilanka-filippine-incontro-famiglie.html

[26] http://w2.vatican.va/content/francesco/pt/speeches/2016/july/documents/papa-francesco_20160727_polonia-vescovi.html

Capítulo 16

Descida vertiginosa rumo a um novo totalitarismo

«Pensamos que só poderemos ser livres e verdadeiramente nós mesmos se seguirmos exclusivamente a nossa vontade. Vemos Deus como contrário à nossa liberdade. Devemos libertar-nos d'Ele, ou assim o pensamos; só então seremos livres. Esta é a rebelião fundamental que permeia a história e a mentira de fundo que distorce a nossa vida. Quando o homem se coloca contra Deus, coloca-se contra a sua própria verdade e, por conseguinte, não fica livre, mas alienado de si mesmo. Só somos livres em nossa verdade se estivermos unidos a Deus.»

Papa Bento XVI[1]

Dialética da liberdade

Repitamos a pergunta colocada no início deste livro: *é correto considerar a revolução social atual no contexto do totalitarismo?* Se pensamos no incompreensível horror cometido pelas ditaduras comunista e nacional-socialista e no tremendo horror que oprimia o seu povo, isso pode parecer um equívoco

---

[1] Papa Bento XVI, *Homilia de Quinta-Feira Santa*, abril de 2012 http://w2.vatican.va/content/benedict-xvi/pt/homilies/2012/documents/hf_ben-xvi_hom_20120405_coena-domini.html (consultado em julho de 2018).

e uma falta de respeito pelas centenas de milhões de vítimas cujas vidas foram esmagadas por uma máquina infernal manipulada pelo homem. Afinal de contas, nós vivemos bem! Somos livres!

Sim, de fato vivemos bem. Não vemos miséria nas ruas, mas as filas para a sopa dos pobres estão aumentando. A rede social do Estado tem amortecedores suficientemente grandes para manter alimentados milhões de desempregados. É certo que alguns bairros foram queimados em Paris, Londres e Ferguson; mas os fogos foram rapidamente apagados. A crise econômica tem vindo a abalar a Europa, mas no coração da Europa a crise não parece afetar muito as pessoas – os preços ainda estão estáveis e o ânimo do consumidor está intacto.

A única coisa estranha é que cada vez mais pessoas sofrem de ansiedade e depressão, a saúde mental está piora cada vez mais e a porcentagem dos suicídios só aumenta De acordo com o Instituto Robert Koch, mais de um quarto das crianças e dos adolescentes sofre de perturbações mentais e problemas de comportamento[2]. Três em cada quatro famílias não têm filhos e metade das restantes tem apenas um filho. A partir de 2020 haverá reviravoltas demográficas maciças. Mas quem se importa? A pílula e a pílula do dia seguinte, bem como o aborto a pedido (pago pela segurança social), espelham a política demográfica do governo.

Estamos vendo o que acontece quando a cobiça se converte na força motriz da economia. A liberalização das normas restritivas dos mercados econômicos permitiu que uma oligarquia financeira descontrolada atirasse nações inteiras para a ruína econômica. A liberalização das normas restritivas da sexualidade é condição prévia para que um desejo sexual sem limites afogue as pessoas, as famílias e toda a sociedade no caos social e mental. A pobreza e a desmoralização juntam-se numa mistura explosiva que pode dar lugar a formas totalitárias de poder.

A grande promessa do nosso tempo é a satisfação sexual livre e ilimitada como caminho de felicidade. Faça o que quiser para aumentar a tua diversão, o teu prazer, a tua felicidade e o teu bem-estar. Você é independente, autôno-

---

[2] www.rki.de/kiggs (consultado em abril de 2018).

mo e ninguém deve colocar regras no teu caminho – muito menos a Igreja. Deus está morto e o diabo também. Construa o seu próprio mundo, decida se quer ser homem ou mulher, se o seu nariz deve ser torto ou direito, o seu peito grande ou pequeno, e se quer satisfazer as suas necessidades sexuais com homens ou com mulheres, ou com ambos. Você decide se o seu filho vive ou morre, se terá olhos azuis ou castanhos. Você decide se e quando deve levar uma injeção letal quando estiver farto da vida. O que quer que se erga no caminho da tua liberdade é desconstruído: a identidade de gênero como homem ou mulher, a moralidade, a família, a Igreja, a sacralidade da vida.

Mas não há nada que prove que a liberdade desenfreada cumpre a promessa de felicidade. Uma ideologia que promete liberdade ilimitada para a pessoa se redesenhar a si própria e atingir a autogratificação submerge o ser humano numa egocêntrica terra de ninguém, entrega-o à tirania dos seus indomáveis instintos e transforma «aquele que esconde o maior e mais poderoso tirano na sua própria alma[3]» num tirano para o seu próprio povo. Essa dialética da liberdade absoluta já foi descrita por Platão há mais de dois milênios.

A liberdade interior é um bem enorme que só pode ser atingido pela prática da virtude, concretamente pela firme vontade de fazer o bem. As pessoas nascem egoístas. A virtude deve ser cultivada nelas. Isso requer a experiência de ser amado, modelos e orientação, conhecimento e autoconhecimento. Cada pessoa deve adquirir sabedoria, justiça, coragem e moderação ao longo de toda a sua vida. Se isso não acontecer, empregará as suas capacidades para perseguir o dinheiro, o sexo e o poder, os quais trabalham em conjunto e abrem caminho uns aos outros. A Bíblia chama-lhes falsos ídolos – falsos deuses que nada têm de bom para oferecer às pessoas. Quem os serve subirá à custa de explorar e magoar os outros. Quando a tradição não transmite nenhuma norma vinculante, nenhum exemplo nem autoridade e o sistema jurídico não protege a educação religiosa, então ganha o mais forte. Os que são mais inteligentes, mais impiedosos e mais cruéis conseguem alcançar as posições em que podem escravizar os mais fracos, tal como eles próprios foram escravizados por seus próprios instintos.

---

[3] Platão, *A República*, Lisboa, Fundação Calouste Gulbenkian.

O ameaçador totalitarismo do século XXI reveste-se de um traje diferente do do século XX, sem bigode nem botas militares. Passa despercebido porque as pessoas hoje apaziguam as consciências apontando para os crimes dos seus antepassados, nunca vendo que, em cada era, o mal emerge de forma diferente. O novo totalitarismo é flexível e pode adaptar-se aos valores populares hoje em dia. Inclusive, veste o manto da liberdade, enquanto vai destruindo, passo a passo, as condições necessárias para a liberdade. Defende o controle das novas tecnologias de comunicação e vigilância e usa o poder para um controle total. Mistura, funde e distorce toda a verdade com mentiras e todas as mentiras com uma pitada de verdade, de modo a que a própria verdade fique sob suspeita e as nossas liberdades possam ser limitadas. Gera-se uma corrente de opinião pública que se torna tão poderosa que o povo deixa de confiar nas suas próprias percepções e se dispõe a substituí-las por ideologias – mesmo aquelas que, aos seus olhos e de acordo com a sua experiência, são mentiras, como a negação da estrutura binária da existência humana.

O reino da liberdade intelectual e a procura da verdade são envenenados pela ideologia. A realidade é encerrada num quadro ideológico ao serviço do poder político que se esconde atrás de boas intenções aparentes. O fim justifica todos os meios – toda a mentira, toda a fraude, toda a manipulação. O que começa por ser uma falsificação intencional leva à violência contra as pessoas. Karl Marx nunca matou ninguém enquanto escrevia *O capital* em seu escritório. No entanto, em um século, centenas de milhões de pessoas foram exterminadas em nome de uma utopia que não era outra coisa senão um pretexto para gangues criminosas tomarem totalmente o poder.

O marxismo prometia aliviar os problemas reais da classe trabalhadora e o movimento das mulheres surgiu para lhes conferir direitos iguais. Os objetivos de um e outro baseavam-se na opressão das massas. Em contraste, a revolução cultural em curso é uma revolução de cima para baixo. Não pretende melhorar a situação de um vasto segmento oprimido da população, mas transformar a sociedade toda numa imagem conformada à vontade de uma pequena minoria. A fraude ideológica de que se pretende atingir nobres objetivos e de que se serve o interesse da maioria da população deve manter-se até que se atinjam mudanças irreversíveis e se cimente o domínio por parte da minoria através das estruturas do poder totalitário.

Hoje parece não haver uma ideologia unificada com uma interpretação fixa da realidade como o marxismo. Agora, o indivíduo parece ter total liberdade para interpretar a sua própria existência, o seu gênero e os seus valores morais – uma liberdade que nega porém o que é necessário para a humanidade poder existir e que, como qualquer ideologia, no fim, se volta contra as pessoas.

Abuso da sexualidade e abuso do poder

Centremo-nos um pouco mais especificamente na sexualidade para ver como a liberdade dissociada da verdade e da responsabilidade conduz ao caminho escorregadio em direção a uma sociedade totalitária. Se se limita à procura do prazer, o ato sexual deixa de estar integrado na dinâmica da concepção e do dom da vida. O homem perde o seu lugar no *continuum* entre o passado e o futuro, permanece aprisionado no seu eu e torna-se o seu próprio fim. O seu coração fica voltado para si próprio – *cor in se incurvatur*, nas palavras de Santo Agostinho.

O celibato pelo Reino de Deus não está em contradição com isto. Trata--se de uma forma de vida livremente escolhida, orientada para a fecundidade espiritual, que leva à verdadeira plenitude e torna a pessoa livre para servir ao próximo. Por esta razão os sacerdotes são chamados «padre» e as religiosas mais velhas são chamadas «madres».

A banalização da sexualidade como uma ferramenta para o prazer converte o parceiro sexual num objeto. Quando se usa o outro para obter prazer sexual, ele é despojado da sua dignidade pessoal, ainda que, a princípio, não o sinta. O conceito de dignidade inviolável que está na base dos direitos humanos e das Constituições dos países democráticos deriva da antropologia cristã. De acordo com a Revelação bíblica, o homem é criado à imagem e semelhança de Deus como homem e mulher *para o seu próprio bem*. Consiste numa carne mortal e numa alma imortal e tem um espírito que lhe permite conhecer-se a si mesmo e conhecer a Deus. Cada pessoa é única, e existe apenas uma vez em todo o universo. Só o ato sexual consumado no amor pessoal e na abertura à vida faz justiça à dignidade e à unicidade da pessoa humana[4]. A pessoa *conhece* o outro como o ser único que ele ou ela é e transcende o seu eu na união com o outro. Ambos se tornam cocriadores de uma nova pessoa que encarna a unidade dos dois para sempre. Na Bíblia, esse conhecimento profundo da outra pessoa é de tal forma identificado com a essência do ato sexual que este é descrito pelo verbo *conhecer.*

A dignidade do ser humano não deve ser violada, porque a sua vida é santa – recebida da mão de Deus – e ele é dotado de uma alma imortal. Ser explorado por alguém, por alguma razão, constitui sempre um ataque à sua dignidade[5]. Mesmo os que não partilham desta dimensão da fé podem verificar pelos sentimentos de desilusão, vazio, humilhação e indignação produzidos pela exploração sexual (mútua) que a sua dignidade foi ferida e que o desejo de um profundo vínculo de amor não se realizou. Com o tempo, caso a pessoa separe o coração da experiência de prazer do corpo, esses sentimentos, verdadeiramente dolorosos, ficam entorpecidos. Essas experiências de prazer não conduzem à realização do verdadeiro desejo de unidade de amor pessoal, mas levam a pessoa a uma procura de estímulos sexuais cada vez maiores com uma sequência de novos parceiros, chegando ao ponto do vício sexual e até do crime.

Se uma pessoa pode explorar outra no âmbito mais profundo do seu ser, o que a impede de explorar as pessoas para satisfazer os seus interesses egoístas noutros aspectos da vida? Quanto à pessoa que se *deixa* explorar no mais íntimo do seu ser, de onde poderá extrair a capacidade para defender a sua dignidade pessoal contra as incursões onipresentes dos que são mais poderosos? Em todos os âmbitos da sociedade é muito difícil para qualquer um não se deixar levar pelos instintos. No entanto, quando a bússola moral da sociedade se destrói, quando ao bem se chama mal e ao mal se chama bem, quando os cidadãos e eleitores de uma sociedade democrática não dispõem, no dia a dia, de uma orientação sólida ou de uma renovação da solidez mo-

---

[4] Hoje, o planejamento familiar natural (PFN) é um método fiável para um casal planejar o tamanho da sua família sem bloquear artificialmente a fertilidade da mulher.

[5] Cf. Karol Wojtyla, *Love and Responsibility*, São Francisco, Ignatius Press, 1960, Capítulo 1: «The Person and the Sexual Urge».

ral, quando os que governam não têm nenhuma obrigação para com o bem comum, então a sociedade precipita-se para um novo totalitarismo.

A pessoa desenraizada confunde sedutores com profetas, deixa de conseguir fazer a distinção entre verdade e mentira e pode ser manipulada o tempo todo com as técnicas ilimitadas de manipulação atuais. Muito antes da popularização da televisão e da invenção da Internet, Aldous Huxley colocou a questão de saber se um regime que conseguisse redefinir a perversão como normalidade e a normalidade como perversão «se tornaria suficientemente inteligente para redefinir as técnicas de servidão de modo a que elas se tornassem tão agradáveis que mais ninguém se desse conta do horror ou tivesse vontade para se lhe opor[6]».

O *dictum* de Böckenförde

Na Alemanha, o antigo juiz do Tribunal Constitucional Ernst-Wolfgang Böckenförde apontou o problema fundamental do Estado laico. A primeira frase da sua análise chegou a ser conhecida como o *dictum* de Böckenförde:

O Estado liberal laico vive de suposições que ele próprio não pode garantir. Foi esse o grande empreendimento em que se empenhou por causa da liberdade. Por um lado, como Estado liberal, só pode sobreviver se a liberdade que outorga aos seus cidadãos for regulada a partir de dentro através da solidez moral da pessoa e da homogeneidade da sociedade. Por outro lado, não pode garantir essas forças de regulação a partir de dentro de si mesmo – ou seja, tentar garanti-las usando coação legal e decretos autoritários – sem renunciar ao seu liberalismo e, ao nível secular, sem voltar a deslizar para as exigências totalitárias de que se libertou nas guerras civis religiosas[7].

---

[6] Citado em E. Michael Jones, *Libido Dominandi*, 513.

[7] Ernst-Wolfgang Böckenförde, *Staat, Gesellschaft, Freiheit*, Frankfurt, Suhrkamp Verlag, 1976.

Se o próprio Estado não pode criar as condições para uma sociedade livre, então a Constituição liberal tem de depender das instituições não estatais para consegui-lo. A «solidez moral» sobre a qual floresceu a elevada cultura da Europa é o cristianismo. Através da beleza de igrejas, mosteiros, desenvolvimento urbano, pintura e música, desenvolveu-se ao longo dos séculos, em cada país, à sua maneira. Através da Igreja e nas igrejas, todos entravam em contato com o que de melhor se fazia na cultura: a linguagem da Bíblia, a pintura, a música e a arquitetura; todos podiam experimentar a verdade, o bem e a beleza e ficavam marcados por eles. Agora, a avalanche de imagens dos meios de comunicação não é nem verdadeira, nem bela, nem boa, e envolve inclusive as crianças pequenas.

A partir do conceito antropológico básico de que todos os homens são feitos à imagem de Deus, surgiu um sistema jurídico no qual todos são iguais perante a lei, no qual o poder está limitado e comprometido com o bem comum. A sociedade necessita de uma subestrutura que renove constantemente a solidez moral. E isso é o que a Igreja e a família têm feito. Ao longo de muitos séculos, a Igreja orientou os fiéis para o bem e cada serviço religioso era um chamado a despertar a consciência, uma ativação da solidez moral. Em princípio, os Dez Mandamentos tanto se aplicavam aos líderes como aos seguidores. A Igreja criou um âmbito social de verdadeira igualdade, em especial a igualdade do pecador diante de Deus, fosse ele rei ou mendigo.

A «Igreja militante», a Igreja dos peregrinos terrestres, não é feita de santos, mas de pessoas que pecam, caem e se erguem outra vez. São elas as mais atacadas por aqueles que não têm interesse nenhum na santidade, mas que têm um grande interesse em que o pecado não seja chamado pecado. Apesar de todas as nuvens que ensombram esta sagrada missão, a Igreja sobrevive há 2 mil anos. Este é o maior milagre de todos. Há sempre uma corrente de graça. Ainda que alguns setores da Igreja se tenham deixado corromper sob regimes totalitários, não se pode concluir que uma sociedade sem âncoras religiosas possa suportar muito melhor as novas formas de totalitarismo.

O baluarte espiritual contra a identidade cultural do Ocidente é a ideia monástica de pobreza, castidade e obediência. O monasticismo funcionou como fonte de um sistema de irrigação que atravessou vários níveis nas células da cultura.

O que torna uma pessoa suficientemente forte para contribuir positivamente com a sociedade e manter viva a liberdade? Como ela obtém a independência espiritual e material para resistir à corrente dominante e, quando necessário, opor-se à pretensão de poder ditatorial por parte do Estado? Necessita de uma identidade positiva estável, que é alimentada por muitos fatores: afirmação da sua existência; sólidas raízes na sua própria família; respeito pelos pais e antepassados; tradição que transmite de geração em geração; amor à casa, ao país e à sua própria cultura; verdadeiro sentimento de autoestima que surge quando a pessoa usa os seus dons e capacidades para o bem da sociedade; alegria por ver os seus filhos prosperando; e, mais do que tudo, a experiência de ser amado por Deus. As raízes de uma pessoa religiosa vão para além da vida na Terra, até a eternidade, e fornecem uma identidade que não é abalada pelos desafios terrestres. Milhões de mártires testemunharam isto com o seu sangue.

Mas, hoje, tudo o que torna as pessoas fortes tornou-se débil.

Consciência

Voltemos a Böckenförde. Um Estado liberal só pode sobreviver «se a liberdade que outorga aos seus cidadãos for regulada a partir de dentro através da solidez moral da pessoa». O monitor moral da pessoa é a consciência. É como um sismógrafo calibrado para o bem e para o mal, que transmite o seu sinal através da autoestima – provocando sentimentos de culpa quando se faz o mal, e alegria, serenidade, calma e sono tranquilo depois das boas obras. Dado que a consciência é a máxima autoridade de acordo com a qual a pessoa deve julgar-se a si mesma, o nosso sistema jurídico protege a liberdade de consciência na Constituição.

Mas qual é a norma? Há alguma norma objetiva e absoluta ou será que na era do relativismo todos têm direito à sua própria consciência subjetiva? Deve uma sociedade desmoronar-se se já não tem valores morais vinculativos porque tais valores são rejeitados como limites ilegítimos à liberdade individual?

O sismógrafo da consciência depende do nível moral a que a pessoa vive. Quanto mais uma pessoa ignora a sua consciência, mais se torna confortável com o que está mal ou com o mal em si e menos deseja o bem. Quanto mais a consciência estiver formada e preparada para escolher o bom em vez do confortável, mesmo nas pequenas coisas, mais essa pessoa reconhece e *deseja* o bem.

No seu ensaio *Consciência e verdade*, Joseph Ratzinger (Papa Bento XVI) esclarece o paradoxo de que a consciência, sendo reconhecida como a mais elevada autoridade pela lei, pode, ainda assim, errar:

> Será a consciência o manto protetor da subjetividade sob o qual o homem pode proteger-se e esconder-se da realidade? Ou será a consciência a janela que dá ao homem uma visão clara da verdade comum que nos fundamenta e apoia a todos nós? A convicção firme subjetiva e a falta de dúvidas ou escrúpulos que dela resultam não fornecem à pessoa uma justificação... Os sentimentos de culpa que rompem através de uma consciência falsamente tranquila, os quais pode-se dizer que são as exigências da consciência para falar contra a existência autossatisfeita, são tão necessários para uma pessoa como a dor física que assinala perturbações das funções vitais normais [...] Uma cegueira adquirida para a culpabilidade, o adormecimento da consciência [...] é uma enfermidade da alma mais perigosa, porque a culpa ainda é reconhecida como culpa[8].

Ainda que uma pessoa *deva* seguir momentaneamente o que considera ser a voz da sua consciência, isso não significa que ela tenha escolhido o que é realmente bom. Ratzinger continua:

> Uma pessoa que equipara a consciência à convicção subjetiva identifica-se com uma certeza pseudo-racional tecida a partir da autojustificação, da conformidade e da inércia. A consciência fica reduzida a um mecanismo de justificação, quando na realidade representa a transparência

---

[8] Joseph Ratzinger, «Gewissen und Wahrheit», *in* Rehder/Wolff, *Der Wahrheit verpflichtet*, Würzburg, Johann Naumann, 1998.

da pessoa ao divino e às verdadeiras dignidade e grandeza do homem... Um homem de consciência é aquele que nunca compra tolerância, bem-estar, sucesso, imagem pública e aprovação da mentalidade dominante à custa da verdade.

De fato, o conceito de consciência só faz sentido quando existe uma verdade objetiva que está inscrita no coração da pessoa. Se a existência de Deus deixa de ser reconhecida, a pessoa não reconhece nenhuma autoridade acima de si mesma à qual deva a sua vida e perante a qual tenha um dia de prestar contas, e o conceito de consciência perde a sua substância – mas a consciência não perde a sua capacidade de incomodar. Mesmo que o sismógrafo interior já não faça registos na consciência, a pessoa não pode arrancá-lo completamente da sua alma.

O que se pode fazer com os sentimentos de culpa, o fardo pesado que é saber que não demos o que devíamos ou que tiramos o que não nos pertencia? Pessoas de todos os tempos e culturas têm sido confrontadas com esta questão e têm desenvolvido rituais sacrificiais para devolver às divindades o que acreditavam dever-lhes e, assim, reconciliadas, poderem voltar a viver. O nosso é um deus irado, castigador, vingativo, que precisa de ser apaziguado com corações arrancados dos corpos das virgens – como acreditavam os astecas – ou, como acreditamos nós, os cristãos, é um Deus misericordioso que Se ofereceu a Si mesmo em sacrifício e perdoa todos os pecadores que se arrependam e aceitem o seu sacrifício?

O que faz uma cultura quando já não tem forma de purificar a culpa porque fez dos homens os seus próprios deuses? Tem de silenciar a consciência, na vã esperança de que, assim, consiga encontrar a paz interior. Há várias estratégias para isso:

- Criar ideologias que façam o pecado parecer bom.
- Arrastar todos para o pecado.
- Difamar, isolar e perseguir todos os que deem voz à sua consciência.

Se olharmos bem para a revolução sexual, vemos que é exatamente isso o que está acontecendo.

Se Deus existe, Ele escreveu a sua lei no coração das pessoas que criou. «Porei a minha lei no seu interior, e a escreverei no seu coração; e eu serei o seu Deus e eles serão o meu povo» (Jr 31, 33). O homem não pode afastar a culpa, ainda que vire o mundo do avesso para consegui-lo. Porque esta estratégia não consegue proporcionar paz interior, nunca há um limite para os agentes da revolução sexual.

É claro que podemos decidir não acreditar na existência de Deus. Mas, se Deus existe – um rumor teimosamente persistente –, não acreditar n'Ele não apagará a sua existência.

Num serviço religioso ecumênico a 23 de setembro de 2011, no mosteiro dos agostinhos em Erfurt, na Alemanha, o Papa Bento XVI perguntava:

> O homem precisa de Deus, ou as coisas correm bem sem Ele? Na primeira fase da ausência de Deus, se a sua luz continua a brilhar e as leis da existência humana mantêm-se coesas, parece que as coisas correm bem, mesmo sem Deus. Mas, quanto mais o mundo se afasta de Deus, mais evidente fica que, com a soberba do poder, o vazio do coração e o desejo de plenitude e de felicidade, o homem perde cada vez mais a sua vida.

Uma nova ordem mundial?

A revolução cultural descrita neste livro está acontecendo nas costas das pessoas – de cima para baixo. Emana das elites do poder e é promovida pelas minorias que se definem pela orientação sexual e pretendem derrubar a ordem mundial. De fato, uma mudança de valores só pode conduzir a uma mudança na ordem mundial. Como as mudanças são globais, é de se esperar que o processo se encaminhe para uma nova ordem mundial.

Massas desenraizadas, dependentes e maleáveis podem estar dispostas a glorificar um novo – e global – salvador. A revolução cultural do nosso tempo limita cada vez mais a liberdade individual e aumenta o poder do Estado sobre o indivíduo e das organizações internacionais sobre os Estados – ao serviço de uma oligarquia financeira e para derrubar a ordem moral. Com esta bagagem, vamos deslizando ao encontro de grandes crises que surgem já no horizonte, uma das quais é morte certa: a monumental mudança demográfica. Em 100 anos, de 1950 até 2050, prevê-se que a média de idades na maioria das nações industrializadas passe de 36 para mais de 50 anos de idade e metade da população terá então mais de cinquenta anos, uma situação única na história do mundo. Haverá falta de crianças, falta de trabalhadores, técnicos e cientistas e não haverá soldados suficientes para defender os nossos países. A reduzida geração mais nova não será capaz de cuidar da sua própria descendência, nem dos idosos. Haverá conflitos de distribuição entre as gerações e a eutanásia será aceita como solução. A sul do Mediterrâneo, contudo, há uma «explosão de juventude», um excesso de jovens que mal têm futuro nos seus próprios países e emigram, cada vez mais, para o Ocidente, tal como fazem milhões de refugiados em fuga do terror islâmico[9]. Todos os políticos conhecem o cenário demográfico, mas não há nenhum partido nem nenhum líder político que esteja desenvolvendo uma abordagem para reverter a situação – no sentido de uma cultura de vida.

Como é que as pessoas enfrentam uma crise? As famílias são a rede de segurança social, porque se mantêm unidas e estão dispostas a partilhar. A fé é a rede de segurança espiritual que proporciona refúgio e uma esperança inabalável às pessoas em tempos de infortúnio. Não sabemos em que fase da história da humanidade estamos, mas os cristãos sabem que a história acabará bem.

---

[9] Cf. Richard Jackson, *The Graying of the Great Powers: Demography and Geopolitics in the 21st Century*, CSIS, 2008. Em http://csis.org/publication/graying-great-powers0 (consultado em abril de 2018).

Posfácio

Caros Leitores,

Agradeço-vos por terem lido este livro. Se agora sentem que compreendem mais claramente os nossos tempos e se questionam sobre o que podem fazer, então valeu a pena o esforço – tanto o vosso como o meu. Se a pergunta for suficientemente incisiva, encontrarão uma resposta.

É sempre o indivíduo que faz com que as coisas aconteçam, para o melhor ou para o pior, em pequena ou em grande escala. Cada pessoa, no seu percurso de vida, tem um objetivo, compromete-se, inspira outras e cria novas oportunidades. Um bispo, um político, uma celebridade midiática, um filantropo – cada um tem responsabilidades especiais e possibilidade de influência; mas cada um pode dar a sua contribuição única para o bem comum. No estado de avançado desregramento sexual em que nos encontramos, todos precisamos de coragem para isso. Como diz a célebre expressão de Lao Tzu, «uma jornada de mil quilômetros começa sempre com um primeiro passo.» Ninguém pode impedi-los de começar a pôr a sua casa em ordem, se for necessário. Isso poderá dar-lhes conhecimentos, coragem, capacidade de persuasão, vigor e – por fim, mas não menos importante – alegria de viver.

Se a destruição dos fundamentos da nossa civilização tiver de acontecer e uma mudança tiver de ser iniciada, há objetivos que são absolutamente essenciais:

- Integração da perspectiva familiar em vez da perspectiva de gênero.
- Casamento apenas entre um homem e uma mulher.
- Fortalecimento legal do direito da criança aos seus pais biológicos.

- Fortalecimento legal do direito dos pais a educarem os seus filhos de acordo com os seus valores.
- Acabar com a sexualização das crianças e dos jovens através da educação sexual obrigatória nas escolas.
- Acabar com a inclusão da «identidade sexual» e da «orientação sexual» nas leis contra a discriminação.
- Campanhas nacionais e internacionais contra a pornografia.
- Proteção do direito à vida da concepção até a morte natural.

Desde 2013, a resistência está crescendo na sociedade. Podemos mudar as coisas! Há centenas de iniciativas que trabalham em favor da dignidade humana. Vale a pena lutar por uma renovação moral e espiritual da Europa, que tem uma cultura única, em grande parte graças ao cristianismo – a verdadeira fonte de liberdade individual e política. O grande movimento de imigrantes para a Europa, desde o outono de 2015, em especial muçulmanos e em primeiro lugar para a Alemanha, revelará que a agenda do gênero é um delírio duma sociedade decadente e colocar-nos-á de novo no terreno sólido da realidade humana, de homem e mulher, pai, mãe e filhos. É a família que sustenta a vida humana, especialmente durante uma crise. A vitória do mal só define o cenário para o triunfo do bem. Segura disso, desejo-lhes esperança, confiança e coragem.

Gabriele Kuby

Direção geral
Renata Ferlin Sugai

Direção editorial
Hugo Langone

Produção editorial
Juliana Amato
Gabriela Haeitmann
Ronaldo Vasconcelos
Roberto Martins

Capa
Gabriela Haeitmann

Diagramação
Sérgio Ramalho

ESTE LIVRO ACABOU DE SE IMPRIMIR
A 28 DE JANEIRO DE 2024,
EM PAPEL IVORY SLIM 65 g/m^2.